JN048612

Gakken

きめる! KIMERU SERIES

JH

［ きめる！ 共通テスト ］

歴史総合＋日本史探究

Modern and Contemporary History / Advanced Japanese History

著＝鈴木和裕（駿台予備学校）

introduction

はじめに

20年以上続いたセンター試験が2021年から共通テストになり，さらに2025年からは試験科目が「日本史B」ではなく，新課程の「歴史総合，日本史探究」となります。日本史だけでも勉強するのが大変なところに，近現代史を中心とする「歴史総合」という科目が加わって世界史分野も意識しなければいけなくなりました。受験生にとっては，どのように勉強したらいいのか，不安も多いことでしょう。

では，どのように対策を取っていけばいいのでしょうか？

この参考書は，本冊＋別冊付録で，共通テストの「歴史総合」と「日本史探究」で高得点を取るために必要な知識が頭に入るようにまとめています。もちろん，内容的には「日本史探究」が中心となるので，まずは本冊を読みながらしっかり知識を整理してください。そのうえで，次に別冊の「歴史総合　重要キーワードチェック」を使って，世界史分野を中心に歴史用語を覚えましょう。「日本史探究」の近現代史を学習することで，大きな近現代史の流れは整理できているはずなので，それに世界史分野の知識を付け加えていくことになります。

近現代史になると，世界の動きを無視して日本史を理解することはできないのですから，「日本史探究」をしっかり整理することが「歴史総合」の対策にもつながるのです。

まずは，しっかり歴史的な知識をインプットをしましょう。それがアウトプット，すなわち過去問演習をするための基礎になります。歴史用語を覚えるだけでは，共通テストで高得点を取ることができません。最終的には過去問演習をすることで仕上げをすることになります。過去問を解いて，間違った問題をしっかりチェックしてください。そのときにも，この本が役に立つことでしょう。

この本を読んだすべての受験生の合格を願っています！

駿台予備学校　鈴木和裕

how to use this book

本書の特長と使い方

1 共通テスト対策にバッチリ

本書の巻頭には，「共通テストの特徴と対策」というページを設けています。共通テストの概要や出題形式をおさえてから学習をはじめることで，効率よく対策をすすめられます。

2 SECTIONごとの扉ページで概要チェック

本書は全15のSECTIONに分かれており，それぞれの冒頭に「SECTION〇で学ぶこと」という扉ページを設けています。各SECTIONで学ぶ重要事項をまとめていますので，歴史の流れを押さえたり，復習したりする際に活用しましょう。

3 オールカラーの図解やイラストが満載

共通テスト攻略に必要な知識をインプットする本文には，理解と定着に役立つイラストや図解，地図をふんだんに盛り込みました。また，歴史上の人物の意図や狙いを，わかりやすくイラストとフキダシで表現しています。

4 共通テストの過去問にチャレンジ

共通テストで実際に出題された過去問を，「過去問にチャレンジ」としてピックアップしました。まずは本文で知識をインプットしてから，過去問でアウトプットをおこないましょう。

5 別冊「重要キーワードチェック」で歴史総合対策

別冊には「歴史総合」で必要な知識をコンパクトにまとめました。近現代における世界史の分野を中心に，一問一答形式で歴史用語をインプットし，試験本番にのぞみましょう。

contents

もくじ

SECTION 4 奈良時代

SECTION 5 平安時代

SECTION 6 鎌倉時代

SECTION 7 室町時代

SECTION 8 安土・桃山時代

SECTION 9 江戸時代（前半）

SECTION 10 江戸時代（後半）

SECTION 11 明治時代（前半）

SECTION 12 明治時代（後半）

SECTION 13 大正時代

SECTION 14 昭和時代（戦前）

SECTION 15 昭和時代（戦後）・平成時代

共通テストの特徴と対策

共通テストで「歴史総合，日本史探究」を選択したんですけど，「歴史総合」の部分はどうなるんでしょうか？

大学入試センターから2022年11月に試作問題が出ているけど，およそ以下のとおりだ。

大問	内容	小問	配点
第1問	歴史総合	9問	25点
第2問	テーマ史	5問	15点
第3問	原始・古代	5問	15点
第4問	中世	5問	15点
第5問	近世	5問	15点
第6問	近現代	5問	15点

「歴史総合」が9問，25点もあるんですか！　世界史もやらないといけないんですよね。日本史だけでも大変なのに…。

そんなに不安にならなくていいよ。別冊の試作問題を解いてもらえばわかるけど，第1問の大部分はリード文や資料を読解すれば解ける問題で，日本史と世界史の基礎用語を知っていればほとんど解けるんだ。試作問題のレベルであれば，別冊の「歴史総合　重要キーワードチェック」を覚えておけば，十分に対応できる。

それぐらいならできそうな気がします。試作問題を解いてみます！

ところで，話は変わりますが，世界史の方が高得点を取りやすくて簡単だっていうのは本当ですか？　地理の方が覚えることが少ないとかっていうのも聞きました。

ああ，そういうことを言っている人がいるね。でも，気にしなくていいんじゃない？

そうですか？　何年か分の平均点を見てみたけど，他科目に比べて日本史の平均点が低い年度が多くないですか？

高得点を取ろうと思ったらちゃんと勉強しなければいけないのはどの科目も同じだよ。平均点に惑わされちゃいけない。それに共通テストは私大や国公立2次と違って，満点を取る受験生もいるよ。

えー!!　本当ですか？　共通テストや私大の問題とか，大学の入試問題は難しいんですよね？

本当だよ。毎年データを見ているからね。高得点が取れれば，日本史が損も得もないよね。**満点をめざして勉強をすれば90点以上の高得点も狙えるよ**。ただし，勉強方法を間違えなければね！

どうやって勉強すればいいんですか？　教えてください！

いいだろう。勉強方法について考えてみよう。まず，勉強は一定期間を想定して計画的にすすめる必要があるよ。

高校の先輩は，12月ぐらいからセンター試験と共通テストの過去問をやったって言ってましたけど…。

結果はどうだった？

今，予備校に通ってます…。

そうだろうね。君たちもそれじゃダメなのはわかるだろう？

いつからはじめればいいんですか？　それに，どれぐらいの時間がかかるんでしょうか？

他科目との兼ね合いや学校の授業の進度の違いなど，個人差があるから一概には言えないけど，**本番まで6ヵ月以上の期間は確保したい**。これは，高校や塾・予備校の授業とは別で自分の勉強だよ。

そんなに！　学校の授業を聞いて復習するだけじゃダメなんですか？

それも大事なことだけど，自分でも勉強をすすめていかないと高得点は取れないよ。日本史の勉強には**インプット**と**アウトプット**がある。**インプットは歴史の流れを理解したり，歴史用語を覚えたりと知識を入れる**勉強，**アウトプットは過去問演習など問題を解く**という勉強だよ。

日本史って，知識があれば高得点が取れるんじゃないですか？　インプットをしっかりやればいいという感じがしますけど。もちろん，過去問は解きますけど，アウトプットはそんなに時間をかけなくてもいいような…。

もちろん，インプットも重要だし，それなりに時間はかけなければいけないけど，アウトプットもインプットと同じぐらいの時間をかける必要がある。こんな感じになるかな？

インプット		アウトプット
原始・古代～近現代の通史	➡	過去問演習
3ヵ月		3ヵ月

アウトプットに3ヵ月も！　逆にインプットは少ない気が…。

インプットはしっかりやらないといけないけど，時間をかけ過ぎてもダメだ。この本を使って日本史の流れや因果関係を理解して，必要な歴史用語を覚える。ただし，「完璧にしよう！」と考えなくていいよ。過去問演習がスムーズにはじめられるぐらいの知識があればいい。

えっと，7月からはじめるとすると，10月までにインプットを一通り終わらせるということですね。10月に入ったら過去問演習をはじめなければいけないのか。

その通り。7月からというのは共通テストが1月なかばだから，アウトプット3ヵ月を考えると，結構ギリギリだね。インプット3ヵ月で，共テで出題される用語では知らないものがほとんどない状態にしたい。過去問を解きはじめたときに，60～70点ぐらいは取れるというのがいい感じかな。

それでは高得点とは言えないのでは？　物足りないような気がします。

アウトプットをはじめてからが勉強の本番だ！　実際に過去問を解きはじめたらわかるけど，歴史用語を知っていても解けない問題があるはずだ。うろ覚えだとか用語の知識があいまいな場合もあるけど，それだけじゃない。共通テストの場合，問題の出し方，すなわち，**出題形式によって難問になっている場合があるんだよ**。

どんな問題が出題されるんでしょうか？

まず，センター試験以来，マーク式のテストでは定番になった**文章選択問題**が出題の８割ぐらいを占めているよ。**語句選択問題**と違い，基本は選択肢の文章の正誤を判断する問題だ。この形式を苦手とする受験生は少なくない。以下のような問題だね。

問５　下線部ⓔに関連して，占領期における日本の社会や文化の説明として**誤っているもの**を，次の①～④のうちから一つ選べ。

①　占領軍によって，軍人や政治家など戦争中の責任を問われた人物が公職から追放された。
②　アメリカ教育使節団の勧告に基づき，教育の機会均等をうたった教育基本法が制定された。
③　戦時期の抑圧的な風潮が継続し，明るくのびやかな歌謡曲は日本政府によって規制された。
④　日本政府による言論統制が解かれ，政治批判を含む言論が盛んになる一方で，占領政策に対する批判は禁止された。

（2024年度　日本史Ｂ　本試験　第６問）

解答：③　正答率：77.58%

ひゃー！　まったくわかりません。

③は，占領期に人々の気持ちを明るくさせた並木路子の「リンゴの唄」が流行ったことを思い出せば誤りとわかるね。誤っているものを選ぶ問題だから，③が正解だよ。

「リンゴの唄」は聞いたことがあるような気がするけど，それでは解けませんね。

本番の試験までに解けるようになればいいんだ。このタイプが４文の正誤問題だ。その他，２文の正誤問題などいくつかのタイプがある。共通テストでは難問が多くなった**資料問題も基本は文章選択問題の形式で出題されるよ**。

資料問題も模擬試験で解いたことがあります。覚えている歴史用語が出ていたけど間違えました！

そうだな。そこが文章選択問題の厄介なところだ。文章選択問題は文章の判断をするのに２つの方向性があるのは知っているかな？　**内容判断**と**時期判断**だ。**内容判断は一般的な歴史用語の知識や因果関係，資料読解などで考えるパターン**で，比較的取り組みやすい。**時期判断は，文章の内容や語句がいつの時期のできごとかを考えるパターン**で，受験生にとっては難問になることが多いよ。同じ文章選択問題でも，正誤を判断する方向が違うから，考え方を間違うと正解が出せないんだ。

文章選択問題	
内容判断	時期判断
問　Bの内容について正しいものを選びなさい。 ①　Bはaである。←B≠a ②　Bはbである。←B＝b ③　Bはcである。←B≠c ④　Bはdである。←B≠d ②が正解！	問　Cの時期の出来事として正しいものを選びなさい。 ①　aが起こった。←Aの時期 ②　bが起こった。←Bの時期 ③　cが起こった。←Cの時期 ④　dが起こった。←Dの時期 ③が正解！
歴史用語や因果関係の知識，資料の読解 →暗記知識があれば比較的正解しやすい	時代区分，世紀，権力者など時期区分から歴史事項を整理しておく必要あり →用語暗記では解けない

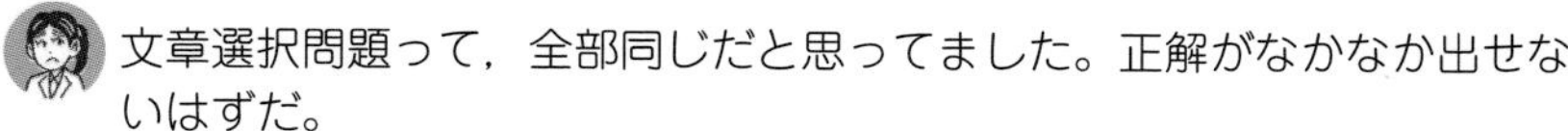

文章選択問題って，全部同じだと思ってました。正解がなかなか出せないはずだ。

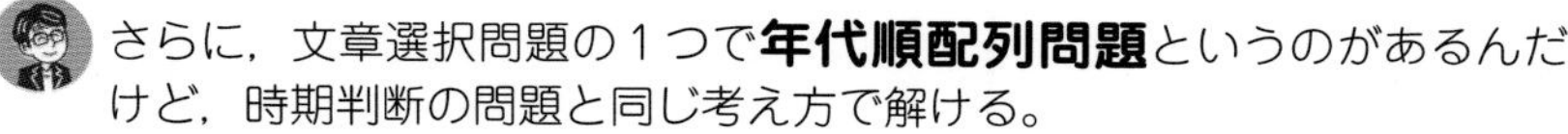

さらに，文章選択問題の１つで**年代順配列問題**というのがあるんだけど，時期判断の問題と同じ考え方で解ける。

年代順配列問題
問　Aに関して述べた次の文Ⅰ～Ⅲについて，古いものから年代順に正しく配列したものを，後の①～⑥のうちから一つ選べ。 Ⅰ　A２が起こった。 Ⅱ　A３が起こった。 Ⅲ　A１が起こった。 ①　Ⅰ－Ⅱ－Ⅲ　②　Ⅰ－Ⅲ－Ⅱ　③　Ⅱ－Ⅰ－Ⅲ ④　Ⅱ－Ⅲ－Ⅰ　⑤　Ⅲ－Ⅰ－Ⅱ　⑥　Ⅲ－Ⅱ－Ⅰ ⑤が正解！

その問題も，この前の模擬試験で出題されてました！　何問かあったけど，ほとんど間違ったような気が。

この問題を苦手とする受験生は多いんだよ。共テ本番の問題でも正答率が低い問題のタイプの１つだ。この問題が攻略できないと高得点は取れないよ。

歴史用語は知っているのに間違うんですよね。

こうした問題を攻略するためには一問一答の用語暗記ではなく，「いつの時期の出来事か」ということを意識して知識の整理をしておく必要があるんだけど，それがわかっていない受験生が多いね。

年代暗記をしていないから解けないのでしょうか？　西暦何年かって，覚えてもおもしろくないんですよね。

そうだね。先生も年代暗記は嫌いだ。年代暗記はしなくても大丈夫。重要なのは時期区分だ。

時期区分って，なんですか？？

文字どおりなんだけど，いつの時期の出来事かを考えるときに必要なことだ。まず，**時代区分**・**文化区分**というのがあるけど，これは覚えているだろうか？　以下の表を見てほしい。

	世紀	時代区分	文化区分
原始		旧石器時代	旧石器文化
		縄文時代	縄文文化
		弥生時代	弥生文化
古代	3世紀中頃〜	古墳時代	古墳文化
	6世紀末〜8世紀初	飛鳥時代	飛鳥文化 白鳳文化
	8世紀初〜8世紀末	奈良時代	天平文化
	9世紀前半	平安時代	弘仁・貞観文化
	10〜11世紀前半		国風文化
中世	11世紀後半〜12世紀		院政期の文化
	12世紀末〜14世紀前半	鎌倉時代	鎌倉文化
	14世紀後半〜16世紀前半	室町時代	室町文化
近世	16世紀後半	安土・桃山時代	桃山文化
	17世紀前半	江戸時代	寛永期の文化
	17世紀後半〜18世紀初		元禄文化
	18世紀なかば〜18世紀末		宝暦・天明期の文化
	19世紀前半		化政文化
近代	19世紀後半〜20世紀	明治時代	明治文化
		大正時代	大正〜昭和初期の文化
		昭和時代	

時代区分・文化区分は歴史の解釈によってずれることもあるけど，今回はこの本の編集方針に合わせて整理してあるよ。まず，**各時代の特徴を理解するために必要なのが時代区分だ**。**文化区分は文化の特徴を示すけど，時代区分とはまた違う**。そして，時期判断をする文章選択問題を解くためには「世紀」や「権力者」などの区分で知識を整理しておくことも必要だよ。この本では時期区分を意識した整理をしてあるので，それに注意しながら読んでほしいね。

時期区分なんて，今まであまり意識していませんでした。これからは意識しながら歴史用語を覚えます！

それは頼もしいね。そのほか，共通テストでは**資料問題**が多くなったね。**文字史料，グラフ，表，写真などの資料から情報を得て，文章の正誤を判断する問題**だ。センター試験との違いは，資料問題の出題が設問の半分を占めるようになったこと，そして何よりも文字史料を読解する難問が増えたことだ。

文字史料の読解問題は，知識がなくてもその場で読めば，簡単に解けるときいたことがあるのですが。

確かにセンター試験の文字史料の読解問題は正答率が80％を超えるものがほとんどで，簡単と言えたかな。ただし，**歴史の知識があるから解けるのであって，知識がなくても解けるという誤解をしてはいけないよ**。とくに共通テストでは，文字史料の内容が理解できないと解けない問題が出題されるようになったね。

でも，文字で書かれた史料って，古文といっしょで読んでもよくわからないものが多いです。

そうだね。現代の文章とは違うから戸惑うこともあるだろう。けど，古文や漢文とも違う。多くの文字史料は書き下してあるし，注釈もついていて，書いてあることの意味がわからないというものは少ないはずだ。落ち着いて読めば大丈夫。ただし，**文字史料が読めるようになるには，過去問をしっかり解いて慣れる必要があるよ**。他の資料問題もそれは同じだ。

多くの過去問を解かないと，資料問題も解けるようにはならないということですね。

そうだね。さらに資料問題のなかには読解する問題だけでなく，写真や絵画などの図版を見たことがないと解けないものもあるよ。そのために普段から**図説資料で，美術作品などを見ておいてほしい**。さすがに実物は見にいけないからね。

図説資料は持っています。仏像の写真とかが載ってるやつですよね！　本棚に入れっぱなしだったけど，使い方がやっとわかりました。

それはよかった！　そのほか，**図説資料には地図や年表も掲載されている**から，この本といっしょに使ってほしいね！

できるだけ早く，過去問演習をはじめなければいけない気がしてきました。

出題形式についてはまだまだ言いたいことがあるけど，過去問演習の重要性に気づいてくれたのはよかった。この本では「**過去問にチャレンジ**」で，正答率が低い難問を取り上げて解説をしているから，それも参考にして問題の解き方を学んでほしい。

とにかく，今すぐにインプットをはじめなくちゃ！　アウトプットの時間がなくなっちゃう。

共通テストの過去問だけでなく，**センター試験の過去問も解くといいよ**。いい練習になる。過去問演習でアウトプットをする際に注意してほしいのは，「間違った問題」だ。**なぜ間違ったのか？　何ができなかったのか？をじっくり考えてほしい**。間違った問題を見て歴史用語を覚え直すだけではダメだよ。

なるほど！　間違った問題をしっかり見直さないといけないんですね。

そうだ。そのうえで，何回か問題を解き直していてほしい。とくに間違った資料問題は問題を解く過程をくり返し確認したいね。**間違った問題を中心にすべての問題が解説できるようにするといいよ**。そうすれば，必ず本番の試験で高得点が取れる！

先生！　100点が取れそうな気がしてきました！

気が早いな。この本と過去問を使って，100点取ることを目標として勉強してほしい。そうすれば高得点が取れるようになるぞ。がんばれ！

はい！　がんばります！

SECTION

原始時代

THEME

SECTION 1で学ぶこと

原始時代は遺跡や遺物から研究する**考古学**の分野が中心になるよ。当初は不安定な移住生活だったけど，食料の調達が安定すると定住化し，集落を形成して，**水稲耕作**がはじまると小国も誕生するんだ！

1 旧石器時代

旧石器時代は地質年代でいうと**更新世**に区分されます。寒冷な時期と温暖な時期がくり返され，日本列島は大陸と陸つづきの時期がありました。人々は食糧を求めて移住生活をしており，**打製石器**を使用してナウマンゾウやオオツノジカなどの**大型動物**を捕らえました。

2 縄文時代

約1万年前には地質年代で**完新世**になり気候は温暖化します。現在に近い自然環境となり，中小動物，魚介類など食料が豊富になりました。**縄文時代**には，**土器**や**磨製石器**などが使用されるようになり，生活が安定して定住化し，集落を形成します。

3 弥生時代

弥生時代には，大陸からつたわった**水稲耕作**が本格化し，青銅器や鉄器といった**金属器**を使用するようになります。水稲耕作により発生した余剰生産物をめぐる争いが起こって，各地には集団を統率する首長があらわれ，小国が分立します。当時の日本のようすは中国の歴史書にも記録されました。

1 時代の特徴

地質年代	考古年代	生活など	
更新世	旧石器時代	環境	**大型動物**の生息 **針葉樹林**
		道具	**打製石器**の使用
		生活	不安定な採集経済 小規模な集団で**移住**生活
完新世	縄文時代	環境	**中小動物**の生息 **照葉樹林**・**落葉広葉樹林** 縄文海進…海面が上がり入江が多い
		道具	**縄文土器** 打製・**磨製石器** **骨角器**
		生活	安定した採集経済 **定住化**→貝塚・竪穴住居
		その他	**アニミズム**…自然崇拝
	弥生時代	道具	**弥生土器** 石器に加え，**金属器**（青銅器・鉄器）
		生活 その他	**水稲耕作**の本格化 小国の形成→首長の登場

THEME 1

旧石器時代から縄文時代へ

ここで畠きめる!

- 旧石器時代には,人々が小規模な集団で移動しながら生活する
- 縄文時代になると，気候の温暖化で採集する食料が豊富
- 縄文時代には人々の生活が安定し，定住化して集落を営む

1 旧石器時代

1 更新世の日本

人類は猿人(えんじん)・原人(げんじん)・旧人(きゅうじん)・新人(しんじん)の順で出現したとされています。猿人の次の原人があらわれた時代は，地質学では**更新世**(こうしんせい)で，**氷河時代**(ひょうが)ともよばれました。この時期は，寒冷な氷期(ひょうき)と比較的温暖な間氷期(かんぴょうき)を長い時間をかけてくり返して，寒冷な時期には大陸で氷河が発達して海面は今より低くなります。そのため，氷河時代の日本列島は大陸と地つづきになることもあって，大陸からはナウマンゾウやオオツノジカなどの大型動物が渡ってきました。

日本人の祖先もおよそ4万年前に大陸から渡ってきたと考えられます。現在までに発見された更新世の化石人骨はいずれも**新人**段階のもので，静岡県の**浜北人**(はまきたじん)や沖縄県の**港川人**(みなとがわじん)などごくわずかにすぎません。日本人の原型は，旧石器人の子孫の縄文人(じょうもんじん)であり，その後，弥生(やよい)時代以降に渡来した北アジアに住んでいた人々などと混血をくり返したと考えられます。

▼日本列島の形成

❷ 旧石器文化

第二次世界大戦以前，日本列島には**旧石器時代**は存在しないと考えられていましたが，戦後の1949年，群馬県**岩宿遺跡**の発掘調査で，更新世に堆積した関東ローム層から**打製石器**が確認されました。以降，日本列島各地で縄文時代以前の更新世の地層からあいついで打製石器が発見されたことで，旧石器時代の存在が明らかになりました。

旧石器人は狩猟と植物を採集する生活を送っていました。狩猟では，**ナイフ形石器**や槍の先につける**尖頭器**をもちいて，ナウマンゾウやオオツノジカなど大型動物を捕えました。長野県の**野尻湖**ではナウマンゾウの化石骨と打製石器が同じ地層から見つかっています。旧石器時代末期には小型の石器を木の先にうめこんで使う**細石器**がつくられました。

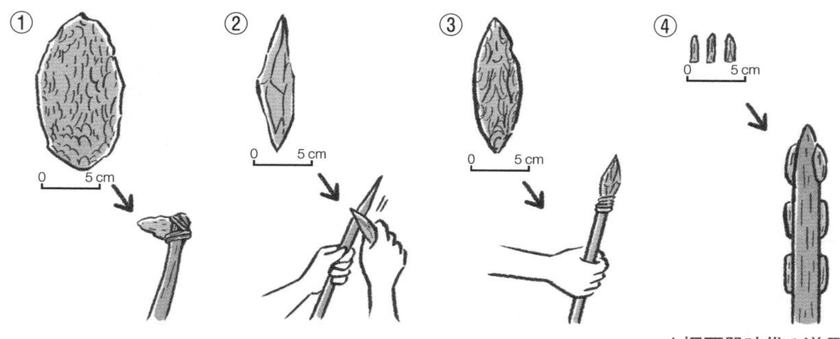

▲旧石器時代の道具

①は打製石斧，②はナイフ形石器，
③は尖頭器，④は細石器だよ！

またこの時代の人々は，獲物や植物性の食料を求めて一定の範囲内を移動して，平地に柱を立ててテントのような簡単な小屋をつくって住んだり，一時的に洞穴に住んだりしていたようです。

2 縄文時代

① 縄文文化の形成

今からおよそ1万年前，最後の氷期がすぎて地質学でいう**完新世**になります。地球の気候も温暖化して海面が上昇し，現在の日本列島に近い状態になりました。針葉樹林にかわって，東日本にはブナやナラなどの落葉広葉樹林，西日本にはシイなどの照葉樹林が広がります。大型動物は絶滅して，動きの早いシカ・イノシシ・ウサギなどの中小動物が多くなりました。このような環境にあわせて人々の生活も変化して**縄文文化**が成立しました。縄文文化の特徴は，食料を煮るための**土器**，中小動物を射るための**弓矢**，全面を磨いた**磨製石器**が出現したことです。

▼縄文土器

この時代の土器は表面に細い縄でつけた文様をもつので，**縄文土器**とよばれ，土器の変化で草創期・早期・前期・中期・後期・晩期の6期に区分されます。

② 縄文人の生活

気候の温暖化にともない，クリ・クルミなどの木の実や，ヤマイモなどの植物資源が豊富になります。土を掘る**打製石斧**や，木の実を割ってすりつぶす**石皿**や**すり石**などが使われました。土器は貯蔵用でもありますが，アク抜きや食料の煮炊きにももちいられます。狩猟では，中小動物を捕えるため，**石鏃**をつけた弓矢や落とし穴がもちいられました。

▼石皿とすり石

また，気候が温暖化して海面が上昇した**海進**によって，日本列島は入江の多い島国となり，漁労が発達し，釣針・銛などの**骨角器**とともに，石錘・土錘（おもり）がみられ，網漁もおこなわれていました。さら

に各地では丸木舟(まるきぶね)が発見されていて，外洋航海が可能であったことがわかります。

▼骨角器（釣り針）

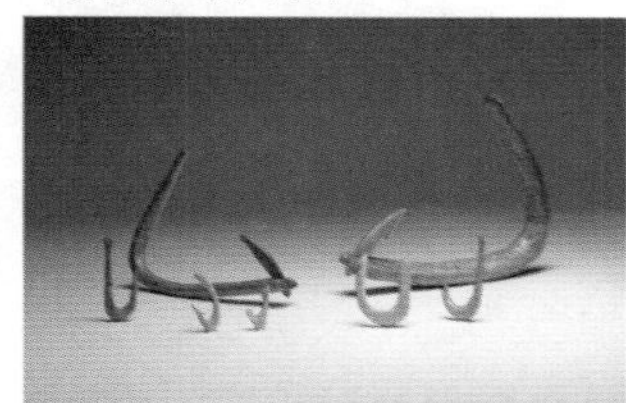

▲石鏃(せきぞく)

▲石槍(いしやり)

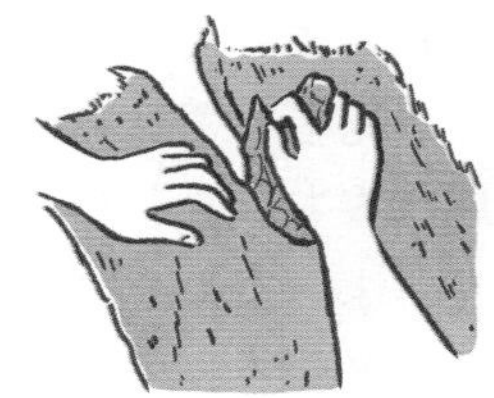

▲石匙(せきひ)

縄文人は湧(わ)き水(みず)のある日当たりのよい台地や河岸・浜辺に集落をつくり，定住するようになりました。集落では中央に広場を設け，それをとりまくように５人ほどが住める**竪穴住居**(たてあなじゅうきょ)を建てました。青森県の**三内丸山遺跡**(さんないまるやま)のように大規模な集落も見つかっています。各地に残る**貝塚**(かいづか)は当時のゴミ捨て場で，人々の食生活がよくわかります。明治時代にアメリカ人の生物学者モースが東京の**大森貝塚**(おおもり)を発掘調査したのが日本の考古学(こうこがく)のはじまりでした。また，長野県の**和田峠**(わだとうげ)など限られた場所でしか採れない**黒曜石**(こくようせき)でつくった石器が各地で見つかっていることから，集落間で広範囲に交易がおこなわれていたことがわかります。

▼三内丸山遺跡（青森県）

縄文時代は，人々のあいだに貧富の差や身分の上下がほとんどなかったと考えられます。それは集落のなかで住居の規模に大きな差がないことや，埋葬が共同墓地でおこなわれ，特別な墓がほとん

どなかったことから推測できます。

縄文人は自然現象や自然物に霊がやどると考えていました。これを**アニミズム**といいます。呪術によって災いを避け，豊かな収穫を祈りました。女性をかたどった**土偶**（どぐう）や，男性の生殖器を石で表現した石棒（せきぼう）などは呪術（じゅじゅつ）的風習の存在をうかがわせます。健康な歯を抜く**抜歯**（ばっし）もおこなわれ，成人式などの通過儀礼だったと考えられます。死者を埋葬（まいそう）する際には身体を曲げて埋葬する**屈葬**（くっそう）がおこなわれており，これは死者の霊が災いをおよぼすのをおそれたからだと思われます。

▼土偶

▼縄文時代のおもな遺跡

黒曜石は数百キロ離れた集落とも交易されていたと考えられるよ！

THEME

2 弥生時代

ここで畠きめる！

- 弥生時代の特徴は水稲耕作と金属器の使用
- 弥生時代には食料生産が本格化，貧富・身分の差が発生
- 日本列島には小国が分立し，中国に使者を派遣していた

1 弥生時代

① 弥生文化

日本列島で1万数千年つづいた縄文(じょうもん)文化は，中国大陸や朝鮮半島で形成された農耕文化の影響を受けて変化しました。朝鮮半島に近い九州北部ではじまった**水稲耕作**(すいとうこうさく)が東日本まで広がり，北海道と南西諸島をのぞく日本列島は食料採集段階から食料生産段階へと移って**弥生**(やよい)**文化**が成立しました。以降，古墳がつくられるようになる3世紀なかばまでが**弥生時代**になります。弥生時代は早期・前期・中期・後期の４期に区分されます。

弥生時代の北海道と沖縄はどうなっていたの？

縄文文化は日本列島全体に広がったけど，弥生文化は北海道や沖縄には広がらなかったんだ。北海道では**続**(ぞく)**縄文文化**，沖縄など南西諸島では**貝塚**(かいづか)**文化**とよばれる食料採集の文化がつづいたよ。

弥生時代には青銅(せいどう)や鉄のような**金属器**を生産するようになりました。銅と錫(すず)の合金である**青銅器**には銅鐸(どうたく)・銅剣(どうけん)・銅戈(どうか)・銅矛(どうほこ)などがあり，主に祭りの道具として使われ，**鉄器**は武器や工具など実用的な道具として使用されました。さらにそれまでの縄文土器とはことなる**弥生土器**がつくられ，貯蔵用の**壺**(つぼ)，煮炊き用の**甕**(かめ)，盛りつ

け用の**高杯**，米などを蒸す**甑**などが使われました。

銅鐸はお祭りで使ったベルだよ！

▼銅鐸

▼弥生土器

② 弥生人の生活

水稲耕作がはじまって人々の生活は変わりました。弥生時代の水田は１辺が数メートル程度の小区画のものが多く，灌漑・排水用の水路をそなえていました。当時は稲の種を直接播くだけでなく，田植えもはじまっていたという見方もあります。耕作では木製の農具をもちい，収穫は**石包丁**を使って穂首刈りをおこなっていました。そして収穫した籾は**高床倉庫**や貯蔵穴におさめられ，**木臼**や**竪杵**で脱穀しました。後期には石器にかわり鉄鎌など鉄製の農具も使用されるようになりました。

おもに石器や木製農具が使われたよ！

▼石包丁

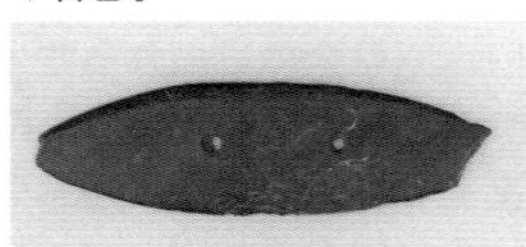

人々の住居は縄文時代と同じ，竪穴住居が一般的でした。死者は共同墓地に葬られ，**伸展葬**も多くなります。九州北部では大型の土器に死者を葬った**甕棺墓**や地上に大石を配した**支石墓**がみられ，甕棺のなかには銅鏡など副葬品が入ったものもありました。また，近畿地方や東海・北陸地方に多くみられるのは墳丘のまわりに溝をめ

ぐらせた**方形周溝墓**で，後期になると，西日本各地に大きな**墳丘墓**があらわれます。こうした副葬品をもつ墓や大規模な墳丘墓があらわれるのは，集団のなかに貧富の差や身分の区別が生じたことを示し，有力な首長の存在をうかがわせます。

▼弥生時代の遺跡

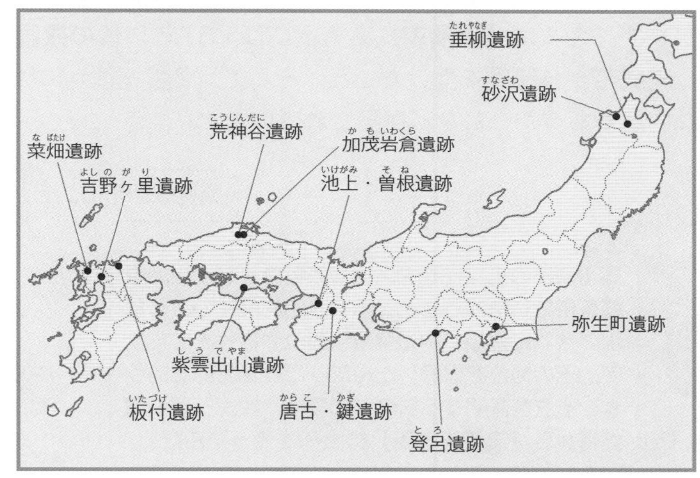

佐賀県**吉野ヶ里**，奈良県**唐古・鍵**は**環濠集落**，香川県紫雲出山は**高地性集落**だよ！

2 小国の分立

① クニの形成

水稲耕作が広まったことで，集落間では水田や灌漑用水をめぐる争いや，収穫物をめぐる争いがおこるようになります。そのため，外部の敵から集落をまもる施設もつくられるようになりました。佐賀県の**吉野ヶ里遺跡**に代表される**環濠集落**や，弥生時代中期以降，瀬戸内海沿岸につくられた**高地性集落**はそれにあてはまります。抗争のなかでより広い地域を支配する権力が形成され，各地には「**ク**

ニ」とよばれる政治的なまとまりが生まれました。

このころ，中国では**漢**王朝が成立し，朝鮮半島へ勢力を伸ばしていました。漢の歴史を記した『**漢書**』地理志では当時，「倭」とよばれていた日本の記録がみられます。紀元前後の倭は100余国に分かれていて，朝鮮半島の**楽浪郡**に定期的に朝貢していたことが書かれています。さらに『**後漢書**』東夷伝には，57年に倭の**奴国**が朝貢し，**光武帝**から**印綬**を受けたこと，そして，２世紀後半には倭で大きな内乱があったことなどが記されています。

朝貢って何？

周辺諸国の王が使者を派遣して貢物を献上し，中国皇帝にしたがうことを示す政治的儀礼のことだよ。それに対して中国皇帝は爵位や称号をあたえて，王の地位を保障したんだ。これを**冊封**というよ。それを証明するものが**印綬**で，奴国王は中国皇帝から**「漢委奴国王」の金印**を賜ったんだ。

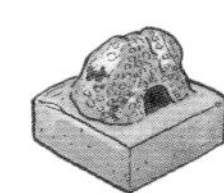
▲金印

❷ 邪馬台国連合

▼3世紀の東アジア

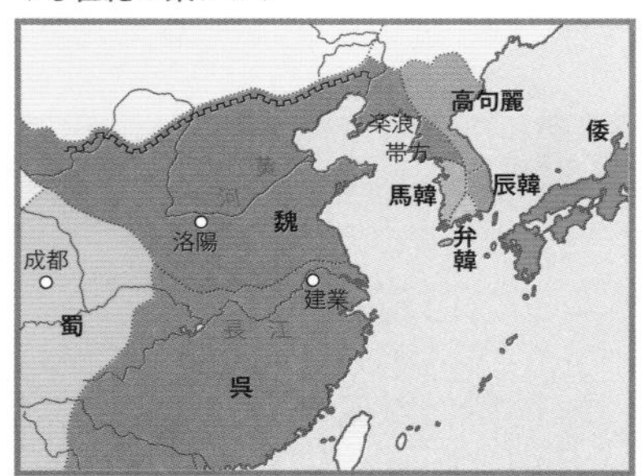

３世紀になると，中国では魏・呉・蜀の三国時代になりました。この時代の歴史書『三国志』の「**魏志**」**倭人伝**によれば，諸国の王が**邪馬台国**の**卑弥呼**を女王として立てたことで，2世紀後半からの内乱が終息して，邪馬台国を中心に約30国の連合が成立したことがわかります。また，卑弥呼は「**鬼道**」といわれる呪術で人々を支配したとされます。239年には，卑弥呼が朝鮮半島の**帯方郡**を通じて魏に朝貢して，「**親魏倭王**」の称号と金印などを授けられました。

そして，邪馬台国では身分の区別があり，統治組織が整備されるとともに，税も徴収され，市（いち）も開かれていました。

邪馬台国はどこにあったの？

邪馬台国の所在地については**九州説**と**近畿説**があるよ。これについて，明確なこたえは出ていないけれど，奈良県の纒向（まきむく）遺跡が3～4世紀ごろの大集落で邪馬台国連合とヤマト政権のつながりを考えるうえで注目されているよ。

過去問にチャレンジ

問1　下線部ⓐに関連して，次の土器の**写真2・3**は，一方が甕で，もう一方は甑である。**写真2・3**の土器の名称と用途を説明した後の文**X・Y**について，その正誤の組合せとして正しいものを，後の①～④のうちから一つ選べ。（ただし，写真の縮尺は一定ではない。）

写真2

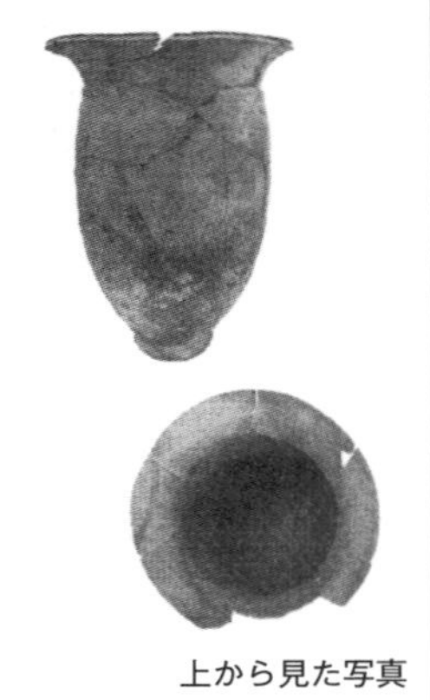

上から見た写真

※下部に火を受けた痕跡であるすすが付着している。

写真3

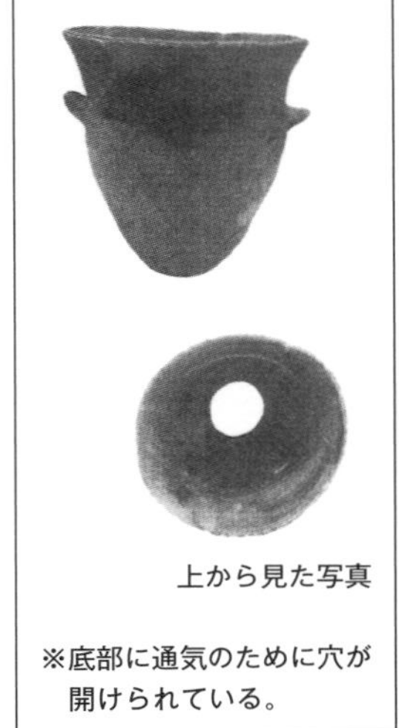

上から見た写真

※底部に通気のために穴が開けられている。

X　**写真2**の土器は甕で，食品を煮るために用いられた。
Y　**写真3**の土器は甑で，食品を蒸すために用いられた。

①　**X**　正　　**Y**　正
②　**X**　正　　**Y**　誤
③　**X**　誤　　**Y**　正
④　**X**　誤　　**Y**　誤

（2024年度　本試験　日本史B　第2問）

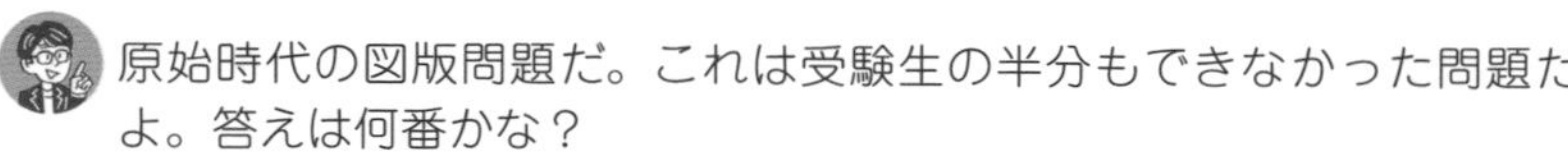
原始時代の図版問題だ。これは受験生の半分もできなかった問題だよ。答えは何番かな？

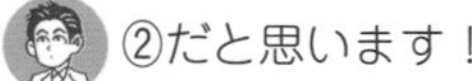
②だと思います！

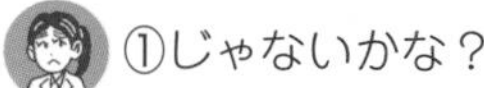
①じゃないかな？

答えが分かれたね。正解は①だ。**X・Y**ともに正文だ。

やったー！

えー，**写真２**は甕かなと思ったけど，**Y**は**写真３**を見ても意味がわからないよ。

なぜわかったのかな？

図説資料で見たことがあったんです。**甑**は米を蒸すのに使用されたって。図解もありました。

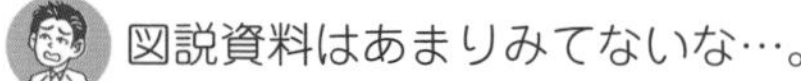
図説資料はあまりみてないな…。

実は，多くの受験生が②を選んで間違った問題なんだ。確かに，写真を見て，穴が空いている理由を推測するということも大事だけど，結局，普段から図版のチェックをしておきたいところだね。**教科書や参考書だけでなく，図説資料も日本史を勉強する教材の１つだよ**。

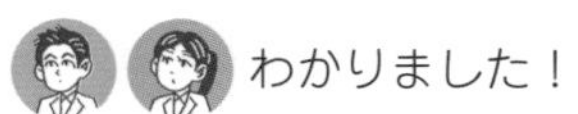
わかりました！

SECTION 2

古墳時代

THEME

SECTION 2 で学ぶこと

この時代には，各地の首長である豪族が畿内の勢力を中心に連合して**ヤマト政権**が成立するよ。これは各地の首長が共通の墓である**前方後円墳**に埋葬されたことからうかがえるんだ！

1 ヤマト政権の成立

３世紀後半には，有力者の墓である**前方後円墳**が各地に出現します。これらの古墳は共通の特徴をもっているので，首長たちによる広域の政治連合が形成されていたことがわかります。畿内を中心に形成された政治連合を**ヤマト政権**とよびます。

2 倭の五王の時代

古墳の分布などから，５世紀にはヤマト政権の勢力が九州地方から東北地方まで広がっていたことがわかります。中国の歴史書である『**宋書**』には「**倭の五王**」が軍事的に勢力を拡大していたという記事があり，この時期には**大王**の権力が強化されたことがうかがえます。

3 氏姓制度の確立

６世紀になると，ヤマト政権は**磐井の乱**など地方豪族の反乱をおさえ，地方豪族や有力農民を服属させ，支配体制である**氏姓制度**を確立します。中央では，**大伴氏**が失脚する一方，**蘇我氏**・**物部氏**といった有力豪族による権力闘争が激化します。

1 時代の特徴

外交

ヤマト政権は朝鮮半島へ進出して先進技術の入手に努めます。そのため，４世紀には，朝鮮南部の**加耶**に拠点をおき，**百済**と同盟関係を結んで，南下する**高句麗**に対抗しました。５世紀には，中国南朝の**宋**に遣使をして冊封を受け，朝鮮での優位を確保しようとしました。

文化

この時期には，**古墳**を築造するとともに，各地では首長を中心に在来の神々の信仰が発達しました。一方で朝鮮半島から**渡来人**が渡ってきて，さまざまな文化が伝来しました。なかでも，６世紀には百済から**仏教**が伝来しました。ヤマト政権は技術や文化を受容するため，**渡来人**を組織化しました。

2 古墳の変遷

	外形など	内部構造など	具体例
前期	**畿内中心** 前方後円墳	**竪穴式石室** 副葬品：鏡・玉など 被葬者は**司祭者的性格**	**箸墓古墳**（奈良県）
中期	**各地へ拡大** 前方後円墳	**竪穴式石室** 副葬品：武具・馬具など 被葬者は**軍事的性格**	**大仙陵古墳**（大阪府） 誉田御廟山古墳（大阪府）
後期	群集墳	**横穴式石室** 副葬品：土師器・須恵器など 有力農民の成長	新沢千塚古墳群 （奈良県）

THEME 1

ヤマト政権の形成

ここで働きめる！

- 前方後円墳など古墳の出現がヤマト政権の形成を示す
- 古墳時代の前期から中期にかけて前方後円墳は巨大化する
- ヤマト政権は鉄資源を確保するために朝鮮半島に進出

1 ヤマト政権の成立

① 古墳の出現とヤマト政権

３世紀後半になると，西日本を中心に**前方後円墳**（ぜんぽうこうえんふん）などの古墳（こふん）が築かれるようになります。これらの古墳は埋葬（まいそう）施設や副葬品（ふくそうひん）など共通の特徴がみられました。このことから，これらの古墳をつくった各地の有力な首長である豪族たちのあいだに共通の意識がみられ，広い範囲におよぶ政治的な連合が形成されていたことがうかがえます。

古墳は，各地の首長のなかでヤマト政権のメンバーになった者が築造を認められたものだと考えればいいよ。古墳の広がりはヤマト政権の拡大を示しているんだ。

箸墓古墳（はしはか）など，出現期の大規模な古墳が奈良にあることから，この地方が政治連合の中心であったと考えられます。そのことから，この政治連合を**ヤマト政権**とよんでいます。古墳はヤマト政権の勢力拡大とともに各地に広がり，遅くとも４世紀なかごろまでには東北地方の南部にまで波及し，７世紀ごろまでつくられます。古墳がつくられたこの時期を**古墳時代**とよびます。

❷ 前期から中期の古墳文化

▼竪穴式石室

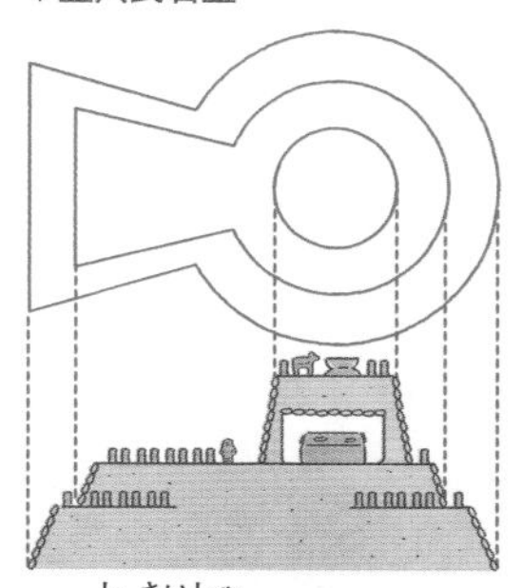

３世紀なかごろから４世紀後半の**古墳時代前期**は，自然の丘陵などを利用した**前方後円墳**が多く，埋葬施設は**竪穴式石室**でした。墳丘には葺石をふき，墳丘のうえには**埴輪**が並べられています。前期には円筒埴輪や家形埴輪などがもちいられました。前期の副葬品には**三角縁神獣鏡**をはじめとする銅鏡や玉類，腕飾りなど呪術的・宗教的なものが多く，埋葬されたこの時期の支配者が**司祭者的な性格**をもっていたことをうかがわせます。

４世紀末から５世紀末の**古墳時代中期**になると，最大の規模をもつ大阪府の**大仙陵古墳**（仁徳天皇陵古墳）をはじめ，平地に墳丘を盛り上げた巨大な前方後円墳がつくられます。近畿地方だけでなく，関東・瀬戸内・南九州などの地域にも大規模な前方後円墳がつくられ，これらの地域の首長がヤマト政権のなかで重要な位置にあったことがわかります。中期の埋葬施設は前期同様，**竪穴式石室**でしたが，副葬品には鉄製の武器・甲冑や馬具などが多くなり，埋葬された支配者は**軍事的な性格**が強まったことを示しています。

畿内に巨大な古墳が多いね！５世紀ごろのヤマト政権の首長である大王の墓だと考えられるよ。

▼主な古墳

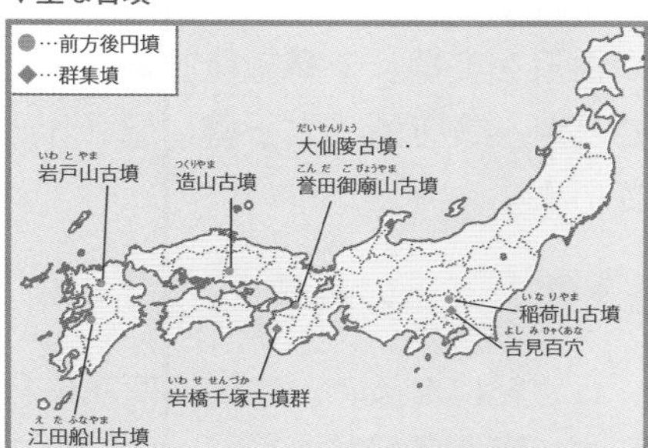

2 ヤマト政権と中国・朝鮮

① ヤマト政権の朝鮮半島進出

中国では，３世紀後半に晋が国内を統一しますが，４世紀はじめには北方民族の侵入を受けて南に移り，中国の支配が弱まった朝鮮半島では地域勢力が成長します。中国東北部におこった**高句麗**は南に勢力を広げて，313年には**楽浪郡**を滅ぼして朝鮮半島北部を支配します。朝鮮半島南部では馬韓・辰韓・弁韓の３つの地域に分かれ，小国の連合が形成されていましたが，馬韓では**百済**，辰韓では**新羅**が国家を形成しました。

ヤマト政権は，**鉄資源**を確保するため，弁韓地域の**加耶**（加羅）**諸国**と深い関係をもっていました。４世紀後半には，高句麗が南下をすすめて百済に侵攻し，一方で**新羅**の勢力も強くなってきます。そのため，**百済**は倭国との同盟をむすんで高句麗に対抗しようとしました。奈良県石上神宮に伝わる七支刀の銘文から倭国と百済の密接な関係がうかがえます。４世紀末から５世紀はじめごろ，諸国が朝鮮半島で対立するなかで倭国が百済を支援して高句麗と戦ったことが，**高句麗好太王碑**に記されています。

▼４世紀の朝鮮半島

▼４～５世紀の東アジア

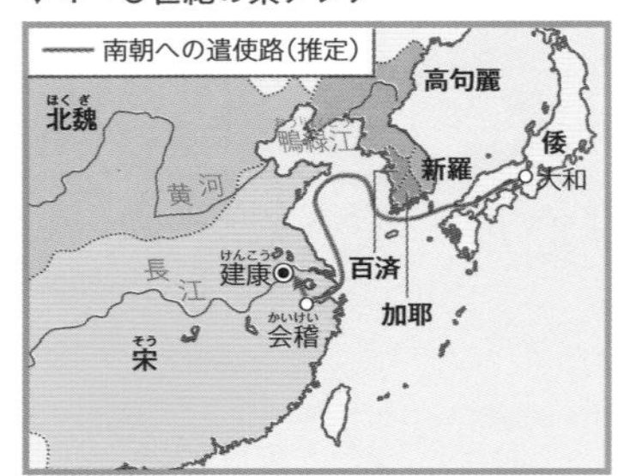

② 倭の五王の遣使

５世紀になると，中国は南北に分裂する**南北朝時代**になり，中国の史書にもふたたび倭の存在があらわれます。『**宋書**』倭国伝によると，５世紀には，**讃**・**珍**・**済**・**興**・**武**と記された**倭の五王**が冊封を求めて南朝に朝貢して，倭国王の地位の承認と朝鮮半島南部の軍事指揮権を示す称号を求めたことがわかります。この目的は，中国皇帝の権威を借りて，倭国内の支配を強化し，朝鮮半島における外交・軍事上の立場を有利にすることでした。

倭の五王の一人である武が南朝に送った上表文では，５世紀にヤマト政権が勢力を東西に大きく広げたことが記されています。**熊本県江田船山古墳**，**埼玉県稲荷山古墳**から出土した刀剣の銘文では，倭王武にあたる人物が「**獲加多支鹵大王**」と記されており，この時期のヤマト政権の王が**大王**と称されていたことがわかります。

『宋書』で「**倭王武**」とされている人物は，「**獲加多支鹵大王**」だと考えられていて，5世紀には**大王**という称号が存在していたことがわかるね。のちに編纂された『日本書紀』では**雄略天皇**とされていて，実在が確認できる最も古い天皇だよ。

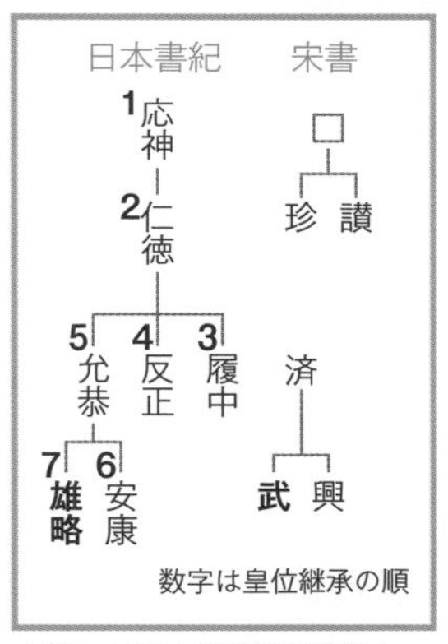

▲倭の五王と天皇家略系図

THEME 2

ヤマト政権の発展

ここで直きめる！

- ６世紀ごろに儒教や仏教が百済から伝来した
- ６世紀には支配体制である氏姓制度が確立する
- ５～６世紀には大王を中心とする中央の勢力が強くなる

1 大陸文化の受容と人々の生活

① 大陸文化の伝来

ヤマト政権が朝鮮半島や中国との交流を深めると，多くの人々が倭(わ)に渡ってきました。これらの人々を**渡来人**(とらいじん)とよびます。

大陸のすすんだ技術や知識をもった渡来人は，鉄器・**須恵器**(すえき)の生産，機織(はたおり)，乗馬，文字の知識などをつたえました。ヤマト政権は渡来人を積極的に受けいれ，**韓鍛冶部**(からかぬちべ)・**陶部**(すえつくりべ)**（陶作部）**・**錦織部**(にしごりべ)・**鞍作部**(くらつくりべ)など技術者の集団として組織しました。また，文字をもちいる者を**史部**(ふひとべ)として，外交文書や記録の作成などを担当させました。漢字の音を借りて人の名前や地名などを書きあらわすようになったのもこのころです。

『古事記』や『日本書紀』には，**西文氏**(かわちのふみうじ)の祖とされる**王仁**(わに)，**東漢氏**(やまとのあやうじ)の祖とされる**阿知使主**(あちのおみ)，**秦氏**(はたうじ)の祖とされる**弓月君**(ゆづきのきみ)ら渡来人のエピソードが記されているよ。西文氏と東漢氏は**史部**だよ。
ちなみに，韓鍛冶部は製鉄，陶部は須恵器(すえき)生産，錦織部は機織(はたお)り，鞍作部は馬具の生産をしたよ。

６世紀には，百済から渡来した**五経博士**(ごきょうはかせ)によって**儒教**(じゅきょう)がつたえられます。さらにインドで誕生してアジア各地に広まった**仏教**(ぶっきょう)もつたわりました。公式の伝来は，百済(くだら/ひゃくさい)の聖明王(せいめいおう)が欽明(きんめい)天皇に仏像や経(きょう)

論などをつたえたとされています。その時期については，『**上宮聖徳法王帝説**』による**538年**とする説と，『**日本書紀**』による**552年**とする説があり，前者が有力とされています。仏教は豪族たちに氏の繁栄をもたらす「異国の神」として受け入れられていきます。

② 古墳時代の人々の生活・信仰

古墳時代の人々の生活は古墳の埴輪や副葬品などからうかがえます。民衆の住居は竪穴住居が多く，一部の豪族は民衆の住む集落から離れたところに大規模な居館をかまえるようになり，民衆と豪族の格差が生まれました。5世紀になると朝鮮半島の影響で竪穴住居の内部にカマドが設けられるようになります。

馬形埴輪からは乗馬の風習，家形埴輪からは豪族の居館の様子がうかがえるね！

▼馬形埴輪

▼家形埴輪

▼土師器

▼須恵器

土器は，古墳時代になって，弥生土器の系譜をひく**土師器**が使われましたが，5世紀以降になると，朝鮮半島からつくり方が伝わった**須恵器**も使用されるようになりました。

古墳時代の人々は農耕儀礼を重視して，春には豊作を祈る**祈年祭**，秋には収穫を感謝する**新嘗祭**をおこないました。また，人々は太陽や山・川・巨木・巨岩などを神，または神がやどる場所と考え，社をつくって神をまつるようになります。**三輪山**を神体としてまつる奈良県の**大神神社**や，玄界灘の**沖ノ島**を神としてまつる福岡県の**宗像大社**では古墳時代の祭祀遺跡や遺物が見つかっています。

呪術的な風習もあり，災厄を免れるための禊・祓や，鹿の骨を焼いて吉凶を占う**太占の法**，さらに裁判の際，熱湯に手を入れて火傷の有無で真偽を判断する**盟神探湯**がおこなわれました。

2 ヤマト政権の支配体制

① ヤマト政権の政治組織

5世紀から6世紀にかけて，ヤマト政権の組織も整ってきました。豪族たちは血縁的なむすびつきを中心とした集団である**氏**を単位として大王に奉仕して，ヤマト政権のなかでの地位を示す**姓**を大王からあたえられます。これを**氏姓制度**といいます。氏は軍事や祭祀などの特定の職務を世襲して，分担する組織でした。姓は氏にあたえられる称号で，地名などを氏とした葛城・平群・**蘇我**などの有力豪族に**臣**，担当の職務を氏の名とした**大伴**・**物部**などの有力豪族に**連**，地方豪族には**君**・**直**をあたえました。豪族は，私有地である**田荘**や私有民である**部曲**を経済基盤としたうえ，ヤツコ(奴婢)とよばれる奴隷も所有しました。

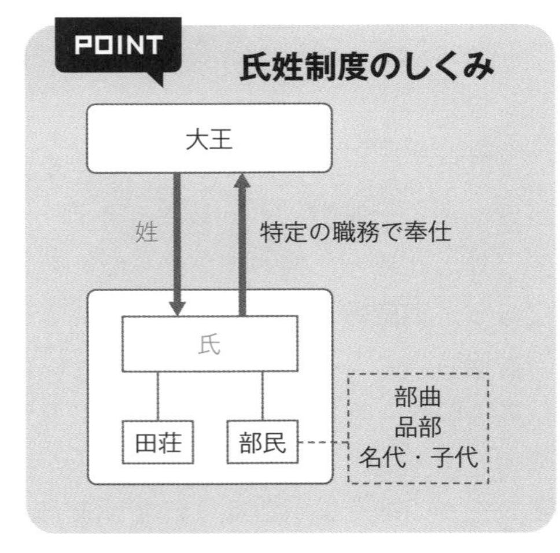

中央の有力豪族であった蘇我氏や大伴氏などは**大臣**・**大連**などの地位について，大王を中心に重要事項を話し合い，ヤマト政権を支えました。そのもとで，**伴造**が部を統率して中央の実務を担当しました。

大王の権力が強くなるにしたがって反発も大きくなり，527年には筑紫国造磐井が新羅と結んで大規模な反乱を起こします（**磐井の乱**）。ヤマト政権はこうした抵抗を抑えながら地方豪族を服属させ，地方支配を強化しました。大王は服属した地方豪族に**国造**の地位をあたえて地域の支配を認めるとともに，大王への奉仕を義務づけます。そして各地には直轄領となる**屯倉**や王族に奉仕する**名代**・**子代の部**

を設けました。

② 後期の古墳文化

6世紀以降の**古墳時代後期**になると，古墳のあり方も変化して，畿内をのぞいて大規模な前方後円墳が営まれなくなり，各地の古墳は規模が小さくなりました。これは各地の豪族の連合であったヤマト政権が，大王を中心とする中央勢力に各地の豪族が従属する形に変化していったことを示しています。それにともない，小規模な円墳がいくつもまとまってつくられた**群集墳**が各地にあらわれるようになりました。これには農業生産の発達によって台頭してきた有力農民に，ヤマト政権が古墳の築造を認めて支配下に取りこもうとする意図がうかがえます。

6世紀には前方後円墳から円墳・方墳にいたるまで，朝鮮半島の影響を受けた**横穴式石室**をもつ古墳が多くなります。入り口を開いて追葬ができる構造となり，家族の合葬も可能となりました。副葬品は，武具や馬具のほか，土師器や須恵器などの日用品もおさめられるようになります。埴輪の使用もさかんになり，人物や動物をかたどった形象埴輪がつくられました。

▼横穴式石室

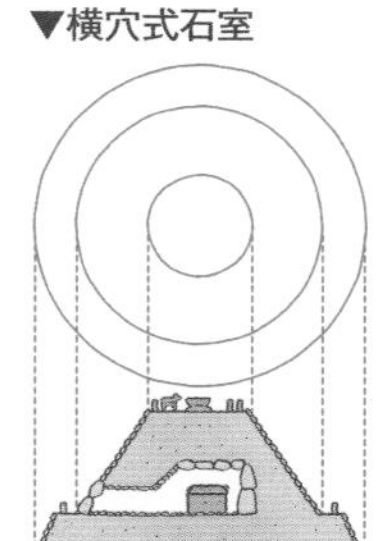

③ 東アジア情勢とヤマト政権の展開

6世紀になると，朝鮮半島では高句麗が勢力を強めて南下しました。これに対して百済や新羅は朝鮮半島南部の加耶諸国に勢力を伸ばして，6世紀のなかごろまでに加耶諸国を併合します。これによりヤマト政権の朝鮮半島における影響力は低下しました。

朝鮮半島の情勢が変化するなか，国内政治も動揺します。6世紀前半に

▼6世紀の朝鮮半島

SECTION 2 古墳時代

は，実権を握っていた大連の**大伴金村**が加耶諸国をめぐる外交政策の失敗で失脚しました。その後，**欽明天皇**のもと，大臣の**蘇我稲目**と大連の**物部尾輿**が台頭して，6世紀なかごろには対立するようになります。蘇我氏は渡来人とむすび，大王家と婚姻関係をむすんで勢力を強め，仏教の受容を積極的にすすめました。587年には**蘇我馬子**が**物部守屋**を滅ぼし，592年には崇峻天皇を暗殺して権力を強めました。

SECTION 3
飛鳥時代

THEME

1　律令国家の形成
2　律令制度

SECTION 3 で学ぶこと

この時代は唐と朝鮮三国による東アジアの動乱の影響を受けたよ。そのなかで倭国では**「大化の改新」**→**「白村江の戦い」**→**「壬申の乱」**という大きな出来事があり，律令国家が形成されたんだ。

1 推古天皇の政治

6世紀末には，**隋**が中国を統一し，高句麗へ侵攻しました。倭国では，蘇我氏が実権を握り，**推古天皇**を即位させました。そのもとで国内では隋や朝鮮諸国に対抗する国家体制をめざして国内の整備が進められました。まもなく隋は滅亡し，**唐**が中国を統一しました。

2 大化の改新

唐は律令国家として成立し，周辺諸国への拡大を進めました。そのなかで**遣唐使**が派遣され，国内では蘇我氏による独裁政治に対して改革の機運が高まりました。そして，**中大兄皇子**らにより蘇我氏が滅ぼされ，孝徳天皇を中心とした政治改革である**大化の改新**がおこなわれました。

3 律令国家の形成

白村江の戦いで唐･新羅に敗れると，対外的な危機感が高まり，**天智天皇**のもとで国防体制の強化がはかられました。天智天皇の死後，**壬申の乱**で勝利して即位した**天武天皇**とつづく**持統天皇**の時代には，天皇の権力が強化され，律令国家の形成がすすめられました。

1 時代の特徴

外交

中国では**隋**，つづいて**唐**が成立し，律令国家が誕生しました。隋・唐は周辺諸国への拡大を進め，朝鮮半島では**高句麗**・**百済**・**新羅**が争う動乱の時代となり，最終的に新羅が朝鮮半島を統一しました。そのなかで倭国は**遣隋使**・**遣唐使**を派遣して隋・唐との関係調整をはかる一方，滅亡した百済の復興をめざした**白村江の戦い**で敗北して対外的な危機感が高まりました。

文化

推古天皇の時代を中心にはじめての仏教文化である**飛鳥文化**が発達しました。蘇我氏を中心に仏教興隆がはかられ，氏族の繁栄を願い**氏寺**が建立されました。**天武天皇**・**持統天皇**の時代を中心に**白鳳文化**が発達しました。この時代には国家仏教が形成され，仏教の国家的保護がすすみ，官寺が建立されました。

2 権力者と重要事項

天皇	権力者	歴史事項
推古	蘇我馬子 厩戸王	**冠位十二階**（603） **憲法十七条**（604）
舒明	蘇我入鹿	
皇極	蘇我蝦夷	
孝徳	中大兄皇子	**大化の改新**
		白村江の戦い（663）
天智		**庚午年籍**（670）
（弘文）	大友皇子	**壬申の乱**（672）
天武		**八色の姓**（684）
持統		**飛鳥浄御原令**施行（689）
		藤原京遷都（694）
文武		**大宝律令**制定（701）

THEME 1

律令国家の形成

ここできめる！

- 隋・唐の成立によって，国内で改革の気運が高まる
- 白村江の戦い以降，対外的危機感が高まり律令国家の形成
- 飛鳥文化・白鳳文化と仏教文化が発達する

1 推古天皇の時代から大化の改新へ

① 推古天皇時代の政治・外交

崇峻天皇の死後，はじめての女性天皇となる**推古天皇**が飛鳥で即位します。天皇の甥の**厩戸王**（**聖徳太子**）が天皇を助け，**蘇我馬子**と協調して政治をおこないました。

▼天皇家と蘇我氏の略系図

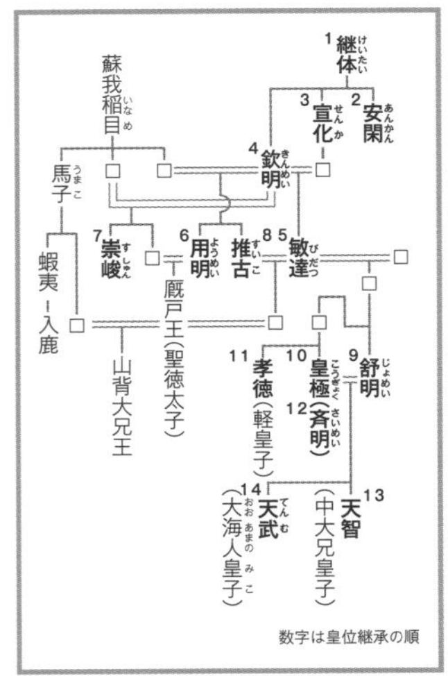

このころ東アジアでは，589年に中国で**隋**が国内を統一して南北朝時代は終わります。隋は高句麗へ遠征するなど周辺地域へ勢力拡大をはかり，東アジアの緊張は高まりました。『**隋書**』倭国伝には，600年に倭が**遣隋使**を派遣したことが記されていて，国交を再開したことがわかります。

隋との外交をきっかけに国家体制が未整備であることを認識し，大臣蘇我馬子と厩戸王は政治改革をすすめます。603年には**冠位十二階**を定め，冠位によって豪族に序列をつけ，氏族ではなく個人の能力による人材登用をはかりました。604年には**憲法十七条**を定め，仏教や儒教の思想を取り入れ，天皇に仕える官人としての心得を豪族に説きました。

豪族を官僚として組織化して，天皇中心の国家体制をめざすのだ！

厩戸王

国家体制を整える一方，607年には**小野妹子**らを遣隋使として派遣しました。隋への国書では，「日出づる処の天子，書を日没する処の天子に致す」として中国に臣従しない立場をとりました。そのため，隋の皇帝であった煬帝はこれを無礼としましたが，倭との対立を避けて翌年，裴世清を倭に派遣しました。608年の遣隋使では**高向玄理**・**旻**ら留学生や学問僧を派遣しました。このとき派遣された留学生・学問僧らは，のちに**大化の改新**など国政改革で活躍することになります。

▼7世紀はじめの東アジア

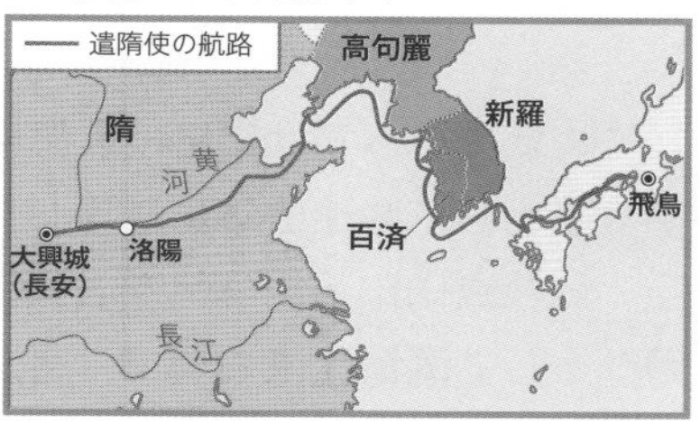

遣隋使を派遣しても，倭の五王の時代のように冊封は受けないよ。

厩戸王

❷ 大化の改新

中国では高句麗遠征に失敗した隋が滅亡して，618年に**唐**が成立します。唐は律令を基本法とする中央集権的な国家体制を整え，周辺諸国への勢力拡大をはじめました。これに対抗して高句麗・百済・新羅は国力の強化につとめました。そのなかで倭は630年に**犬上御田鍬**を**遣唐使**として派遣しました。

国際的な緊張が高まるなか，倭では**蘇我蝦夷**・**入鹿**父子が権力をふるい，643年には厩戸王の子**山背大兄王**を滅ぼすなど，蘇我氏への権力集中がすすみました。一方，皇極天皇の子である**中大兄皇子**は天皇を中心とする中央集権国家の形成をめざして，**中臣鎌足**らとはかって645年に蘇我蝦夷・入鹿を滅ぼしました。これを**乙巳の**

変といいます。

蘇我氏を倒して天皇中心の体制をつくるぞ！

私も協力しましょう！

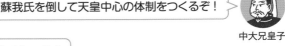

この変をきっかけに皇極天皇は**孝徳天皇**に譲位し，中大兄皇子は皇太子として政治改革に着手します。新政府では阿倍内麻呂を左大臣，蘇我倉山田石川麻呂を右大臣，中臣鎌足を内臣に任命し，政治顧問として**国博士**をおいて，唐から帰国した**高向玄理**と**旻**を登用しました。そして年号を大化と定め，都を飛鳥から**難波**に移しました。646年には，**改新の詔**が出され，①**公地公民制**への移行，②国・郡など地方行政区画の確定，③戸籍・計帳の作成，班田収授の実施，④全国一律の税制，が施政方針として打ち出されました。改革のなかでは，中央の官制が整備されるとともに，地方行政組織として「**評**」が各地に設置され，もとの国造らが役人となり，地方支配が強化されます。このように孝徳天皇の時代におこなわれた諸改革は**大化の改新**といわれます。

大化の改新では**郡**はおかれなかったの？

『日本書紀』にある改新の詔では「**郡司**」という役職がみられるけど，藤原京から出土した木簡では**評**という行政区画がみられるんだ。**木簡**は当時使われていた荷札だからこちらが正しいことがわかるよ。『日本書紀』は後世の学者の記述なので，信用できない記事もあるんだ。

孝徳天皇の時代には，東北地方に居住する**蝦夷**とよばれた人々を支配するための拠点として，現在の新潟県に**渟足柵**・**磐舟柵**がおかれ，斉明天皇の時代には**阿倍比羅夫**が派遣され，秋田・津軽まで遠征しました。

2 律令国家の形成

① 白村江の戦いと天智天皇の即位

660年には**唐**が**新羅**と結んで**百済**を滅ぼします。これに対し，倭国は大軍を派遣して百済の復興を支援しました。しかし，663年，**白村江の戦い**で唐・新羅の連合軍にやぶれ，百済の復興はできませんでした。その後，668年には唐と新羅は高句麗を滅ぼし，さらに新羅は唐の勢力を朝鮮半島から排除して，676年，朝鮮半島を統一しました。

年	できごと
618年	**唐**の成立
645年	**唐**の**高句麗**遠征
660年	**百済**の滅亡
663年	**白村江の戦い**
668年	**高句麗**の滅亡
670年	**唐**と**新羅**が戦争開始
676年	**新羅**が朝鮮半島統一

▲朝鮮半島の動向

一方，朝鮮半島から退いた中大兄皇子は唐・新羅に対応するため，国防の強化をはかります。九州に**防人**を配置し，大宰府の防衛をはかる**水城**・**大野城**や，西日本各地に**朝鮮式山城**を築きました。

▼白村江の戦いと国防体制

中大兄皇子は667年，都を近江の**大津宮**に移し，翌年，即位しました。これが**天智天皇**です。670年には，はじめて全国的な戸籍である**庚午年籍**を作成して，徴兵や課税のため人民の把握につとめるなど，内政改革をすすめました。

戸籍をつくるのは徴兵をして
国防体制を強化するためだ！

天智天皇

② 壬申の乱と天武・持統天皇の時代

▼天皇家略系図

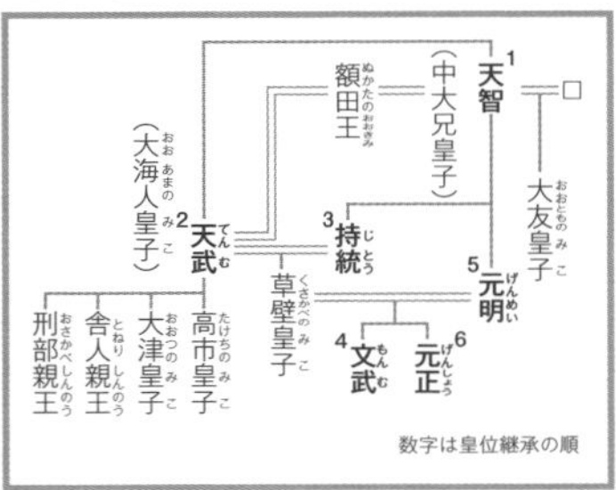

天智天皇が亡くなると，672年，子の**大友皇子**と弟の**大海人皇子**とのあいだで，皇位継承をめぐる争いである**壬申の乱**がおこります。大海人皇子は吉野で挙兵して東国の豪族を味方につけ，近江朝廷を率いる大友皇子を倒しました。勝利した大海人皇子は**飛鳥浄御原宮**に移って即位します。これが**天武天皇**です。

天武天皇は法典や国史の編纂，都城の造営をはじめ，**富本銭**を鋳造するなど律令国家の形成をすすめました。そのなかで豪族をあらたな身分秩序に編成するため，684年には**八色の姓**を定めます。

八色の姓は，真人・朝臣・宿禰・忌寸・道師・臣・連・稲置の8つ。ただし，実際にあたえられたのは忌寸までだったんだ。これらの姓をあたえられた有力豪族は律令制下において貴族になった氏族だよ。

▼藤原京

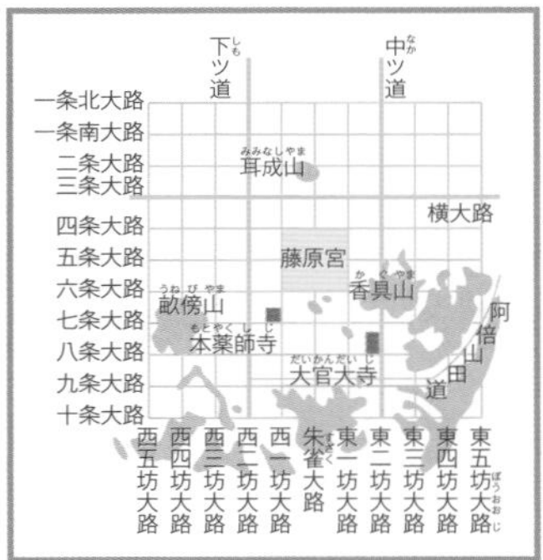

天武天皇が死去すると，皇后であった**持統天皇**が即位して政策を引き継ぎました。689年には**飛鳥浄御原令**を施行し，翌年には**庚寅年籍**を作成します。694年には中国の都城制にならった初の都である**藤原京**へ遷都しました。697年には文武天皇に譲位して，みずからは太上天皇（上皇）として権力を維持しました。

「**天皇**」っていつから使われるようになったの？

「大王」が「**天皇**」とよばれるようになるのは7世紀のことだよ。称号が成立した時期についてはさまざまな意見があるけど，天武天皇のころには確立していたと考えられるんだ。「日本」という国号が使われはじめるのも7世紀後半のことだよ。

3 飛鳥時代の文化

① 飛鳥文化

7世紀前半の**推古天皇の時代**を中心として仏教文化がさかえました。これを**飛鳥文化**といい，主に朝鮮半島との交流を通じて百済や高句麗，中国の南北朝時代の文化の影響を受けました。この時期には百済僧の**観勒**により**暦法**，高句麗僧の**曇徴**により**紙・墨・絵の具**の製法がつたえられました。

推古天皇は，厩戸王と蘇我馬子に仏教の興隆を命じ，豪族たちは寺院を建立するようになります。代表的な寺院には，蘇我馬子が建立した**飛鳥寺**（法興寺），厩戸王が建立した四天王寺，**法隆寺**（斑鳩寺）などがあります。こうした大寺院は古墳にかわって豪族の権威を象徴するものになりました。

飛鳥寺は，はじめての本格的な伽藍をもつ寺院で596年に完成したのだ。礎石の上に柱を立てて，屋根には瓦を葺く建築法が使われている。

蘇我馬子

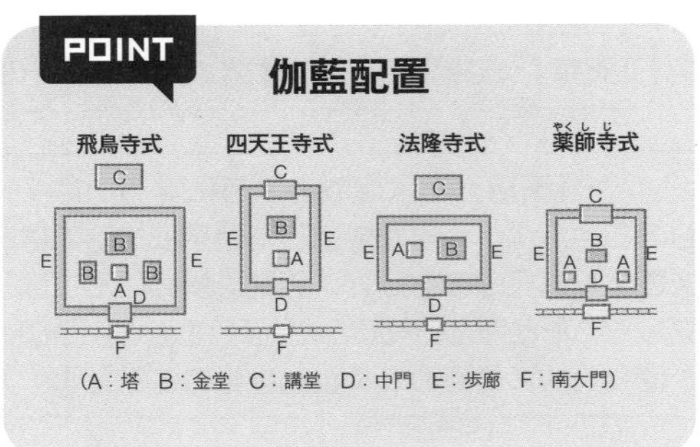

伽藍配置とは寺院の堂塔の位置関係をパターン化したものだよ。はじめは釈迦の遺骨とされる仏舎利を安置する**塔**が中心だったけど，しだいに仏像を安置する**金堂**が中心になったんだ！

この時代は仏教の教えを十分に理解していたわけではなく，氏族の繁栄を願う呪術として受けいれられました。そのなかで，厩戸王は法華経・勝鬘経・維摩経の注釈書である『**三経義疏**』を著したといわれます。

仏像彫刻には中国の南北朝時代の影響がみられ，仏像は銅に鍍金した金銅像や木像が中心でした。金銅像では仏師の**鞍作鳥**がつくったとされる**法隆寺金堂釈迦三尊像**，木像では**広隆寺**や**中宮寺**の**半跏思惟像**が代表的な仏像です。その他，**法隆寺玉虫厨子**，**中宮寺天寿国繍帳**などの工芸品が残されています。

▲法隆寺金堂釈迦三尊像

② 白鳳文化

7世紀後半から8世紀はじめ，天武天皇・持統天皇の時代を中心として発展した文化を**白鳳文化**といいます。天武天皇・持統天皇の時代には遣唐使が派遣されておらず，滅亡した高句麗・百済からの渡来人や新羅使を通じて初唐文化や朝鮮半島の文化の影響を受けました。

仏教は，天武天皇が**薬師寺**や**大官大寺**の建立をはじめるなど国家の保護を受けてより一層さかんになり，地方豪族も寺院を建立するなど地方へも広がりました。その一方で天皇の祖先神である**天照大神**をまつる**伊勢神宮**が整備されました。

仏像彫刻では，**薬師寺金堂薬師三尊像**や**興福寺仏頭**などの金銅像がつくられます。絵画では，中国や朝鮮半島の影響を受けた**高松塚古墳壁画**や，インドや西域の様式が取りいれられた**法隆寺金堂壁画**などがあります。

▲興福寺仏頭（旧東金堂本尊）

法隆寺って飛鳥文化の時代につくられたのでは？

法隆寺は『日本書紀』によれば，670年に焼失したとある。のちに最初に建てた法隆寺である**若草伽藍跡**が発掘されて，現在の法隆寺が白鳳文化の時代に再建されたことが証明されたんだ。

▼法隆寺金堂壁画

法隆寺金堂壁画は1949年に焼損しているよ。これがきっかけとなって1950年に**文化財保護法**が制定されたんだ。

その他，百済や高句麗から多くの王族・貴族が亡命してきたこともあって漢詩がつくられるようになる一方，漢詩の影響を受けて，和歌が発展し，**柿本人麻呂**や**額田王**らがすぐれた作品を残しました。

THEME 2

律令制度

ここできめる!

- 中央の政治は二官八省，地方の支配は国司・郡司がになう
- 官人は位階に応じた官職に任じられ，貴族には特権がある
- 戸籍・計帳に登録された公民にさまざまな負担が課される

1 律令国家のしくみ

① 法典の整備と政治組織

文武天皇の701年，**刑部親王**・**藤原不比等**らにより**大宝律令**が制定され，律令国家の基本となる法典が完成します。**律**は刑罰規定で今日の刑法にあたり，**令**は行政に関するさまざまな規定となります。唐の律令を参考にして制定されましたが，日本社会の実情も加味してつくられています。718年には，藤原不比等らが中心となり，**養老律令**が制定され，757年に施行されますが，それ以降，律令は制定されていません。

律令は制定されなかったけど，追加法である**格**や施行細則である**式**を，実情に応じて単発で発令していたよ。

中央の官庁には**二官八省一台五衛府**がありました。神々の祭りをつかさどる**神祇官**と国政を担当する**太政官**がおかれ，太政官のもとに中央の実務を担当する**八省**がおかれました。重要な国政については太政官の**左大臣**・**右大臣**・**大納言**らの**公卿**が審議して，天皇の許可を経て実施されました。官人の監察をする**弾正台**と都の警備など軍事警察を担う**五衛府**は，二官八省からは独立した組織となっていました。

▼律令官制

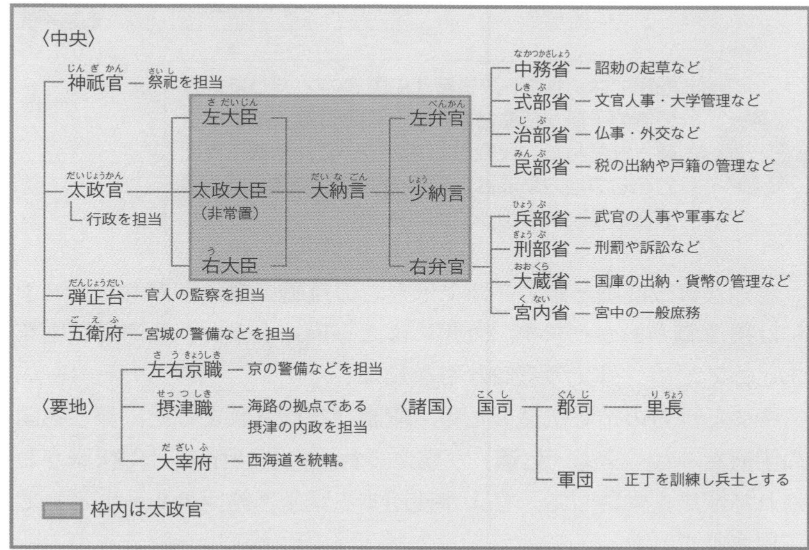

地方支配では，全国を**畿内**・**七道**に区分して，**国**・**郡**・**里**（のち**郷**）を設置しました。**国**には中央から官人が国司として一定の任期で派遣され，役所である**国府**（**国衙**）を拠点として国内の支配をおこないました。**郡**には地方豪族が**郡司**に任じられ，国司の指揮下に**郡家**（**郡衙**）で徴税などの実務にあたりました。**里**は50戸を1里として編成され，里長が任じられました。

▼畿内・七道

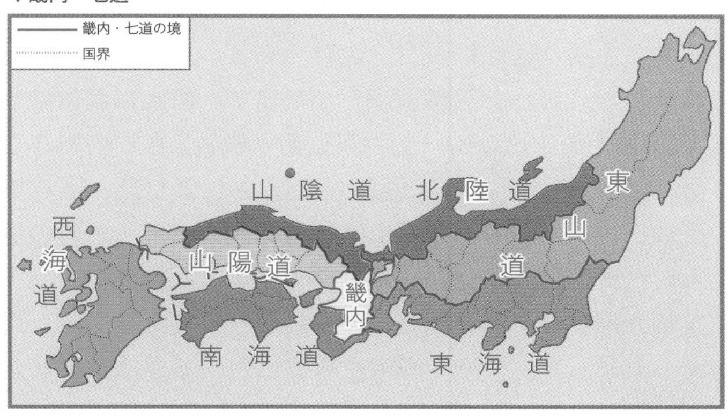

律令制下の郡司の役割は？

郡司には，ヤマト政権時代に国造などだった地方豪族の子孫が任命されたよ。任期はなく地位は世襲されたんだ。民衆とむすびついて，地域に支配力をもつ地方豪族は，国司の支配下で律令制を浸透させる役割を担っていたよ。

特別な行政区画として，都には左右の**京職**，難波宮がある摂津国には**摂津職**がおかれます。九州には**大宰府**がおかれ，西海道諸国をまとめて治め，外交の窓口ともなりました。

中央と地方の情報伝達のため，**駅制**が整備されました。都と各国の国府をつなぐ官道（**七道**）が整えられ，約16 kmごとに**駅家**がおかれて駅馬を常駐して，官人が使用する緊急連絡用のルートとして確保されました。

② 官僚制

中央・地方の官庁には多くの官人が勤務していました。官人には漢字で文書を作成する能力などが求められました。そのため，官人の養成機関として中央では主に貴族の子弟が学ぶ**大学**，地方では郡司の子弟が学ぶ**国学**がおかれました。

官人には正一位から少初位下まで30階に分かれている**位階**があたえられ，位階に応じた官職に任じられました。これを**官位相当制**といいます。主要な官庁は長官・次官・判官・主典の４つで役職が構成されました。これを**四等官制**といいます。官人には位階や官職に応じて田地（位田・職田）・封戸（位封・職封）などの給与が支払われ，調・庸・雑徭などの人頭税が免除されました。五位以上の貴族の子や三位以上の公卿の孫には**蔭位の制**があり，一定の位階があたえられ，その地位が世襲的に維持できました。

律で定めた刑罰は，唐の制度にならい，笞・杖・徒・流・死の**五刑**が定められました。天皇・国家や尊属に対する罪は**八虐**とされ，とくに重い刑罰があたえられました。

蔭位の制って何？

五位以上の子，三位以上の子・孫は21歳になると父や祖父の位階に応じて一定の位階につくことができたんだ。これによって，貴族たちは直系子孫の地位を維持していくことができたんだ。要は貴族層の身分保障の制度だよ。

▼官位相当表

長官　次官　判官　主典　赤字は令外官

※公卿の「公」は大臣、「卿」は大納言・中納言・参議および三位以上の者をいう。

区分	位階		神祇官	太政官	中務省	中務以外の7省	大宰府	国司
貴族（殿上人）・貴（※公卿）	正一位 従一位			太政大臣			(下線は大宰府管轄下の防人司)	
	正二位 従二位			左右大臣 内大臣				
	正三位			大納言				
	従三位			中納言			帥	
貴族（殿上人）・通貴	正四位	上			卿			
		下		参議		卿		
	従四位	上		左右大弁			尹	
		下	伯					
	正五位	上		左右中弁	大輔		大弐	
		下		左右少弁		大輔 大判事	弼	
	従五位	上			少輔			大国守
		下	大副	小納言	侍従	少輔	少弐	上国守
官人	正六位	上	少副	左右弁大史			大忠	
		下			大丞	大丞 中判事	大監 少忠	大国介 中国守
	従六位	上	大祐		少丞	少丞	少監	上国介
		下	少祐			少判事	大判事	下国守
	正七位	上		大外記 左右弁少史	大録	大録	大典・防人正 大疏	
		下			大主鈴	判事大属	主神	大国大掾
	従七位	上		少外記				大国少掾 上国掾
		下					博士	
	正八位	上			少録 少主鈴	少録	少典・医師 防人佑・少疏	中国掾
		下	大史			判事少属		
	従八位	上	少史					大国大目
		下						大国少目 上国目
	大初位	上					判事大令使	
		下					判事少令使	中国目
	少初位	上						下国目
		下						

官位相当表をみれば，位階に応じた官職がわかるね！これらの表で省や国司・郡司なども四等官で構成されているのがわかるかな？

▼四等官制

	省	大宰府	国	郡
長官	卿	帥	守	大領
次官	輔	弐	介	少領
判官	丞	監	掾	主政
主典	録	典	目	主帳

2 土地・人民の支配（公地公民制）

① 戸籍と班田収授法

律令制では人々を**戸**に編成し，6年ごとに作成する**戸籍**に登録しました。1戸は平均25人程度で構成され，最小の行政単位となります。一方，**戸籍**とは別に毎年，**計帳**が作成され，調・庸などの人頭税を徴収する台帳となりました。身分は**良民**（公民）と**賤民**に分けられます。良民の多くは農民でした。賤民には官有の陵戸・官戸・公奴婢（官奴婢），私有の家人・私奴婢の5種類あり，**五色の賤**と総称されます。

戸籍にもとづいて，6歳以上の男女には**口分田**が班給されました。これを**班田収授法**といい，6年ごとに実施されました。これには農民の最低限の生活を保障して，徴税や徴兵の負担者を確保するねらいがありました。**口分田**は戸を単位に戸主に一括で班給され，死んだ人の口分田は6年ごとの班田の年に回収されました。

口分田はどのぐらいもらえたの？

田地は**条里制**によって区画されていて，田地の面積で男性は**2段**，女性はその**3分の2**の**口分田**が支給されたよ。**1段＝360歩**だったから，女子は1段120歩が支給されたんだ。ちなみに官有賤民は良民と同じ，私有賤民は良民の3分の1だったよ。

▼条里制の坪付

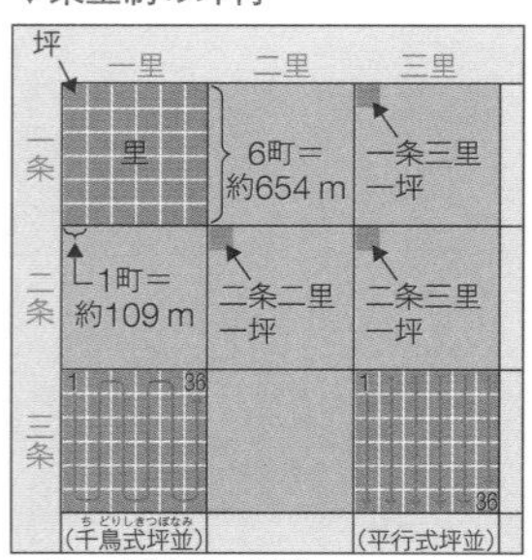

一坪＝一町四方＝10段

② 公民の負担

戸籍・**計帳**に登録された公民にはさまざまな負担がありました。**口分田**などの田地には収穫の約3%にあたる**租**が課され，これは各郡の正倉(しょうそう)に納められました。一方，**計帳**をもとに，**正丁**(せいてい)といわれた成人男性を中心に人頭税(じんとうぜい)が課されました。**調**(ちょう)は各地の特産物，**庸**(よう)は一定量の布を中央政府に納めるもので，郡司がまとめて，公民の義務である**運脚**(うんきゃく)によって輸送されました。**雑徭**(ぞうよう)は国司の命令で年間60日の範囲で土木工事などをおこなう労役(ろうえき)です。その他，春に稲を貸しつけ，秋の収穫のころに利息とともに稲を返済する**公出挙**(くすいこ)があり，国衙(こくが)の財源となったため租税化しました。

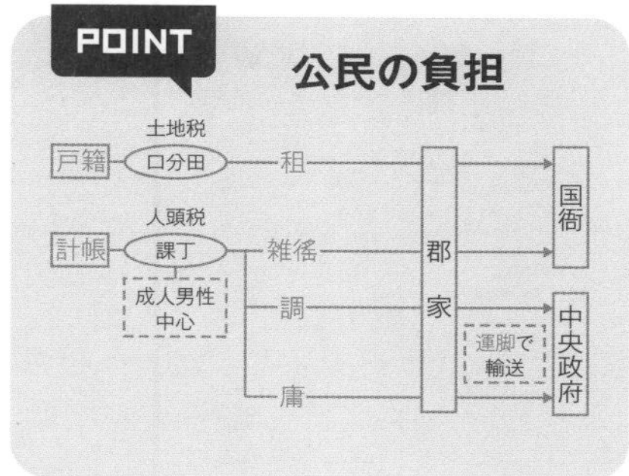

さらに**兵役**の義務もありました。正丁３～４人に１人の割合で徴発され，諸国の**軍団**で訓練を受け，普段は国司のもとで国内の治安維持にあたりましたが，対外戦争での動員も想定されていました。なかには，都の警備にあたる**衛士**(えじ)（1年）や九州の沿岸を警備する**防人**(さきもり)（3年）の任務につく者もいました。

▼公民の負担

税目	中男（少丁） 17～20歳の男性	**正丁** 21～60歳の男性	次丁（老丁） 61～65歳の男性
調	正丁の1/4	**郷土の産物**，絹・絁・布や海産物など一定量	正丁の1/2
庸	負担なし	京で**歳役**10日のかわりに**布2丈6尺**	正丁の1/2
雑徭	正丁の1/4	国司の指示で**年60日以内の労働**	正丁の1/2
租	田地**1段につき2束2把**（収穫の約3%に相当）		
公出挙	春に稲を貸し，秋に利息5割とともに返済（のちに租税化）		

SECTION

奈良時代

THEME

SECTION 4 で学ぶこと

主に**平城京**に政治の中心があった時代が奈良時代だよ。この時代には，**藤原氏が台頭**して貴族社会の中心になっていったことと，**鎮護国家の思想**により仏教が発達したことが重要だ！

1 藤原氏の台頭

藤原不比等は**大宝・養老律令**制定の中心となり，律令制度の成立に大きな役割を果たしたうえ，娘を嫁がせることで天皇家と密接な関係を築き，**藤原氏台頭**の基礎をつくりました。その子である**武智麻呂・房前・宇合・麻呂**は**長屋王**を排除し，光明子を聖武天皇の皇后としました。

2 聖武天皇の時代

聖武天皇の時代には，疫病が流行して**藤原四子**が病死し，**藤原広嗣の乱**がおこるなど社会不安が広がりました。そのため，**鎮護国家の思想**により国家の安定をはかろうとして，**橘諸兄**のもと**国分寺・国分尼寺の建立**や**大仏の造立**を進めました。

3 孝謙上皇(称徳天皇)の時代

橘諸兄にかわって，光明皇太后とむすんだ**藤原仲麻呂**が政権を握りましたが，**道鏡**を寵愛する孝謙太上天皇と対立して滅ぼされました。孝謙太上天皇は重祚して**称徳天皇**となり，そのもとで**道鏡**が仏教政治をすすめ，皇位を狙いました。

1 時代の特徴

経済

公地公民制のもと，**班田収授法**が実施され，人々には口分田が班給されました。しかし，人口増加などにともない口分田が不足したため，開墾の促進策が取られ，**墾田永年私財法**により開墾した田地の永久私有が認められました。そのため，貴族や寺社が開墾を進め，**初期荘園**が形成されました。

外交

唐を中心とした東アジアの秩序が安定しました。そのもとで日本は定期的に**遣唐使**を派遣し，政治制度や文化を学び，唐の文物を入手しました。一方，**新羅**や**渤海**とのあいだにも使節が往来しました。

文化

遣唐使によりもたらされる唐の文化の影響を受けた**天平文化**が発達しました。仏教は**鎮護国家の思想**のもと，国家的な保護により発展しました。また，**正倉院**には聖武天皇が大切にしていた工芸品などが所蔵され，そこには唐だけでなく西アジアなどの影響もみられ，国際性がうかがえます。

2 権力者と重要事項

天皇	権力者	歴史事項
元明	藤原不比等	**平城京**遷都（710）
元正		**養老律令**制定（718）
聖武	長屋王	**長屋王の変**（729）
	藤原四子	光明子立后（729）
	橘諸兄	**藤原広嗣の乱**（740）
孝謙	藤原仲麻呂	**橘奈良麻呂の変**（757）
淳仁		**恵美押勝の乱**（764）
称徳	道鏡	**宇佐八幡神託事件**（769）
光仁	藤原百川	

THEME 1

奈良時代の外交と社会経済

ここで極める!

- 遣唐使を派遣する一方，新羅・渤海ともさかんに交流
- 平城京を中心に律令国家は繁栄する
- 政府が土地の私有を認め，初期荘園が形成される

1 律令国家の発展

① 8世紀の東アジアと日本

中国では唐(とう)が全盛期をむかえ，西アジアとの交流もさかんにおこなうなかで，都の**長安**(ちょうあん)は国際的な都市として発展します。東アジア諸国は唐を中心とする国際関係のなかで発展していきました。

大宝律令(たいほうりつりょう)が制定されると，702年には，669年以来となる**遣唐使**(けんとうし)が派遣され，日本という国号を使用しました。これ以降，8世紀には約20年に1度の割合で遣唐使を派遣します。日本は唐から冊封(さくほう)を受けなかったものの，実質的には朝貢(ちょうこう)をして臣下としての立場をとりました。

遣唐使ははじめ北路で渡航したけど，8世紀に入ると，南路になるよ。**渤海使**(ぼっかいし)は北陸におかれた客院(きゃくいん)に来航したんだ。

▼8世紀ごろの東アジア

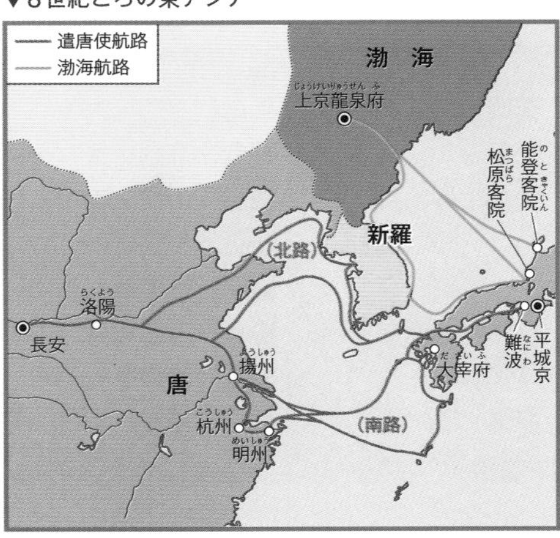

遣唐使には多くの留学生や学問僧が同行して，先進的な政治制度や文化，仏教の教学などの移入に大きな役割をはたしました。日本から派遣された留学生や学問僧には中央政府で活躍した**吉備真備**・**玄昉**や，唐で玄宗皇帝に重用された**阿倍仲麻呂**らがいます。

真備・玄昉らと渡航したけど，結局，漂流したりして日本に帰れなかったのだ…。

阿倍仲麻呂

一方，朝鮮半島の**新羅**や，7世紀末に中国東北部に建国された**渤海**との交流もさかんにおこなわれました。日本は自国を「中華」とする国際関係をもとうとして，新羅や渤海を従属国としてあつかおうとしました。8世紀に入り，唐との関係が安定した新羅は日本に対して対等な立場を主張したため，日本と新羅の関係が緊張することもありましたが，使節の往来はひんぱんでした。渤海は唐・新羅との対抗関係から日本にしばしば使節を派遣して，日本にしたがう形式をとって友好的な関係をもちました。

❷ 平城京の繁栄

710年，元明天皇の時代に，**藤原京**から**平城京**に遷都しました。以降，平安京に都が移るまでの約80年間を**奈良時代**といいます。

平城京は北部中央に**宮城**（平城宮）をおき，東西・南北に走る道路で碁盤の目状に区画される**条坊制**をもつなど，遣唐使がみてきた唐の**長安**を参考にして造営されたと考えられます。宮城には天皇の住居である**内裏**や，政務・儀式の場である**大極殿**・**朝堂院**，政府の役所などがおかれました。京内には官人たちが集住し，薬師寺・大安寺・元興寺などの大寺院が立ち並びました。また，左京・右京には官設の**東市**・**西市**がおかれ，官人に支給された禄などと物資が交換されました。

▼平城京

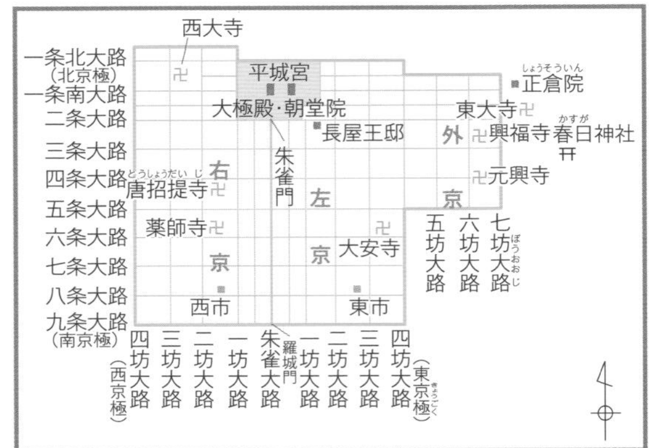

中央を通る**朱雀大路**で**左京**と**右京**に分けられているよ。天皇がいる**平城宮**からみて右・左だ。平城京の正門は**羅城門**というんだ。

政府は708年，唐にならって銭貨である**和同開珎**を発行しました。これは武蔵国から銅が献上されたことがきっかけとなっています。711年には**蓄銭叙位令**を出して銭貨の普及をはかりました。しかし，京・畿内をのぞき，一般には稲や布などが交易の際の交換手段としてもちいられました。

蓄銭叙位令では，一定の銭貨を蓄積した者に，銭貨を政府に納入するのと引換えに位階をあたえたんだ。

政府は東北地方に住む人々を**蝦夷**，九州南部に住む人々を**隼人**として服属させ，異民族として支配しました。

東北地方の日本海側では，712年に**出羽国**をおき，太平洋側には724年に**多賀城**を築いて陸奥国府と**鎮守府**をおいて，蝦夷を支配する拠点としました。一方，隼人が住む九州南部には８世紀はじめに**薩摩国**，713年に**大隅国**をおきました。種子島・屋久島などもこのころに帰属します。

▼東北地方

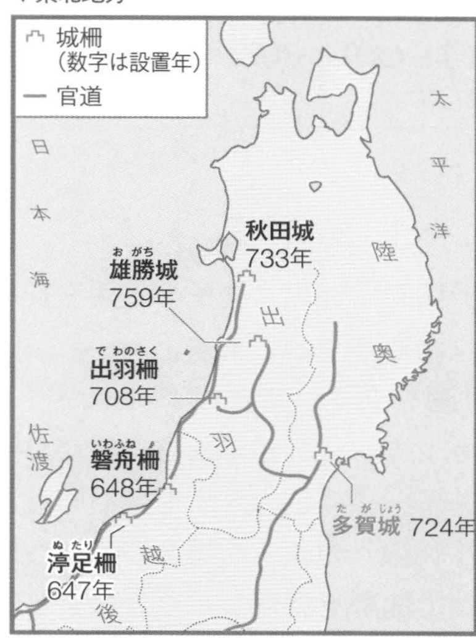

▼九州南部

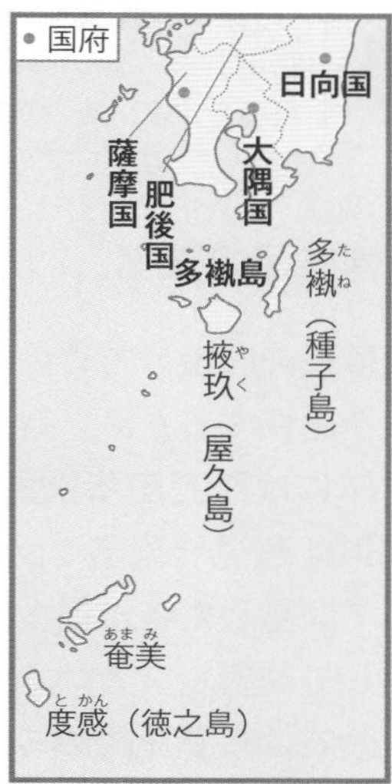

2 土地政策の転換

① 律令支配と農民の生活

8世紀には鉄製の農具が普及するなど農業が発展し，庶民は竪穴住居から平地式の**掘立柱住居**で生活するようになりました。農民は**口分田**のほか，余った田地である**乗田**や貴族・寺社の田地を借りて耕作をしました。これを**賃租**といい，借りた農民は収穫の５分の１を地子として納めました。

律令制のもと，人々は戸籍・計帳に登録された場所で調庸などの人頭税が課されました。困窮した農民のなかには重い負担を逃れようと，**浮浪**や**逃亡**をする者もいました。一方，自然災害などによって田地が荒廃したことや，人口が増加したことで口分田が不足するようになりました。

『**万葉集**』に掲載されている山上憶良の「貧窮問答歌」は，重い負担に苦しむ貧しい農民の姿をうたったものとして有名だよ。

② 土地支配の強化

政府は班田収授のための口分田を確保し，農民の生活を安定させて税収を確保するため，耕地を増やそうとします。

722年には**百万町歩開墾計画**を立てますが成果は上がらず，翌723年には**三世一身法**を出しました。この法はあらたに灌漑設備をつくって開墾した者には本人・子・孫の３代，すでにある灌漑設備を利用して開墾した者は本人１代限りの私有を認めるというものでした。政府は私有を認めることで開墾を促進しようとしましたが，期限になると政府が取り上げたため，開墾はすすみませんでした。

政府は743年，**墾田永年私財法**を出しました。この法では国司の許可のもと，身分に応じた一定の範囲内で開墾した田地（墾田）を永久に私有することを認めました。こうした墾田は班田収授の対象にはなりませんでしたが，租をおさめる**輸租田**として田図に登録され，田地に対する政府の支配は強まりました。

政府は**公地公民制**を放棄したの？

土地の所有は認めるけど，公地公民制を放棄したわけではないよ。むしろ政府の土地支配は強化されたんだ。今までは墾田が把握できなかったんだけど，国司が開墾を許可することで，墾田が把握できるようになった。その後，765年，道鏡政権で**加墾禁止令**が出されて，寺田以外の開墾が禁止されたけど，772年には開墾が無制限に許可されたよ。

墾田永年私財法をきっかけとして，有力な貴族や寺院などは国司や郡司の協力のもと，大規模な山野の開墾をすすめて私有地を増やしました。これらの墾田はおもに付近の農民に賃租して運営されました。これを**初期荘園**（しょきしょうえん）といいます。

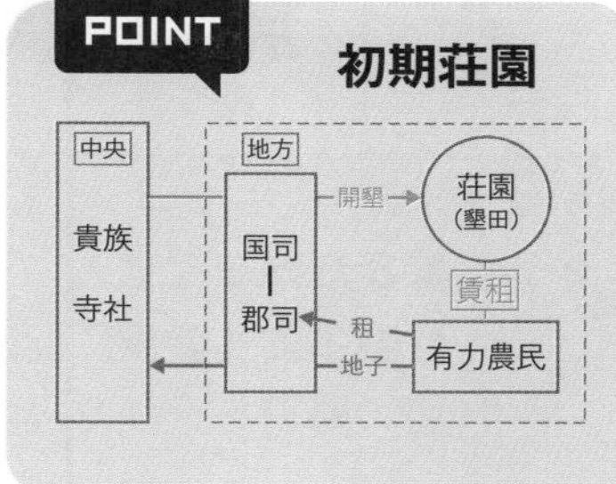

初期荘園の特徴は，①国司や郡司を通じて開墾・経営されたこと，②専属の荘民がおらず農民が賃租したこと，③租を納める輸租田であること，の３つだよ。

THEME 2

奈良時代の政治と天平文化

ここできめる！

- 藤原氏が律令官人・天皇の外戚として台頭する
- 社会不安を背景に聖武天皇以降，仏教政策がすすむ
- 唐の影響を受けた国際色豊かな文化が発達する

1 奈良時代の政争

① 藤原氏の台頭

奈良時代には旧来の有力氏族をおさえて**藤原氏**が台頭しました。**藤原不比等**は律令の制定に大きな役割をはたし，娘の宮子を文武天皇に嫁がせ，そのあいだに生まれた聖武天皇にも娘の**光明子**を嫁がせて天皇家とむすびつき，藤原氏発展の基礎を築きました。元明天皇の710年には**平城京**に遷都し，つづく元正天皇の718年には**養老律令**を制定しましたが，施行前に死去しました。

律令を制定して，娘を天皇に嫁がせた。これからは藤原氏の時代だ！

藤原不比等

不比等の死後，元正天皇のもと，天武天皇の孫の**長屋王**が右大臣として政治を主導し，聖武天皇が即位したのちも左大臣として実権を握りました。しかし，不比等の子である**武智麻呂**・**房前**・**宇合**・**麻呂**の４兄弟（藤原四子）は，光明子立后問題から729年に策謀により長屋王を自殺に追いこみました。

藤原不比等の子どもたちは分家してその子孫が広がったんだ。武智麻呂は南家，房前は北家，宇合は式家，麻呂は京家の祖だよ！

光明子を聖武天皇の皇后に立てることは認めないぞ！　皇族以外の皇后はありえない。

長屋王

この**長屋王の変**後，不比等の娘の光明子を聖武天皇の皇后にたてることに成功します。これは皇族出身者以外が皇后となるはじめての例となりました。しかし，藤原四子は737年，大流行した天然痘で亡くなりました。

かわって皇族出身の**橘諸兄**が政治の中心になると，唐から帰国した**吉備真備**と**玄昉**が登用されます。これに不満をもつ式家の**藤原広嗣**は，740年，赴任先の大宰府で真備・玄昉の排除を求めて反乱をおこしましたが，鎮圧されました（**藤原広嗣の乱**）。

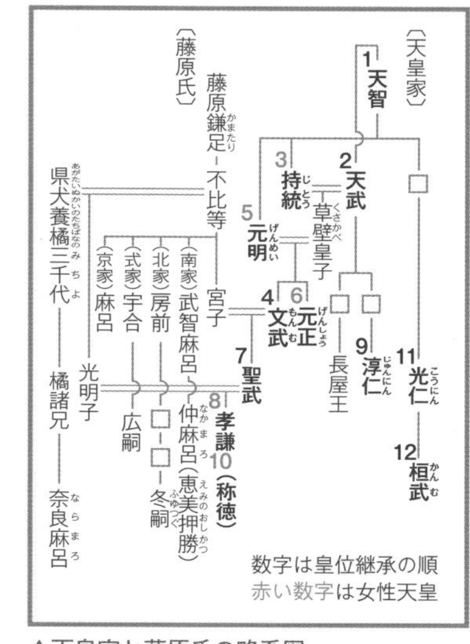

▲天皇家と藤原氏の略系図

❷ 政治と仏教のむすびつき

乱後，**聖武天皇**は山背の**恭仁京**に遷都し，その後も摂津の**難波宮**，近江の**紫香楽宮**と遷都をくり返します。そして，飢饉や疫病など社会不安が広がるなか，聖武天皇は仏教による国家の安泰をはかる**鎮護国家**の思想を重視します。

▼8世紀の遷都

聖武天皇

仏教の力で国を守るのだ。国分寺や大仏をつくるぞ！

741年には**国分寺建立の詔**を出して，国ごとに国分寺と国分尼寺を建立しようとしました。さらに743年には**大仏造立の詔**を出して，紫香楽宮で大仏の造立をはじめました。しかし，745年に平城京に戻って大仏造立の場所を移し，東大寺の本尊として**孝謙天皇**の752年に**開眼供養**がおこなわれました。

聖武天皇が娘の孝謙天皇に譲位すると，**光明皇太后**の信任で南家の**藤原仲麻呂**が勢力を伸ばします。

じいちゃんの不比等がつくった養老律令を施行するぞ！
藤原仲麻呂

757年には，橘諸兄の子の**奈良麻呂**が仲麻呂の排除をくわだてますが，鎮圧されます（**橘奈良麻呂の変**）。そして，仲麻呂は支援する**淳仁天皇**を即位させ，天皇から**恵美押勝**の名前があたえられ，実権を握りました。

しかし，光明皇太后の死後，**孝謙太上天皇**が**道鏡**を寵愛したため，それに反発した淳仁天皇と対立します。危機感をもった仲麻呂は764年，道鏡をのぞこうとして挙兵しましたが，敗死し（**恵美押勝の乱**），淳仁天皇は廃位されました。

可愛がってくれたおばさんの光明子が死んじゃったよ。
孝謙上皇のお気に入りの道鏡を排除しようと思ったけど失敗した…。
藤原仲麻呂

孝謙太上天皇は**称徳天皇**として重祚して，**道鏡**を重用します。道鏡は太政大臣禅師，法王と特殊な地位につき，西大寺の造営など仏教を重視する政策をすすめました。769年には称徳天皇が宇佐八幡の神託を利用して道鏡を皇位につけようとしましたが，和気清麻呂が神託を虚偽としたため失敗しました（**宇佐八幡神託事件**）。

私には子供がいないから，信頼する道鏡を天皇にしたかったのだが…
称徳天皇

称徳天皇が亡くなると，道鏡は下野薬師寺に左遷され，式家の**藤原百川**らは天智天皇の孫である**光仁天皇**を擁立して，律令政治の再建をはかりました。

天武天皇の血統が途絶えてしまった。
仕方ない，天智天皇の孫の光仁天皇を立てよう。
藤原百川

2 天平文化

❶ 天平文化の特徴と文芸

奈良時代には，律令国家の繁栄を背景に貴族文化が平城京を中心にさかえました。これを**天平文化**といいます。遣唐使が定期的に派遣されたこともあり，最盛期の唐文化の影響を受けた国際色豊かな文化でした。

律令国家の成立により，政府が中心となって唐にならった歴史書の編纂事業がおこなわれました。天武天皇の時代からはじまっていた編纂は712年の**『古事記』**，720年**『日本書紀』**として完成しました。『古事記』は天武天皇が**稗田阿礼**によみならわせたものを，**太安万侶**が記録したものです。一方，『日本書紀』は**舎人親王**が中心となって編纂しました。中国の史書と同様，漢文の編年体で神代から持統天皇にいたるまでの歴史が天皇中心に書かれています。これ以降，平安時代中期の**『日本三代実録』**まで，6種類の歴史書が編纂されます。これを総称して**『六国史』**といいます。

正史である『六国史』の編纂は天皇の正統性を示すため，律令国家の事業としておこなわれたよ。

六国史	成立年代	天皇	対象とする時代	編者
日本書紀	720	元正	神代～持統	舎人親王
続日本紀	797	桓武	文武～桓武	藤原継縄
日本後紀	840	仁明	桓武～淳和	藤原緒嗣
続日本後紀	869	清和	仁明一代	藤原良房
日本文徳天皇実録	879	陽成	文徳一代	藤原基経
日本三代実録	901	醍醐	清和･陽成･光孝	藤原時平

一方，政府は諸国に対して地理や産物，伝承など地誌をまとめるように命じ，各国で**風土記**が編纂されます。現存するのは，**常陸**・**出雲**・**播磨**・**豊後**・**肥前**の５カ国で，ほぼ完全な形で残るのは『出雲国風土記』です。

文芸では，漢詩文が貴族の教養として重んじられ，現存最古の漢詩集『**懐風藻**』が編纂されます。和歌では山上憶良・大伴家持らの歌人が出て，８世紀末には『**万葉集**』が編集されます。おさめられた和歌には天皇や貴族のものだけでなく，東歌や防人歌など地方の農民のものもありました。それらの歌には漢字の音や訓をもちいて日本語を書きあらわす**万葉仮名**が使われました。

2 国家仏教の展開

奈良時代には，仏教によって国家を安定させるという**鎮護国家**の思想のもと，国家の保護を受けて仏教が発展しました。

平城京には，聖武天皇による**東大寺**，称徳天皇による**西大寺**をはじめ，政府によって大寺院が建てられました。こうした大寺院では僧侶たちによって仏教の教理研究がすすめられ，三論宗・成実宗・**法相宗**・倶舎宗・**華厳宗**・**律宗**の**南都六宗**が形成されました。僧侶たちは鎮護国家のために祈禱・法会などをおこない，**僧尼令**で厳しく統制されました。日本に渡来した**鑑真**は，僧の守るべき規律である**戒律**を授かる受戒の作法を伝え，**唐招提寺**を開きました。受戒の場である戒壇院ははじめ東大寺におかれて，その後，筑紫観世音寺と下野薬師寺にもおかれました。

どうやって僧侶になるの？

国家公認の正式な僧侶になるためには，国家試験を受けて資格を得て，**得度**したうえで修行して，**戒律**を受けることが必要だったんだ。

仏教の思想にもとづいて社会事業をすすめる人々もいました。仏教の信仰があつかった光明皇后は社会事業として，孤児や病人を収容する**悲田院**や医療施設である**施薬院**を設けました。また，法相宗の僧である**行基**は，禁じられている民間布教をすすめて弾圧されますが，のちに大仏の造立に協力しました。

③ 天平文化の美術

建築では，**礎石**や**瓦**をもちいた建物が建てられ，**東大寺法華堂**や**唐招提寺金堂**，校倉造の**正倉院宝庫**などがあります。仏像では，金銅像や木像のほかに，粘土でつくった**塑像**と麻布を漆でぬりかためた**乾漆像**がさかんにつくられました。乾漆像では，**東大寺法華堂不空羂索観音像**や**唐招提寺鑑真像**，**興福寺阿修羅像**などがあります。塑像では，東大寺法華堂につたわった**日光・月光菩薩像**や**執金剛神像**などがあります。

▲唐招提寺鑑真像

▲東大寺法華堂不空羂索観音像

▲興福寺阿修羅像

絵画では，**薬師寺**の**吉祥天像**や正倉院の**鳥毛立女屏風**（樹下美人図）などがあります。その他，正倉院宝庫には，光明子が東大寺に寄進した聖武天皇遺愛の品などがおさめられています。**螺鈿紫檀五絃琵琶**や白瑠璃椀などの品々のなかには中国や朝鮮半島はいうまでもなく，ペルシアやインドなどの様式をつたえるものもあって，天平文化の国際性がわかります。

▼螺鈿紫檀五弦琵琶（模造）

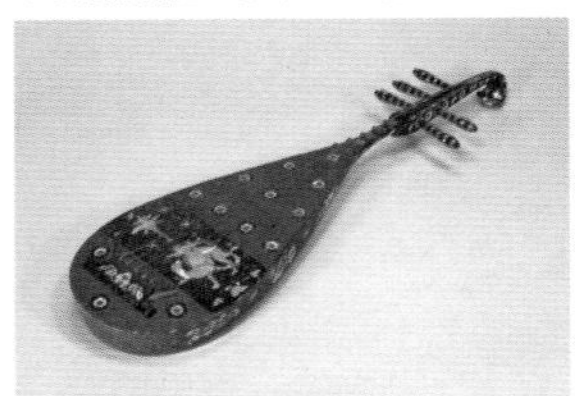

SECTION 5

平安時代

THEME

SECTION 5で学ぶこと

平安時代は,**「平安初期の政治」**→**「摂関政治」**→**「院政」**と大きく3つの展開に分けられるよ。律令政治が転換する中で,武士が台頭し,平安末期には平氏政権が誕生するんだ。

1 平安初期の政治

桓武天皇から嵯峨天皇の時代にかけて,天皇の権力強化が進むなか,**弘仁格式**などの法典が編纂され,令外官が設置されるなど日本の実情にあった律令制が確立します。そのなかで,**平城太上天皇の変**をきっかけに天皇と結びついた藤原氏北家が台頭しました。

2 摂関政治

藤原氏北家は有力な氏族を排除する一方,良房・基経が天皇を補佐する**摂政・関白**に初めて就任します。その後,延喜・天暦の治とよばれる天皇親政の時代を経て,摂政・関白を常置する体制となり,道長・頼通の全盛期となります。

3 院政

後三条天皇が即位すると,藤原氏と外戚関係がなかったため,摂関政治は終わりました。その子白河天皇は天皇の位を譲り,上皇となったあとも権力を握りつづけ,院政がはじまりました。院政のもと,武士が台頭し,平安時代末期には武家による平氏政権が誕生しました。

1 時代の特徴

経済

律令制にもとづく地方支配がくずれ，平安時代中期には国司の最上席者である**受領**が地方で大きな権限を持ち，**名**を単位とする田地に課税する体制へと転換しました。その一方で，貴族や寺社の支配する**荘園**が拡大しました。

外交

唐が衰退するなか，９世紀には民間商船が日本に来航していました。10世紀初頭には，唐・新羅・渤海が滅亡しました。その後，中国は**宋**，朝鮮半島は**高麗**がそれぞれ統一しました。日本は宋や高麗とは正式な国交はむすびませんでしたが，商船が大宰府に来航してさかんに貿易がおこなわれました。そのなかで唐物を入手し，僧侶が往来したため，中国の影響を受けていました。

文化

平安初期には**弘仁・貞観文化**が発展し，仏教では本格的な**密教**が伝わるとともに，漢詩文がさかんになるなど唐風文化の時代でした。平安中期には**国風文化**が発展し，仏教では**浄土教**が流行しました。その一方で**かな文字**を使用した国文学がさかんとなりました。平安末期の**院政期の文化**では，浄土教が地方に波及し，国文学では説話や軍記物も著されました。

2 権力者と重要事項

時期	天皇	藤原氏	政変・争乱
平安初期	**嵯峨**	**冬嗣**	**平城太上天皇の変**(810)
摂関政治	仁明	**良房**	**承和の変**(842)
	清和		**応天門の変**(866)
	朱雀	**忠平**	**天慶の乱**(939～41)
	冷泉	実頼	**安和の変**(969)
	後冷泉	**頼通**	**前九年合戦**(1051～62)
院政	**白河**	師実	**後三年合戦**(1083～87)
	後白河	忠通	**保元の乱**(1156)
	二条	基実	**平治の乱**(1159)

THEME 1

平安初期の政治と弘仁・貞観文化

ここできめる！

- 桓武天皇は「軍事と造作」の２大事業をすすめる
- 嵯峨天皇は法典編纂など律令制の再編をすすめる
- 文化の唐風化がすすみ，漢詩文と密教が発達する

1 平安初期の政治

① 桓武天皇の時代

光仁天皇につづいて即位した**桓武天皇**は，784年，仏教の政治的影響が強かった平城京から山背国の**長岡京**に都をうつしました。

天武系の王朝から天智系の王朝への転換だ。遷都して人心一新をはかる！

桓武天皇

しかし，洪水や都の造営の責任者であった式家の**藤原種継**の暗殺事件がおこるなど，社会不安が広がりました。桓武天皇は事件のおこった長岡京を廃止して，794年，**平安京**に都をうつして山背国を山城国に改称しました。以降，鎌倉幕府が開かれるまでの約400年間を**平安時代**といいます。

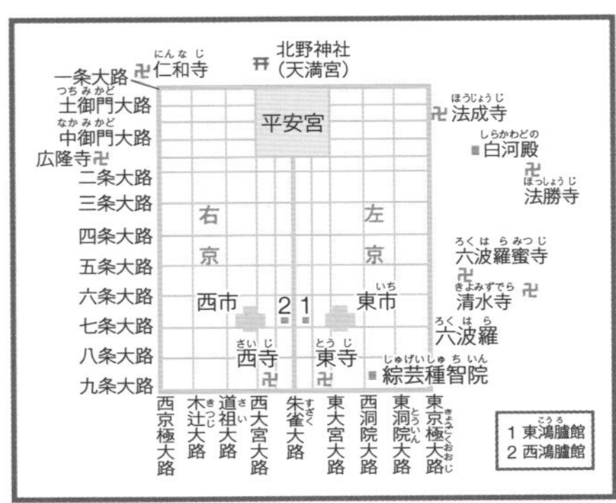

▲平安京

地方政治を立て直して，人民の生活安定をはかるのだ！
桓武天皇

桓武天皇は地方政治の立て直しをめざします。国司交替(こくしこうたい)の際，後任者から前任者にわたす文書である解由状(げゆじょう)を審査する**勘解由使**(かげゆし)を設けて，国司に対する監督を強化しました。農民の生活を安定させるため，雑徭(ぞうよう)の負担を半減して，出挙(すいこ)の利息を下げるなどして負担の軽減をはかりました。このころには6年ごとに実施するのが難しくなっていた班田収授(はんでんしゅうじゅ)を12年ごとにして励行(れいこう)させようとします。また，人々の負担が大きかったため，正丁(せいてい)を徴発(ちょうはつ)して編成した諸国の軍団を，辺境をのぞいて廃止し，あらたに郡司(ぐんじ)などの子弟で弓馬にたくみな者を**健児**(こんでい)として国府(こくふ)などの守備にあたらせました。

奈良時代からつづく，東北地方の蝦夷(えみし)の反乱を鎮圧するのだ！
桓武天皇

桓武天皇は東北地方の支配にも力を入れました。光仁天皇の780年に蝦夷の族長である伊治呰麻呂(これはりのあざまろ)が反乱をおこして，東北支配の拠点であった多賀城(たがじょう)を攻撃しました。このころから平定のための軍が何度も派遣されて東北では戦争がつづきました。桓武天皇は**坂上田村麻呂**(さかのうえのたむらまろ)を**征夷大将軍**(せいいたいしょうぐん)に任命して制圧をはかりました。802年，田村麻呂は蝦夷の族長阿弖流為(あてるい)を服属させ，多賀城にあった**鎮守府**(ちんじゅふ)を**胆沢城**(いさわじょう)にうつし，翌年にはさらに北方に志波城(しわじょう)を築きました。

しかし，「軍事」といわれた蝦夷との戦いと「造作(ぞうさく)」といわれた都の造営は国家財政や民衆にとって大きな負担となります。このため，桓武天皇は「軍事と造作」という２つの事業の継続について論争をおこなわせて（徳政相論(とくせいそうろん)），藤原緒嗣(おつぐ)の意見を採用してこれらの事業を中止しました。

▼東北地方の城柵

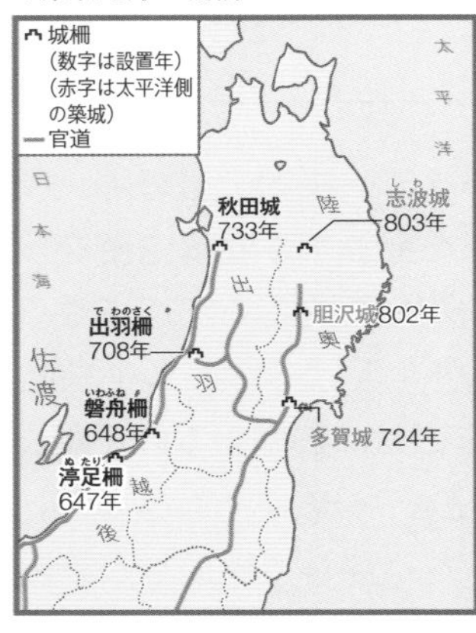

飛鳥時代	647	**渟足柵**を設置
	648	**磐舟柵**を設置
	658～	**阿倍比羅夫**の蝦夷征討
奈良時代	712	**出羽国**の設置
	724	**多賀城**を築き，陸奥国府と**鎮守府**をおく
	733	秋田城を築城
	780	伊治呰麻呂が挙兵，以降，戦争がつづく
平安時代	797	**坂上田村麻呂**が**征夷大将軍**となる
	802	**胆沢城**を築き，**鎮守府**を移す
	803	志波城を築城
	811	文室綿麻呂の蝦夷征討

② 嵯峨天皇の時代

桓武天皇の政策は平城天皇・**嵯峨天皇**にもうけつがれます。平城天皇は弟の嵯峨天皇に譲位したあとも，太上天皇（上皇）として政治に介入したため，「二所朝廷」とよばれる対立状態となりました。

810年，**平城太上天皇**が平城京への遷都を命令すると，嵯峨天皇側はすばやく兵を動かして阻止しました。その結果，平城太上天皇は出家し，寵愛を受けていた**藤原薬子**は自殺しました。これを**平城太上天皇の変**，または**薬子の変**といいます。

兄の平城上皇のねらいを阻止する！
藤原冬嗣を**蔵人頭**に任じて，敵方に情報がもれないようにするぞ！

嵯峨天皇

このとき，嵯峨天皇は天皇の命令をすみやかに伝え，機密をまもるため，天皇の秘書官長として**蔵人頭**を設け，**藤原冬嗣**らを任じました。さらに，都の治安を維持するために**検非違使**が設けられました。勘解由使・蔵人頭・検非違使のような令の規定にない官職を令外官（りょうげのかん）といい，これ以降，重要な役割をはたすことになります。

▼おもな令外官

官職	設置年	天皇	職務内容
征夷大将軍	794	桓武	蝦夷征討の軍を率いる最高指揮官。
勘解由使	797ごろ	桓武	国司交替の際の引き継ぎ文書である解由状を審査。
蔵人頭	810	嵯峨	天皇の側近で機密事項を扱う蔵人所の長官。
検非違使	816ごろ	嵯峨	京内の治安維持。のちに訴訟・裁判も扱う。
関白	884	光孝	天皇を補佐して政務全般に関与。

令外官は朕が直接任命するのだ。
親しい側近で周囲をかためて政治ができるぞ！

嵯峨天皇

嵯峨天皇は律令制（りつりょうせい）の再編のため，法典の整備をすすめます。養老（ようろう）律令は改定されることがなく，必要に応じて単発の追加法である**格**（きゃく）や行政の施行細則である**式**（しき）を出して修正していました。これらの格・式がぼうだいな分量になったため，分類・整理がおこなわれました。これが**弘仁格式**（こうにんきゃくしき）で，清和（せいわ）天皇のときの**貞観格式**（じょうがん），醍醐（だいご）天皇のときの**延喜格式**（えんぎ）とあわせて**三代格式**とよばれます。その他，養老令の解釈を公式に統一するため，清原夏野（きよはらのなつの）らが官撰（かんせん）の注釈書である『**令義解**（りょうのぎげ）』を編纂しました。

律令格式がそろって，律令制度が整った。
これで官僚たちもスムーズに政務がおこなえるだろう！

嵯峨天皇

桓武天皇から嵯峨天皇にかけて宮廷の儀式も整備されていきます。桓武天皇により唐風の儀礼や祭祀（さいし）が導入され，嵯峨天皇の時代には朝廷の政務や行事の作法が儀式として整備され，主な行事は**年中行事**（ねんじゅうぎょうじ）として定着していきました。

2 弘仁・貞観文化

① 唐風文化の発達

8世紀末から9世紀末ごろまで，平安京を中心にさかえた文化を嵯峨天皇と清和天皇の年号から**弘仁・貞観文化**といいます。この時期の文化は宮廷を中心とした漢詩文の流行や密教の広まりなど，唐の影響を強く受けていました。

貴族社会では官人の教養として漢詩文が重視され，**漢文学**が発達しました。最初の勅撰漢詩集として**『凌雲集』**が編纂され，『文華秀麗集』『経国集』とつづきます。一方，空海の漢詩文集**『性霊集』**も編纂されました。漢詩文がさかんになるにともない，唐風の書が広まって，優れた書を残した**嵯峨天皇**・**空海**・**橘逸勢**は**三筆**とよばれます。

私の書である**『風信帖』**は，最澄に送った手紙なのだ。

空海

嵯峨天皇は文学や学問にすぐれた文人貴族を政治に登用しました。そのため，**大学**での学問が重視され，儒教を学ぶ**明経道**，中国の歴史や文学を学ぶ**紀伝道**（**文章道**）がさかんになります。

有力な貴族は一族の子弟のため，氏族ごとに**大学別曹**という寄宿舎を設けて，大学で学ぶための支援をしました。藤原氏の**勧学院**，橘氏の学館院，在原氏や皇族の奨学院などがありました。

法典を編纂するのにアホな官人は必要ない。大学でしっかり勉強させるのだ！

嵯峨天皇

② 密教の隆盛

奈良時代には仏教が国政に影響をおよぼしましたが，その弊害をのぞくため，桓武天皇は平城京の寺院が平安京へ移転することを認めませんでした。

こうした動きのなか，９世紀はじめに遣唐使とともに中国にわたった**最澄**と**空海**が帰国して，あらたな仏教をつたえます。

最澄は帰国後，法華経の教えにもとづく**天台宗**を開き，**比叡山**に**延暦寺**を建て，南都六宗と対立しました。空海は密教を学び，帰国後，高野山に**金剛峰寺**を開き，嵯峨天皇から平安京に賜った**教王護国寺**（**東寺**）を拠点に**真言宗**を広めます。

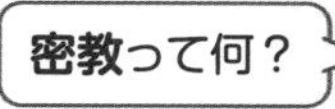

経典を学んで悟りを開こうとする**顕教**に対して，神秘的な呪法を通じて悟りの境地をめざすのが**密教**だよ。空海が著書の『十住心論』で紹介したんだ。

密教は**加持祈禱**によって仏の加護を受け，**現世利益**がえられるということから，貴族や皇族のあいだに広まっていきました。天台宗でも最澄の弟子の**円仁**，さらに**円珍**が唐に留学して密教を学び，天台宗の密教化をすすめました。真言宗の密教を**東密**といい，天台宗の密教を**台密**といいます。一方，**南都六宗**も真言宗の影響で密教化しました。天台宗・真言宗・南都六宗の八宗を総称して顕密仏教といいます。八宗は朝廷の保護のもと，鎮護国家の祈禱・法会などをおこなって戦国時代にいたるまで仏教界の中心でした。

密教の流行により密教美術もおこります。寺院建築では，**室生寺**のように地形に応じて自由な伽藍配置の寺院が山中に建てられるようになります。仏像彫刻では，**一木造**の技法が主流となり，**観心寺如意輪観音像**や，元興寺や神護寺の薬師如来像がつくられました。絵画では，密教の世界をあらわした**曼荼羅**や**不動明王像**が描かれました。**教王護国寺両界曼荼羅**や**園城寺不動明王像**（**黄不動**）が代表例です。

▼胎蔵界曼荼羅

▼金剛界曼荼羅

▼不動明王像

曼荼羅のなかでも，**両界曼荼羅**は真言密教の本尊である**大日如来**を中心に，胎蔵界と金剛界の２つの世界を描いたものだ。

空海

③ 神仏習合の進展

奈良時代には，日本の神々が仏教に救いを求めるという考えから神社に**神宮寺**が建てられ，神々は仏法を守る護法善神であるとして寺院に鎮守神をまつり，**神前読経**したりするなど**神仏習合**の風潮があらわれます。この傾向は平安時代になるとさらにすすみ，山林修行を重視する密教と，従来からの山岳信仰とがむすびついて**修験道**がはじまりました。また，神仏習合をあらわす**薬師寺僧形八幡神像**などもつくられます。

THEME 2

摂関政治の時代

ここで読きめる！

- 他氏排斥によって藤原氏北家が台頭する
- 天皇との外戚関係により摂政・関白が政治の実権を握る
- 中国の影響を受けつつ，文化の国風化がすすむ

1 藤原氏北家の発展

① 藤原氏北家の台頭

藤原氏北家の**冬嗣**は，嵯峨天皇に登用されて蔵人頭となり，天皇家とも姻戚関係をむすびました。冬嗣の子の**良房**は，842年の**承和の変**で伴健岑・橘逸勢ら，他氏族を排除し，甥の道康親王を皇太子とすることに成功します。道康親王が**文徳天皇**として即位すると，良房は娘明子を入内させ，太政大臣となり権力を握りました。858年，天皇と娘のあいだに生まれた**清和天皇**が9歳で即位すると，良房は**外戚**（外祖父）として**摂政**となり，政務を代行しました。866年には**応天門の変**で大納言伴善男らを排除しました。

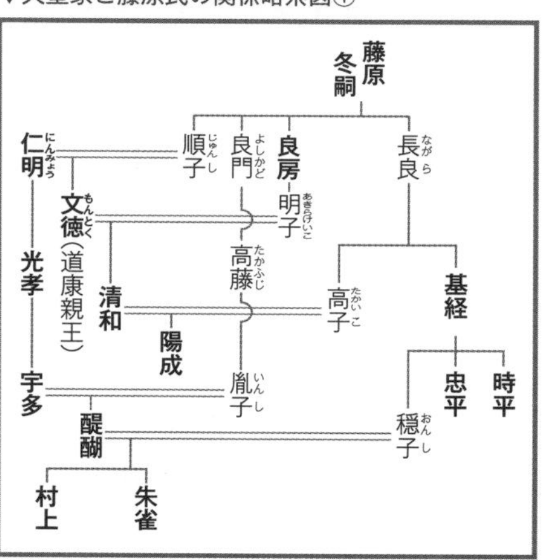

▼天皇家と藤原氏の関係略系図①

即位したものの，**清和天皇**はまだ幼い。
祖父である私が**摂政**として政務を代行しよう。

藤原良房

良房の養子となった**基経**も幼少の陽成天皇の摂政となります。884年には問題のあった陽成天皇を譲位させ，**光孝天皇**を即位させました。この時，光孝天皇は**基経**をはじめて**関白**として，補佐を求めます。

陽成天皇は問題ばかりおこす。
年配の**光孝天皇**を即位させよう。

藤原基経

光孝天皇

基経のおかげで天皇になれた。
関白に任命して補佐を頼もう！

つづく**宇多天皇**の即位に際しては**阿衡の紛議**がおこり，天皇と基経が対立しました。基経は宇多天皇の勅書の内容を不満として抗議して撤回させ，天皇にまさる藤原氏の権勢を示しました。

基経の死後，宇多天皇は摂政・関白をおかず，親政をおこない，文人貴族の**菅原道真**を登用しました。つづく**醍醐天皇**も**藤原時平**を左大臣，菅原道真を右大臣として親政をおこないましたが、901年，時平の策謀で道真は大宰権帥に左遷されました（昌泰の変）。

▼藤原氏の他氏排斥

冬嗣	810	**平城太上天皇の変**
良房	842	**承和の変**
	866	**応天門の変**
基経	888	阿衡の紛議
時平	901	菅原道真の左遷
実頼	969	**安和の変**

❷ 延喜・天暦の治

10世紀前半には，**醍醐天皇**・**村上天皇**が摂政・関白をおかず，みずから政務をとる天皇親政をおこない，後世，**延喜・天暦の治**とよばれました。

延喜の治とよばれた醍醐天皇の時代，902年には，**延喜の荘園整理令**を出して口分田の不足を解消して，班田を命じるなど律令制の再建がめざされました。六国史の最後となる**『日本三代実録』**や，三代格式の最後となる**延喜格式**が編纂され，はじめての勅撰和歌集となる**『古今和歌集』**も編纂されました。

摂政・関白の補佐はいらんぞ。
朕みずから政治をおこなうのだ！

醍醐天皇

醍醐天皇と村上天皇のあいだの朱雀天皇の時代は，**藤原忠平**が摂政・関白をつとめて実権を握り，939年に発生した平将門・藤原純友による**天慶の乱**の処理にあたりました。

天暦の治とよばれた村上天皇の時代は忠平の死後，摂政・関白をおかず，親政がおこなわれ，本朝（皇朝）十二銭の最後となる**乾元大宝**が鋳造されました。

このころ，天皇が幼少のあいだは摂政，成人後は関白として後見するという摂政・関白の制度が定着して，その役職には忠平の子孫がつくようになりました。

2 摂関政治

❶ 摂関政治の全盛へ

▼天皇家と藤原氏の関係略系図②

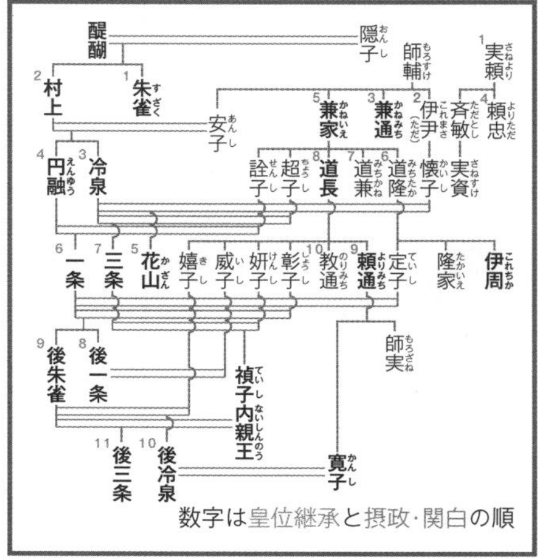

数字は皇位継承と摂政・関白の順

村上天皇の死後，969年の**安和の変**で，醍醐天皇の子である左大臣**源高明**が大宰権帥に左遷されて失脚しました。その結果，藤原氏北家の権力は安定し，摂政・関白がほとんど常に設置されるようになり，摂関は天皇とともに太政官の上に立って政治をおこないました。これを**摂関政治**といい，藤原氏北家のなかで摂政・関白を出す家柄を**摂関家**とよびます。摂政・関白が天皇の権威を利用して実権を握るためには，天皇の母方の祖父・叔父という

外戚の地位を得ることが必要でした。

摂関家の内部では，藤原兼通・兼家の兄弟の争い，藤原道長・伊周の叔父・甥の争いなど摂政・関白の地位をめぐる争いが続きました。しかし，これを勝ちぬいた藤原道長のころにおさまり，摂関政治は全盛期をむかえました。

藤原道長は彰子をはじめ，４人の娘を皇后（中宮）や皇太子妃として，**後一条**・**後朱雀**・**後冷泉**の３代の天皇の外祖父となり，朝廷で権勢をふるいました。道長のあとを継いだ**頼通**は，約50年のあいだ３人の天皇の外戚として摂政・関白をつとめました。

摂関政治のもとでも，主な政務は太政官で審議され，天皇または摂政が決裁して，太政官符・宣旨などの文書で命令が伝達されました。また，天皇とつながる摂政・関白は人事権を握っていたので，中・下級貴族は摂関家を中心とする上級貴族に取りいって，受領に任じられることをのぞみました。

▼摂関政治のしくみ

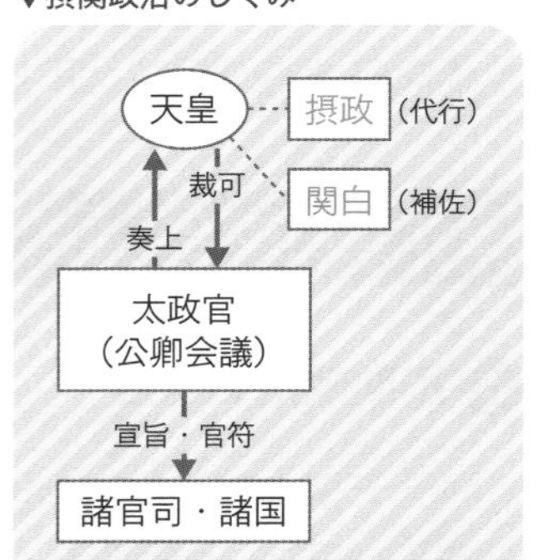

公卿会議ってどういうもの？

地方行政や外交などの重要事項は，内裏の近衛陣でおこなわれる**陣定**で審議されたよ。ここで出た意見を参考に天皇や摂政が重要事項を決定したんだ。

② 国際関係の変化

9世紀に入ってから派遣された遣唐使は2回で，最後の派遣は838年の承和年間となります。8世紀末には新羅使も来日しなくなりました。しかし，唐や新羅の商人が来日して貿易をするようになり，それを通じて唐の文物などを入手し，情報を得るようになります。9世紀後半になると，唐の衰えはいちじるしく，宇多天皇が遣唐使の派遣を計画しましたが，894年，遣唐大使に任じられた菅原道真の意見で派遣は中止されました。

10世紀前半には，中国東北部の渤海は**契丹**（**遼**）に滅ぼされ，朝鮮半島では**高麗**が成立して，新羅を滅ぼして半島を統一しました。907年に唐が滅亡すると，混乱の時代をへて，**宋**によって再統一されます。東アジアは大きな転換期となりました。日本は宋や高麗とは正式な国交を開きませんでした。しかし，宋の商人は九州の**博多**にひんぱんに来航したので，**唐物**とよばれた中国の文物を入手するとともに，商船で僧侶が往来するなど大陸の影響は受けつづけました。

▼10～11世紀ごろの東アジア

このようななか，1019年には中国東北部の**刀伊**（女真族）が博多に来襲しましたが，大宰権帥であった藤原隆家が現地の武士を率いて撃退しました。

3 国風文化

① 国風文化の形成

大陸との関係が大きく変化するなか，貴族社会を中心に，それまでに吸収した唐風の文化を日本の風土，日本人の考え方や生活にあわせてつくりかえようという動きが生まれました。この10世紀から11世紀なかばまでの文化を**国風文化**といいます。

894年に「遣唐使を廃止」したことで中国の影響はなくなったの？

その考え方は間違いだね。まず，遣唐使は「廃止」したのではなく，派遣を「中止」しただけだよ。最後に派遣された遣唐使は838年で，そのころには，唐から商船が来航していたし，唐滅亡後も日宋貿易がさかんにおこなわれたんだ。中国の影響はなくなっていない。

かな文字の発達が文化の国風化を象徴しています。漢字で表記された万葉仮名をくずしたものが**平がな**で，漢字の一部をとったものが**片かな**です。平がな・片かなは表音文字として，9世紀後半には広く使われるようになり，**かな文学**が発達しました。

漢詩にかわって和歌がさかんになり，10世紀はじめには醍醐天皇の命ではじめての勅撰和歌集である**『古今和歌集』**が編纂されました。編者のひとりである**紀貫之**ら多くの歌人が出ました。一方，かな物語や随筆・日記も書かれます。かな物語では**『竹取物語』『伊勢物語』**につづいて，**紫式部**の**『源氏物語』**，随筆では**清少納言**の**『枕草子』**が生まれました。

紫式部

私は**『源氏物語』**が評価されて，道長様の娘で一条天皇中宮の彰子様に出仕しました。『紫式部日記』で宮仕えの苦労がわかると思います。

私は伊周様の妹で一条天皇の中宮の定子様に仕えており，定子様に頼まれて**『枕草子』**を書きました。紫式部とはライバルでした。

清少納言

日記では，紀貫之の**『土佐日記』**をはじめとして，藤原道綱母の

『**蜻蛉日記**』，菅原孝標女の『**更級日記**』などがあります。かな文学の作品の多くは宮廷の女性によるものでした。それは男性が公式には漢字をもちい，かなは女文字とされていたこと，そして摂関政治の時代に貴族たちが宮中に入れた娘に才能ある女性たちを仕えさせたことがあります。

また，書道では唐風の書に対して，和様が発達し，**小野道風**・**藤原佐理**・**藤原行成**の**三蹟**（**三跡**）とよばれる名手があらわれました。

❷ 仏教の浸透

平安時代中期には，仏教が貴族の日常生活に定着して，現世と来世の無事を祈るようになります。また，疫病の流行や地方の争乱などが発生して，仏教をさかんにしなければ世の中が乱れるとする**末法思想**が説かれ，社会不安が広がりました。

末法思想
釈迦の入滅（死）後
1000年→正法
1000年→像法
1万年　→末法
1052年＝永承7年より

末法思想ってどんな考え方なの？

釈迦が死んで，最初の1000年を正法といい，教え・実践・悟りが正しく行われている時代，次の1000年では像法となり，悟りがなくなる。その後，**末法**となり教えだけが残り，仏法が衰えるという考え方だよ。当時は西暦1052年が末法の初年とされていたんだ。

そのため，朝廷や貴族は**天台宗**・**真言宗**など顕密仏教寺院の保護や造寺造仏につとめました。この時期には**神仏習合**の考え方がさらにすすんで，神は仏が仮の姿であらわれたもの（権現）とする**本地垂迹説**も生まれる一方，怨霊や疫神をまつることで疫病などの災厄をのがれようとする御霊信仰により，**御霊会**がさかんにおこなわれました。

当時の人々にとっては，疫病である天然痘が恐怖の対象だったんだ。**御霊会**によってそれが鎮まると考えていたんだよ。祇園御霊会や北野御霊会が有名だね。

そのなかで，来世における地獄・極楽の考えが広まり，**浄土教**が流行しました。浄土教は，**阿弥陀仏**を信仰し，死後の世界である**来世**で**極楽浄土**に生まれかわることを願う教えです。10世紀なかばには**空也**が平安京の市で**念仏**をすすめ，比叡山の僧である**源信**は『**往生要集**』で地獄のおそろしさをリアルに描いて**極楽往生**の教えを説きました。極楽往生したといわれる人々の伝記をまとめた往生伝もつくられます。その代表は**慶滋保胤**が著した『**日本往生極楽記**』です。

念仏って何？

「**南無阿弥陀仏**」ととなえて，阿弥陀仏に救いを求めることだよ。それによって極楽往生できると考えたんだ。

浄土教の流行は美術にも影響をあたえます。貴族たちはきそって**阿弥陀堂**を建てます。藤原道長は阿弥陀堂を中心とした**法成寺**（御堂）を，藤原頼通は宇治に**平等院鳳凰堂**を建てました。その本尊となる**阿弥陀如来像**をつくった**定朝**は**寄木造**の技法をはじめ，貴族たちによる仏像の大量需要にこたえます。また，往生する人を阿弥陀仏がむかえにくる情景を描いた**来迎図**もさかんに描かれました。

▲平等院鳳凰堂阿弥陀如来像

❸ 貴族の生活

貴族たちの服装は，奈良時代以来の唐風の服装を日本風につくりかえたものとなります。貴族男性の正装は**束帯**や簡略化した**衣冠**，女性の正装は唐衣や裳をつけた**女房装束**（**十二単**）です。住宅も日本風となり，白木造・檜皮葺の**寝殿造**になります。その内部の仕切りである屛風などには日本風の風俗や風物を題材にした**大和絵**が描かれ，部屋をかざる品々にも，蒔絵や螺鈿のような日本独自に発達した手法がもちいられました。

9世紀なかば以降，賀茂祭などの神事や官吏を任命する**叙位**・**除目**のような政務に関することなど**年中行事**が発達します。貴族たちはこれらの行事を先例として子孫につたえるために漢文で記した日記を残しました。藤原道長の『**御堂関白記**』や藤原実資の『**小右記**』はその代表例です。

▲束帯　▲女房装束

過去問にチャレンジ

問３　下線部ⓒに関連して，死後に怨霊となって祟(たた)りをなしたと言われている人物に関して述べた次の文Ⅰ～Ⅲについて，古いものから年代順に正しく配列したものを，後の①～⑥のうちから一つ選べ。

Ⅰ　藤原氏を外戚としない天皇によって重用され，その天皇の退位後に右大臣となったが，対立する藤原氏の策謀によって大宰府に左遷された。
Ⅱ　左大臣として政界を主導したが，外戚の地位が危うくなった藤原氏兄弟の策謀に陥り，謀反の罪をきせられて自殺した。
Ⅲ　天皇の弟で皇太子であったが，新都造営の責任者が暗殺された事件の首謀者とされ淡路国へ流刑となり，その途上で餓死した。

①　Ⅰ－Ⅱ－Ⅲ　　②　Ⅰ－Ⅲ－Ⅱ　　③　Ⅱ－Ⅰ－Ⅲ
④　Ⅱ－Ⅲ－Ⅰ　　⑤　Ⅲ－Ⅰ－Ⅱ　　⑥　Ⅲ－Ⅱ－Ⅰ

（2023年度　本試験　日本史B　第2問）

古代の政治に関する年代順配列問題だ。政治史だから簡単かというと，そうでもないよ。半分ぐらいの受験生しかできていない。答えは何番かな？

④だ！　間違いないぞ。

うーん…⑥かな。

正解は④だ！　よくできたね。

よっしゃー！　これは覚えていました。

ⅡとⅢがあいまいでした。

このタイプの年代順配列問題は共通テストになってから増えてきたパターンだよ。選択肢をみると，**人物や事件名などの歴史用語がない**だろう？　それがわからないと，並べ替えができない。あいまいな知識では解答できないということだね。誰か説明してくれるかな？

はい！　Ⅰは**菅原道真**が左遷された事件で901年，Ⅱは**長屋王の変**で729年，Ⅲは**藤原種継暗殺事件**で785年です！　だから，Ⅱ－Ⅲ－Ⅰで④です！

おー，すごいな。西暦年まで覚えていたんだね。先生はⅢの西暦年を覚えていなかったよ。

先生，西暦年も全部覚えないといけないんですか？

知っているに越したことはないけれど，**時期区分がわかっていれば解ける**よ。たとえば，Ⅰは平安時代中期のことで，この「天皇」は宇多天皇だね。「藤原氏」というのは藤原時平のことだ。Ⅱは長屋王の変だから奈良時代の政変だね。Ⅲは長岡京遷都・造営に関しておこった藤原種継暗殺事件だから桓武天皇の時代だ。一応，平安時代初期と考えよう。これを並べ替えると，Ⅱは奈良時代，Ⅲは平安時代初期，Ⅰは平安時代中期となるね。**西暦年を覚えていたことは評価するけど，それだけでは解けない問題がある**ので，普段の勉強から時代区分を意識しておきたいな。

年代暗記に頼りすぎてはダメですね。

THEME 3

荘園公領制と武士の台頭

ここで 話きめる!

- 平安時代中期には受領による地方支配がおこなわれる
- 平安時代後期には荘園公領体制が形成される
- 武士が台頭し，朝廷や国衙の軍事をになう

1 地方支配の転換

① 9世紀以降における地方支配の動揺

地方では，戸籍(こせき)を偽(いつわ)って人頭税(じんとうぜい)の負担がない女性の数を意図的に多くする**偽籍(ぎせき)**が増加しました。班田はしだいに実施が難しくなり，**戸籍(こせき)・計帳(けいちょう)**に記載された成人男性を中心に課税する方式は困難になります。税収が減るなか，政府は財源を確保するため，直営田(ちょくえいでん)方式を採用します。この方式を取りいれたのが9世紀前半に大宰府(だざいふ)管内に設けられた**公営田(くえいでん)**や，9世紀後半に畿内に設けられた**官田(かんでん)**です。

直営田方式って？

あらたに台頭した有力農民を管理者として，農民に食料や労賃をあたえて土地を耕作させ，その収益を国家の財源にあてるというやり方のことだよ。

10世紀はじめには，**延喜(えんぎ)の荘園整理令(しょうえんせいりれい)**で皇族や貴族が土地を集積するのを禁じて，班田の実施を命じるなど律令制(りつりょうせい)の再建をこころみましたが，戸籍・計帳の制度がくずれ，班田収授も実施できなくなっていたため，租(そ)・調(ちょう)・庸(よう)の徴収によって国家財政を維持することはできませんでした。

❷ 受領の地方支配

平安時代中期になると，政府は現地に赴任する最上席の国司（守〔かみ〕または介〔すけ〕）である**受領**〔ずりょう〕に国内の支配を一任して大きな権限をあたえ，中央政府への納税を義務づけました。受領は中央政府に納税することで国家財政を支える一方で，徴税を通じて富を蓄積してみずからの収入を確保するようになります。

なぜ**受領**というの？

国司には任期があって，交替の際に最上席の国司は前任者から政務・財産のすべて引き継ぐことになる。国の支配を「受け取る」ことから，**受領**とよばれるようになるんだ。

中・下級貴族にとって，受領の地位は高収入を得るための利権とみなされるようになります。そのため，私財を提供することで役職に任じてもらう**成功**〔じょうごう〕や，成功により受領などに再任される**重任**〔ちょうにん〕がさかんにおこなわれるようになりました。**尾張守藤原元命**〔おわりのかみふじわらのもとなが〕は厳しい徴税をしたため，988年，「尾張国郡司百姓等解〔らげ〕」で訴えられました。

▼受領制と負名体制

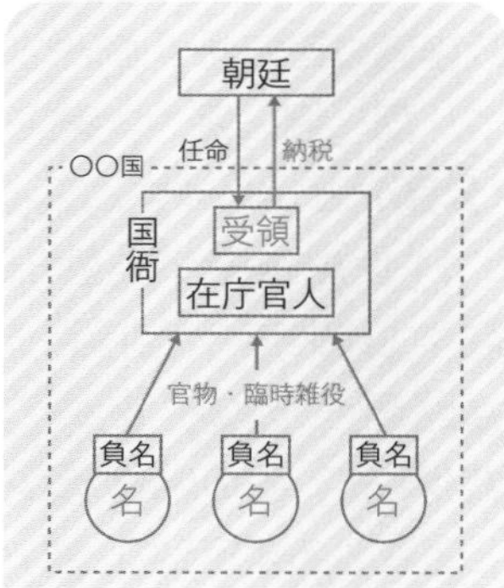

受領が大きな権限をもつようになったことで，徴税などの実務は国衙〔こくが〕に集中しました。そのため，徴税など実務の中心であった郡家〔ぐうけ〕（郡衙〔ぐんが〕）は衰退します。また，受領以外の国司は実務から排除され，現地に赴任せず在京し，収入のみを受け取る**遙任**〔ようにん〕もさかんになりました。

11世紀後半になると，受領も現地に常駐しなくなります。受領が赴任していない国衙である留守所〔るすどころ〕には**目代**〔もくだい〕が派遣され，現地の有力者である**在庁官人**〔ざいちょうかんじん〕たちが目代の指揮下に徴税などの実務をおこなう

SECTION 5 平安時代

ようになりました。

受領は有力農民である**田堵**に田地を耕作させ，田地の面積に応じて**官物**・**臨時雑役**を徴収しました。課税対象となる田地は**名**（**名田**）に分けられ，それを請け負った田堵を**負名**といいます。律令制下においては成人男性にかける人頭税が中心でしたが，土地税中心の税制へとかわりました。

2 荘園公領制の成立

1 荘園公領制の形成

11世紀に入ると，地方に土着した国司の子孫や地方の豪族のなかに，国衙から税の免除を受けて一定の領域を開発する**開発領主**があらわれ，各地で勢力をもちました。11世紀なかごろになると，開発領主の一部は国衙で行政事務を担う**在庁官人**となります。国衙は行政区画の再編をすすめ，開発領主たちを**郡司**・**郷司**・**保司**に任命して，**郡**・**郷**・**保**の支配をまかせました。このような土地を**国衙領**（**公領**）といいます。

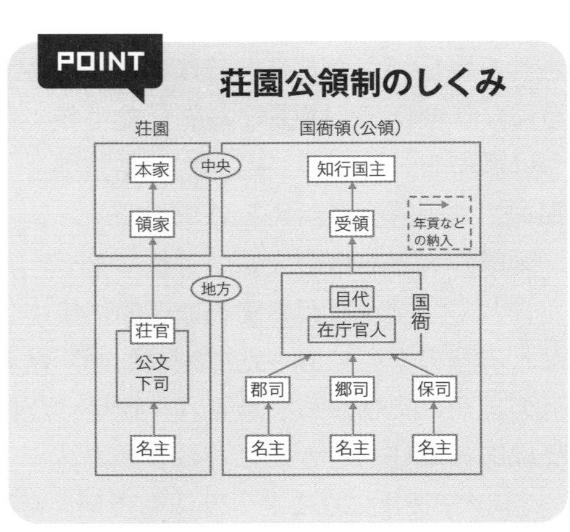

11世紀後半，天皇家や摂関家・大寺社は諸国からの税収が減少して，国の給付がとどこおるようになったため，**荘園**の拡大をはかりました。地方では開発領主のような有力者が勢力を伸ばし，貴族や大寺社とむすびついて私領の拡大をはかりました。そのなかで天皇・上皇による寺院の造営がさかんになり，朝廷はその運営のための財源として荘園の設立を認めました。

荘園の設立に際しては，上皇や摂関家の指示で受領などの中・下級貴族が仲介して，開発領主が寄進した私領を核に広大な土地を荘園として囲いこみます。設立された荘園では，寄進した開発領主が公文・下司などの**荘官**として現地を支配し，寄進を仲介した中・下級貴族は**領家**として，上皇や摂関家などは**本家**として管理・経営にあたりました。

これは**紀伊国桛田荘**の絵図だよ。この時期の荘園は**領域型荘園**といって，田地だけでなく，山野河海も含まれている。絵図では**牓示**（黒の点）で荘園の領域を示しているんだ。

▼荘園の絵図

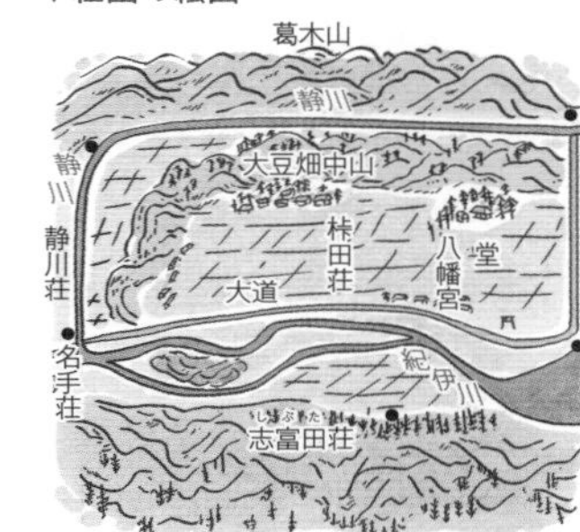

そして，本家や領家の権威を利用して税が免除される**不輸の権**や，国衙の検田使などの立ち入りを拒否する**不入の権**があたえられ，国衙の支配から独立していきました。12世紀になると，荘園は急速に拡大して，各国とも半分以上が荘園になりました。

不輸の権はどうやってあたえられるの？

不輸の権があたえられた荘園には，太政官符や民部省符で不輸が認められた**官省符荘**と，国司が不輸を認めた**国免荘**があるよ。

12世紀には，上皇や摂関家などの上級貴族は**知行国主**に任じられ，受領を推薦して一国を支配して，国衙領から収益を得るようになりました。これが**知行国制度**です。

貴族や寺社の私有地である荘園が拡大する一方，知行国主の支配下に国衙領も存在していました。このように全国の土地が荘園と国衙領で構成される体制を**荘園公領制**といいます。

荘園公領制のもと，田堵は名の請負契約をくり返すうちに耕作地への権利を強め，名田の持ち主という意味で**名主**とよばれるようになります。名主は，国衙や荘園領主に対しては名田を単位に課せられた**年貢**・**公事**・**夫役**を納める責任者である一方，名田を下請け耕作させている小農民に対しては彼らを指導する地域の有力者でもありました。

❷ 武士の台頭

土着した国司の子孫や地方の豪族は所領をまもり農民を支配するため武装するようになり，各地で紛争が発生しました。政府から**押領使**や**追捕使**に任じられ，その鎮圧のために派遣された中・下級貴族のなかには，現地に拠点を築き，武士団を組織して有力な武士となる者もいました。

桓武平氏は東国に土着して勢力を伸ばしました。939年，下総を拠点とする**平将門**は常陸など3つの国の国府を攻略して，新皇と称して東国を支配下におさめましたが，一族の**平貞盛**と下野の押領使**藤原秀郷**に討たれました。同年，伊予の元国司であった**藤原純友**は，瀬戸内海の海賊を率いて挙兵しましたが，**清和源氏**の**源経基**らによって鎮圧されました。この一連の争乱を**天慶の乱**といいます。

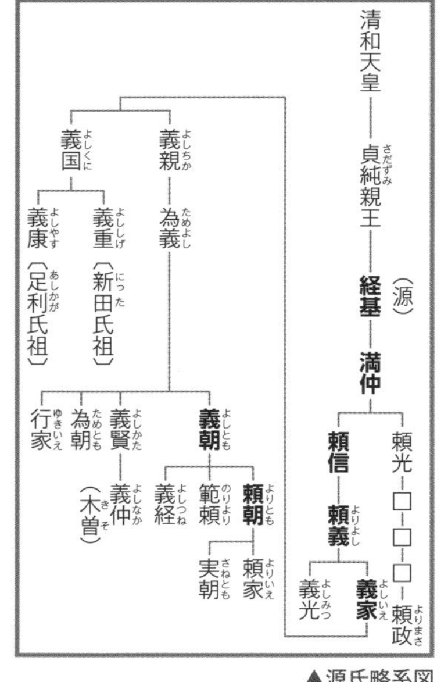

▲源氏略系図

朝廷に大きな動揺をあたえた2つの反乱を鎮圧した平貞盛や源経基・藤原秀郷の子孫は有力な武士の家（**軍事貴族**）として武士団を形成して，朝廷の軍事を担うようになります。

源満仲は東国の国司を歴任し，**安和の変**をきっかけとして摂関家に奉仕するようになり，摂津に拠点を築いて勢力を伸ばします。その子**頼信**は，1028年，上総から房総地方に広がった**平忠常の乱**を平定して源氏が東国に勢力を伸ばすもとをつくりました。11世紀なかば，陸奥の豪族安倍氏が国司との対立から反乱をおこすと，**源頼義**・**義家**父子は東国の武士を率い，出羽の清原氏の支援で平定しました。

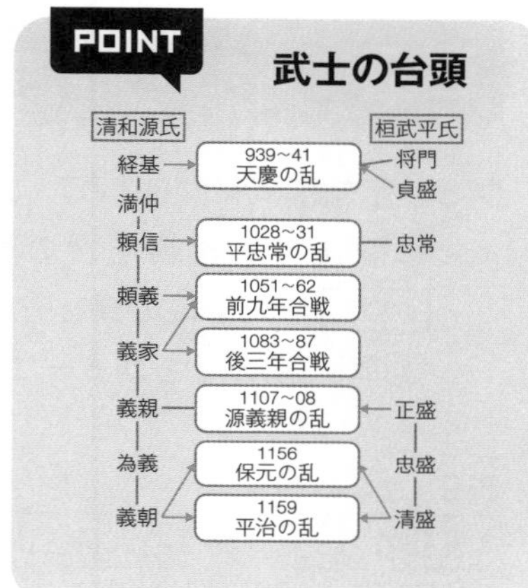

これを**前九年合戦**といいます。つづいて11世紀後半，出羽の清原氏に内紛がおこると，**源義家**は，その一族の**藤原**（清原）**清衡**を助けて鎮圧しました。これを**後三年合戦**といいます。これにより，源氏は東国武士団とのむすびつきを強め，武家の棟梁としての地位をかためました。

その後，東北地方は藤原清衡が平泉を拠点として，陸奥・出羽に勢力を伸ばし，基衡・秀衡と3代約100年にわたって**奥州藤原氏**が支配しました。

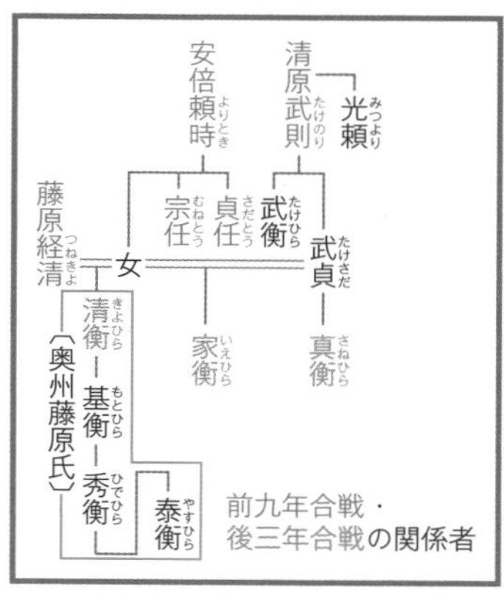

▲前九年・後三年合戦の関係略系図

過去問にチャレンジ

問５　下線部ⓔに関連して，アキさんとカズさんは古代の食物に関係する資料を次の表２にまとめた。空欄［ア］～［ウ］に入る後の文a～fの組合せとして正しいものを，後の①～⑧のうちから一つ選べ。

表２

資料名	資料の性格・内容	食物に関連する内容の例
平城京跡出土木簡	・利用後に廃棄された木の札。 ・［ア］ ・食物に関連する内容も多い。	・貴族が，東西市以外の場所で，飯や酒を販売していたことが分かる。
『日本三代実録』	・国家が編纂（へんさん）した六国史の最後。 ・日常の飲食に関しては，ほとんど省略されている。	・［イ］
『枕草子』	・一条天皇の皇后定子に仕えた清少納言がかな文字で記した随筆。 ・［ウ］による中国の文物・知識の流入を背景とした内容も多い。 ・食物に関連する内容も多い。	・餅餤（べいだん）という中国風の料理が定子に届けられた様子がみやびやかに記される。

a　１点ごとに政治事件に関する豊富な情報を含むが，国家の主観などを反映して情報が改変されている可能性がある。

b　１点ごとに含まれている情報の量は少ないが，意図的に内容が改変されていることは少ない。

c　平安宮の施設に放火したとして伴善男が処罰された際，所有していた水田のほか，製塩のための場や設備も没収されたことが記される。

d　信濃守の藤原陳忠が，谷に落ちた際にキノコをかき集め，「受領は倒るるところに土をもつかめ」と言ったという，受領の強欲さを象徴する話が記される。
e　宋との朝貢関係
f　唐・宋などの商人の来航

①　ア―a　イ―c　ウ―e
②　ア―a　イ―c　ウ―f
③　ア―a　イ―d　ウ―e
④　ア―a　イ―d　ウ―f
⑤　ア―b　イ―c　ウ―e
⑥　ア―b　イ―c　ウ―f
⑦　ア―b　イ―d　ウ―e
⑧　ア―b　イ―d　ウ―f

（2024年度　本試験　日本史B　第2問）

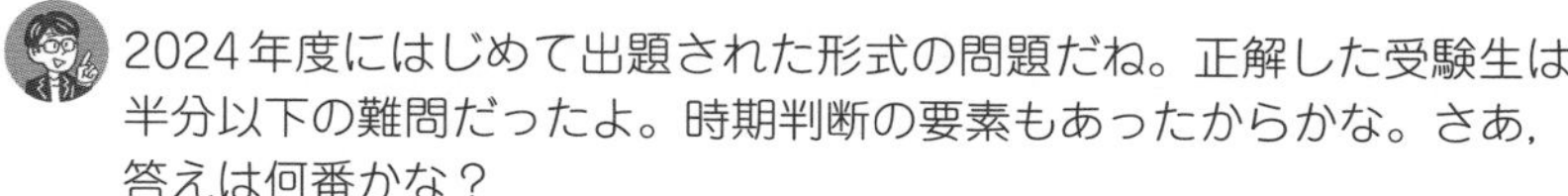

2024年度にはじめて出題された形式の問題だね。正解した受験生は半分以下の難問だったよ。時期判断の要素もあったからかな。さあ，答えは何番かな？

これは自信あるよ。⑥です！

⑧じゃないのかな？

うーん，２人そろっての正解がなかなか難しいようだね。正解は⑥だ。**イ**で明暗分かれたね。

やったね！　確かに**イ**は少し迷ったけど。

イは西暦年では時期の判断ができないよ。

そうだね。空欄の**ア**はなぜｂなのかな？

それはわかりました。**木簡**は当時の人々が荷物を運ぶときに住所を書いたりした札なんですよね？　だから，意図的に内容が改変されたら荷物が届かなくなっちゃう。

そうだね。木簡は当時の荷札として使用されていたんだ。そのほかにも使い方はあるけど，誰かの意図で改変されることはなかっただろうね。aの文章で思い浮かぶのは『**日本書紀**』のような歴史書だね。２人ともできていた**ウ**はどう？

確か，eの**宋**とは朝貢関係はなかったですよね？　eが誤りだと思ったから，fが正しいかと思いました。

その考え方で間違ってないよ。補足しておくと，８世紀末以降は，唐の商船が大宰府に来航して民間貿易がおこなわれていた。唐の滅亡後，宋が成立しても正式な国交はもたず，宋商船が来航して民間貿易がつづいたんだ。最後，**イ**はどうかな？

『**日本三代実録**』が平安時代初期に書かれた歴史書だと思ったので，平安時代中期以降の受領の話が出てくるのはおかしいかなと考えました。

おっと，たまたま当たったのか。信濃守藤原陳忠のエピソードが『今昔物語集』にあるので，『日本三代実録』ではないね。これを知っていれば，すぐに解けたけど，時期の判断でも解けるかな。歴史書である『日本三代実録』は醍醐天皇の時代に編纂されたから，10世紀はじめ，平安時代中期だね。cが**応天門の変**のことだとわかったかな？藤原良房が摂政になったころ，９世紀，平安時代前期のことだね。時期的にはつじつまが合う。受領の利権化がすすむのは平安時代中期以降だから，『日本三代実録』には書かれていないという推測ができるね。

なるほど…。

共通テストでは，一問一答の知識では解けない受験生の理解力や思考力を試すために，**過去問にはなかった形式の問題も出るだろうけど，あせらずに落ちついて考えれば正解は出せる**はずだよ！

THEME 4 院政と平氏政権

ここできめる！

- 白河上皇が院政をはじめ，鳥羽・後白河と３代つづく
- 保元・平治の乱で勝利した平清盛が武家政権を樹立する
- 平安末期には貴族文化に加え，武士や庶民の文化も発達

1 院政

① 後三条天皇の時代

関白の藤原頼通の娘には皇子が生まれなかったので，藤原氏の母を生母とせず，摂関家と外戚関係がない**後三条天皇**が即位し，大江匡房らの人材を登用して親政をおこないました。

摂政・関白はいなくなったの？

後三条天皇が即位して，藤原頼通は宇治に引退するけど，弟の教通が関白になっているんだ。摂政・関白が廃止されたわけではないよ。

後三条天皇は荘園の増加が公領を圧迫しているとして，1069年に**延久の荘園整理令**を出しました。荘園整理を国司にゆだねず，中央に**記録荘園券契所（記録所）**を設けて，あらたに設立された荘園や権利を示す書類（券契）のそろわない荘園の停止を命じます。

記録所をおいて朕みずから荘園整理をすすめるぞ。摂関家の荘園も例外ではない！

後三条天皇

藤原頼通

あなたが必要だと思うなら私の荘園も整理すればいい。（やれるもんならやってみな！）

このときは摂関家の荘園も例外とはせず，かなりの成果を上げました。国衙領が回復できた受領や地方豪族は天皇の力を再認識することになりました。この荘園整理令によって，貴族や寺社が支配する荘園と，国司が支配する公領とが明確になり，公領が回復する一方で，貴族や寺社は支配する荘園を整備していきました。

さらに公定の枡（宣旨枡）を制定し，内裏の造営費用などをまかなうため，荘園・公領を問わず一律に税として**一国平均役**を課しました。

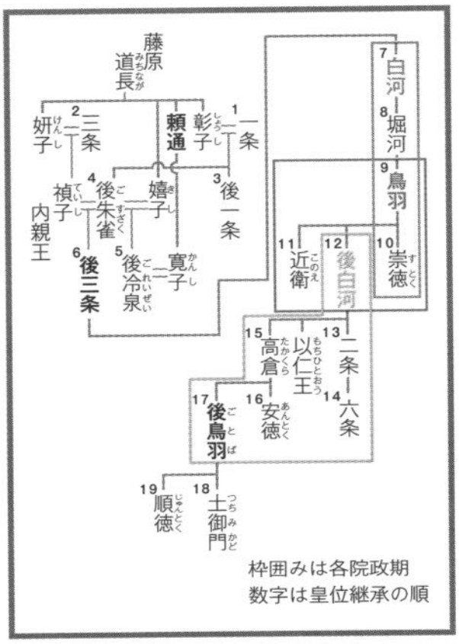

枠囲みは各院政期
数字は皇位継承の順

▲院政関係略系図

❷ 院政のはじまり

後三条天皇の皇子である**白河天皇**は親政をおこない，1086年には幼少の**堀河天皇**に位をゆずり，上皇になったあとも天皇を後見しながら政治の実権を握って**院政**をはじめます。院政は直系の子孫に皇位を継がせて，皇位を安定させることを目的としたところからはじまり，天皇家の家長（**治天の君**）である上皇が子や孫である天皇を後見して，法や慣例にとらわれず，独断で政治をおこないました。**白河上皇**の死後も**鳥羽上皇**・**後白河上皇**の院政がつづきました。

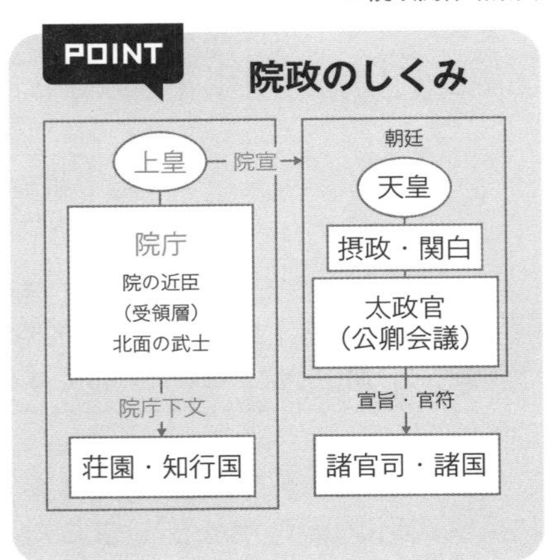

上皇は家政機関として**院庁**を設け，院庁からくだされる文書である**院庁下文**や，上皇の意思をつたえる**院宣**によって政治的な影響力をもつようになります。しかし，国政は従来どおり太政官に実行させました。また，富裕な受領層（中・下級貴族）を**院の近臣**とする

一方，源氏や平氏などの武士を**北面の武士**として独自の軍事力をもちました。

上皇たちは仏教に対する信仰があつく，出家して**法皇**となり，仏教の振興によって鎮護国家や五穀豊穣を実現しようとしました。白河天皇による**法勝寺**をはじめとする**六勝寺**などを建立し，法会を主催します。また，**熊野詣**や**高野詣**をさかんにおこないました。

③ 院政期の社会

院政期には，貴族や寺社が経済基盤を荘園にうつします。荘園を設立できたのは上皇や摂関家などごく少数の有力者であったため，上皇のもとには大量の荘園が集まりました。これらの荘園は近親の女性や寺院にあたえられ，鳥羽上皇が皇女の八条院にあたえた**八条院領**や，後白河上皇が長講堂に寄進した**長講堂領**はその代表です。また上皇や公卿・寺社を**知行国主**にして一国の支配権をあたえる**知行国制度**が広がり，公領からの収入も重要な収入源となりました。

▲『天狗草子』より僧兵の強訴

上皇の仏教保護のもと，顕密仏教の大寺院も多くの荘園を所有し，武装した僧兵を組織して独自の武力をもちました。こうした大寺社は朝廷や国司と争い，時には**強訴**をおこないました。なかでも，**南都**とよばれた**興福寺**，**北嶺**とよばれた**延暦寺**の勢力は大きく，興福寺は春日神社の神木，延暦寺は日吉神社の神輿をかついで強訴しました。神仏をおそれる朝廷や貴族は武士の力で対抗しました。

鴨川の水，双六の賽，山法師，これぞ我が心にかなわぬもの…山法師とよばれる延暦寺の僧兵には困ったものだ。

白河上皇

2 平氏政権

❶ 平氏の台頭

院政期になると，都では摂関家とむすんでいた源氏の勢力がやや衰えをみせたのに対し，伊勢を拠点とする**平氏**は上皇に接近して勢力を伸ばしました。**平正盛**は白河上皇に荘園を寄進し，源義親の乱を鎮圧しました。正盛の子の**平忠盛**は瀬戸内海の海賊を討伐して**鳥羽上皇**の信頼を得ます。その勢力をさらに伸ばしたのが忠盛の子の**平清盛**でした。

鳥羽上皇の死後，弟の**後白河天皇**と兄の**崇徳上皇**が政治の実権をめぐって対立しました。これに摂関家の氏長者をめぐる争いがからみ，これを解決するために源氏・平氏の武士が動員されました。これが1156年におこった**保元の乱**です。乱は平清盛や**源義朝**が協力した後白河天皇が勝利しました。

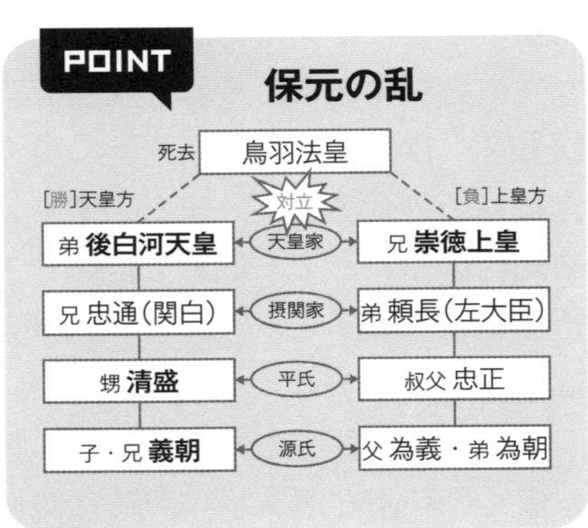

弟が天皇では院政をしくことができない…。

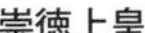
崇徳上皇

後白河天皇

先手をうって兄を倒すぞ。
武士の力を利用しよう！

二条天皇が即位して後白河上皇が院政をはじめると，院近臣のあいだで対立がおこりました。改革を主導する**信西**（**藤原通憲**）に対し，1159年，藤原信頼が**源義朝**とむすんで挙兵します。そして信西を自殺に追い込み内裏を占領しましたが，平清盛に鎮圧されました。源義朝は謀殺され，その子**頼朝**は伊豆に配流されました。これが**平治の乱**です。

保元・平治の乱で政治において武士の力が無視できないものとなりました。そのなかで，平清盛の地位と権力は急速に高まりました。

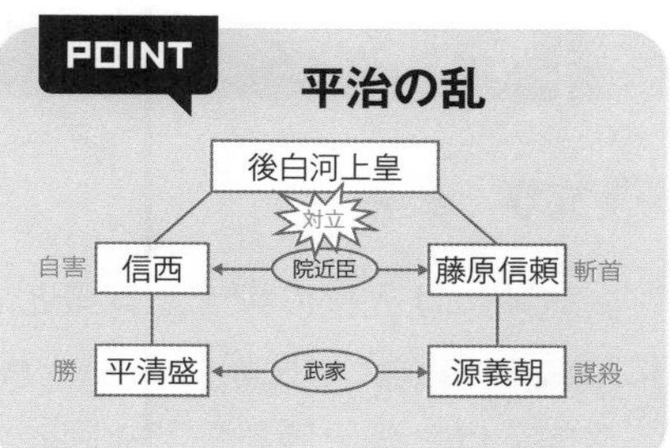

② 平氏政権

平治の乱後，平清盛は後白河上皇の信任を得て昇進し，1167年，武士としてはじめて太政大臣になり，娘の**徳子**を高倉天皇の中宮にするとともに，一族は高位高官につきました。また，代々西国の受領を歴任した平氏は，西国の武士を家人としており，彼らを国衙領や荘園の地頭としました。

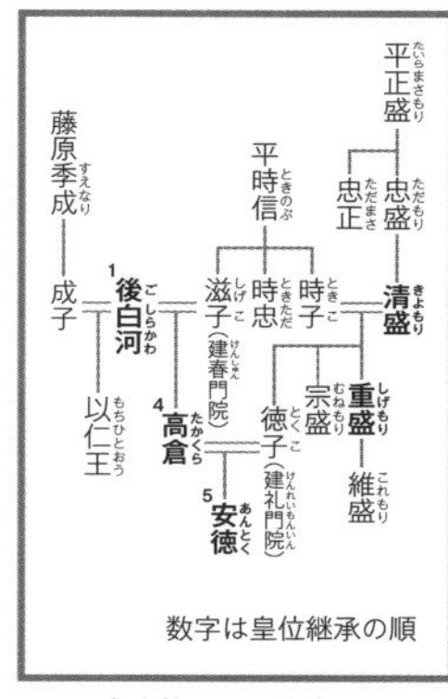

▲平氏政権の関係略系図

平氏の経済基盤は荘園と知行国にくわえ，**日宋貿易**の利益でした。宋の商人は日本に来航して博多を拠点としていました。そこで，清盛は瀬戸内海航路の安全をはかり，摂津の**大輪田泊**を修築して，畿内に宋船をむかえいれようとしました。

清盛は当初，後白河上皇と協調していましたが，やがて対立するようになりました。反平氏の動きが表面化すると，1179年，清盛は後白河法皇を幽閉し，院政を停止しました。翌年には，娘の徳子の子である**安徳天皇**が即位して天皇の外戚となります。これにより**平氏政権**が確立しました。京都の六波羅に居宅をかまえたので，六波羅政権ともよばれます。

後白河院はおさえたし，天皇の外祖父にもなった。これで平氏政権は安泰だ！

平清盛

3 院政期の文化

① 文学・美術

院政期には上皇の権威を背景とする文化が発達する一方，あらたに成長した武士や民衆に影響を受けた文化が誕生しました。

文学では，藤原氏の栄華を回顧する『**栄華物語**』や『**大鏡**』などの歴史物語が書かれます。一方，武士や庶民などの活動を描いた『**今昔物語集**』などの説話集，平将門の乱を描いた『**将門記**』や，前九年合戦を題材とした『**陸奥話記**』などの軍記物もつくられました。当時，民間で流行した歌謡は**今様**といわれ，農村で発生した田楽や，大陸の影響を受けた散楽（猿楽）などとともに貴族のあいだでも親しまれました。そのなかで後白河法皇は今様を集めて『**梁塵秘抄**』を編纂しました。

遊びをせんとや生まれけむ〜♪
わしは今様が大好きなのじゃ！

後白河法皇

▼『鳥獣戯画』

絵画では，説話や物語を大和絵の手法で描き，詞書を織りまぜながら場面を展開していく**絵巻物**がつくられました。『**源氏物語絵巻**』『**信貴山縁起絵巻**』や，応天門の変を題材とした『**伴大納言絵巻**』のほか，動物を擬人化して描き，社会風刺をした『**鳥獣戯画**』などがあります。その他，大和絵による工芸品として四天王寺などに所蔵される『**扇面古写経**』や，平氏が厳島神社に奉納した『**平家納経**』がつくられました。

② 仏教の隆盛

院政期には法皇が仏教を保護したことにより，**延暦寺**や**興福寺**など顕密仏教寺院は多くの荘園をもつなど発展しました。そうしたなかで寺院の世俗化に反発して民間布教をすすめた**聖**たちの活動もあり，仏教は地方にも広がりました。奥州藤原氏が建てた平泉の**中尊寺金色堂**や白水の阿弥陀堂，九州豊後の**富貴寺大堂**などは地方の有力者が建立した阿弥陀堂で，中央で流行した**浄土教**が全国各地に広まったことを示しています。

SECTION

鎌倉時代

THEME

1　鎌倉幕府の成立
2　得宗専制政治から幕府の滅亡へ
3　鎌倉文化

SECTION 6で学ぶこと

鎌倉時代は，3つの大きな戦乱を背景に「鎌倉幕府の成立」→「執権政治の確立」→「得宗専制政治の確立」と展開するよ。それを前提として，北条氏を中心にそれぞれの時代にどのような出来事があったかを整理しよう！

1 鎌倉幕府の成立

治承・寿永の内乱は，後白河法皇の皇子以仁王による平氏打倒の挙兵から平氏が壇の浦の戦いで滅亡するまでの内乱です。この内乱の間に，源頼朝が伊豆で挙兵し，鎌倉を拠点に東国の武士を御家人として**鎌倉幕府が成立**しました。

2 執権政治の確立

頼朝の死後は北条氏が台頭し，御家人を中心とする政治をすすめました。それを不満とする後鳥羽上皇が挙兵した**承久の乱**で幕府が勝利して朝廷に対して優位に立ちました。その後，幕府では執権北条氏を中心とする有力御家人による合議制が確立しました。これを**執権政治**といいます。

3 得宗専制政治

元軍が２回にわたり来襲した**モンゴル襲来**のあと，幕府内では北条氏の権力が強まり，北条氏の家督を継ぐ得宗とその家臣である御内人が政治を主導しました。これを**得宗専制政治**といいます。この後，後醍醐天皇の討幕計画から足利尊氏らが反旗を翻し，1333年，鎌倉幕府が滅亡しました。

1 時代の特徴

経済

二毛作・牛馬耕などで農業生産が発達し，**宋銭**が大量に輸入されたことで年貢の代銭納がおこなわれるなど貨幣経済が発達しました。都市部では**見世棚**，地方では**定期市**が開かれ，商品流通が活発化しました。

外交

宋や**高麗**とは正式な国交はありませんでしたが，民間の貿易船が博多に来航し，さかんな貿易がおこなわれていました。**モンゴル襲来**のあとも**元**とは民間貿易がさかんにおこなわれていました。

文化

仏教では革新運動が起こり，新仏教の開祖である**法然・親鸞・一遍・日蓮・栄西・道元**が布教活動をしました。和歌や大和絵など伝統的な公家文化が発展する一方，鎌倉幕府は**禅宗**を保護し，大陸文化を発展させました。

2 権力者と重要事項

権力者	歴史事項
源頼朝	**治承・寿永の内乱**（1180～85）
北条時政	比企氏の乱（1203）
北条義時	**承久の乱**（1221）
北条泰時	連署・評定衆の設置（1225） **御成敗式目**の制定（1232）
北条時頼	**宝治合戦**（1247） 引付の設置（1249）
北条時宗	**モンゴル襲来**（1274・1281）
北条貞時	霜月騒動（1285）
北条高時	**鎌倉幕府の滅亡**（1333）

THEME 1

鎌倉幕府の成立

ここで 働きめる！

- 治承・寿永の内乱の過程で鎌倉幕府が形成される
- 頼朝の死後，鎌倉幕府は御家人の合議体制へ
- 承久の乱後，執権政治が確立する

1 鎌倉幕府の成立

① 治承・寿永の内乱

後白河法皇が幽閉され，安徳天皇が即位すると，1180年，後白河法皇の皇子である**以仁王**が **源 頼政**とともに平氏打倒のために挙兵し，平氏追討をよびかける以仁王の命令が全国の武士につたえられました。これをきっかけに伊豆の**源頼朝**，木曽の**源義仲**ら各地の武士団が蜂起し，**治承・寿永の内乱**がはじまりました。

平氏は，平清盛の死や西国一帯に広がった養和の大飢饉で打撃を受けて，1183年には義仲の軍にやぶれ，西国へのがれます。後白河法皇とむすんだ頼朝は，東国の安定を優先して鎌倉を動かず，弟の**範頼**・**義経**を上京させて，1184年，後白河法皇と対立した義仲を討たせました。つづいて範頼と義経の軍勢は平氏と戦い，摂津の一の谷の戦い，讃岐の屋島の戦いをへて，1185年，長門の**壇の浦の戦い**で平氏を滅ぼしました。

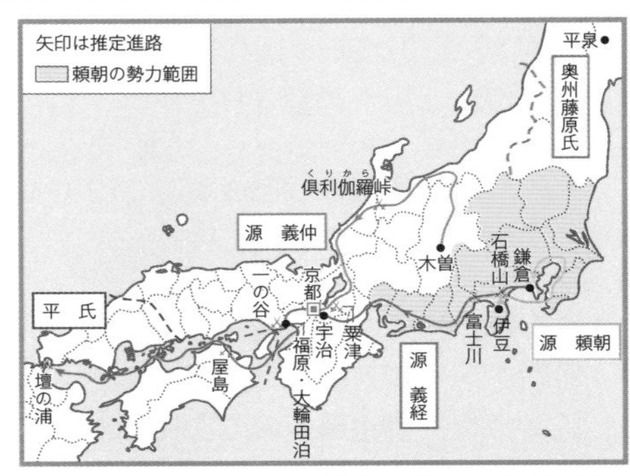

▲源平の争乱　1183年ごろ

治承・寿永の内乱

年	月	出来事
1180	5	以仁王・源頼政ら挙兵，敗死
	6	福原遷都（11月に戻る）
	9	源義仲が挙兵
	12	平重衡，南都焼き討ち
1181	閏2	平清盛の死（64歳）
	4～	養和の飢饉
1183	5	倶利伽羅峠の戦い
	7	平氏の都落ち，義仲入京
1184	1	源範頼・義経，義仲を討つ
	2	一の谷の戦い
1185	2	屋島の戦い
	3	壇の浦の戦い，平氏滅亡

鎌倉幕府の成立

年	月	出来事
1180	8	源頼朝が挙兵，石橋山の戦い
	10	頼朝，鎌倉入り，富士川の戦い
	11	頼朝，侍所を設置
1183	10	頼朝の東国支配権公認
1184	10	公文所・問注所を設置
1185	11	守護・地頭の設置公認
1189	9	頼朝，奥州藤原氏を滅す
1190	11	頼朝，右近衛大将に就任
1192	7	頼朝，征夷大将軍に就任

② 鎌倉幕府の形成

1180年に伊豆で挙兵した源頼朝は，石橋山の戦いで敗れますが，その後，多くの東国武士団が頼朝のもとに集まりました。頼朝は**鎌倉**を拠点にして，武士たちと主従関係をむすんで**御家人**として組織しました。実力で関東の荘園・公領を支配した頼朝は独自に武士たちの所領を保障していきました。1180年には御家人を統率する機関として**侍所**が設置され，**和田義盛**が初代別当となりました。頼朝の政権は反乱軍としてはじまりました。

東国武士団を率いて実力で関東を支配したぞ！
東国支配を後白河法皇に認めさせるのだ。

源頼朝

1183年，平氏都落ちのあと，頼朝は後白河法皇から東海道・東山道の支配権を認められました（寿永二年十月宣旨）。これにより，頼朝は朝廷に公認され，正規軍となります。義仲を討った1184年には，一般政務をあつかう**公文所**，訴訟事務をあつかう**問注所**を設け，公文所の別当に**大江広元**，問注所の執事に**三善康信**を任じます。

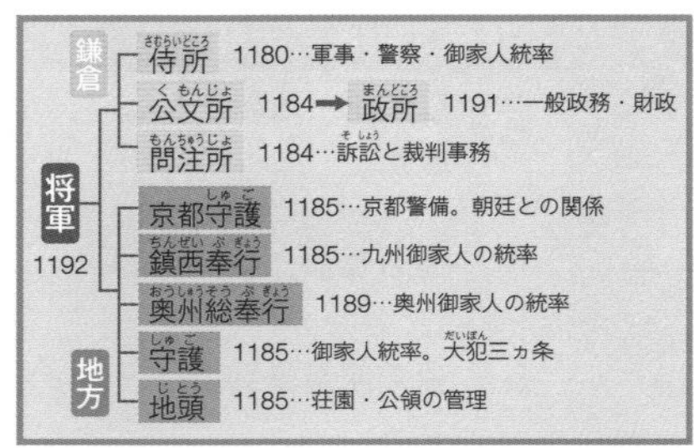

▲鎌倉幕府初期の職制

1185年の平氏滅亡後，頼朝は義経と対立するようになり，義経追討を口実に**守護**・**地頭**の設置を，後白河法皇に認めさせました。守護は各国に１名ずつ，主として東国出身の御家人が任じられ，その任務は京都大番役の催促，謀反人の逮捕，殺害人の逮捕の**大犯三ヵ条**が基本でした。地頭は荘園・公領におかれ，土地を管理して年貢を徴収し，治安を維持することなどが任務でした。

守護の職務は，国内の御家人を統率して治安維持をすることと，**京都大番役**のため，御家人を京都に出向させることだ。

源頼朝

その後，1189年には，逃亡した義経をかくまったことを口実に**奥州藤原氏**を滅ぼして，出羽・陸奥を支配下におきました（奥州合戦）。その後，頼朝は1190年にようやく京都にのぼり，**右近衛大将**に任じられ，公卿となります。そして，1192年には**征夷大将軍**に任じられました。

右近衛大将に任じられて，いよいよ公卿になったぞ！　役所の一つである公文所は**政所**にあらためる。

源頼朝

朝廷への反乱軍としてはじまった源頼朝の政権は，鎌倉を拠点に当初は実力で東国を支配していましたが，朝廷との交渉でその支配を認められました。そして内乱終結後も御家人との主従関係を維持して，御家人が**京都大番役**(おおばんやく)をつとめることで朝廷公認の組織として定着し，鎌倉幕府が確立しました。

③ 幕府の支配体制と朝廷

鎌倉幕府を開いた源頼朝は鎌倉殿(かまくらどの)とよばれました。頼朝は御家人(ごけにん)に，先祖伝来の所領を保障する**本領安堵**(ほんりょうあんど)をするとともに，戦争などで敵方から没収した領地を分けあたえる**新恩給与**(しんおんきゅうよ)をするなどしました。この**御恩**(ごおん)に対して御家人は，戦時には**軍役**(ぐんやく)，平時には**京都大番役**や**鎌倉番役**などをつとめて**奉公**(ほうこう)をしました。このような主従関係はそれまでの貴族社会にはみられないものでした。

御家人は血縁関係を中心に団結して，奉公の際には一族の長である**惣領**(そうりょう)が一族である**庶子**(しょし)，家来である**郎党**(ろうとう)（**郎等**）を率いました。所領は女子も含めて**分割相続**しました。このような武士団のまとまりを**惣領制**といいます。

▼御家人制と惣領制

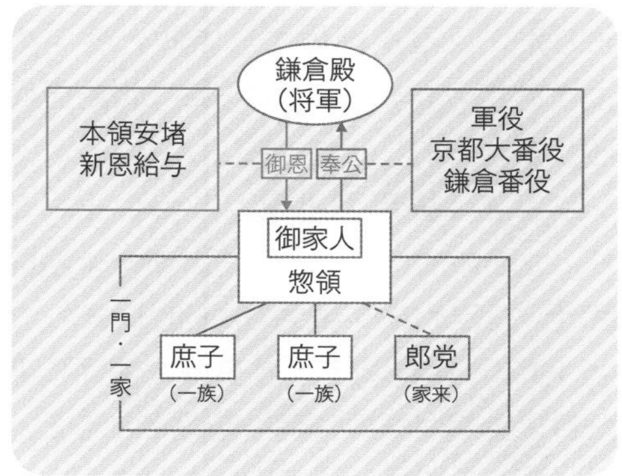

幕府が成立して東国を支配し，**関東御領**(ごりょう)や**関東知行国**(ちぎょうこく)（**関東御分国**(おぶんこく)）など荘園や知行国を財政基盤とする一方，京都の朝廷や貴族・寺社を中心とする荘園領主の力も強く，政治の面でも経済の面でも，京都の公家勢力と鎌倉の武家勢力の二元的な支配がおこなわれました。

2 執権政治の成立と展開

① 北条氏の台頭と承久の乱

幕府政治は源頼朝の独裁体制でした。頼朝の死後，子の**頼家**が2代将軍となり将軍主導の政治をめざしましたが，頼朝の妻**政子**の一族である北条氏を中心に有力御家人の合議によって政治をすすめる動きが強まりました。そのなかで有力御家人が対立します。

1203年，政子の父である**北条時政**は頼家の妻の父である**比企能員**を滅ぼす（**比企氏の乱**）とともに，頼家を伊豆修禅寺に幽閉し，翌年，暗殺しました。時政は頼家の弟の**実朝**を3代将軍として，政所別当に就任しました。つづく**北条義時**は1213年に**和田義盛**を滅ぼして侍所の地位をうばい（**和田合戦**），政所別当を兼任しました。将軍を補佐する時政と義時の地位を**執権**といい，これ以降，北条氏が就任しました。

▼将軍家関係略系図

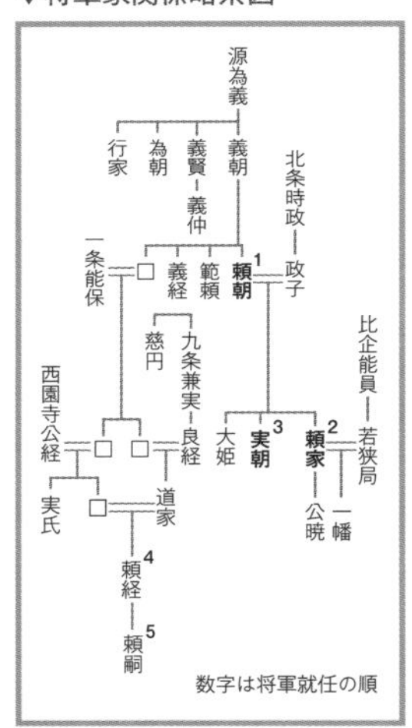

数字は将軍就任の順

京都では**後鳥羽上皇**が政治の実権を握り，北面の武士にくわえて，新たに**西面の武士**を設けて軍事力を強化しました。1219年，後鳥羽上皇と良好な関係にあった将軍実朝が甥の公暁に暗殺されると，朝廷と幕府の関係は不安定になりました。**源氏将軍**が断絶したため，幕府は摂関家出身の幼い**藤原頼経**を将軍の後継者としてむかえました。これを**摂家将軍**といいます。

後鳥羽上皇は幕府の動揺をみて，1221年，北条義時追討の命令をくだし，幕府を倒そうとしましたが，幕府側は義時の子の泰時らが大軍を率いて京都へ派遣されて勝利をおさめました。これが**承久の乱**です。

北条義時は幼い藤原頼経を将軍にして，幕府を私物化しようとしている。
武士たちよ，今すぐ義時を討伐するのだ！
後鳥羽上皇

御家人たちよ，よく聞け！
頼朝様が幕府をつくって，どれだけの恩を受けたか，わかっているだろうな！
北条政子

承久の乱後，幕府は**仲恭天皇**を廃位して後堀河天皇を即位させ，後鳥羽上皇を隠岐に配流し，さらに，順徳上皇・土御門上皇を配流しました。また，京都に**六波羅探題**をおいて朝廷を監視し，京都市中の警備と西国の行政・裁判をおこなわせました。さらに上皇に味方した武士から約3,000カ所の所領を没収して，戦功のあった御家人を没収地の地頭に任命します。このうち，収入が少なかった土地に関しては，**新補率法**を定めて地頭の収入を保障しました。この率法で収入を保障された者を**新補地頭**といいます。

新補率法ってどんな規定なの？

地頭の収入の規定だよ。任じられた荘園について，11町につき1町は年貢などが免除される免田として，それとは別に1段につき5升の加徴米が認められたんだ。

承久の乱の結果，幕府の支配は畿内・西国の荘園にもおよび，幕府は朝廷に対して優位に立ち，皇位の継承や朝廷の政治などにも介入するようになりました。

❷ 執権政治

承久の乱後，3代執権の**北条泰時**は1225年，執権を補佐する**連署**を設け，有力御家人のなかから十数名の**評定衆**を選びました。こうして執権・連署を中心とする評定衆の合議によって政治の決定や裁判の判決などの政務をおこなう体制が整いました。これを**執権政治**といいます。1232年には，武家によるはじめての成文法として**御成敗式目**（**貞永式目**）51カ条を制定しました。この法令は政治や裁判の基準として，頼朝以来の**先例**と武家社会の慣習である**道理**をまとめたもので，幕府の勢力範囲で適用されました。

式目が制定されて，律令とかはなくなったの？

武家法として制定された御成敗式目は原則，御家人に適用された法で，朝廷では律令の系譜を引く**公家法**，荘園内で適用される**本所法**が並立していて，それぞれの範囲内で適用されていたよ。

5代執権に就任した**北条時頼**は裁判を公平かつ迅速にすすめるため，1249年に**引付**を設け，御家人たちの所領訴訟を担当させました。一方で時頼は権力を握ろうとする前将軍の藤原頼経を1246年，京都に送りかえして，翌年の**宝治合戦**で三浦泰村を滅ぼしました。そして，頼経の子の将軍藤原頼嗣を追放して，幕府と良好な関係にあった後嵯峨上皇の皇子である**宗尊親王**を将軍にむかえました。これが**皇族将軍**です。時頼の時代には実権のない名目上の将軍のもと，北条氏による独裁化の傾向が強まりました。

▼執権政治のしくみ

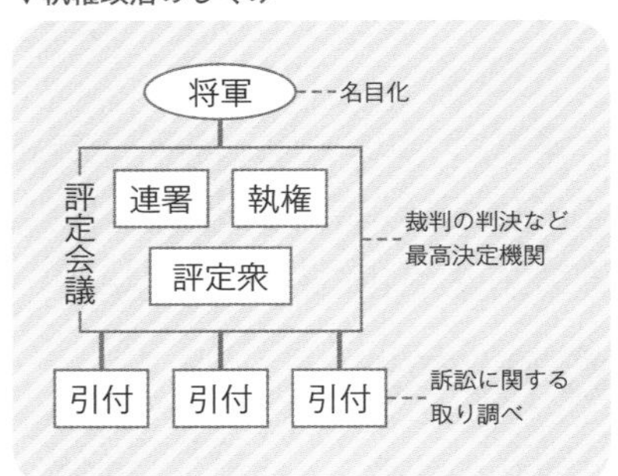

3 鎌倉時代の社会

1 武士の土地支配

東国の武士団を中心とする御家人(ごけにん)は戦乱の際の新恩給与(しんおんきゅうよ)により，地頭(じとう)に任命されて全国各地に所領があたえられ，現地には一族や代官(だいかん)が派遣されました。

承久(じょうきゅう)の乱後，畿内・西国にもあらたな地頭が任命されました。幕府が優位に立ち，朝廷の権威がおとろえるなか，地頭のなかには，国衙(こくが)や荘園領主(しょうえんりょうしゅ)に納めるべき年貢を未納・横領したり，荘園領主の代官を排除したりする者があらわれます。地頭の任免権は幕府にあったため，荘園領主や百姓(ひゃくしょう)は地頭の不法を幕府に訴えましたが，なかなか解決しませんでした。

そのため，地頭の荘園侵略に対して，荘園領主は**地頭請**(じとううけ)や**下地中分**(したじちゅうぶん)の契約をして解決しました。地頭に現地の管理を一任して，一定額の年貢の納入を義務づける契約をむすぶのが地頭請です。また，荘園を分割して，荘園領主と地頭が互いに干渉せず独自に土地と農民を支配する契約をむすぶのが下地中分です。

幕府は荘園領主が地頭の不法を訴えると，下地中分をすすめるようになります。こうした地頭請や下地中分により，地頭は在地領主としての性格を強めることになります。

▼地頭請と下地中分

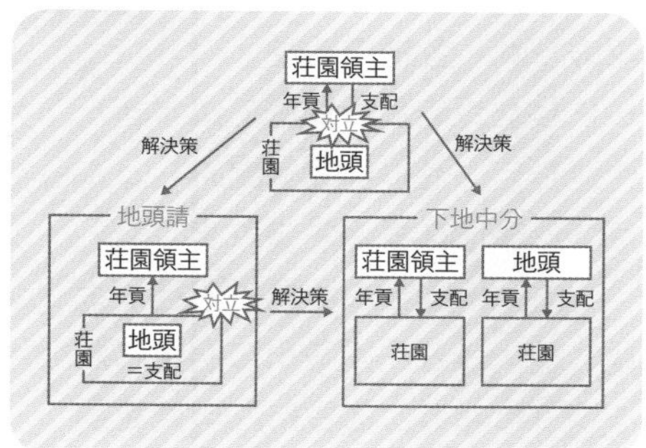

2 鎌倉時代の経済発達

鎌倉時代には農業の発展が広くみられます。西日本では米を収穫したあとに麦を栽培する**二毛作**(にもうさく)が増えました。牛や馬に犂(すき)を引かせて田畑を耕す**牛馬耕**(ぎゅうばこう)がおこなわれ，若草を刈って田にしきこむ**刈敷**(かりしき)や，草や木を灰にしてまく**草木灰**(そうもくばい)などの自給肥料も使われます。また，災害に強い多収穫米である**大唐米**(だいとうまい)が輸入されました。

▼『一遍上人絵伝』より三斎市（備前国福岡市）

農業や手工業が発達すると，生産物が商品として売買され，商業が発達します。交通の便利なところや寺社の門前などでは，月３回の**定期市**(ていきいち)（**三斎市**(さんさいいち)）が開かれました。京都・奈良・鎌倉などの大都市では常設の小売店である**見世棚**(みせだな)もあらわれました。

▼『一遍上人絵伝』より見世棚

平安末期以来，商工業者は同業者の組合である**座**(ざ)を結成しました。座は朝廷や荘園領主の保護を受け，製造や販売などの独占権を認められ，各地で活動しました。商品の輸送では水運が発達して，港には**問**(とい)（**問丸**(といまる)）とよばれる運送業者が生まれました。

▼年貢の代銭納

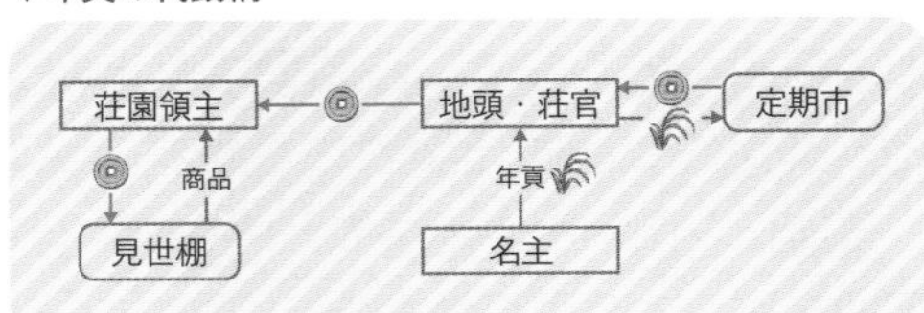

▼為替

京都　割符屋 ⟷ 決済 ⟷ 地方　割符屋
為替
荘園領主 ← 為替 ← 地頭・荘官

一方，中国との貿易で**宋銭**(そうせん)が大量に輸入され，商取引で利用されるようになるとともに，年貢を銅銭で納める**代銭納**(だいせんのう)も多くなるなど，貨幣経済が浸透します。離れた地域との代金の決済(けっさい)では**為替**(かわせ)が使われるようになり，銭を貸して利子をとる金融業者の**借上**(かしあげ)も成長しました。

THEME 2

得宗専制政治から幕府の滅亡へ

ここで⚫︎きめる！

- モンゴル襲来によって警戒体制がつづき，御家人が疲弊
- モンゴル襲来後，得宗専制政治が確立する
- 両統迭立に不満をもつ後醍醐天皇が即位し，討幕をめざす

1 モンゴル襲来と得宗専制政治

① モンゴル襲来と警戒体制の継続

鎌倉幕府は宋（そう）と正式な国交は開きませんでしたが，平安時代後期以降，宋の商船が往来し，民間貿易はさかんにおこなわれていました。13世紀はじめ，大陸ではモンゴルの遊牧民族を統一したチンギス=ハンが急速に勢力を伸ばし，2代目のオゴタイは1234年に金を滅ぼすなどユーラシア大陸の東西にまたがる大帝国をつくります。チンギス=ハンの孫**フビライ**は，都を**大都**（だいと）（北京（ペキン））にうつして，1271年に国号を**元**（げん）としました。さらに**南宋**をはじめ東アジア全域に侵攻します。これに対し，朝鮮半島の高麗（こうらい）では軍事組織である**三別抄**（さんべつしょう）が，1273年まで抵抗をつづけました。

早く朝貢（ちょうこう）してくるのだ。
できれば軍隊は使いたくないぞ。
フビライ

フビライの要求は拒否する。
九州の沿岸を警備しなければ！
北条時宗

そのなかで，元は日本にもたびたび朝貢を求めましたが，8代執権（しっけん）**北条時宗**（ほうじょうときむね）は返書を送らず，拒否しました。1274年，フビライは高麗の軍をあわせた約3万人の兵を送り，対馬（つしま）・壱岐（いき）などをおそい，

博多湾に侵入しました。日本軍は元の集団戦法や新兵器に苦戦しますが，これをむかえうった九州の御家人たちの奮戦によって元軍は退却しました。これが**文永の役**です。

肥後の御家人竹崎季長の活躍を描いてるよ。元軍の武器「てつはう」も見られる。

▲『蒙古襲来絵詞』

その後，幕府は九州地方の御家人を中心に**異国警固番役**を強化し，博多湾沿いに石造の**防塁**（**石築地**）を築いて，元の再度の襲来にそなえます。フビライは1279年に南宋を滅ぼすと，1281年，高麗軍や旧南宋軍をあわせた約14万の大軍を送ってきました。しかし，日本側の奮戦により上陸は阻止されたうえ，海上の元軍を暴風雨がおそい，壊滅状態となって退却しました。これが**弘安の役**です。

▼防塁（石築地）

モンゴル軍が暴風雨によってしりぞけられると，日本は神に守られているという**神国思想**がさかんになります。読経によって力を増した神々が，神風を吹かせて元軍を撃退したといわれたのです。

② 得宗専制政治

フビライは3回目の日本遠征を計画しますが，元に対する中国民衆の反乱などがあり実現しませんでした。一方，幕府は3度目の襲来を警戒しつづけることになります。九州地方の御家人を引きつづき異国警固番役に動員し，本所一円地の武士（非御家人）も動員する権限を朝廷からあたえられました。さらに九州の博多には**鎮西探題**を設けて，北条氏一門を派遣しました。

モンゴル襲来という非常事態を通して，北条氏一族の長である**得宗**の権力が強くなり，得宗の家臣である**御内人**の発言力が大きくなります。

得宗は北条氏の家督のことで，義時から高時まで7人だよ。義時の法名「徳宗」が由来なんだ。**執権**は幕府の役職で，最後が16代の守時だね。

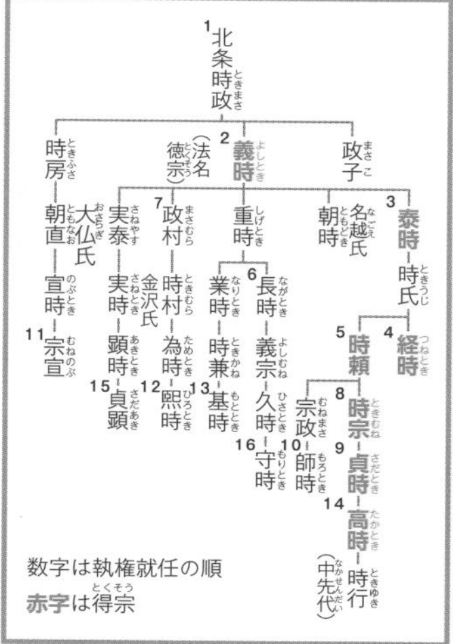

▲北条氏略系図

1285年には御内人の代表である**内管領**の**平頼綱**が，対立した有力御家人**安達泰盛**を滅ぼすという**霜月騒動**がおこりました。これにより頼綱が幕府の政治を主導しますが，成人した**北条貞時**が頼綱を倒して（平禅門の乱），得宗として幕府の実権を握りました。

こうして北条氏の家督である得宗を中心に，得宗家の家臣である御内人が幕府の政治を動かすようになり，評定衆による合議は中身を失いました。また，全国の守護の半分以上は北条氏一門が占めるようになりました。これを**得宗専制政治**といいます。

得宗の私邸でおこなわれる合議である**寄合**の決定を重視するぞ。

北条貞時

2 鎌倉幕府の滅亡

① 幕府の衰退

鎌倉時代後期には，国内の経済発達などを背景に御家人社会も動揺していました。御家人の多くは分割相続をくり返すうちに所領の細分化がすすみました。そのうえ，中国から**宋銭**が大量に輸入され，年貢の代銭納がおこなわれるようになると，貨幣経済の発展にまきこまれて生活が苦しくなります。モンゴル襲来は御家人たちに大きな負担を強いることになりました。幕府が十分な恩賞をあたえることができないまま，警戒体制は継続されました。そのため，領地を質入れしたり，売却したりする御家人も増え，軍役や番役をつとめることが困難になりました。

このような状況のもとで，1297年，幕府は**永仁の徳政令**を出し，幕府を支えていた御家人の領地の質入れや売買を禁止して，それまでの質入れ・売却地を無償で取り戻せるようにしました。しかし，御家人が領地を手放す動きは止められず，御家人を救済することはできませんでした。

永仁の徳政令ってどんな法令？

質入・売却した御家人の領地を無償で取り戻させるようにしたんだ。けれども，御家人に売却した領地のうち，20年を過ぎたものは返却しなくてもよいこととし，借上など庶民に売却した領地については年数に関係なく返却することとしたよ。

困窮する武士や政治に不満をもつ武士が増えると，畿内やその周辺では荘園領主に武力で抵抗する者もあらわれます。彼らは**悪党**とよばれ，幕府はこの対応に苦労することになります。

② 幕府の滅亡

13世紀後半，後嵯峨法皇の死後，天皇家は**持明院統**と**大覚寺統**に分かれ，皇位継承や天皇家領荘園の相続をめぐって争うようになります。皇位の決定には幕府の承認が必要であったため，両統は幕府を味方につけようと積極的にはたらきかけ，幕府はたびたび調停をおこないました。このような状況のなか，幕府は両方の皇統から交代で天皇を出す方式である**両統迭立**を提案し，1318年には大覚寺統から**後醍醐天皇**が即位しました。

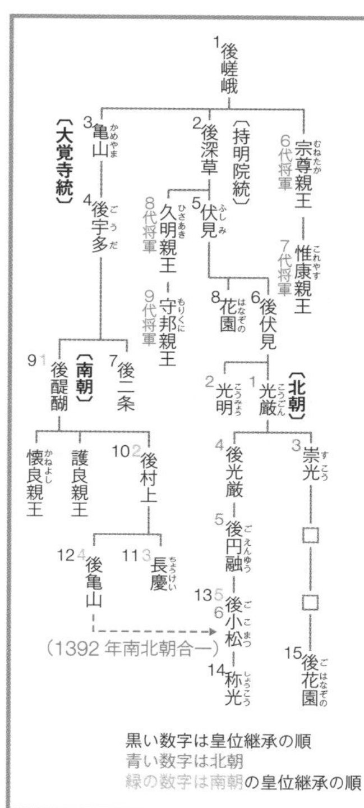

▲天皇家略系図

後醍醐天皇は10世紀ごろの延喜・天暦の治を理想として天皇親政をはじめ，記録所を再興しました。一方，幕府では執権**北条高時**のもと，内管領の長崎高資が実権を握っていたため，御家人の不満が高まっていました。

両統迭立をすすめようとする幕府に対して，後醍醐天皇は討幕を考えます。1324年には討幕計画がもれ（正中の変），1331年には挙兵をくわだてて失敗し（**元弘の変**），後醍醐天皇は**隠岐**に流されます。幕府は持明院統から**光厳天皇**を擁立しましたが，**護良親王**や**楠木正成**らが畿内の悪党を率いて幕府に抵抗し，この状況のなか，後醍醐天皇は隠岐を脱出しました。

後醍醐天皇を助けるんだ！
北条氏を倒して，幕府を滅ぼすぞ！
足利尊氏

1333年，有力御家人の**足利尊氏**が天皇側に寝返って六波羅探題を滅ぼし，**新田義貞**が鎌倉を攻めて北条高時らを滅ぼしました。こうして約150年つづいた鎌倉幕府は滅亡しました。

THEME 3

鎌倉文化

ここで動きめる！

- 聖たちによる仏教革新運動がおこる
- 和歌など伝統的な公家文化が発展する
- 鎌倉幕府の保護で大陸の禅宗文化が発展する

1 鎌倉仏教

① 顕密仏教（旧仏教）の革新

仏教界の中心は延暦寺（えんりゃくじ）や興福寺（こうふくじ）などの顕密（けんみつ）仏教寺院でした。朝廷や幕府の保護のもとで顕密仏教寺院の僧侶たちは鎮護（ちんご）国家や五穀豊穣（ごこくほうじょう）の祈禱（きとう）をおこないました。

12世紀末には治承（じしょう）・寿永（じゅえい）の内乱や養和（ようわ）の大飢饉（だいききん）が発生し，祈りの力で戦乱や飢饉を止めることができなかったという反省から，聖（ひじり）たちが顕密仏教の腐敗を批判し，仏教革新の運動がおこります。その運動には穏健派と急進派の２つの流れがありました。

穏健派は，祈りの効果がなかったのは**戒律**（かいりつ）の乱れに原因があると考え，戒律を尊重することで，仏教を活性化しようとします。

仏に祈りが届かず，戦乱や飢饉がおこるのは，僧侶が戒律をまもらんからじゃ！

明恵

法相宗（ほっそうしゅう）の**貞慶**（じょうけい）（解脱（げだつ））と**華厳宗**（けごんしゅう）の**明恵**（みょうえ）（高弁（こうべん））は戒律を重んじて，南都仏教の刷新につとめます。**律宗**（りっしゅう）の**叡尊**（えいぞん）（思円（しえん））と弟子の**忍性**（にんしょう）は社会事業に力を入れます。叡尊は西大寺（さいだいじ）を拠点に活動します。忍性は病人の救済施設として奈良に**北山十八間戸**（きたやまじゅうはっけんど）をつくります。

② 仏教の新しい動き（新仏教）

仏教革新運動における急進派は，あいつぐ戦乱や飢饉のなかで救いを求める人々の要望にこたえました。信心や修行のあり方に注目して，**念仏**（ねんぶつ）・**題目**（だいもく）・**坐禅**（ざぜん）など１つの道によって救われることを説き，武士や庶民にも門戸を開いて，のちに教団化していきました。

念仏の教えは**法然**（ほうねん）・**親鸞**（しんらん）・**一遍**（いっぺん）が広めました。**浄土宗**（じょうどしゅう）の開祖とされる法然は，「**南無阿弥陀仏**（なむあみだぶつ）」の念仏をとなえることだけが極楽往生（ごくらくおうじょう）の道であるという**専修念仏**（せんじゅねんぶつ）の教えを説きました。法然の著書には『**選択本願念仏集**』（せんちゃく／せんじゃく）があります。

すべての人は善人です。「南無阿弥陀仏」と念仏さえとなえれば救われるのです。

法然

それに対し，**貞慶**は「**興福寺奏状**（こうふくじそうじょう）」，**明恵**は『**摧邪輪**（さいじゃりん）』を著して専修念仏を批判しました。その結果，法然・親鸞らは流罪となりました。

法然の弟子の親鸞は，末法（まっぽう）の世において，すべての人は悪人であり，それを自覚して信心をもつことが救済につながるという**悪人正機説**（あくにんしょうきせつ）をとなえ，のちに**浄土真宗**（じょうどしんしゅう）の開祖とされました。

善人が往生できるのだから，悪人が往生できるのは当たり前だ！

親鸞

親鸞の主な著書は『**教行信証**（きょうぎょうしんしょう）』ですが，悪人正機説は弟子の唯円（ゆいえん）が著した『**歎異抄**（たんにしょう）』にあります。**時宗**（じしゅう）の開祖とされる一遍は，信心の有無にかかわらず極楽往生できると説き，諸国を遊行（ゆぎょう）しながら，**踊念仏**（おどりねんぶつ）で全国に布教しました。

▼『一遍聖絵』より踊念仏

日蓮宗（にちれんしゅう）（**法華宗**（ほっけしゅう））の開祖である**日**

蓮は法華経だけが正しい教えであると主張し，「**南無妙法蓮華経**」の**題目**をとなえることによってのみ救われると説きます。そして，念仏や禅・真言など激しく他宗を批判します。そして法華経を信仰しなければ国難を招くと予言し，『**立正安国論**』を北条時頼に提出し，弾圧されました。

真言亡国，禅天魔，念仏無間，律国賊！法華経を信仰しなければ，国難がおこるぞ！

日蓮

坐禅の教えは**栄西**・**道元**が宋からつたえました。宋では厳しい戒律と坐禅によって悟りをめざす禅宗がさかんでした。宋にわたった栄西は，禅宗をつたえて禅による護国を説きます。著書には『**興禅護国論**』があります。朝廷は当初，禅宗を開くことを認めませんでしたが，栄西は鎌倉幕府の保護を受けて**建仁寺**を創建して，のちに**臨済宗**の開祖とされました。さらに**北条時頼**は渡来僧の**蘭渓道隆**を招いて**建長寺**を創建し，**北条時宗**は渡来僧の**無学祖元**を招いて**円覚寺**を創建するなど，幕府は大陸の新しい文化を吸収する目的で禅宗を保護しました。道元は宋にわたり禅宗を学んで帰国しました。幕府とむすびついた禅僧の多いなかで道元は権力とむすびつくことなく，ただひたすら坐禅に徹するという**只管打坐**を説き，のちに**曹洞宗**の祖とされました。著書には『**正法眼蔵**』があります。

人と交わって話もせず，耳が聞こえない人や，しゃべれない人のようにして，常に一人で坐禅を組むのだ！

道元

これら戦国時代から江戸時代に独立の宗派として公認された浄土宗・浄土真宗・時宗・日蓮宗・臨済宗・曹洞宗を**鎌倉新仏教**とよんでいます。

	宗派	開祖	教義など	主著	中心寺院
念仏	**浄土宗**	**法然**	専修念仏	『選択本願念仏集』	知恩院(京都)
	浄土真宗	**親鸞**	悪人正機説	『教行信証』	本願寺(京都)
	時宗	**一遍**	踊念仏		清浄光寺(神奈川)
法華経	**日蓮宗**	**日蓮**	題目唱和	『立正安国論』	久遠寺(山梨)
坐禅	**臨済宗**	**栄西**	公案問答	『興禅護国論』	建仁寺(京都)
	曹洞宗	**道元**	只管打坐	『正法眼蔵』	永平寺(福井)

2 鎌倉文化

① 鎌倉文化の特徴と芸術の新傾向

鎌倉時代には，公家が伝統文化を受け継ぐ一方，武士や庶民があらたな担い手となり新しい文化が発達します。さらに日中間を往来した商人や僧侶によって大陸文化がもたらされます。とくに幕府の保護を受けた禅宗は大陸文化を輸入する窓口になりました。

芸術の分野でも新しい傾向があらわれます。治承・寿永の内乱で平氏に焼討ちされた**東大寺**は，朝廷や源頼朝などの援助を受けて復興されます。**重源**が東大寺復興にあたり寄付を集める大勧進に任じられ，宋人**陳和卿**の協力を得て，**大仏様**（天竺様）の技法をもちいて再建をはたします。大仏様の建築としては**東大寺南大門**が代表例です。

「勧進」とは，人々に勧めて仏教の世界に誘うこと。東大寺復興に寄付して協力すれば，仏と縁がむすべます。

重源

鎌倉時代中期以降，禅宗がさかんになると，宋の禅宗寺院の建築様式がつたえられます。これが**禅宗様**（唐様）で，**円覚寺舎利殿**が有名です。その他，和様では蓮華王院本堂（三十三間堂），折衷様（新和様）では観心寺金堂などがあります。

仏像・肖像彫刻では，東大寺の復興に協力した**運慶**・**快慶**ら奈良仏師も写実的な彫刻を多数残しています。運慶・快慶らによる**東大寺南大門**の**金剛力士像**をはじめ，運慶らの**興福寺無著**・**世親像**，快慶の**東大寺僧形八幡神像**，康勝の**六波羅蜜寺空也上人像**などがつくられました。

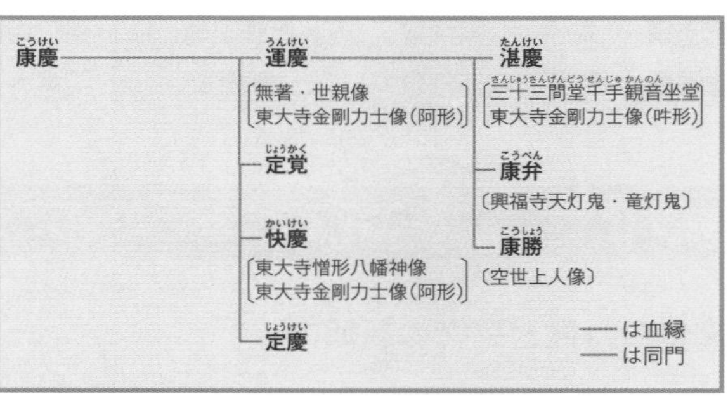

▲慶派とその主要作品

絵画では，藤原隆信・信実父子が出て大和絵で写実的な**似絵**を描き，禅僧の肖像画である**頂相**も描かれました。平安時代末期にはじまった絵巻物もさかんにつくられます。**『蒙古襲来絵詞』**など武士の活躍を描いた合戦絵巻がつくられる一方，民衆への布教のため，**『春日権現験記絵』**など寺社の起源や由来などを記した縁起，**『一遍上人絵伝』**など高僧の伝記などがつくられました。

▼絵巻物

ジャンル	作品名
寺社の縁起	『北野天神縁起絵巻』
	『春日権現験記絵』
	『石山寺縁起絵巻』
高僧の伝記	『一遍上人絵伝』
	『法然上人絵伝』
武士の合戦物	『平治物語絵巻』
	『蒙古襲来絵詞』
	『男衾三郎絵巻』

書道では，尊円法親王が**青蓮院流**を開きます。また，武士の成長を反映して武具の生産がさかんになり，刀剣では備前の長光，京都の藤四郎吉光，鎌倉の正宗らが名作を残しました。その他，大陸の製陶技術を学んで，尾張の**瀬戸焼**，備前の備前焼などの陶器生産が発達しました。

② 文芸の新たな動きと学問

武家が台頭するなかで，公家はすぐれた和歌集を生み出します。後鳥羽上皇の命で『**新古今和歌集**』がつくられ，撰者である**藤原定家**らによる技巧をこらした新古今調の歌がおさめられます。その影響を受けた3代将軍の源実朝は『**金槐和歌集**』を残し，武士出身の西行は『**山家集**』をつくりました。随筆では，人の世のはかなさを**鴨長明**は『**方丈記**』に記し，**兼好法師**は『**徒然草**』に著しました。

鴨長明

ゆく河の流れは絶えずして，しかももとの水にあらず。

つれづれなるままに，日くらし硯に向かひて，心にうつりゆくよしなしごとを…

兼好法師

摂関家出身で天台座主の**慈円**は『**愚管抄**』で道理による時代の解釈をして貴族政権の衰退と武家政権の出現を必然と考えました。

この時代には，武士の活躍をいきいきと描いた軍記物があります。平氏の興亡を描いた『**平家物語**』は**琵琶法師**によって**平曲**として語られ，文字の読めない人々にも親しまれました。説話集では，『**古今著聞集**』や無住の『**沙石集**』があり，紀行文では，**阿仏尼**の『**十六夜日記**』があります。

『十六夜日記』はどんな内容？

息子の訴訟のため，阿仏尼が京から鎌倉へくだったときの日記で，紀行文の代表作だよ。

学問では，貴族のあいだで朝廷の儀式・先例を研究する**有職故実**がさかんになる一方，武家でも**北条実時**が**金沢文庫**をつくって和漢の書を集めました。また，幕府の歴史を記した『**吾妻鏡**』も編集されました。

鎌倉時代末期には，伊勢神宮の神官である**度会家行**が神を本地，仏を垂迹とする神本仏迹説をとなえて**伊勢神道**を形成しました。

神道って，いつ生まれたの？

神道のもとになる神々の信仰は古墳時代からあったよ。それが氏族の祖先神である氏神の信仰へと発展したんだけど，この段階では宗教的な教えである教義はなかったんだ。神道が宗教として体系化されて教義が整うのは**伊勢神道**が形成されてからだよ。日本固有の宗教である神道は仏教の影響を受けて形成されたことがわかるね。

SECTION

室町時代

THEME

1 南北朝の動乱と室町幕府の成立
2 室町幕府の展開
3 室町時代の社会経済
4 室町文化

SECTION 7で学ぶこと

南北朝の動乱の過程で室町幕府は成立して，**足利義満**の時代に全国支配が確立するよ。その後，足利義政の時代におこった**応仁の乱**で崩壊して戦国時代に突入するんだ！

1 南北朝の動乱

鎌倉幕府の滅亡後，**後醍醐天皇**を中心とする**建武の新政**がはじまりますが，武士の不満から崩壊しました。その後，**足利尊氏**が京都で室町幕府を成立させ，吉野の後醍醐天皇と対立して**南北朝の動乱**となります。幕府の内部対立もあり，動乱は長期化します。

2 義満・義持の時代

足利義満の時代に南北朝の動乱は終結します。幕府の組織が整い，動乱で成長した**守護**が京都に集住して将軍の統制下におかれ，守護の各国支配を前提に室町幕府の全国支配は安定しました。続く**足利義持の時代**にも安定した体制は続きました。

3 義教・義政の時代

足利義教の時代には将軍による独裁化がすすみました。そのなかで，守護と対立して義教が暗殺され，将軍の権威は低下しました。**足利義政の時代**には将軍の後継者問題や有力守護の対立などから**応仁の乱**がおこり，守護が集住する体制がくずれ，全国的な動乱へと発展しました。

1 時代の特徴

□ 経済

農業は鎌倉時代にはじまった**二毛作**が全国的に展開するなどさらに発展しました。**中国銭**の輸入は続き，貨幣経済はより一層浸透しました。庶民が経済的に成長するとともに，各地では**惣村**が形成され，時には**土一揆**が発生しました。

□ 外交

14世紀には日元間でさかんな民間貿易がおこなわれました。しかし，**明**が中国を統一すると，明の統制のもとで朝貢貿易がおこなわれました。一方，朝鮮では高麗が滅亡し，**朝鮮**が統一しました。朝鮮との間では幕府のみならず，守護や商人など多様な通交者のもとで貿易がおこなわれました。

□ 文化

室町時代には，公家文化と武家の保護を受けた大陸文化が融合し，義満の時代を中心に**北山文化**，義政の時代を中心に**東山文化**が発達しました。また，この時代には，公家・武家から庶民まで集団で楽しむ**寄合の文化**が発達しました。

2 権力者と重要事項

権力者	歴史事項
後醍醐天皇	中先代の乱（1335）
足利尊氏	**室町幕府の成立**
	観応の擾乱（1350～52）
足利義満	**明徳の乱**（1391）
	応永の乱（1399）
足利義持	上杉禅秀の乱（1416～17）
足利義教	**永享の乱**（1438～39）
	嘉吉の変（1441）
足利義政	享徳の乱（1454～82）
	応仁の乱（1467～77）

THEME 1 南北朝の動乱と室町幕府の成立

ここで 決める!

- 建武の親政がくずれ，南北朝の動乱の過程で室町幕府が成立
- 足利義満時代に動乱は終結し，室町幕府の全国支配が確立
- 応仁の乱を契機に，室町幕府の全国支配がくずれる

1 南北朝の動乱

① 建武の新政

鎌倉幕府が滅亡すると，**後醍醐天皇**は京都に帰って光厳天皇を廃し，院政・摂政・関白・幕府を否定して天皇親政をはじめました。これを**建武の新政**といいます。

光厳天皇が即位したことは認めないぞ！院も摂関も幕府も不要。朕みずから親政をおこなうのだ！

後醍醐天皇

新政権では，中央に一般政務をおこなう**記録所**と，所領に関する訴訟を処理する**雑訴決断所**をおき，各国には**国司**と**守護**を併置し，東北には**陸奥将軍府**，関東には**鎌倉将軍府**をおいて皇子を派遣しました。

▼建武政権の機構

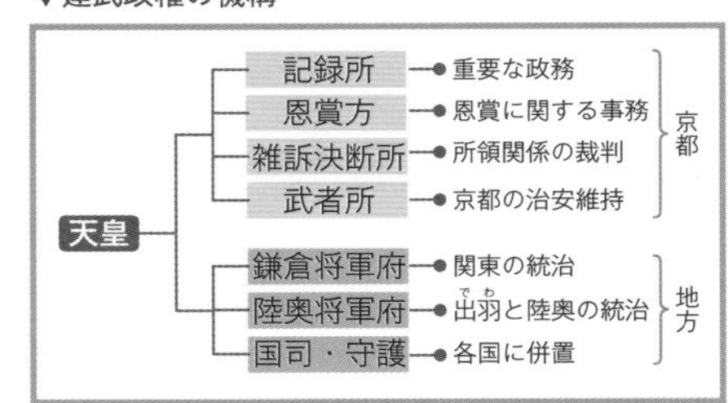

後醍醐天皇は天皇の命令文書である**綸旨**によって所領の安堵をおこないましたが，そのやり方は武家社会の慣習を無視したものでした。さらに恩賞では公家を優遇したことなどもあり，武士の不満が大きくなりました。武士のあいだにはしだいに武家政

権の復活をのぞむ声が高まりました。

このような状況のなか，**足利尊氏**は幕府の再興をめざします。1335年，北条高時の子の時行が建武政権に対して反乱をおこし，鎌倉が占領されました。これが**中先代の乱**です。

後醍醐天皇

尊氏は乱鎮圧のための挙兵を求めているが，挙兵は認められない。

足利尊氏

後醍醐天皇の言うことは聞けない！挙兵して関東で弟の直義と合流するぞ。

尊氏は挙兵して弟の直義とともに乱を鎮圧すると，後醍醐天皇に反旗をひるがえしました。こうして建武の新政は崩壊しました。

② 南北朝の動乱

1336年，足利尊氏は京都を制圧し，持明院統の**光明天皇**を擁立しました。そして，幕府を再興するための方針として**建武式目**を定め，1338年には**征夷大将軍**に任じられ，**室町幕府**が成立しました。

足利尊氏

幕府設立の方針を立てるぞ。諮問にこたえよ。幕府は今まで通り鎌倉がよいか，他所にするか？

法学者

居所の興廃は政治の善し悪しによって決まるものです。もし人々が京都に移りたいと望むのならそれにしたがうべきでしょう。

一方，後醍醐天皇は京都を脱出して**吉野**にのがれ，自身が正統な天皇であることを主張しました。これにより吉野の南朝と京都の北朝という２つの朝廷にそれぞれ天皇が存在し，両者が対立する状況となり，約60年間のあいだ**南北朝の動乱**がつづきました。

南朝側では，1339年に後醍醐天皇が死去し，形成が不利ななか，関東で**北畠親房**，九州で**懐良親王**が抗戦をつづけます。一方，北朝側の幕府では主に軍事・恩賞面は尊氏が，司法・行政面を直義が担当する二頭政治とよばれる体制でした。そのなかで生じた尊氏の側近**高師直**と直義の対立が，尊氏派と直義派の争いに発展し，1350年，幕府を二分する武力抗争となりました。これが**観応の擾乱**で，動乱が長期化する原因の一つとなります。

▼観応の擾乱

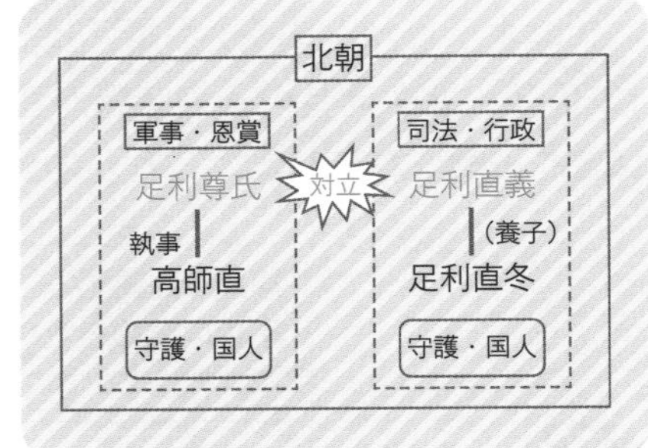

動乱が長期化した背景には，武家社会の変化もありました。このころには，領地を一族のうち１人が受け継ぐ**単独相続**が一般的になり，惣領制がくずれました。**血縁**で結束していた武士団の内部では相続争いが激しくなり，一族内で南朝と北朝に分かれて対立する一方，地域の武士同士で結束して**地縁**を重視するようになりました。こうした争いが全国に広がって長期化していきました。

▼惣領制の解体　血縁と地縁

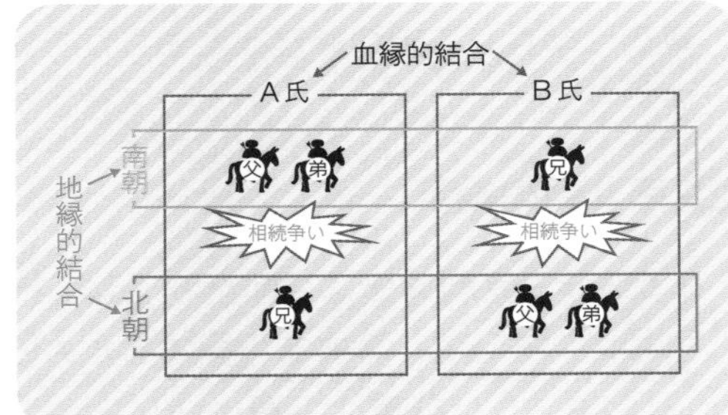

③ 守護の地域支配と国人一揆

戦乱がつづくなか，室町幕府は全国の武士を統率するため，各国に派遣した**守護**にあらたな権限をあたえて地方武士を組織させようとしました。鎌倉幕府以来の権限である**大犯三カ条**にくわえて，**刈田狼藉**を取り締まる権限や**使節遵行**の権限をあたえました。

刈田狼藉と使節遵行って何？

刈田狼藉は他人が支配する田地の作物を実力で刈り取ってうばうことで，田地に対する権利を主張して実行したんだ。**使節遵行**は幕府の裁定を現地におもむいて強制執行することだよ。

1352年には近江・美濃・尾張の３国に**半済令**を出しました（観応の半済令）。荘園領主に年貢の半分を保障する一方，残りの半分を兵糧として守護が徴収してもよいこととしました。当初は１年限りでしたが，やがて全国に広げて永続化され，年貢だけでなく，土地も分割するようになります。守護はこれらの権限を地方武士（国人）に分けあたえ，統制下におきました。守護の力が強まったことで，荘園領主は年貢の徴収を守護に請け負わせて経営から手を引くことも多くなりました。これを**守護請**といいます。公家や寺社による荘園・公領の支配が困難になるなか，守護による半済や守護請を通じて荘園・公領の支配は維持されました。

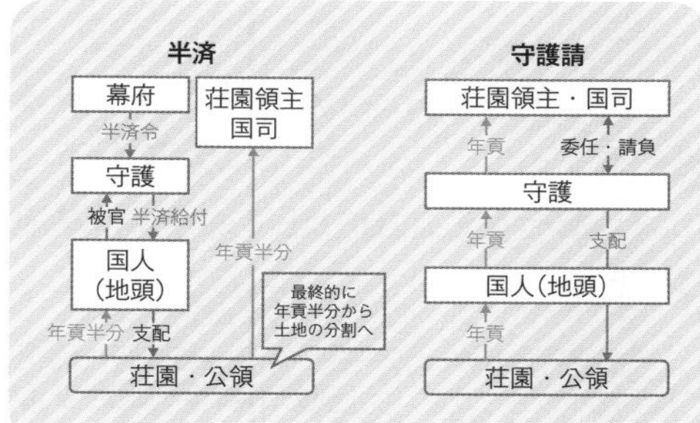

地頭などの領主で，地方で勢力をもった武士を**国人**とよびます。彼らは地域的な連合をつくって，紛争を解決し，外からの侵略に対抗するなどしました。このような地域的なまとまりを**国人一揆**といいます。こうした国人一揆は守護の支配に対抗する場合もありました。

2 室町幕府の展開

① 室町幕府の安定

室町幕府の全国支配が安定したのは，3代将軍の**足利義満**の時代でした。義満は若くして将軍に就任し，当初は管領細川頼之が補佐していました。1378年には京都の室町に**花の御所**を造営します。将軍がここで政治をおこなったことから，室町幕府とよびます。

義満は1392年に南朝と交渉して，天皇を北朝の後小松天皇ひとりにすることで**南北朝の合体**を実現させました。

天皇がふたりいるのはおかしい。両統迭立を条件に南朝の後亀山天皇を説得して，後小松天皇に位をゆずるという形をとらせるのだ。

足利義満

さらに朝廷がもっていた京都の市政権を吸収し，子の義持に将軍職をゆずって，1394年には**太政大臣**に就任し，太政大臣をやめて出家したあとも**北山山荘**にうつって幕府と朝廷に対して実権を握りつづけました。

京都の市政権を吸収するってどういうこと？

もともとは検非違使によって京都の市政がおこなわれていたけど，侍所が警察権や裁判権を取り上げていったんだ。さらに市中の土倉や酒屋などへの課税権も確立していくよ。

また，義満は動乱のなかで強大化した守護の勢力をおさえることにもつとめました。1391年には**明徳の乱**で西国11カ国の守護を兼ねていた山名氏一族の内紛を利用して**山名氏清**らを討伐し，1399年には**応永の乱**で有力守護の**大内義弘**を討伐しました。

❷ 室町幕府の支配体制

▼室町幕府の組織

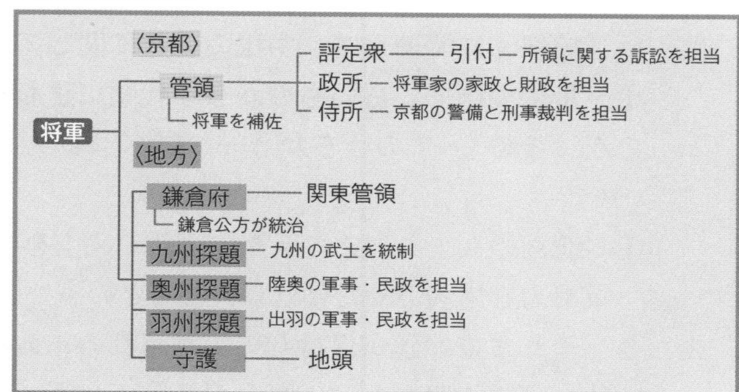

幕府の機構もこのころにはほぼ整いました。**管領**は将軍を補佐する役職で足利一門の細川氏・斯波氏・畠山氏の**三管領**が交代で任命され，**侍所**の長官である**所司**は赤松氏・山名氏・一色氏・京極氏の**四職**から任命されました。原則，守護は京都にいて幕府の政治運営にあたり，領国は守護代に管理させました（守護在京制）。地方機関としては**鎌倉府**や**九州探題**などがありました。鎌倉府の長官は**鎌倉公方**で，**関東管領**が補佐しました。初代の鎌倉公方は尊氏の子の**足利基氏**で，その子孫が世襲し，それを補佐する関東管領には**上杉氏**が任じられました。鎌倉府は大きな権限をあたえられていて，自立的に東国を支配していました。そのため，鎌倉公方は将軍に対する対抗意識がつよく，しばしば対立しました。

▼守護在京制

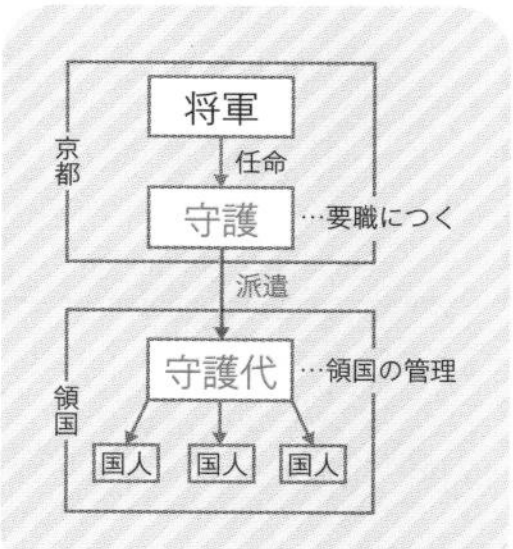

室町幕府の財政は政所があつかいました。奉公衆が管理する直轄地の**御料所**からの収入に加え，さまざまな課税によってまかなわれました。京都の高利貸業者に課税する**土倉役**・**酒屋役**，関所や港では通行税である**関銭**・**津料**，国家的事業では臨時税として**段銭**・**棟別銭**などを徴収しました。その他，日明貿易による利益なども室町幕府の財源となりました。

過去問にチャレンジ

問１　下線部ⓐに関連して，中世の朝廷に関して述べた次の文Ⅰ～Ⅲについて，古いものから年代順に正しく配列したものを，後の①～⑥のうちから一つ選べ。

Ⅰ　北面の武士に加えて新たに西面の武士を設置するなど，軍事力を増強させた朝廷は，幕府との戦いに踏み切った。
Ⅱ　それまで朝廷が保持していた京都の市政権や諸国に段銭を課す権限などが，幕府の管轄下に置かれた。
Ⅲ　朝廷は，荘園領主などに武力で抵抗し悪党と呼ばれた新興武士の取り締まりを，幕府に要請した。

①　Ⅰ－Ⅱ－Ⅲ　②　Ⅰ－Ⅲ－Ⅱ　③　Ⅱ－Ⅰ－Ⅲ
④　Ⅱ－Ⅲ－Ⅰ　⑤　Ⅲ－Ⅰ－Ⅱ　⑥　Ⅲ－Ⅱ－Ⅰ

（2024年度　本試験　日本史Ｂ　第３問）

年代順配列問題だ。中世の朝廷は過去にセンター試験でも出ているね。この問題は２割強の受験生しかできていない，超難問だ。答えは何番かな？

うーん…①？

⑤かなあ。

今回は２人ともできなかったね。正解は②だよ。

今回はまったくわからないです。

なんとなく歴史用語は聞いたことがあるんですけど。

今回は私が説明しよう。Ⅰはわかるかな？「**西面の武士**を設置」「朝廷は幕府との戦いに踏み切った」あたりがポイントだけど。

この幕府との戦いは**承久の乱**？

そうだね。わかるじゃないか。鎌倉時代前期だ。Ⅱはいつの時期かわかるかな？

これがよくわからないんですよ。「京都の市政権」を「幕府の管轄下」に？　幕府が朝廷に対して優位に立ったという承久の乱後ですか？

これは**室町幕府**だ。足利義満の時代だね。鎌倉時代は公武の二元的支配がつづくから，京都の市政権は朝廷が握っていたと考えればいいだろう。室町幕府は京都に成立して，義満の時代には京都の市政権を吸収して，**土倉役**や**酒屋役**の課税も幕府がするようになるよ。

土倉役と酒屋役は聞いたことがあります！　室町幕府の重要な財源の１つでした。

そうだね。Ⅲの**悪党**は鎌倉時代後期に出てくるよ。これでⅠは鎌倉時代前期，Ⅲは鎌倉時代後期，Ⅱは室町時代と並べ替えられるね。

年代暗記には自信があるんですけど，意外に役に立たないですね…。

時期の判断は，時代区分や権力者などから各時期の特徴や動向を理解しておく必要がある。選択肢ⅡやⅢは西暦年では考えられないよね。

THEME 2

室町幕府の展開

ここできめる！

- 明の皇帝から冊封を受け，勘合貿易をおこなう
- 朝鮮とも国交を結び，さかんな貿易をおこなう
- 足利義政の時代には，応仁の乱が発生して戦国時代へ

1 室町時代の外交

① 中国との関係

蒙古襲来後も**日元貿易**はさかんにおこなわれました。14世紀前半，鎌倉幕府が派遣した**建長寺船**，足利尊氏・直義が派遣した**天龍寺船**などはその例です。

後醍醐天皇の冥福を祈るために**天龍寺**をつくる。その費用を稼ぐため，**元**に貿易船を派遣しよう。

足利尊氏

南北朝の動乱のころ，対馬・壱岐・松浦地方の人々を中心とする海賊である**倭寇**が，中国や朝鮮半島の沿岸をおそい，日本に対して禁圧が求められていました。

中国では，**朱元璋**（太祖洪武帝）が1368年に元を倒して**明**を建国しました。明は中国を中心とする伝統的な国際秩序を回復する目的で，民間の中国人の海外渡航を禁止する**海禁政策**をとり，周辺諸国の朝貢使節にのみ，貿易の機会をあたえました。

明が朝貢と倭寇の取締りを日本に求めてくると，**足利義満**はそれに応じて1401年，僧侶の**祖阿**と博多商人の**肥富**を使者として派遣しました。

足利義満

わしの法名である「源道義」宛に「日本国王」として返書がきた。明の皇帝から認められたぞ！　これで明との貿易で唐物を入手して，利益を上げることができる。

▼14～15世紀ごろの東アジア

明が義満を「**日本国王**」と認めて国交が開かれ，1404年に貿易がはじまりました。この貿易は**朝貢形式**でおこなわれ，明に派遣された船は私貿易船と区別するため，明の皇帝が発行する通交証である**勘合**を使用しておこなわれました（**勘合貿易**）。貿易船は**寧波**に入港して勘合の査証を受け，首都北京までおもむいて交易をおこないますが，関税もなく，滞在費用も明が負担したため，莫大な利益が出ました。日本からは**銅**・**硫黄**・刀剣などが輸出され，中国からは**明銭**をはじめ，**生糸**や絹織物が輸入されました。

朝貢形式の貿易って？

日本国王が明の皇帝に使者を送って貢物をさしだして，その返礼として品物を受け取る形式で貿易をおこなうこと。この場合，貢物が輸出品，返礼品が輸入品と考えればいいよ。

4代将軍義持の時代には明に朝貢して冊封を受けることが問題になり，一時中止されました。6代将軍義教は貿易の利益を重視して再開しました。15世紀後半，幕府の衰退とともに貿易の実権は堺商人とむすんだ**細川氏**と博多商人とむすんだ**大内氏**に移ります。1523年，細川氏と大内氏は寧波で争い（**寧波の乱**），以降，勘合貿易は大内氏が独占しました。しかし，16世紀なかばに大内氏が滅亡すると，勘合貿易は断絶しました。そのため，日明間の貿易は中国人などの倭寇が中心となりました。

② 朝鮮との関係

朝鮮半島では，1392年，**李成桂**が高麗を滅ぼし，**朝鮮**を建国しました。朝鮮も通交と倭寇の取締りを求め，義満がこれに応じて日朝間で正式な国交が開かれました。日朝貿易は明とはことなり，幕府だけでなく，守護・国人・商人などが参加します。そのため，朝鮮は**対馬**の**宗氏**を通じて貿易を統制し，富山浦・乃而浦・塩浦の**三浦**を貿易港に定めて，日本人の拠点として**倭館**をおきました。朝鮮からは**木綿**や**大蔵経**などが輸入され，日本からは**銅**・**硫黄**や南海の産物などが輸出されました。

大蔵経って何？

一切経ともいわれて，仏教の聖典を総称する言葉だよ。この時期には，印刷物が輸入されて高麗版大蔵経として珍重されたよ。

1419年には，朝鮮が倭寇の本拠地であった対馬を攻撃する**応永の外寇**がおこり，貿易は一時中断されましたが，再開されてさかんにおこなわれました。その後，1510年に朝鮮の貿易制限に反発した日本人が**三浦の乱**をおこすと，貿易は衰退しました。

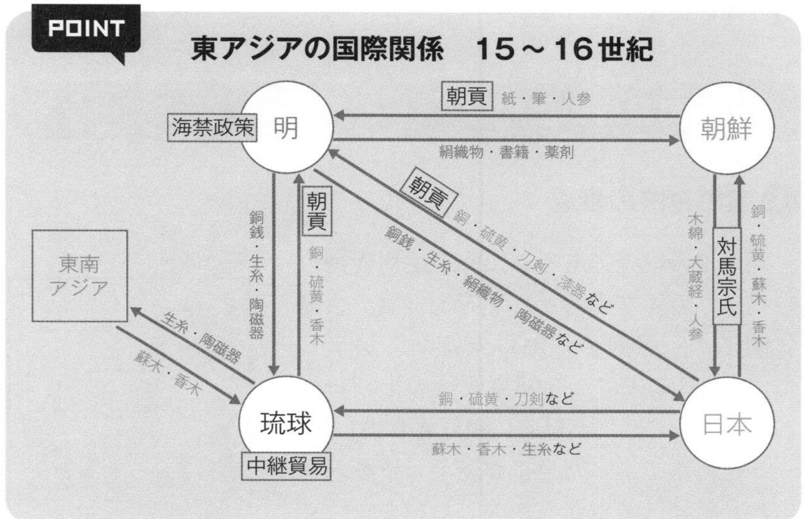

❸ 琉球と蝦夷ヶ島

沖縄では，12世紀ごろ，各地に**按司**とよばれる地方豪族があらわれて**グスク**（城）をつくりました。14世紀になると，抗争のなかで，**中山**・**北山**・**南山**の３つの勢力にまとまり，明との朝貢貿易をはじめました。15世紀前半には中山王の**尚巴志**が三山を統一して，**琉球王国**が成立し，首都を**首里**におきました。明の海禁政策のもと，琉球王国は貿易港の**那覇**を拠点に明・日本と東南アジアをむすぶ中継貿易で繁栄しました。日本は琉球を通じて南海の産物を入手し，朝鮮に輸出しました。

一方，蝦夷ヶ島とよばれた北海道では，13世紀ごろから**アイヌ**の文化が形成されます。14世紀以降は，津軽の**十三湊**を根拠地とする**安藤**（**安東**）氏とアイヌの交易もおこなわれ，サケ・昆布などは日本海を通って京都にももたらされました。15世紀には，本州から安藤氏配下の和人たちが渡島半島に移住しはじめ。その有力者が**館**を中心とした居住地を設け，館主といわれる領主に成長します。和人の進出がアイヌを圧迫すると，1457年，大首長**コシャマイン**を中心としたアイヌの蜂起がおこり，これを鎮圧した**蠣崎氏**が和人居住地の支配者となりました。

2 室町幕府の展開

① 室町幕府の衰退

義満の後継者である4代将軍**足利義持**の時代は，将軍を中心とした有力守護の合議体制により幕府の政治は安定していました。1416年には，前関東管領の上杉禅秀が反乱をおこして，幕府に鎮圧されました。

５代将軍であった息子が若くして死んだあと，義持は後継者を指名しないまま亡くなり，「くじ引き」によって選ばれたのが6代将軍**足利義教**でした。義教は将軍権力の強化をはかって独裁的な政治をおこないました。

▼足利家略系図

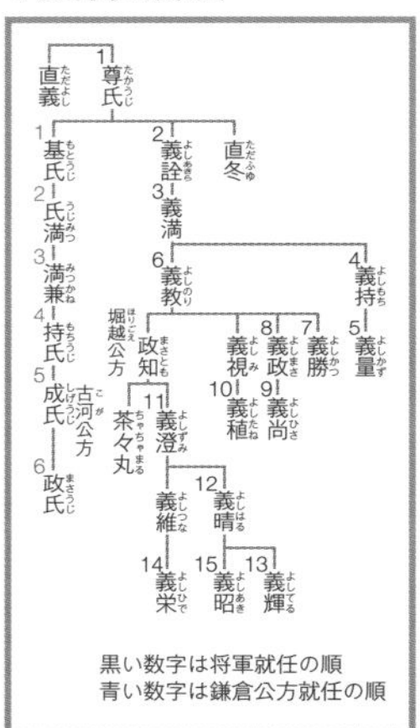

私は「くじ引き」で神意によって選ばれた将軍だ。命令にしたがわない守護はゆるさん！

足利義教

将軍の地位をねらっていた鎌倉公方の**足利持氏**が関東管領の**上杉憲実**と対立すると，1438年，義教は憲実を支援して持氏を滅ぼしました。これが**永享の乱**です。義教はその後も有力守護を抑圧したため，1441年，播磨などの守護**赤松満祐**が義教を謀殺する**嘉吉の変**がおこりました。領国の播磨にくだった満祐は幕府軍に討伐されます（嘉吉の乱）が，この事件で将軍の権威は動揺します。

② 室町幕府の崩壊

８代将軍**足利義政**の時代には，鎌倉府と室町幕府でそれぞれ争乱がおこり，戦国時代が到来します。

> 8代将軍になったから改革をすすめようと思うんだけど，誰も相手にしてくれない…。
>
> 足利義政

永享の乱後，鎌倉公方となった**足利成氏**は関東管領の上杉氏と対立し，上杉憲忠を殺害しました。幕府は上杉氏を支持し，成氏は鎌倉を追われて下総の古河を本拠とします（**古河公方**）。それに対して幕府は**足利政知**を鎌倉公方として派遣しましたが，鎌倉に入れず伊豆堀越を本拠とします（**堀越公方**）。これが**享徳の乱**です。その後も幕府は成氏を追討できず，鎌倉府は分裂状態がつづきます。

▼応仁の乱関係図

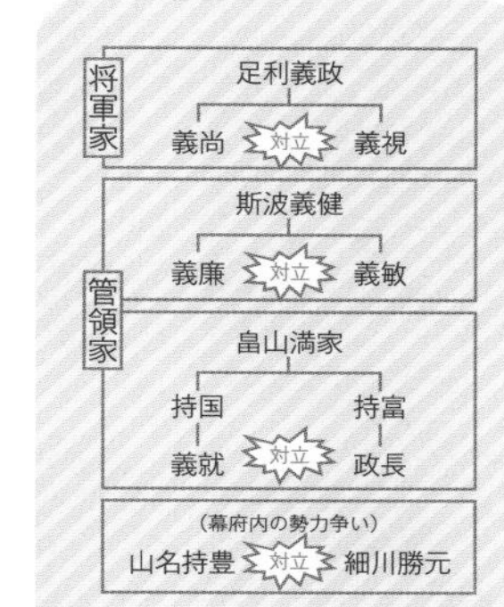

一方，室町幕府では，管領家の**畠山家**・**斯波家**で家督問題がおこります。将軍家では子のない義政が弟の**義視**を養子として後継者と定めましたが，1465年に義政の妻である日野富子が**義尚**を生んだことから，両者のあいだに家督相続の問題がおこりました。

> 弟の義視を後継者に決めたら，義尚が生まれた。弟とわが子のどっちを将軍にしたらいいんだろうか…困ったぞ。
>
> 足利義政

> 義尚を将軍にしたいけど，義政殿はあてにならない。山名持豊を味方につけよう。
>
> 日野富子

当時，幕府の主導権をめぐって争っていた**細川勝元**と**山名持豊**がそれぞれ義視と義尚を支持して対立が激化し，1467年，**応仁の乱**がおこりました。守護たちは細川方の東軍と山名方の西軍に分かれ，京都を主な戦場として戦いました。京都に集住していた有力守護が領国から軍勢を集め，畿内の**足軽**たちを雇って戦争を展開した結果，京都は戦火に焼かれて荒廃しました。

1477年に京都での戦いに終止符が打たれたあとも，地域的な争乱がつづき，守護の多くが領国にくだったため，守護在京制はくずれました。また，京都で戦った守護の領国では，**下剋上**（げこくじょう）がおこり，現地にいた守護代や国人たちに実権が移っていきました。

THEME 3

室町時代の社会経済

ここできめる！

- 農業生産力の拡大を背景に商工業が発達する
- 農業の発達，戦乱や飢饉を背景に自治村である惣村の形成
- 国人から庶民までが一揆をむすび，支配層に対抗

1 室町時代の経済発達

① 農業の発達

室町(むろまち)時代には戦乱や飢饉(ききん)が発生するなか，農民や商工業者は活発な経済活動をすすめていきます。農業では，稲の品種改良により各地の気候に応じて**早稲(わせ)**・**中稲(なかて)**・**晩稲(おくて)**が栽培され，輸入品種で災害に強い大唐米(だいとうまい)が普及して農業経営が安定しました。**二毛作(にもうさく)**は各地でおこなわれ，畿内の一部では米・麦・そばをつくる**三毛作(さんもうさく)**がおこなわれました。肥料では**刈敷(かりしき)**・**草木灰(そうもくばい)**が一般化し，**下肥(しもごえ)**（人糞尿(じんぷんにょう)）も使われはじめます。また，手工業の原料として和紙の原料である**楮(こうぞ)**や灯油の原料である**荏胡麻(えごま)**，染料の**藍(あい)**などの栽培もさかんになり，15世紀末には朝鮮から伝わった**木綿(もめん)**の栽培が東海地方ではじまります。これらは商品として流通するようになりました。

② 商工業の発達

年貢の銭納(せんのう)が広がって貨幣(かへい)経済が進展し，生産物を販売して貨幣を得る必要があったため，各地では**定期市**も発達して，応仁(おうにん)の乱後には月6回の**六斎市(ろくさいいち)**が一般化します。都市では**見世棚(みせだな)**も増加し，淀(よど)の魚市(うおいち)など特定の商品をあつかう専門の市も生まれました。各地では**連雀商人(れんじゃくしょうにん)**などの行商人が活動し，京都近郊では炭や薪(たきぎ)を売る**大原女(おはらめ)**や鮎(あゆ)を売る**桂女(かつらめ)**など女性の商人がみられました。

「連雀」は荷を運ぶ背負道具のことだよ。

▼連雀商人

▼大原女

▼桂女

商工業者のなかには，大寺社や天皇家から**神人**や**供御人**の称号をあたえられ，同業者の組合である**座**を結成して活動する者もいて，関銭の免除や販売の独占権などの特権を得ました。しかし，戦国時代になると，座に加わらない新興商人の活動も目立つようになります。

神人・供御人ってどんな人々なの？

神人は神社に奉仕する人々，**供御人**は天皇家に奉仕する人々だよ。石清水八幡宮に保護された**大山崎油神人**や，蔵人所に保護された鋳物師の集団である灯炉供御人が代表的な例だよ。

産業や商品流通の発達とともに，遠隔地の取引では**為替**を使用するのが一般化し，京都や奈良などでは**土倉**や**酒屋**など金融業者もさかんに活動します。金融業者に課税する**土倉役**・**酒屋役**は幕府の重要な財源となりました。しかし，**宋銭**や**明銭**など中国から輸入された銅銭はつねに不足し，長期の使用で破損したため，中国や日本各地でつくられた**私鋳銭**が使われました。それらはつくりが雑で質が悪く，悪銭を排除する**撰銭**の対象となり，貨幣の流通が混乱しました。そのため，幕府や戦国大名はくり返し**撰銭令**を出して，貨幣の流通を安定させようとしました。

撰銭令ってどういう法令なの？

基本的に撰銭という行為を禁止した法令だと考えればいいよ。撰銭を制限して，貨幣の交換比率など通用の基準を定めたんだ。

商品流通がさかんになると，交通網も発達しました。瀬戸内海と琵琶湖の水運がさかえ，西日本や北陸の物資が京都・奈良に運びこまれました。物資が陸上げされる敦賀・大津・坂本では**馬借**・**車借**が活動し，陸路での輸送をしました。兵庫・敦賀をはじめ，堺・桑名も港湾都市としてさかえ，港には**廻船**が出入りし，運送業者である問（問丸）のなかには卸売業者の**問屋**に発展する者もいました。

▼馬借

2 室町時代の社会

① 惣村の形成

鎌倉時代後期になると，農業の発達を背景に，畿内やその周辺では百姓が自治をおこなう村があらわれます。この動きは南北朝の動乱のなかでしだいに全国に広がっていきました。こうした自治村を**惣村**といいます。戦乱や飢饉があいつぐなか，生産や生活をまもるため，**地侍**・**名主**から**小百姓**まで広い階層の人々が，鎮守社の祭祀組織である**宮座**を中心に結束しました。宮座のメンバーが惣村の正式な構成員となります。

地侍ってどんな人々なの？

百姓身分だけど，村の中で武士として区別される人々で，惣村では指導者層だったんだ。守護や国人の被官として軍事動員されることもあったよ。

惣村では，**乙名・沙汰人**などとよばれる指導者が中心となり，**寄合**を開いて**入会地**（共有地）や灌漑用水路の管理などについて話し合いました。村民はまもるべき規則として**地下掟**（**惣掟**）を定め，これに違反した者を裁く**自検断**（**地下検断**）をおこない，村で警察権を行使しました。さらに領主に納入する年貢などを村単位で請け負う**地下請**（**村請**）もおこないました。

▼惣村のしくみ

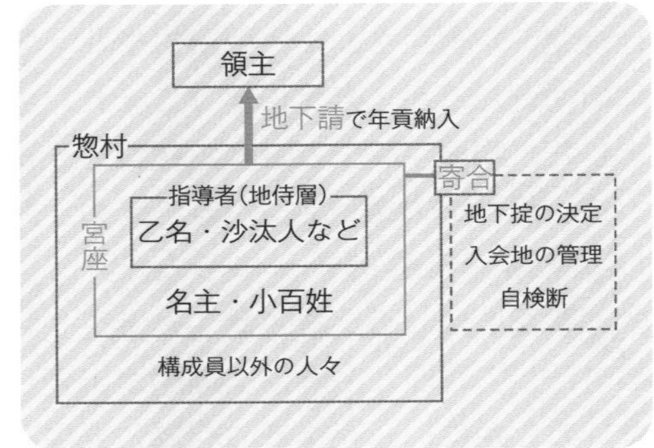
領主
地下請で年貢納入
惣村
寄合
指導者(地侍層)
乙名・沙汰人など
宮座
名主・小百姓
構成員以外の人々
地下掟の決定
入会地の管理
自検断

惣村の百姓は，代官の罷免や年貢の軽減などを求め，要求が通らない場合には，領主のもとに集団でおしかける**強訴**や，耕作を放棄して他領へ逃げる**逃散**などの実力行使をおこないました。

② 土一揆

室町幕府が動揺した15世紀なかごろには，近畿地方を中心に**土一揆**がひんぱんにおこりました。土一揆は惣村の結合をもとに百姓など庶民が困窮した武士などとともに蜂起したものであり，土一揆の多くは借金を帳消しする**徳政**を求めたものでした。

足利義持が亡くなり，義教が6代将軍に就任したのをきっかけに，1428年，**正長の徳政一揆**がおこりました。近江坂本の馬借が徳政を要求して蜂起し，これに京都周辺の庶民が合流して酒屋・土倉・

寺院などをおそい，質物をうばい，借用書を破り捨てて実力で借金の帳消しを認めさせました。これを**私徳政**といいます。

正長の徳政一揆について，興福寺大乗院所蔵の日記類を抜粋した『大乗院日記目録』では「土民の蜂起これ初めなり」と記録されています。「土民」とは一般庶民のこと。

尋尊

1441年，6代将軍足利義教が暗殺された直後，**嘉吉の徳政一揆**がおこりました。このときは，「代始めの徳政は先例である」として数万人の土一揆が京都を占領しました。幕府は土一揆の要求を受け入れ，はじめて**徳政令**を出して借金の帳消しを認めました。

その後もたびたび土一揆がおこり，幕府は**分一銭**とよばれる手数料を納入させて徳政令を出すようになり，財政の安定をはかろうとしました。

債務額・債権額の10分の1または5分の1を幕府に納めたものを分一銭というんだ。借りている側が納めたら債務の破棄を認め，貸している側が納めたら債権を保護したんだ。

❸ 国一揆と一向一揆

応仁の乱後，下剋上の風潮が広がるなか，畿内や北陸では地方武士である国人が中心となり，一揆をむすんで守護に反抗し，倒そうとする動きがおこりました。

1485年，南山城の国人から土民までが結束して，この地で争う**畠山政長**・**義就**の両軍を国外に退去させました。そして，国人が中心となって自治組織をつくり，国掟を定めて8年間にわたってこの地域を支配しました。これを**山城の国一揆**といいます。

国人一揆と国一揆は何が違うの？

地方武士が結束した国人一揆に対して，国一揆は武士だけでなく，「土民」といわれた地域住民も一揆に参加していることだよ。山城の国一揆では，国人から土民までが平等院に集まって国掟を定めたんだ。

一向宗といわれた**浄土真宗**の本願寺派は**蓮如**の布教活動により，近畿・東海・北陸に勢力を伸ばしました。加賀国では浄土真宗の門徒が一揆をむすび，守護の**富樫政親**と対立し，1488年，政親を滅ぼす，**加賀の一向一揆**がおこりました。その後，織田信長が武力でおさえるまで，約1世紀にわたって，加賀国は実質的に**一向一揆**が支配しました。

過去問にチャレンジ

問３　下線部ⓑに関連して，次の史料１は1500年に室町幕府が京都で発布した撰銭令である。また，後の史料２は1485年に大内氏が山口で発布し，1500年においても有効だった撰銭令である。史料１・２によって分かることに関して述べた後の文ａ～ｄについて，最も適当なものの組合せを，後の①～④のうちから一つ選べ。

史料１

商売人等による撰銭の事について

近年，自分勝手に撰銭を行っていることは，まったくもってけしからんことである。日本で偽造された私鋳銭については，厳密にこれを選別して排除しなさい。永楽銭・洪武銭・宣徳銭は取引に使用しなさい。

（『建武以来追加』大意）

史料２

利息付きの貸借や売買の際の銭の事について

永楽銭・宣徳銭については選別して排除してはならない。さかい銭(注1)・洪武銭・うちひらめ(注2)の三種類のみを選んで排除しなさい。

（『大内氏掟書』大意）

（注1）　さかい銭：私鋳銭の一種。

（注2）　うちひらめ：私鋳銭の一種。

a　使用禁止の対象とされた銭の種類が一致していることから，大内氏は室町幕府の規制に従っていたことが分かる。

b　使用禁止の対象とされた銭の種類が一致していないこ

とから，大内氏は室町幕府の規制に従ってはいなかったことが分かる。

c　永楽通宝は京都と山口でともに好んで受け取ってもらえ，市中での需要が高かったことが分かる。

d　永楽通宝は京都と山口でともに好んで受け取ってもらえず，市中での需要が低かったことが分かる。

①　a・c　　②　a・d　　③　b・c　　④　b・d

（2023年度　本試験　日本史B　第3問）

この問題は超難問で，9割の受験生が間違えたんだ。答えは何番かな？

これは撰銭令の史料ですね。③だと思います！

③しかあり得ないでしょ。

やっぱりひっかかったね。正解は④だよ。

えー！

まず，室町幕府が出した**史料1**では，「日本で偽造された私鋳銭については，厳密にこれを選別して排除しなさい」，大内氏が発布した**史料2**では，「さかい銭・洪武銭・うちひらめの三種類のみを選んで排除しなさい」とあって，使用禁止の対象とされた銭の種類が違うから，aが誤りで，bが正しいよね。

それは間違っていないね。では，cとdの判断ポイントは？

史料1では「永楽銭・洪武銭・宣徳銭は取引に使用しなさい」，**史料2**では「永楽銭・宣徳銭については選別して排除してはならない」と命令されているのだから，cの「永楽通宝は京都と山口でともに好んで受け取ってもらえ，市中での需要が高かったことが分かる」が正しいのではないですか？

そうそう。教科書にも明から永楽通宝などが輸入されて，貨幣経済が浸透したことは書いてあるし！

確かに教科書では永楽通宝が日本国内で流通していたように読めるか

な。でも，史料の内容を考えてみよう。なぜ，「使用しなさい」「排除してはならない」といっているのだろうか？

うーん…。

たとえば，学校に「廊下を走ってはいけません！」という張り紙がしてあったとしよう。それは学校で廊下を走る生徒がいないことを意味するのかな？

廊下を走る生徒がいるから，「走ってはいけません」と注意しているんだと思います。

あ，そうか！　「使用しなさい」というのは使用していないからだし，「排除してはならない」というのは排除されていたからだ。ということは，「永楽通宝は京都と山口でともに好んで受け取ってもらえず，市中での需要が低かったことが分かる」が正しいんだ。

そうだ！　中世では「禁制」といって特定の領域で，**特定の行為を禁止する法令が出されたんだけど，禁止する理由は，その行為をする人がいるからだと考えないといけない**。共通テストの史料読解問題は史料内容の理解を求められるんだ。**単純に知識で解ける問題と違って教科書の知識がそのまま出るとは限らないよ**。撰銭令は基本的に「撰銭をしてはいけない」という撰銭を禁止する命令だということを考えると，撰銭をする人がいるから出された命令だということだね。

よくわかりました。

やっぱり，過去問をしっかり解かなくちゃ！

THEME 4

室町文化

ここできめる!

- 禅宗の影響を受けた武家文化と伝統的な公家文化が融合
- 民衆も参加し，集団で楽しむ寄合の文化が発達する
- 浄土真宗や日蓮宗など民衆とむすびついた宗派が発展する

1 室町文化の成立

① 動乱期の文化

南北朝時代には，動乱で世の中が変化していくなか，軍記物や歴史書が書かれます。軍記物では南北朝の動乱を描いた『**太平記**』があります。一方，武家の立場から室町幕府の成立過程を記した『**梅松論**』や，**北畠親房**によって南朝の正統性を主張する『**神皇正統記**』が著されました。また，和歌を上の句と下の句に分け，参加者がよみついでいく**連歌**や，**茶寄合**が公家・武家から庶民にいたるまで広がりました。

茶寄合では何をするの？

南北朝期には，**闘茶**が流行したよ。産地のことなる数種の茶を飲んで産地を当てるゲームで，賭け事としておこなわれたんだ。あまりにも流行したから，建武式目では禁じられた。

一方，建武の新政によって，**有職故実**への関心が高まり，北畠親房の『**職原抄**』や後醍醐天皇の『**建武年中行事**』などが編纂されました。

② 北山文化

足利義満のころ，京都では武家が中心となり，禅宗文化の強い影響を受けた武家文化と公家文化の融合がすすみました。義満が京都の**北山山荘**（のちの**鹿苑寺**）に建てた**金閣**はその象徴となります。金閣は貴族の邸宅である寝殿造と禅宗寺院の禅宗様を折衷したものでした。

▼鹿苑寺金閣

鎌倉時代につづき，室町時代にも**臨済宗**は幕府の保護を受けて発展します。**夢窓疎石**は将軍**足利尊氏**の保護のもと，**天龍寺**を開き，弟子の春屋妙葩は**足利義満**の保護で**相国寺**を開きました。また，義満は南宋の官寺の制にならって，京都・鎌倉に**五山・十刹の制**を整え，春屋妙葩を初代僧録として臨済宗寺院を官寺として保護・統制しました。五山の禅僧には中国に留学した者が多く，幕府の政治や外交の顧問として活動する者もいました。

禅僧は漢詩文の創作もさかんにおこない，義満のころ**絶海中津**・**義堂周信**らが出て，**五山文学**が発達しました。禅の境地を描く**水墨画**では**明兆**・**如拙**・**周文**らが基礎を築きました。如拙の描いた『**瓢鮎図**』は禅問答である公案を題材としたものです。

▼五山・十刹の制

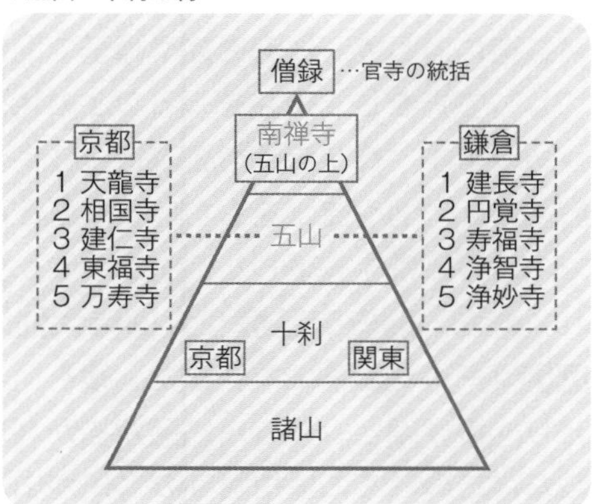

『瓢鮎図』は私が描かせたのだ。
「瓢箪で鮎（なまず）をとらえることはできるか」
という公案の題材に絵と詩をつけたものなのだ。

足利義持

平安時代以来の田楽・猿楽に起源をもつ**能**（**能楽**）は，各地でさかんに興行されるようになり，能楽師は寺社の保護を受けて座を結成しました。興福寺を本所とした金春・金剛・**観世**・宝生座の**大和猿楽四座**などがありました。観世座の**観阿弥**・**世阿弥**父子は足利義満の保護を受けて，芸術として猿楽能を大成しました。世阿弥は能の理論を『**風姿花伝**（**花伝書**）』にまとめました。

2 室町文化の展開

① 東山文化

▼慈照寺銀閣

▼雪舟『秋冬山水図』

大陸文化を取りいれることや，公家文化との融合は将軍足利義持・義教の時代にもすすみました。応仁の乱後，８代将軍足利義政は京都の**東山山荘**（のちの**慈照寺**）に**銀閣**や**東求堂**を建てました。東求堂の**同仁斎**は，近代の和風住宅の原型となった**書院造**の代表例です。書院造は寝殿造に対して，住宅を襖や障子で間仕切りして畳をしき天井を張るなどの特徴があります。禅宗寺院や書院造の住宅の庭園には，池や流水をもちいず，石と砂で山水の風景を表現した**枯山水**がつくられました。**龍安寺石庭**や**大徳寺大仙院庭園**はその代表例です。また，襖をいろどり，掛け軸ともなる水墨画が描かれました。このころには相国寺の**雪舟**が山水図といわれる風景画を大成し，『**四季山水図巻**』や『**天橋立図**』などの作品を残しました。また，水墨画の技法を大和絵に取りいれた**狩野正信**・**元信**父子は**狩野派**の基礎を築きました。大和絵では応仁の乱後に朝廷

絵師の土佐光信が出ました。

茶道では，義政の時代に**村田珠光**が禅の精神を取りいれ，心静かに茶を味わう**侘茶**をはじめました。のちに堺の**武野紹鷗**がこれを受け継ぎました。**立花**では戦国時代に**池坊専慶**が出て，花道の基礎をつくりました。

大徳寺の一休宗純を師として禅を学び，足利義政様に侘茶を指南しました。

村田珠光

一方，政治や経済面で力を失った公家は，有職故実や古典研究に力を入れました。摂関家出身の**一条兼良**は有職故実書である『**公事根源**』や『源氏物語』の注釈書である『**花鳥余情**』，そして政治意見書である『**樵談治要**』などを著しました。

2 庶民の芸能

民衆も参加し，集団で楽しむ寄合の文化が生まれたことも室町時代の文化の特徴です。**連歌**は同席した人々が交代でよみあう集団の文芸です。南北朝時代に出た**二条良基**は『**菟玖波集**』を編集し，連歌の規則書である『**応安新式**』を著しました。応仁の乱のころには連歌師の**宗祇**が出て**正風連歌**を確立し，『**新撰菟玖波集**』を編集しました。戦国時代には**宗鑑**が型にこだわらない**俳諧連歌**をはじめ，『**犬筑波集**』を編集しました。

連歌は右のように複数の人が1句ずつ読んでいくんだ。1句目を発句というよ。

雪ながら山本かすむ夕べかな	宗祇
行く水とほく梅にほふさと	肖柏
川風に一むら柳春見えて	宗長
船さす音もしるきあけがた	宗祇
月や猶霧わたる夜に残るらん	肖柏
霜おく野はら秋は暮れけり	宗長
⋮	『水無瀬三吟百韻』

SECTION 7 室町時代

絵入りの物語である**御伽草子**が人々のあいだで読まれ，流行歌の**小歌**を集めた『**閑吟集**』が編集されました。能が各地の祭礼などで上演されるようになり，あいまには庶民的な喜劇である**狂言**が演じられました。はなやかな衣装で踊る**風流**も人気を集め，風流と念仏踊りがむすびついて**盆踊り**が生まれました。

③ 文化の地方普及

応仁の乱で京都は荒れはてて，多くの公家や僧は荘園からの収入を失い，戦国大名を頼って地方にくだります。それにより城下町をはじめ，各地に文化の拠点がつくられました。

日明貿易でさかえていた大内氏の城下町である**山口**には五山の禅僧や公家など多くの文化人が集まり，儒学や古典の研究・出版がおこなわれました。禅僧の**桂庵玄樹**は薩摩の島津氏などに招かれて朱子学を講義し，薩南学派の基礎を築きました。関東では，15世紀なかごろ，関東管領の上杉憲実が**足利学校**を再興し，日本各地から学生が集まりました。武士の子弟は寺院で教育を受けるようになり，『**庭訓往来**』や『御成敗式目』などが教科書としてもちいられました。また『**節用集**』のような辞書も刊行され，有力な商工業者や有力農民にも広まりました。

④ 宗教界の下剋上

戦国時代になると，宗教界でも下剋上がおこります。応仁の乱後，室町幕府の全国支配がくずれていくと，幕府の保護のもとで荘園に依存していた顕密仏教と臨済宗の五山派が急速におとろえます。それに対して，鎌倉新仏教の諸宗派が百姓や町衆，戦国大名などの支持を得て発展し，顕密仏教から独立した教団を形成していきます。

禅宗では，臨済宗の**大徳寺**・**妙心寺**や曹洞宗の**永平寺**などの**林下の禅**が幕府の保護を受けず，地方で勢力を伸ばしました。

わしがいた大徳寺は幕府の保護を受けない**林下の禅**なのじゃ。

一休宗純

浄土真宗（**一向宗**）では**本願寺**の**蓮如**が**御文**という平易な文章で専修念仏の教えを説いて，**講**を組織して惣村に広めました。国人や百姓からなる門徒たちは惣村の道場を中心に講をむすんで信仰を深めました。蓮如の布教活動により，本願寺の勢力は北陸から東海・近畿地方へと広がりました。各地では**一向一揆**がおこり，戦国大名と対立しました。

信者が増えた結果，本願寺は再建できたが，一向一揆は止められなかった…。

蓮如

東国を中心に発展した**日蓮宗**では，**日親**が出て西日本に勢力を伸ばします。経済力をもつ京都の町衆に信者が多く，1532年には**法華一揆**をむすんで，京都に進出しようとする一向一揆と戦いました。しかし，1536年には**天文法華の乱**で京都の日蓮宗寺院が延暦寺に焼き討ちされ，京都の法華一揆は終結しました。

6代将軍足利義教に政治意見書『**立正治国論**』を提出したら弾圧された…。

日親

その他，**吉田兼倶**は，神本仏迹説の立場から儒教・仏教をまとめた**唯一神道**（**吉田神道**）をはじめました。

SECTION

安土・桃山時代

THEME

1 戦国時代
2 ヨーロッパ人の来航
3 織豊政権

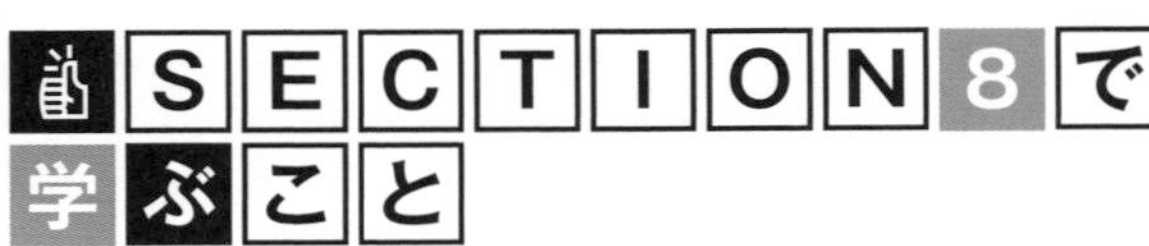

SECTION 8で学ぶこと

応仁の乱をきっかけに戦国時代に突入！　織田信長の後継者となった豊臣秀吉は全国統一を実現して，江戸時代の基礎となる石高制を成立させるよ。

1 戦国時代

応仁の乱で守護などの有力武士が京都に集住する体制がくずれ，**戦国大名**が自立的に各地を支配する**戦国時代**となります。戦国大名たちは家臣や領民の支持を受けつつ，周辺の大名や一向一揆と対立しながら領国の発展をめざします。

2 織田信長の統一事業

戦国大名のなかで積極的な統一事業をすすめたのが**織田信長**です。信長は周辺の戦国大名を倒して勢力範囲を広げる一方，対立した延暦寺や一向一揆をおさえ，当初は利用した室町幕府を滅ぼしました。しかし，本能寺の変で敗死しました。

3 豊臣秀吉の全国統一

信長のあとを継いで，全国統一を完成したのは家臣であった**豊臣秀吉**でした。秀吉は軍事力のみならず，関白に就任するなど朝廷の権威を利用しました。そのうえで，**太閤検地**を実施して石高制を確立させました。対外的には大陸進出をめざし，**朝鮮出兵**を実行しました。

1 時代の特徴

経済

戦国大名が各地を支配し，領国の経済発展をめざしたため，この時期には各地で都市が発達しました。なかには，京都や堺，博多のように商工業者たちが自治を行う平和で自由な都市もあらわれました。

外交

この時期には，ヨーロッパ諸国がキリスト教布教や貿易拡大を求めて世界に進出しました。16世紀なかばには，ヨーロッパ人が日本にも来航し，**鉄砲**や**キリスト教**がつたわり，**南蛮貿易**がおこなわれました。そのなかで豊臣秀吉は日本を中心とする東アジア秩序をめざして**朝鮮出兵**をすすめました。

文化

この時代には，あらたな支配者となった大名や戦乱で富を得た豪商による**桃山文化**が発達しました。織田信長の延暦寺焼き打ちなどがあり，文化の面で仏教色が薄れる一方で，ヨーロッパとの接触により**南蛮文化**が発達しました。

2 権力者と重要事項

権力者	争乱	その他
織田信長	**桶狭間の戦い**（1560） **延暦寺の焼討ち**（1571） **石山戦争**終結（1580） **本能寺の変**（1582）	足利義昭を追放 …室町幕府滅亡（1573）
豊臣秀吉	山崎の合戦（1582） 小牧・長久手の戦い（1584） 四国（長宗我部氏）平定（1585） **九州**（島津氏）平定（1587） **関東**（北条氏）平定（1590） **奥州**（伊達氏）平定（1590） **文禄・慶長の役**（1592～98）	**関白**に任命される（1585） **バテレン追放令**（1587） **刀狩令**（1588）

THEME 1

戦国時代

ここできめる!

- 戦国大名は幕府の権威によらず，実力で領国を支配
- 戦国大名は貫高制により家臣と主従関係をむすぶ
- 経済成長や戦国大名の支配により各地で都市が発達

1 戦国の動乱

① 戦国大名の登場

応仁の乱で室町幕府の全国支配が動揺すると，各地では将軍の権威に頼らず，実力で**領国**（分国）を形成して独自の支配をおこなう**戦国大名**が登場します。約1世紀にわたる戦国時代は武家の勢力が交代する動乱の時代でした。

戦国大名の中には，甲斐の**武田**氏や駿河の**今川**氏，薩摩の**島津**氏や豊後の**大友**氏のように，守護出身で戦国大名化した者がいる一方，守護代の出身である越後の**上杉**氏や，国人出身である奥州の**伊達**氏や安芸の**毛利**氏のように**下剋上**によりのし上がった者などがいました。

② 戦国大名の割拠

関東地方では，15世紀後半の享徳の乱で鎌倉公方が，足利成氏の**古河公方**と，足利政知の**堀越公方**に分裂していました。15世紀末に堀越公方を滅ぼして伊豆を奪ったのが**北条早雲**（伊勢宗瑞）です。早雲は相模に進出して小田原を根拠地とし，その子氏綱・孫氏康は関東の大半を支配するようになりました。中部地方では16世紀なかば，越後の守護上杉氏の守護代であった長尾景虎が，関東管領の上杉氏を継いで**上杉謙信**を名乗り，甲斐の守護**武田信玄**は信濃に領土を拡大しつつ，上杉氏と対立します。

中国地方では，守護の大内氏が陶晴賢に滅ぼされ，その後，安芸の国人**毛利元就**が台頭しました。九州では，鎌倉時代以来，薩摩を中心に南九州を支配した**島津**氏，豊後を中心に北九州に勢力を伸ばした**大友**氏が有力でした。さらに四国では土佐の**長宗我部**氏が勢力を伸ばしました。東北地方では小規模な国人が抗争をくり返していましたが，**伊達**氏が有力となりました。

▼戦国大名と主な分国法（16世紀なかば）

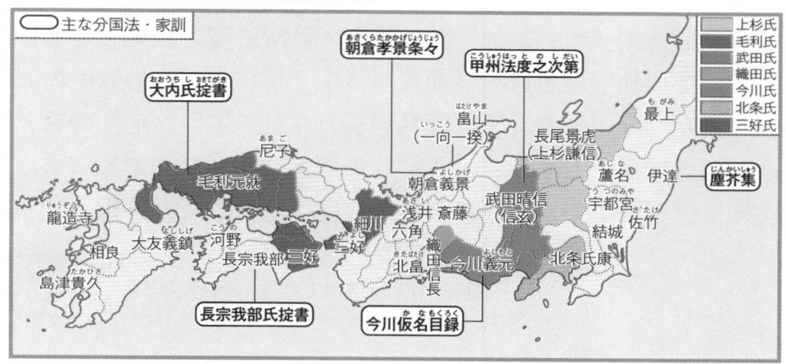

2 戦国大名の領国支配

① 家臣団の統制

戦国大名は軍事力を強化するため，領国内の国人や有力農民である地侍と主従関係をむすんで家臣団に編入しました。戦国大名は国人や地侍ら家臣の収入額を銭に換算した**貫高**という統一基準で把握したうえで，その地位や収入を保障して，そのかわりに貫高に見合った軍役を負担させました。これを**貫高制**といいます。そして，家臣団に組み入れた有力な家臣を寄親とし，地侍層である寄子を有力家臣に預ける形で組織化して軍事編成をしました。これを**寄親・寄**

▼寄親・寄子制

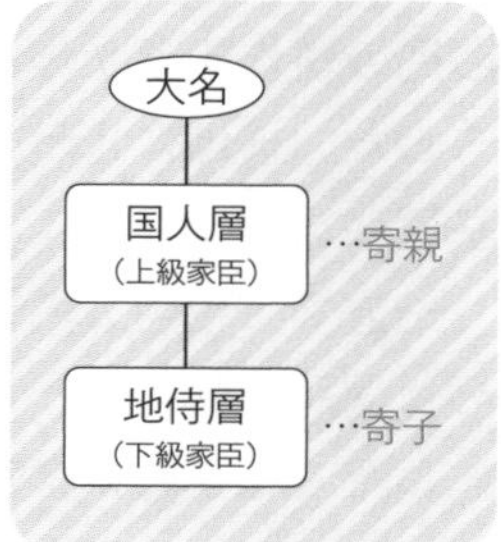

子制といいます。これにより鉄砲など新しい武器を使用した集団戦が可能になりました。

戦国大名のなかには，家臣団の統制や農民支配のため，領国の基本法となる**分国法**（**家法**）を制定する者もいました。分国法の決まりには，旧来の国人一揆の取り決めや幕府法などを参考にしたもののほか，家臣同士の紛争を抑制するために制定された**喧嘩両成敗法**のような戦国大名の新しい権力を示すものもありました。代表的な喧嘩両成敗法の例としては，武田氏の『**甲州法度之次第**』があげられます。その他，朝倉氏の『朝倉孝景条々』にある有力家臣の城下集住の規定，今川氏の『**今川仮名目録**』にある家臣が他国の者と許可なく婚姻関係をむすぶことを禁じる規定などが有名です。また，現存する分国法で条文数が最大のものは伊達氏の『**塵芥集**』です。

喧嘩両成敗法ってどんな内容なの？

家臣相互の紛争を私闘で解決することを禁止して，紛争の解決を大名の裁判にゆだねさせたんだよ。領国の平和を維持する目的があったんだ。

② 領国経済の発展と都市の発達

戦国大名は，あらたに征服した土地で**検地**を実施することもあり，農民の耕作する土地などが検地帳に登録され，農民支配が強化されました。検地によって把握された年貢量は銭に換算され，貫高制の基礎になりました。

一方で，戦国大名は，**城下町**を中心に領国の経済を発展させるため，関所を廃止し，市場を開設するなど商業取引の円滑化につとめました。城下町には家臣を集め，商工業者も集住するようになります。このころにさかえた城下町では，北条氏の**小田原**，今川氏の**府中**，大内氏の**山口**などが有名です。

こうした戦国大名の政策もあって多くの都市が発達しました。交通の発達にともなって**港町**や**宿場町**が生まれ，寺社参詣が流行したことで**門前町**が各地に生まれました。また浄土真宗の寺院や道場を中心に**寺内町**が形成されました。領国経済の発展をめざす戦国大名はこうした市場や町に保護をあたえました。なかには**楽市令**を出して，自由な商業取引ができるようにして経済活動の拡大をねらう戦国大名もいました。

都市では商工業者がさかんに活動し，富裕な商工業者たちが自治組織をつくって運営する場合もありました。日明貿易でさかえた**堺**や**博多**はその代表例です。堺では**会合衆**，博多では**年行司**の合議によって市政が運営されました。また，京都では地縁的に生まれた**町**という共同体を単位に，**町衆**から選ばれた**月行事**が自治運営をしました。応仁の乱で途絶えていた**祇園祭**は町衆によって再興されました。

▼中世都市の発達

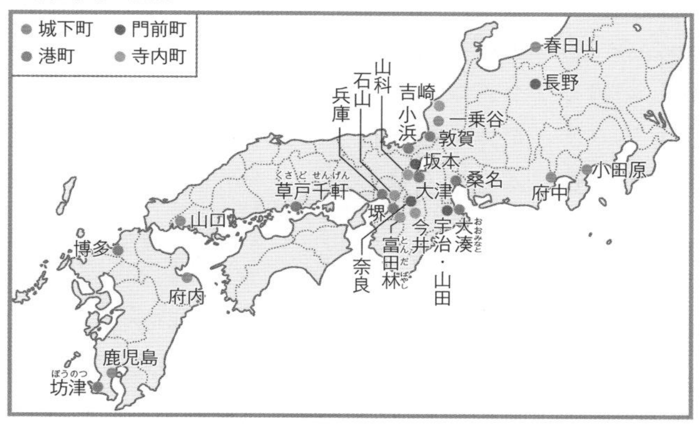

THEME 2

ヨーロッパ人の来航

ここで畝きめる!

- 勘合貿易断絶後も日明間では倭寇などの私貿易がさかん
- ヨーロッパ人が来航し，鉄砲やキリスト教が伝来
- 南蛮貿易は貿易と布教活動が一体化していた

1 16世紀の東アジア

1 中国との交流

16世紀後半になると，中国の明(みん)を中心とする国際秩序が動揺しはじめます。16世紀なかばには大内氏が滅亡したことにより，勘合(かんごう)貿易は断絶しましたが，日中間の交流は途絶えたわけではなく，中国人を中心とする**倭寇**(わこう)の密貿易が活発におこなわれました。明では銀で税を納めさせるようになっていたため，日本産の**銀**が大量に中国に流れ込みました。そのかわりに日本には中国産の**生糸**(きいと)が大量にもたらされて貿易はさかんでした。

2 鉄砲の伝来

15世紀末から17世紀なかばごろは，ヨーロッパ人の海外進出が活発となる**大航海時代**(だいこうかい)でした。**ポルトガル**や**スペイン**は貿易のためにアジアに進出し，カトリック教会も海外への布教をあと押ししました。

ポルトガルは16世紀初頭にインドの**ゴア**に拠点を築き，1540年代になると，九州各地に来航するようになります。1543年，中国人商人の船に乗ったポルトガル人が**種子島**(たねがしま)に来航して**鉄砲**(てっぽう)をもたらしました。鉄砲は和泉(いずみ)の**堺**(さかい)，近江(おうみ)の**国友**(くにとも)など各地で製造され，戦国大名のあいだにも急速に広がりました。その結果，戦術や築城法にも大きな影響をあたえました。

ポルトガル人から鉄砲を買ったぞ！
研究して国産化するのだ！

種子島時堯

2 キリスト教の伝来と南蛮貿易

1 キリスト教の伝来

1549年，カトリック教会イエズス会の宣教師**フランシスコ=ザビエル**が，中国人商人の船で鹿児島に来航し，**キリスト教**をつたえました。ザビエルは山口の大内義隆や豊後府内の大友義鎮らの保護を受け，中国・九州各地で布教をして，2年間の滞在で日本を去っていきました。

ザビエル

この国の人は礼節を重んじる。一般に善良にして悪心をいだかず，何よりも名誉を大切にするは驚くべきことなり。

ザビエルが退去したあとも，堺の町をヨーロッパに紹介した**ガスパル=ヴィレラ**や，『日本史』を著した**ルイス=フロイス**など宣教師が来日して多くの信者を獲得します。とくに九州では**大友義鎮**や**大村純忠**・**有馬晴信**らの**キリシタン大名**があらわれ，家臣や領民にもキリスト教が広まりました。1582年には，大友義鎮・大村純忠・有馬晴信が宣教師**ヴァリニャーノ**のすすめにより，伊藤マンショら４人の少年を使節としてローマ教皇のもとに派遣しました。これを**天正遣欧使節**といいます。

2 南蛮貿易

ポルトガル人は，中国南部の**マカオ**を根拠地として中国・日本間の貿易に乗り出し，**平戸**・長崎など九州の諸港に来航して対日貿易の主導権を握り，中国産の**生糸**と日本産の**銀**の売買をする中継貿易で利益を上げました。フィリピンの**マニラ**を拠点としていた**スペイン**人も1584年に平戸へ来航し，貿易をはじめました。当時，日本の人々はポルトガル人やスペイン人を「**南蛮人**（なんばんじん）」とよんだので，この貿易を**南蛮貿易**といいます。キリスト教の布教と貿易は密接にむすびついていたので，貿易の利益を求めてキリスト教を保護する戦国大名も多数いました。

▼ポルトガル人の中継貿易

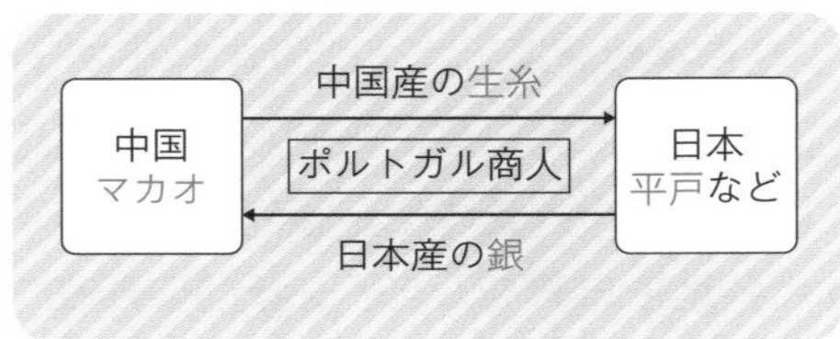

THEME 3 織豊政権

ここで齣きめる!

- 織田信長を引き継いで豊臣秀吉が全国を統一
- 豊臣政権のもとで石高制による支配体制が確立
- 新興の大名や豪商を担い手とする桃山文化

1 全国統一へ

① 織田信長の政権

戦国の争乱は16世紀後半に入ると激しさを増し，領国を拡大する戦国大名が出てきました。そのなかで台頭してきたのが尾張の大名**織田信長**です。信長は，1560年，駿河・遠江の大名**今川義元**を**桶狭間の戦い**でやぶり，ついで美濃の斎藤氏を滅ぼして岐阜を拠点としました。

「天下布武」の印章を使うぞ！
織田信長

1568年には，**足利義昭**を奉じて上洛し，畿内を平定して義昭を将軍職につけて室町幕府を再興させます。やがて信長と義昭は対立して，義昭は甲斐の**武田信玄**などの諸勢力とむすんで信長に対抗しました。

信長のやつめ，偉そうにしよって。
信長を倒せ！　将軍はわしじゃ！
足利義昭

これに対し，信長は1570年，**朝倉義景・浅井長政**の連合軍を**姉**

川の戦いでやぶり，翌年には比叡山延暦寺を焼討ちし，1573年には義昭を京都から追放しました（**室町幕府の滅亡**）。1575年には，甲斐の**武田勝頼**を**長篠の戦い**でやぶり，近江に**安土城**を築いて拠点とします。

年	事項
1560	**桶狭間の戦い**
1568	**足利義昭**を奉じて入京
1570	**姉川の戦い**
1571	比叡山延暦寺を焼討ち
1573	足利義昭を追放 **（室町幕府滅亡）**
1575	**長篠の戦い**
1576	**安土城**築城
1580	**石山合戦**終結
1582	**本能寺の変**

この間に信長は，領国内の関所で通行料を取ることを禁じ，商業都市として繁栄していた堺の支配に乗り出しました。さらに安土城の城下町では楽市として営業税を免除するなど，領国の経済発展をめざしました。

1580年には，長年にわたって戦ってきた**一向一揆**の中心である本願寺を屈服させ，大坂から退去させました（**石山合戦**）。1582年には甲斐の武田氏を滅ぼしましたが，家臣の**明智光秀**の謀反にあい，**本能寺の変**で自害しました。

敵は本能寺にあり！

明智光秀

光秀！　もはやこれまでか…。

織田信長

② 豊臣秀吉の全国統一

信長の事業を引き継いだのは，家臣であった**羽柴秀吉**（のち**豊臣秀吉**）でした。秀吉は**山崎の戦い**で光秀を討ち，1583年には信長の重臣であった柴田勝家を**賤ヶ岳の戦い**でやぶって，信長の後継者としての地位をかためます。

信長様が…明智を討ち取るぞ！

豊臣秀吉

年	事項
1582	本能寺の変 **山崎の戦い**
1583	賤ヶ岳の戦い **大坂城**の築城開始
1584	**小牧・長久手の戦い**
1585	秀吉が**関白**に就任 **四国平定**（長宗我部元親）
1586	秀吉が**太政大臣**に就任
1587	**九州平定**（島津義久）
1590	**小田原攻め**（北条氏政） **奥州平定**（伊達政宗）

同年，政権の拠点として本願寺の跡地に**大坂城**を築きます。翌年，信長の次男信雄・**徳川家康**を**小牧・長久手の戦い**で臣従させ，1585年には**長宗我部元親**をくだして**四国を平定**しました。秀吉は**関白**として天皇の権威を利用して，紛争中の大名に停戦を命じましたが，それにしたがわなかった**島津義久**を1587年に屈服させ，**九州を平定**します。さらに1590年，停戦命令にしたがわなかった関東の**北条氏政**を諸大名を動員して滅ぼしました。つづいて**伊達政宗**ら東北の大名を屈服させ，家康を関東へうつし，全国統一を実現しました。秀吉の政権では，秀吉の意思を側近が大名に伝達するという独裁で政治がおこなわれました。

この間，秀吉は1585年に関白，翌年には**太政大臣**を兼ね，**後陽成天皇**から豊臣の姓をあたえられます。1587年には京都の**聚楽第**に本拠をうつして，翌年には後陽成天皇を招いて諸大名に忠誠を誓わせました。このように秀吉は天皇の権威を利用して政権の基盤を固めていきました。

2 豊臣政権の政策

① 秀吉の国内政策

近畿地方を中心として支配した秀吉は，惣村の自治をふまえ，村を単位としてあらたな方法で検地を実施しました。これを**太閤検地**といいます。統一基準を設定して，田畑の面積をはかり，田畑の等級を定め，等級ごとの**石盛**に面積を乗じて**石高**を算出しました。石高は土地の生産力を米の量で表示したもので，米の量をはかる枡もまちまちでしたが，**京枡**が基準として採用されました。

石高を全国共通の基準にするのだ！

豊臣秀吉

▼度量衡の統一

面積	容積
6尺3寸（約191 cm）**四方＝1歩**…畳2枚ぐらい	1合＝約180 ml
30歩＝1畝…中規模の家ぐらい（30坪）	**10合＝1升**
10畝＝1段（反）…テニスコート4面ぐらい	**10升＝1斗**
300歩＝1段…1人が1年間に食べる米量が生産できる	**10斗＝1石**
10段（反）＝1町…野球場1つ分ぐらい	米1俵は米40升で約60 kg
石盛…1段あたりの収穫量を上・中・下・下々の4等級で評価	
石高＝石盛×面積（段）	

秀吉は度量衡を統一したうえで検地を実施し，村単位で作人（百姓）を記載した**検地帳**を作成して村に交付しました。そして，年貢を負担する百姓には田畑・屋敷の所持を認めて，村の責任で村の総石高である村高を基準に年貢を納めさせました。さらに1591年には全国の大名に国ごとの絵図と**検地帳**（**御前帳**）を提出させ，全国の石高を把握しました。こうして**石高制**が成立して，大名などの領主は石高をもとにした知行があたえられ，石高に応じて軍役を負担し，百姓は所持する田畑の石高に応じて年貢を負担しました。

1588年には，**刀狩令**を出して百姓から刀・脇差などの武具を取り上げ，一揆を未然に防ごうとしました。

方広寺の大仏造立に刀を利用することを刀狩の口実にするのだ！

豊臣秀吉

1591年には**身分統制令**を出し，武士の従者である武家奉公人が町人・百姓になることなどを取り締まります。翌年には人掃令を出して全国の戸数・人口の調査をおこないました。こうした政策により，武士と百姓の身分の分離（**兵農分離**）が進展しました。

豊臣政権の財政基盤としては，直轄領である**蔵入地**のほか，但馬生野銀山など鉱山を直轄して，各地の金銀山から産出額の一部を上納させました。さらに1588年には**天正大判**などを鋳造しました。

❷ 秀吉の対外政策

秀吉は当初，キリスト教には好意的でした。しかし，九州を平定した際，大村純忠が長崎をイエズス会に寄付していることなど，キリスト教がキリシタン大名を通じて勢力をもっていることを知って警戒し，キリスト教の信仰を制限します。1587年，布教活動をすすめる宣教師に国外退去を命じる**バテレン追放令**を出しました。

純忠が領地を教会に寄付していたうえ，宣教師が日本人を奴隷として売買する手引きをしていただと！

豊臣秀吉

ただし，秀吉は1588年に**海賊取締令**を出して海上交通の安全を確保するなど，貿易には積極的でした。ポルトガル人の貿易は布教と一体化していたので，宣教師の追放は徹底できませんでした。

秀吉は早くから明を征服する方針を示していました。秀吉は九州を平定すると，対馬の宗氏を通じて朝鮮に対し，日本への朝貢と明を征服する際の先導を求めます。

明を征服する前に，まず朝鮮だ！

豊臣秀吉

朝鮮がこれを拒否すると，肥前に名護屋城を築いて本営をおき，1592年，秀吉は朝鮮に15万人あまりの大軍を送って侵略戦争をはじめました（**文禄の役**，壬辰倭乱）。日本軍はまもなく漢城（ソウル）をおとしいれ，朝鮮全域に侵攻します。しかし，明からの援軍が到着し，各地で朝鮮の民衆が蜂起したうえ，海上では李舜臣が率いる朝鮮水軍が抵抗し，日本軍は劣勢となりました。秀吉は休戦して明との講和交渉をすすめましたが，交渉が決裂すると，1597年，ふたたび朝鮮との戦争をはじめ，苦戦を強いられます（**慶長の役**，丁酉再乱)。翌年，秀吉が病死すると，徳川家康ら**五大老**と石田三成ら**五奉行**が軍勢を撤退させました。こののち，有力大名どうしの対立が生じ，豊臣政権は動揺します。

我々，**五奉行**が政治をとって，幼い秀頼様を支えるのだ！

石田三成

徳川家康

わしをはじめ，有力大名からなる**五大老**は五奉行の相談役なのだ。

3 桃山文化

① 城郭建築と障壁画

織田信長や豊臣秀吉が活躍した**安土・桃山時代**の文化を**桃山文化**といいます。この文化は新興の大名や海外貿易で富を得た豪商の力を反映した豪華で壮大なもので，仏教色はうすれました。

この文化を象徴するのは，安土城や大坂城などに代表される**城郭建築**です。石垣と堀をめぐらした平山城や平城が築かれ，城の中心には大規模な**天守**があり，大広間をもつ書院造の御殿もつくられました。襖や屏風には，金地に青や緑の濃厚な色彩がもちいられた**濃絵**の**障壁画**が描かれました。

障壁画では，信長や秀吉に仕え，『**唐獅子図屏風**』を描いた**狩野永徳**，その門人の**狩野山楽**が活躍しました。狩野派以外にも，海北友松や『松林図屏風』を描いた**長谷川等伯**も出ました。

▲唐獅子図屏風

▲松林図屏風

② 芸能と風俗

茶の湯は，信長や秀吉など権力者の保護を受けてさかんになります。なかでも堺の町人である**千利休**は，秀吉が1587年に開催した北野大茶湯など豪華な茶会でも中心的な役割を担い，その一方で簡素な侘茶を大成して茶道を確立させました。茶器では利休らによって楽焼などの日本陶器がもちいられるようになり，茶室建築では利休がつくったといわれる**妙喜庵待庵**があります。

質素で落ち着いた「わび」の美を広めるのだ。

千利休

庶民の娯楽としては，京都で**出雲阿国**がはじめた**かぶき踊り**が評判になり，その後，女歌舞伎が流行します。小歌では高三隆達の**隆達節**が庶民のあいだで人気をよび，人形をあやつって三味線の伴奏とともに語る**人形浄瑠璃**も生まれました。

▲阿国歌舞伎図屏風

人々の生活様式も大きく変化します。衣服では麻に加えて木綿がもちいられるようになり，**小袖**が流行しました。また，食事は１日３度となりました。

③ 南蛮文化

この時代には，宣教師ら南蛮人により，多くのヨーロッパの文物がもたらされ，医学・天文学・地理学などの知識や航海術や造船術をつたえました。これを**南蛮文化**といいます。イエズス会は，**南蛮寺**とよばれた教会や，初等教育の学校である**セミナリオ**，高等教育の学校である**コレジオ**，あるいは病院などを設け，キリスト教の布教をすすめました。金属製の活字による活版印刷術ももたらされ，ローマ字による宗教書や文学，日本古典など**キリシタン版**といわれる活字版の図書が出版されました。

SECTION

江戸時代（前半）

THEME

1　江戸幕府の成立
2　江戸時代初期の外交と文化
3　江戸時代の経済発展
4　文治政治への転換
5　元禄文化

SECTION 9 で学ぶこと

江戸幕府が成立して戦乱が終わったことで平和な時代が到来！　**徳川家康・秀忠・家光の時代**に支配体制が整い，徳川家綱以降，平和な秩序を維持するため，**文治政治**へと転換したよ。**享保の改革**ごろまでは安定期だ！

1 江戸幕府の成立

　関ヶ原の戦いで勝利した**徳川家康**は江戸幕府を開き，**大坂の役**で豊臣家を滅ぼして覇権を確立しました。つづく**秀忠**・**家光**の時代には，大名・朝廷・寺社などの各勢力に対する支配体制を整え，幕府と藩がそれぞれ土地と人民を支配する**幕藩体制**が確立しました。

2 文治政治への転換

　幕藩体制が確立し，戦乱の時代が終わったことで平和な時代となりました。家光の死後，４代将軍**家綱**，５代将軍**綱吉**の時代には，儒学を支配思想の中心として法と道徳にもとづく**文治政治**へと転換し，武家社会の安定をはかるとともに，民衆を教化していきました。

3 享保の改革

　８代将軍となった**徳川吉宗**は，元禄期以来の幕府の財政難が深刻となっていたため，財政再建を中心とした**享保の改革**をすすめました。そのなかで，江戸の都市問題に対応し，裁判制度を整備するなど支配体制の整備につとめました。

1 時代の特徴

経済

江戸時代初期には急速な**新田開発**が進み，商品作物を栽培するなど農業生産は拡大しました。一方，17世紀後半には**西廻り・東廻り海運**が整備され，商品が**大坂**に集まり**江戸**へと廻送される全国流通網が確立しました。

外交

江戸幕府が成立した当初，**南蛮貿易**や**朱印船貿易**などが奨励されました。しかし，幕府はキリスト教を禁止すると，ヨーロッパ人の来航を制限し，日本人の海外渡航・帰国を禁止するなど通交を統制しました。そして，**長崎・対馬・薩摩・松前**の４つの窓口で海外とつながる「**鎖国**」へと転換しました。

文化

幕藩体制の確立期には桃山文化を継承した**寛永期の文化**が発展しました。その後，徳川綱吉の時代を中心に**元禄文化**が発展しました。儒学が武家社会で重視される一方，経済発達により成長した大坂の豪商たちが町人文化の担い手となりました。

2 権力者と重要事項

将軍	権力者	歴史事項
家康	—	**関ヶ原の戦い**（1600） 征夷大将軍に就任（1603）
秀忠	家康（大御所）	**大坂の陣**（1614～15） **武家諸法度・禁中並公家諸法度**の制定（1615）
家光	秀忠（大御所）	**紫衣事件**（1627～1629）
家綱	保科正之	**慶安の変**（1651）
綱吉	柳沢吉保（側用人）	**生類憐れみの令**・**湯島聖堂**の建立
家宣 家継	間部詮房（側用人） 新井白石（侍講）	**閑院宮家**の創設（1710） **海舶互市新例**（1715）
吉宗	—	**上げ米**・**足高の制**・**目安箱**の設置 **公事方御定書**の制定・**相対済し令**

THEME 1

江戸幕府の成立

ここで 差をつける!

- 将軍と大名の主従関係が大名支配の基礎
- 朝廷や寺社を統制し，幕府の全国支配に利用
- 年貢・諸役を負担する百姓の支配を重視

1 江戸幕府の成立

① 幕府の開設

徳川家康は1590年，豊臣秀吉によって関東に領地を移され，江戸を拠点として領国経営をすすめました。秀吉の死後，その子秀頼が幼少であったため，五大老の中心として家康が力をもつようになります。そのため，五奉行の１人で豊臣家を支えようとする**石田三成**と家康の対立が深まり，1600年，三成は五大老の１人毛利輝元を盟主にして兵を挙げました（西軍）。一方，家康は福島正則らの諸大名（東軍）をしたがえて戦いました。これが天下分け目といわれた**関ヶ原の戦い**です。

これに勝利した家康は，1603年，朝廷から**征夷大将軍**に任命されて，**江戸**に幕府を開きました。

武家の指揮権をもつのは豊臣ではなく徳川じゃ！　地位は徳川家で世襲するぞ。

徳川家康

家康は政権を世襲する意思を示すため，1605年には子の**秀忠**に将軍の地位をゆずりますが，**大御所**と称して政治の実権を握りつづけます。一方，秀頼は，大坂城に本拠をおき，父である秀吉の立場を引き継いで権威を維持していました。そのため，家康は1614～15年，２度にわたる**大坂の陣**で豊臣氏を滅ぼしました。

② 大名の支配

江戸時代，将軍に服属して1万石以上の領地をもつ武士は**大名**といわれました。大名は，二百数十家あり，徳川氏の一族を**親藩**，関ヶ原の戦い以前から徳川家に仕えていた家を**譜代**，関ヶ原の戦い以降にしたがった家を**外様**といいます。親藩や譜代大名は江戸の周辺や全国の重要な地に，有力な外様大名は江戸から遠く離れた地に配置されました。一方，知行高が1万石未満で将軍直属の家臣（直参）は**旗本**・**御家人**といわれます。

1615年，大坂の陣のあと，幕府は**一国一城令**を出して，大名の居城を1つに限り，それ以外の居城を破却させ，つづいて**武家諸法度**を定めて秀忠の名前で発令し，大名の心得を示すとともに城の新築や無断修理を禁じるなどしました。

武家諸法度は，わしが**崇伝**に起草させたのじゃ！

徳川家康

大名が領地を支配する組織を**藩**とよび，**幕府**と藩が全国の土地と人民を支配するしくみを**幕藩体制**といいます。藩は武家諸法度に違反しない限り，独自の法を定めるなど自立的に領地を支配しましたが，違反した場合は領地を没収される**改易**など厳しい処分を受けることになります。将軍から領地の支配を保障された大名は，戦時には石高に応じた軍役を負担する義務を負い，平時には**手伝普請**（普請役）として幕府から城の修築などの土木・建築工事が命じられました。

▼幕府と藩

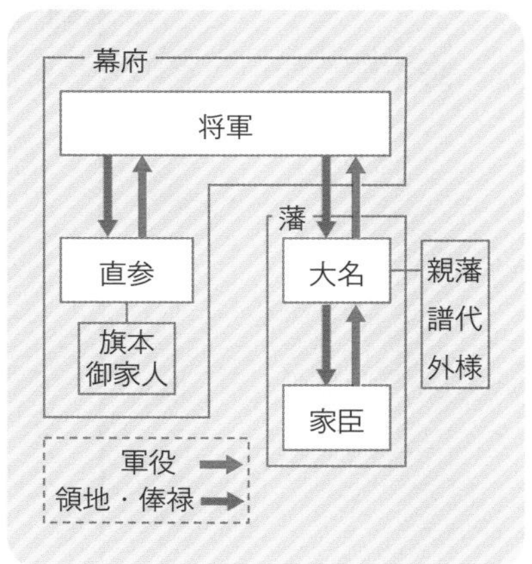

1635年，3代将軍**徳川家光**は武家諸法度を改定しました。以降，将軍の代がわりに発令することが慣例となりました。このときの改定では，大名に対し，原則として1年おきに1年間，江戸で役務につく**参勤交代**が義務付けられ，大名の妻子が江戸に住むことが強制されました。

参勤交代は何のためにやらせていたの？

参勤交代は軍役のかわりで，平時における奉公として主従関係を維持する役割があったんだ。多くの家臣を引き連れて江戸と往復するから費用がかかって，藩の財政が苦しくなる原因にもなったけど，これは結果であって目的ではないよ。

③ 幕府の組織

幕府の職制は**3代将軍家光**のころに整備されました。幕政の中心として**老中**が政務をまとめ，**若年寄**がこれを補佐しました。老中の上には最高職として臨時に**大老**がおかれることもありました。その他，**寺社奉行**・**町奉行**・**勘定奉行**の**三奉行**がおかれました。これらの役職には譜代大名・旗本のなかからそれぞれ複数の人物が任命され，1カ月交代の**月番制**で政務を担当し，役職をまたぐ事項は，**評定所**において老中と三奉行らが話し合いで決定しました。

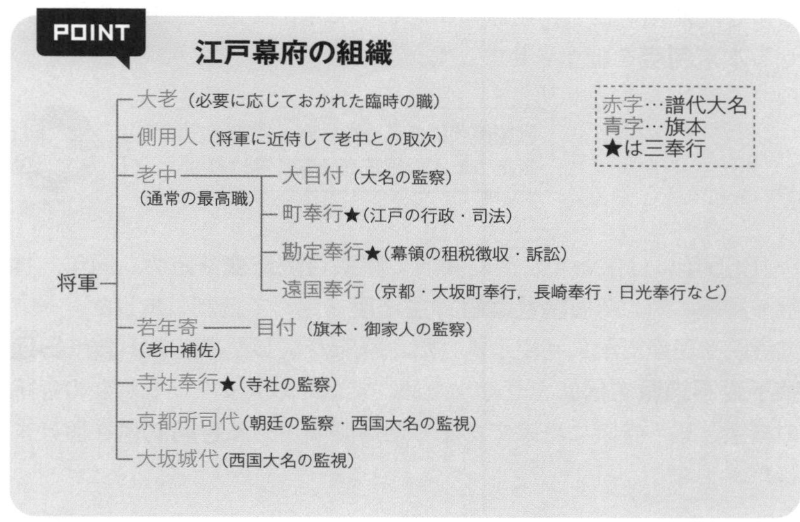

POINT
江戸幕府の組織
赤字…譜代大名
青字…旗本
★は三奉行
将軍
大老（必要に応じておかれた臨時の職）
側用人（将軍に近侍して老中との取次）
老中（通常の最高職）
大目付（大名の監察）
町奉行★（江戸の行政・司法）
勘定奉行★（幕領の租税徴収・訴訟）
遠国奉行（京都・大坂町奉行，長崎奉行・日光奉行など）
若年寄（老中補佐）
目付（旗本・御家人の監察）
寺社奉行★（寺社の監察）
京都所司代（朝廷の監察・西国大名の監視）
大坂城代（西国大名の監視）

❹ 朝廷・寺社の支配

天皇・朝廷には征夷大将軍を任命するなど幕府の全国支配を正当化して権威づける役割がありました。徳川家康は，1615年，**禁中並公家諸法度**を定め，天皇に学問を第一とする心構えを説くなど，朝廷を統制する基準を示しました。幕府は**京都所司代**をおいて朝廷を監視し，**武家伝奏**に任命された公家を通じて朝廷を統制しました。

天皇や朝廷は政治に関わらせないのだ！
幕府の言うとおりにしておけばよい。

徳川家康

1627年には，幕府が後水尾天皇の勅許した紫衣着用を無効とし，これに抗議した大徳寺の沢庵らを処分する**紫衣事件**がおこりました。これにより幕府の法度が天皇の勅許に優先することを示しました。このあと，天皇は退位し，秀忠の孫娘である**明正天皇**が即位しました。

寺院や神社に対する統制も強化されました。当初，幕府は宗派ごとに**寺院法度**を出し，宗派の中心となる本山を定め，末寺を統制させる**本末制度**を確立させました。

戦国時代におこった一向一揆の鎮圧は大変だったよ。寺院を統制しなければ…。

徳川家康

1665年には宗派をこえた共通の**諸宗寺院法度**を定め，同年，神社や神職に対しても**諸社禰宜神主法度**を定めて統制しました。一方で寺院を民衆支配に利用しました。幕府が禁じたキリスト教や**日蓮宗不受不施派**を信仰させないため，すべての人々をいずれかの寺院の檀家とし，寺院に檀家であることを証明させる**寺請制度**を設けました。

檀家って何？

ある寺の信徒になって，お布施をするなど経済的に寺を支えて，葬式や法事などをやってもらう家のことだよ。戦国時代には民衆にも仏教が広まったことで，こうした寺院と檀家の関係が形成されていたんだ。

2 民衆の支配

❶ 身分と社会

近世社会は身分の秩序によって成り立っていました。**武士**は城下町に集住して政治や軍事などを独占し，**苗字**を名乗り，刀を携帯する（**帯刀**）など，さまざまな特権をもつ支配身分です。天皇家や公家，上層の僧侶・神職も支配身分となります。一方で社会の大半を占めるのは被支配身分です。農業を中心に漁業や林業などに従事する**百姓**，手工業者である**職人**，商人を中心に都市部に居住する**町**

人の3つが主なものになります。これらの身分は**士農工商**ともいわれ，社会を構成する中心的な身分と考えられていました。その他，一般の僧侶・神職などの宗教者，医者などの知識人，役者などの芸能者などさまざまな身分集団が存在しました。そのなかで，下位の身分とされたのが，**えた**・**非人**などの賤民でした。

各身分は家を単位に構成され，家の存続が重視されたので，家長の権限が強くなりました。相続は長子相続が一般的になり，家督や家業などは長子を通じて子孫に相続されます。そのなかで女性は家督を継ぐことができず，地位は低くなりました。

② 村と百姓

▼農村支配のしくみ

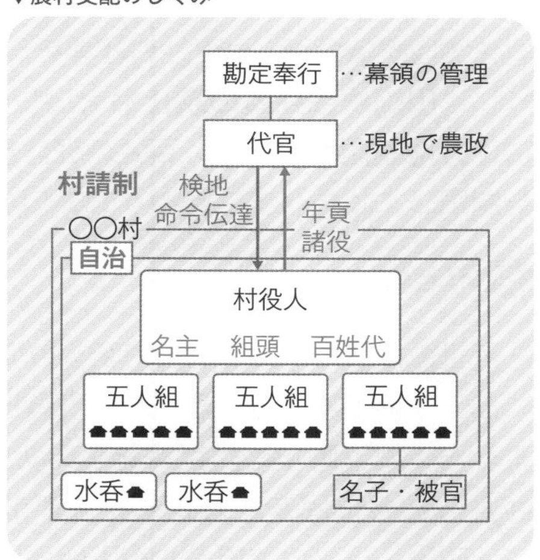

村は百姓にとって生産や生活のための共同体です。田畑や屋敷地をもつ高持の**本百姓**を中心に自治がおこなわれ，**名主**（庄屋）・**組頭**・**百姓代**の**村方三役**によって運営されました。その他，村には田畑をもたない無高の**水呑**（水呑百姓）などもいました。村に住む百姓は数戸ずつ**五人組**に編成され，助け合う一方，納税などで連帯責任を負わされました。村では共同で利用する**入会地**や用水の管理，治安や防災を共同で担い，その経費である**村入用**は村民が負担しました。さらに村民は田植え・稲刈り・脱穀といった農作業など**結**・**もやい**とよばれる共同作業をおこなって支え合っていたのです。村は**村法**（村掟）によって運営され，そむいた者には厳しい罰があたえられました。幕府や諸藩はこうした村の自治に依存して百姓を支配し，年貢・諸役を割り当てました。これを**村**

請制といいます。

幕府や藩の財政は百姓が負担する年貢や諸役によって支えられていました。年貢には，田畑や屋敷地などの石高を基準にかけられる**本途物成**（本年貢）を中心に，山野河海の利用や農業以外の副業にかけられる**小物成**がありました。諸役として，一国単位で河川や道路の工事に徴発される**国役**，公用の人馬を差し出す**伝馬役**などが課せられました。

本百姓が没落すると，年貢が徴収できなくなるぞ！

徳川家光

幕府は1641年から翌年にかけての**寛永の飢饉**をきっかけに，年貢を徴収するため，本百姓の経営を安定させようとしました。1643年には**田畑永代売買の禁止令**を出して土地の売買を禁じ，1673年には**分地制限令**を出して百姓の経営規模を維持するため，分割相続を制限しました。

③ 町と町人

近世のはじめには，全国で多くの**城下町**がつくられ，武士のほかに商人や手工業者も屋敷地への税負担を免除されるなどして定着しました。城下町では，武家地・町人地・寺社地など居住する地域が身分ごとに固定されました。都市城の多くを占めたのは武家地で，政治・軍事の諸施設や家臣団の屋敷がありました。

町人地は町方ともよばれ，商人や手工業者が生活していて，**町**という自治組織が多数ありました。町屋敷をもつ家持の住人は**町人**とよばれ，町政に参加することができました。町は町人の代表である名主（年寄）・月行事などを中心に町法（町掟）によって運営されました。その他，宅地を借りて家屋を建てる**地借**や，家屋を借りて住む**店借**，商家の奉公人などさまざまな人が住んでいました。町人には百姓のような重い負担がありませんでしたが，上下水道の整備や防火・防災・治安など都市機能を支えるための**町人足役**を負担しました。

▼町の支配のしくみ

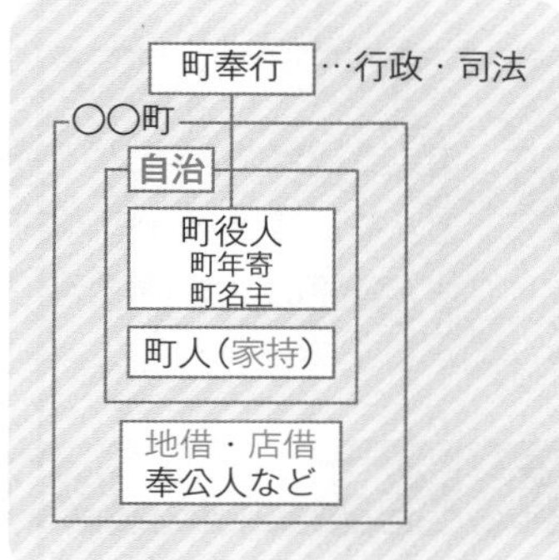

THEME 2

江戸時代初期の外交と文化

ここで畝きめる！

- 当初は生糸などを輸入するため，積極的に海外と通交
- キリスト教を排除するため，貿易統制策へ転換
- 島原の乱以降，キリスト教禁止の政策を徹底する

1 江戸時代初期の外交

① 海外貿易の展開

16世紀後半，ヨーロッパではポルトガル・スペインにつづいて，国力を強めたイギリスやオランダがアジア貿易に乗り出してきました。1600年，オランダ船**リーフデ号**が豊後（ぶんご）に漂着すると，徳川家康は船員の**ヤン・ヨーステン**（耶揚子（やようす））と**ウィリアム・アダムズ**（三浦按針（みうらあんじん））を江戸に招き，外交・貿易の顧問（こもん）としました。1609年には**オランダ船**，1613年には**イギリス船**が来航して**平戸**（ひらど）に商館を開いて日本との貿易をはじめました。このころポルトガルは中国産の**生糸**（きいと）と日本産の**銀**の交換によって多大な利益を上げていました。幕府はポルトガル商人が生糸を独占して価格をつり上げるのを防ぐため，1604年，**糸割符制度**（いとわっぷ）を設けました。

> **糸割符制度**をはじめる！
> 京都・堺（さかい）・長崎の特定の商人（糸割符仲間）に生糸を一括購入させて，価格をおさえるのだ！

徳川家康

家康はノビスパン（スペイン領メキシコ）との通商を求めて京都の商人**田中勝介**（しょうすけ）を派遣しました。また，1613年には仙台藩主の**伊達政宗**（だてまさむね）が家臣の**支倉常長**（はせくらつねなが）をスペインに派遣してノビスパンとの直接貿易をねらいますが，うまくいきませんでした。これを**慶長遣欧使**（けいちょうけんおうし）

節といいます。

一方，幕府は日本人の海外渡航も奨励します。薩摩の島津氏らの西国大名や京都の**角倉了以**などの特権商人らに海外渡航を許可する**朱印状**をあたえました。朱印状をもつ**朱印船**は東南アジア各地に渡航し，中国船との**出会貿易**をおこない，中国産の生糸を入手しました。また，東南アジア各地に移住する日本人も増え，**日本町**が形成されました。

▼朱印船渡航地と日本町

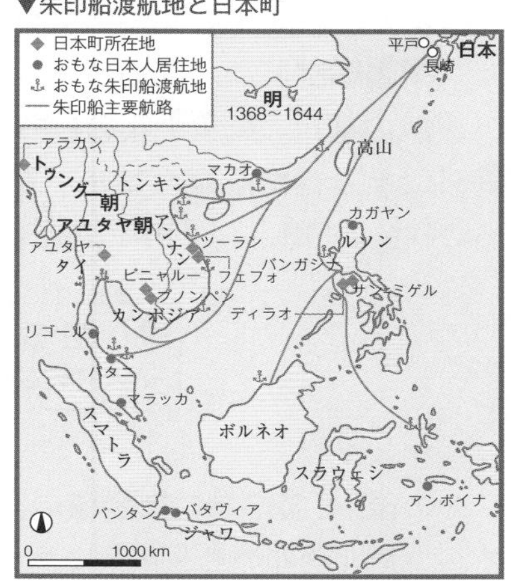

朱印船貿易の担い手	
大名	島津家久（薩摩），有馬晴信・松浦鎮信（肥前）ら
豪商	末次平蔵（長崎），末吉孫左衛門（摂津） 角倉了以（京都），茶屋四郎次郎（京都）
外国人	ウィリアム=アダムズ（三浦按針） ヤン=ヨーステン（耶揚子）

❷ 禁教と貿易統制

徳川家康は貿易の利益のため，当初，キリスト教を黙認していましたが，ポルトガルやスペインの布教により信者が増大すると，危機感をいだくようになりました。そのため，1612年には直轄領に**禁教令**を出し，翌年にはそれを全国に広げて信者に改宗をせまります。1614年にはキリシタン大名の高山右近ら300人あまりをマニラ・マカオに追放し，1616年，２代将軍**秀忠**は，ヨーロッパ船の寄港地を**平戸**と**長崎**に限定します。さらに1622年には長崎で宣教師・信者ら55人を処刑しました（**元和の大殉教**）。1620年代には，**イギリス**がオランダとの競争にやぶれて撤退する一方，幕府は禁教を理由に**スペイン**との交渉を断絶しました。3代将軍家光は，1631年，海外渡航には朱印状のほかに老中奉書を必要とすることにします（**奉書船制度**）。1633年には長崎奉行に対して**奉書船**以外の海外渡航の禁止（**寛永十年の禁令**）を徹底し，1635年には日本人の海外渡航と帰国を全面禁止（**寛永十二年の禁令**）とします。これらの政策は日本船を利用した宣教師の密航を防ぐことが目的でした。

キリスト教を広める宣教師を日本の国内に入れるな！

徳川家光

その後，1637年には**島原の乱**（島原・天草大一揆）がおこります。九州北西部の島原・天草地方はキリシタン大名の有馬晴信・小西行長の旧領であったため，キリスト教の信者が多い地域でした。この乱は領主の迫害と圧政に抵抗した百姓らによる一揆でした。

一揆に衝撃を受けた幕府は，キリスト教信者を根絶するため，**宗門改め**や**寺請制度**など禁教政策を強化しました。1639年には宣教師をつれてくるおそれのある**ポルトガル船**の来航を禁止して，1641年，平戸にあった**オランダ商館**を**長崎の出島**に移しました。こうして形成された対外関係は，のちに「**鎖国**」とよばれるようになります。

なぜ「鎖国」とよばれるようになったの？

19世紀はじめ，元オランダ通詞であった**志筑忠雄**が，17世紀末に来日したドイツ人医師**ケンペル**の書いた『日本誌』に付属する論文を翻訳して，『鎖国論』というタイトルを付けたのが由来だよ。

③ 鎖国体制

幕府の対外政策によって，日本に来航して貿易ができるのは**オランダ船**と**中国船**に限られ，来航が認められているのは**長崎**のみになりました。**出島**のオランダ商館は，バタヴィアにあった**オランダ東インド会社**の支店でした。商館長は毎年交代し，来航のたびに海外情報を記した**オランダ風説書**が幕府に提出されました。一方，中国とは正式な国交は回復せず，中国の民間商人が来航して貿易をおこないました。17世紀なかば，**明**が滅亡したのち，中国を統一した**清**の貿易船が長崎に来航して貿易が増加します。そのため，幕府は17世紀末に**唐人屋敷**を建設し，中国人をうつしました。

▼長崎港図

朝鮮は豊臣秀吉の侵略以来，外交関係は停滞していましたが，**対馬**の**宗氏**の交渉により国交が回復しました。1609年には宗氏と朝鮮の間で**己酉約条**がむすばれ，これにより**釜山**に**倭館**が設置されて宗氏が朝鮮との貿易を独占します。朝鮮からは将軍の代がわりなど12回にわたり，外交使節として**朝鮮通信使**が来日しました。

琉球王国は，1609年，幕府の許可を得た島津氏の侵攻を受け，薩摩藩の支配下におかれました。

琉球王国は島津氏の支配地として認める！

徳川家康

そして，琉球王国は，国王の代がわりには**謝恩使**を，将軍の代がわりごとに**慶賀使**を幕府へ派遣しました。一方で琉球は独立国として維持され，中国にも朝貢していたので，**日中両属**の状態になりました。これにより薩摩藩は琉球を通じて，中国の産物を手に入れることができました。

蝦夷地では1604年に**松前氏**が徳川家康からアイヌとの交易独占権を認められました。

松前氏の許可なく，蝦夷地でアイヌと交易することは認めない！

徳川家康

石高をもたない松前氏は家臣との主従関係をむすぶため，アイヌとの交易権を知行として家臣にあたえました。これを**商場知行制**といいます。1669年にはこれに反発したアイヌが**シャクシャイン**を中心として蜂起しました。これを鎮圧した松前氏は蝦夷地に対する支配を強めました。

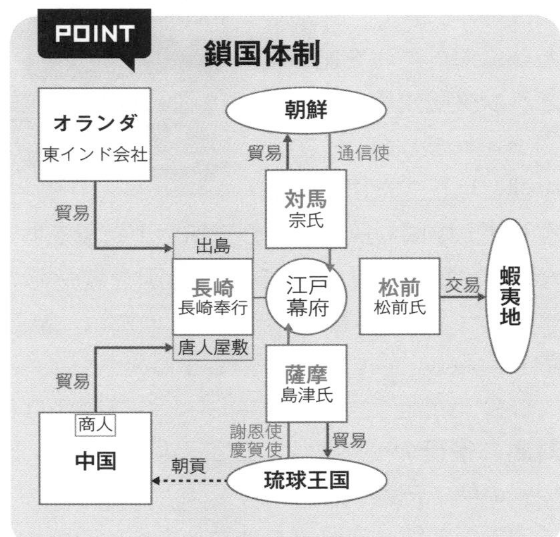

このように江戸時代は**長崎・対馬・薩摩・松前**の「４つの窓口」を通して海外との交流をもっていました。

2 寛永期の文化

❶ 寛永期の美術

幕藩体制が安定しはじめた**寛永期の文化**には，桃山文化を受け継ぎながら，元禄文化へとつながる新しい面がありました。

絵画では，狩野派の**狩野探幽**が幕府の御用絵師となり，活躍しました，一方，京都の町人であった**俵屋宗達**は**『風神雷神図屛風』**などの装飾画を残しました。

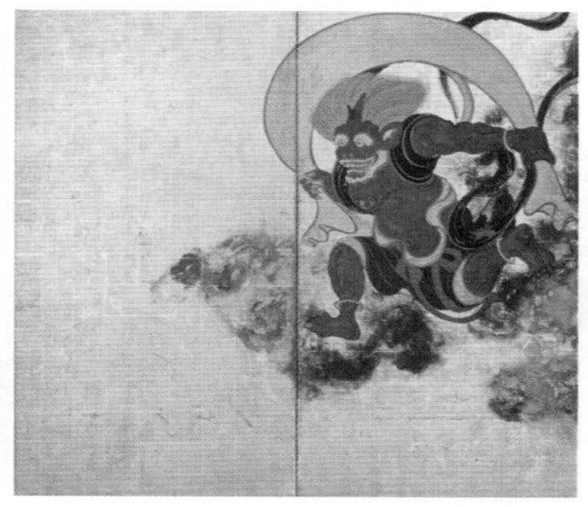

▲風神雷神図屏風

工芸品では，**本阿弥光悦**が『**舟橋蒔絵硯箱**』などの作品を残し，有田焼の**酒井田柿右衛門**は**赤絵**の技法を完成させました。

▲舟橋蒔絵硯箱

建築では，家康をまつる**日光東照宮**が豪華な**権現造**をもちいてつくられました。一方，京都では書院造と茶室建築を組み合わせた**数寄屋造**の**桂離宮**がつくられます。

❷ 文化の新傾向

文芸では，出版がさかんになり，**仮名草子**とよばれる教訓的な小説が書かれました。連歌から発展した俳諧では**松永貞徳**の**貞門俳諧**が流行します。

それまで禅僧や公家の学問であった**儒学**が武士や庶民のあいだにも広がりはじめました。その中心となったのが五山の禅僧が学んでいた**朱子学**です。徳川家康は朱子学者の**藤原惺窩**の門人であった**林羅山**を登用しました。以降，羅山の子孫（**林家**）は代々，儒者として幕府に仕えることになります。

THEME 3

江戸時代の経済発展

ここできめる！

- 家族の労働力を集約化させる小規模な農業経営の形成
- 江戸・大坂を中心とする全国流通網の形成
- 領主は蔵物，百姓は納屋物を換金して貨幣収入を得る

1 農業生産の進展

① 新田開発の進展

17世紀はじめから幕府や諸藩は積極的に**新田開発**をすすめて，耕地を拡大していきました。都市の有力商人が資金を出して開発する**町人請負新田**もありました。この背景には技術の発達があり，大規模な治水・灌漑の工事がすすめられました。その代表例が，箱根芦ノ湖を水源とする**箱根用水**や利根川から水を引く**見沼代用水**です。その結果，田畑の面積は江戸時代はじめの164万町歩から18世紀はじめには297万町歩と2倍近くに増え，米の生産も大きく増加しました。

新田開発の進展により17世紀末には小農民の自立がすすみます。近世の農業の特徴は，1組の夫婦を中心とする農家がせまい耕地に高度な技術を使い，労働力を集中させて多くの収穫を上げる小規模な経営でした。

② 農業技術の発達

農業技術では小規模な経営に見合ったものが発達します。農具では，深耕用の**備中鍬**，脱穀用の**千歯扱**など鉄製の農具が工夫され，穀物を選別する**唐箕**や**千石どおし**，灌漑用の**踏車**などが考案されました。肥料では，耕地の開発がすすんで刈敷が不足するなか，**干鰯**・**油粕**などの**金肥**（購入する肥料）が普及しました。

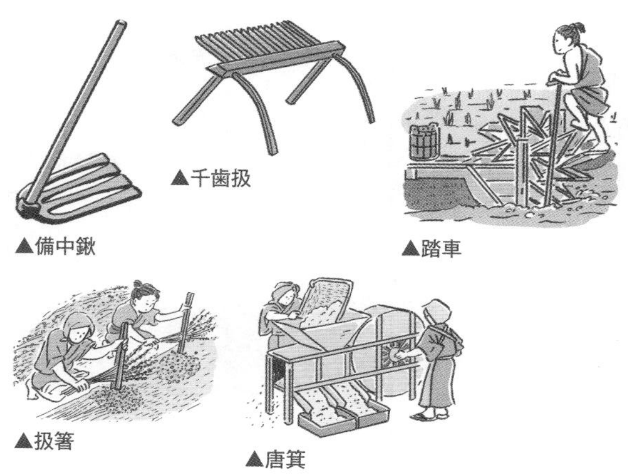

▲備中鍬 ▲千歯扱 ▲踏車 ▲扱箸 ▲唐箕

こうした農業技術は農書の普及もあって広がりました。17世紀末には**宮崎安貞**の『**農業全書**』が著され，19世紀に入ると，**大蔵永常**の『**農具便利論**』『**広益国産考**』が刊行されました。

17世紀末には，三都や城下町などの都市が発達し，武士をはじめとする都市住民による商品の需要が拡大し，全国流通網が形成されました。都市部の需要に応じて，**綿**・**菜種**や**四木**（桑・茶・楮・漆）・**三草**（紅花・藍・麻）など商品作物の栽培が活発化します。村々では百姓が余剰米や商品作物を販売して貨幣を得る機会が増え，生活は安定していきました。

③ 諸産業の発達

農業以外の諸産業もめざましく発達しました。林業は各地で都市が発展するのにともない建設資材を供給しました。幕府や諸藩は山林を直轄地にして木材を確保しました。これらは藩財政を補うための商品となり，なかでも**木曽檜**や**秋田杉**が有名です。また，この時代にほぼ唯一の燃料源であった薪や炭は村々の入会地から近隣の城下町に出荷されました。

漁業は，魚が食料だけでなく，肥料の原料としてもちいられたために発達しました。摂津・和泉・紀伊などで発達した網による**上方漁法**は全国に広がり，各地に漁場が開かれました。**九十九里浜**の**地**

引網による**鰯漁**が代表例で，鰯は干鰯や〆粕に加工されました。その他，土佐の鰹漁，紀伊や土佐の捕鯨などがみられます。17 世 紀 末 以降，ふかひれ，干し鮑などの**俵物**が中国向けの輸出品として蝦夷地でさかんに生産されました。

▼上総九十九里地引網大漁猟正写之図

製塩業は瀬戸内海沿岸をはじめ各地で満潮時に海水を塩田に導く**入浜塩田**が発達して，生産量が増大しました。

鉱山業では採掘技術が進歩し，17世紀はじめには各地で金や銀がさかんに産出されます。幕府直轄の伊豆・**佐渡**の**金山**，**但馬生野**・**石見大森**の**銀山**，秋田藩の院内銀山などがあります。とくに銀は中国貿易における重要な輸出品でした。しかし，17世紀後半になると産出量が減った金・銀にかわり銅の産出量が増え，長崎貿易で最大の輸出品となります。出羽の阿仁，下野の足尾，住友家が経営した**伊予**の**別子**などの銅山がさかえました。

❹ 手工業の発達

手工業は，農業と同様に小規模経営ながら高度な技術をもつ職人によって発達します。幕府や諸藩が城下町に積極的に職人を集めたので，多くの手工業が都市を中心に発達しました。一方，村々でも零細な家内工業として手工業がおこなわれ，各地で特産物が発展します。

綿織物業は一般の衣料として著しく発展しました。河内・和泉・三河・尾張の木綿や，小倉織・久留米絣が有名です。**絹織物業**では，高度な技術をもちいる**高機**による生産を**京都**の**西陣**が独占していましたが，18世紀なかごろまでに各地に技術が広まり，**上野**の**桐生**，**下野**の**足利**などでも生産されるようになります。麻織物では，奈良晒，近江麻（蚊帳），越後縮などがありました。製紙業は出版活動の活発化などもあって需要が高まり，和紙の生産が全国的に広まりました。越前・美濃・播磨・土佐などが有名です。

陶磁器は中世からみられた尾張の瀬戸焼や備前焼などのほか，朝鮮人陶工によりはじめられた**肥前有田焼**などが知られるようになります。漆器は能登輪島・飛騨高山・陸奥会津などでさかんに生産されました。

醸造業では，摂津の伊丹・池田，ついで摂津の灘で酒造りが発展する一方，播磨の龍野や下総の**銚子**・**野田**が**醤油**の特産地となりました。

江戸時代の手工業	
絹織物	西陣織（京都），桐生絹（上野），足利絹（下野），米沢織（出羽）
綿織物	小倉織（豊前），久留米絣（筑後），有松絞（尾張），河内木綿
麻織物	小千谷縮（越後），奈良晒，近江麻，薩摩上布
陶器 陶磁器	瀬戸焼（尾張），備前焼 有田焼（肥前）・九谷焼（加賀）
製紙	日用紙：美濃・土佐・駿河・石見・伊予 高級紙：鳥の子紙，奉書紙（越前）・杉原紙（播磨）・美濃紙
醸造	酒：伏見（京都），伊丹・灘（摂津） 醤油：野田・銚子（下総），龍野（播磨）

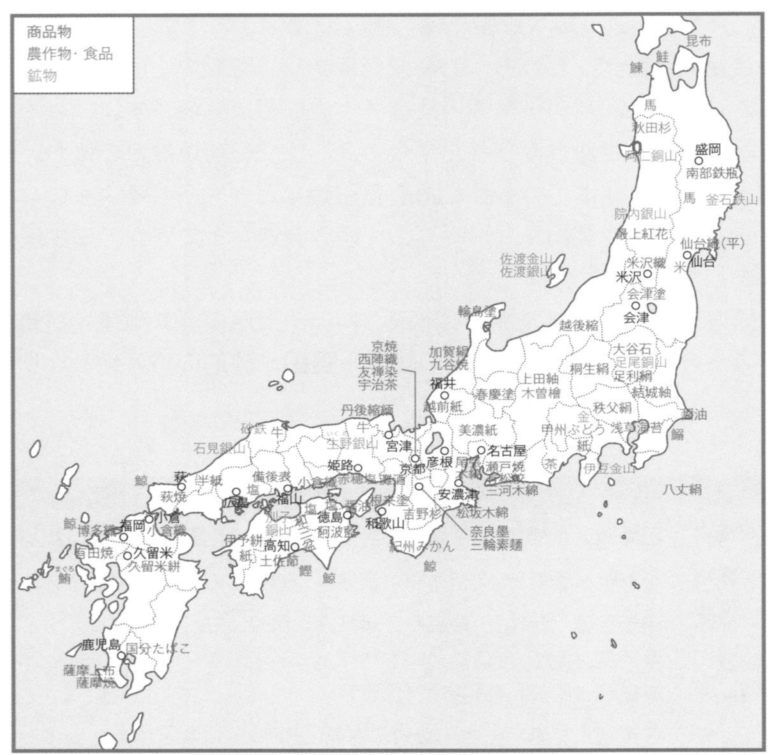

▲江戸時代のおもな特産品

2 流通の発達

① 交通の発達

陸上交通では，幕府によって江戸から京都・大坂や各地の城下町(じょうかまち)に通じる五街道や脇(わき)街道が整備されました。とくに**東海道**(とうかいどう)・**中山道**(なかせんどう)・**甲州道中**(こうしゅうどうちゅう)・**日光道中**(にっこうどうちゅう)・**奥州道中**(おうしゅうどうちゅう)の**五街道**は，江戸の**日本橋**(にほんばし)を起点とする幹線道路として幕府の直轄下におかれます。これらの街道には**宿駅**(しゅくえき)をはじめ，さまざまな施設が整えられました。宿駅には，大名らが利用する**本陣**(ほんじん)・**脇本陣**，旅行者が利用する**旅籠屋**(はたごや)，安宿である**木賃宿**(きちんやど)といった宿泊施設が設けられました。また，公用の書状や物資の輸送にたずさわる人馬の交代などの業務をあつかう**問屋場**もありました。五街道の要所には**関所**がおかれ，幕府は江戸の治安を維持し，大名の妻子の通行を監視するため，「入り鉄砲に出女」を厳しく取り締まりました。通信手段として，幕府は公用の文書などを送るための**継飛脚**の制度を整え，大名のなかにも江戸・国元間の通信のために大名飛脚をおく者がおり，町人が経営する町飛脚も発達しました。

▼『東海道五十三次』より問屋場

▼江戸時代の交通

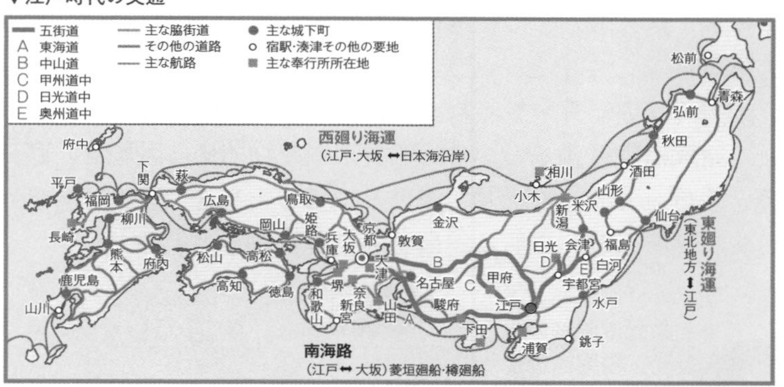

江戸時代中期になると，幕府・大名の物資だけでなく，商人による輸送が活発になり，海・河川など水上交通が発達します。17世紀はじめから京都の豪商**角倉了以**は鴨川・富士川を整備し，**高瀬川**などを開削して水路を開きました。

海上交通では，幕府の命により，17世紀後半に江戸の商人**河村瑞賢**が出羽酒田から江戸にいたる**東廻り海運**・**西廻り海運**の航路を整備して，江戸や大坂を中心とする全国の流通網が形成されました。西廻り海運を中心に大坂に集まった商品は，**菱垣廻船**や**樽廻船**で大坂から消費地である江戸へ輸送されました。18世紀末ごろからは，蝦夷地から俵物を輸送する**北前船**など遠隔地をむすぶ廻船が各地で発達しました。

② 三都の繁栄と商業の発達

17世紀後半，**江戸**・**大坂**・**京都**の**三都**は多くの人口をかかえる大都市でした。

江戸は将軍が居住する江戸城を中心に旗本・御家人や参勤した大名とその家臣などが居住する城下町で，武士たちの生活を支えるため，商業が発展しました。幕府の直轄領からの年貢は浅草にある米蔵におさめられ，旗本・御家人の俸禄米は**札差**とよばれる商人に委託して換金されました。関東地方の農村の商品生産では，膨大な人口をかかえる江戸の需要をまかなうことができなかったので，物資の多くは大坂からの輸送に依存しました。

大坂は商業の中心として発展しました。大坂には西日本や北陸，東北地方の藩の年貢米や産物が集まって「**天下の台所**」とよばれました。諸藩は**蔵屋敷**をおいて，年貢米や産物である**蔵物**を，**蔵元**・**掛屋**とよばれる商人を通じて貨幣と交換しました。また，各地から送られる民間の商品である**納屋物**も活発に取引されました。

蔵元は**蔵物**の販売，**掛屋**は代金を管理した商人だよ！

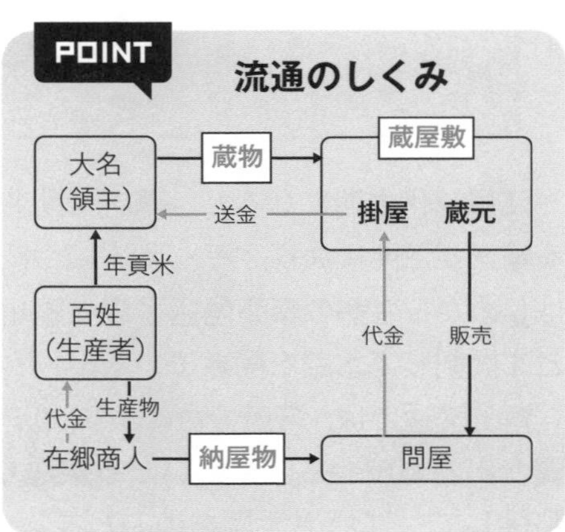

京都には古代から天皇や公家の居住地があり，寺院の本山なども多数ありました。また，豪商も存在し，西陣織をはじめ，手工業製品も発達しました。

三都を中心に全国市場が形成されると，江戸の**十組問屋**，大坂の

二十四組問屋のように，江戸・大坂間の輸送の安全や流通の独占をめざして問屋仲間が組織されました。18世紀前半になると，幕府は運上・冥加といった営業税を徴収して，仲間を公認していきました。その仲間を**株仲間**とよびます。

江戸・大坂では主要商品ごとに専門の卸売市場が設けられました。**大坂堂島の米市場**，江戸日本橋や大坂雑喉場の魚市場，江戸神田や大坂天満の青物市場などが有名です。

❸ 貨幣と金融

幕府は貨幣を安定して全国に流通させるため，**金・銀・銭**の**三貨**を発行して通用させました。**金貨**と**銭貨**は価格が表示された計数貨幣でしたが，**銀貨**は目方を量って使用される**秤量貨幣**でした。徳川家康は金座・銀座を設け，**小判**・一分金などの金貨や**丁銀**・**豆板銀**などの銀貨を発行しました。徳川家光は銭座を設けて銭貨である**寛永通宝**を発行しました。一方，17世紀後半以降，諸藩において領内だけに通用する**藩札**が発行されるようになりました。

▼慶長小判

▼慶長丁銀

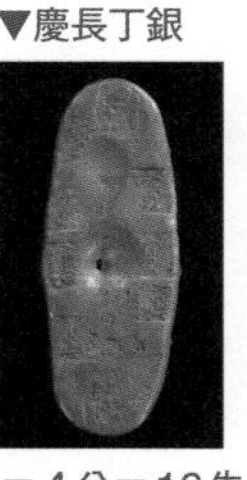

▼元文豆板銀

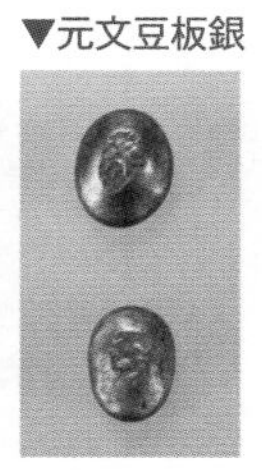

▼寛永通宝

貨幣の相場　金貨１両＝４分＝16朱の４進法
三貨（1609年の公定相場）　金１両＝銀50匁＝銭４貫文

しかし，江戸を中心とする東日本では**金遣い**，大坂を中心とする西日本では**銀遣い**で，東西で取り引きの中心となる貨幣は違っていました。また，三貨の交換基準は決められていましたが，実際には相場が変動していました。そのため，手数料を取って三貨を交換する**両替商**が成立し，預金や貸付けなどの金融業務もおこないました。呉服屋も兼ねていた**三井**や，大坂の**鴻池**などが有名な両替商です。こうして貨幣経済が発達するなかで諸藩は参勤交代の費用や江戸での消費生活のため，貨幣支出が増大し，三都の両替商などに多額の借金をするようになります。

THEME 4

文治政治への転換

ここできめる！

- 清が中国を統一して東アジア全体に平和がおとずれる
- 文治主義への転換がはかられ，儒学が重視される
- 幕府の財政難がすすみ，財政再建が課題となる

1 徳川家綱の政治

① 平和と秩序

半世紀近い動乱が続いた中国では，17世紀なかばに**明**(みん)が滅び，**清**(しん)が中国全土を支配して新しい秩序が生まれました。この結果，東アジア全体に平和がおとずれます。日本でも**島原の乱**(しまばらのらん)を最後に幕府が諸藩に軍事動員を命じるような軍事行動はなくなりました。

3代将軍家光(いえみつ)の時代，幕府による大名の**改易**(かいえき)で奉公する大名家を失った**牢人**(ろうにん)が大量に発生していました。牢人たちは戦乱の世が終わって秩序が安定していくなか，活躍の場を失って社会への不満をつのらせていました。また，都市では異様な服装で徒党を組み，反社会的な行動にはしる**かぶき者**があとを絶ちませんでした。秩序が安定する一方，このようにあらたな社会問題が発生しました。

▼大名の改易

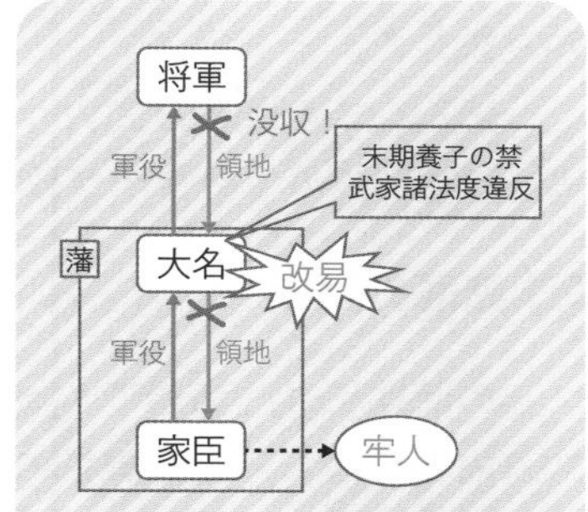

② 家綱の政治

1651年，家光が死去し，子の**家綱**(いえつな)が11歳で4代将軍となります。このころには幕府の組織が整っており，会津(あいづ)藩主であった叔父

の**保科正之**らが幼少の将軍を補佐することで幕政が運営されました。

家綱が幼いことに乗じて，軍学者の**由井正雪**が牢人を集めて幕府の転覆をはかりましたが，未然に防がれました。これを**慶安事件**（**慶安の変**）といいます。この事件の背景には牢人たちの不満があったことから，幕府は牢人問題を解決して武家社会の安定をはかる必要にせまられました。

大名の改易の原因となっていたものの１つは**末期養子の禁**でした。幕府は跡継ぎのない大名が死の直前に養子（相続人）をとることを禁じていました。しかし，50歳未満の大名については認めることとし，**末期養子の禁を緩和**しました。それにより改易を減らして牢人の増加を防ぐ一方で，社会秩序を乱す**かぶき者**の取締りを強化しました。

原則，末期養子を認める！
大名家を維持して武家社会を安定させるぞ。

徳川家綱

1663年，家綱は**殉死の禁止**を命じ，主人の死後も主家に奉公しつづけることを義務付けます。これにより主人個人に対する奉公ではなく，主人の家に奉公する主従関係を示し，武家社会の安定をはかりました。

1657年には**明暦の大火**がおこり，江戸城と江戸の町は大きな被害を受け，その復興費用が幕府の財政を圧迫することになりました。

③ 諸藩の動向

この時期には，諸藩でも藩政の安定がはかられます。平和が続いて幕府から命じられる軍役の負担が減ったこともあり，藩主は権力の強化をはかります。また，**寛永の飢饉**をきっかけとして領国経済の発展がめざされました。

いくつかの藩では，藩主が儒学者を登用して藩政の刷新をはかりました。岡山藩主の**池田光政**は，郷校の**閑谷学校**を設け，陽明学者の**熊沢蕃山**を招きました。会津藩主の**保科正之**は**山崎闇斎**に朱子学を学びました。水戸藩主の**徳川光圀**は江戸に彰考館を設けて『**大日本史**』の編纂を開始し，明から亡命した**朱舜水**を登用しました。加賀藩主の**前田綱紀**は朱子学者の**木下順庵**を招きました。

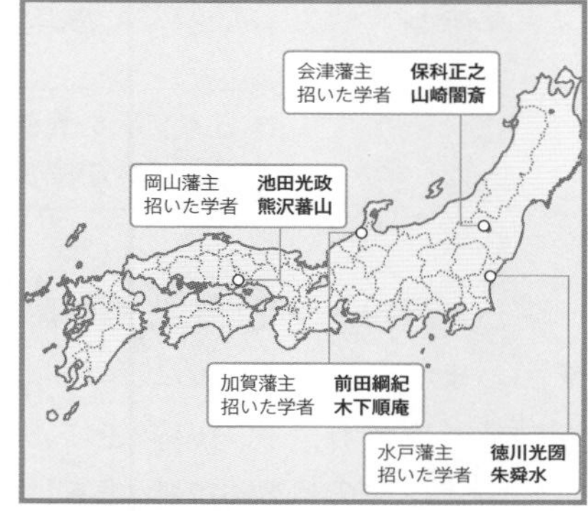

▲17世紀後半の藩政改革

2 徳川綱吉の政治

① 綱吉の政治

1680年，４代将軍家綱が死去し，弟で上野国館林藩主の**綱吉**が５代将軍に就任しました。この時期を**元禄時代**とよびます。はじめは大老に任じられた堀田正俊が補佐しますが，正俊が暗殺されたあとは**側用人**の**柳沢吉保**が重くもちいられました。

綱吉は1683年に代がわりの**武家諸法度**（**天和令**）を出し，それまでの武力を重視する「弓馬の道」にかわり，主君に対する**忠**，父祖に対する**孝**を重んじ，**礼儀**による秩序を守ることを求めました。そして文治主義の考えから学問を重視する政策をおこないます。

林家の私塾を湯島にうつして学問所にする！
旗本・御家人にも儒学を学ばせるのだ。

徳川綱吉

江戸に孔子をまつる**湯島聖堂**を建て，儒学者の**林鳳岡**（**信篤**）を**大学頭**に任じ，また，天文方に**渋川春海**（**安井算哲**）を，歌学方に**北村季吟**を登用しました。

1685年から**生類憐みの令**を出し，すべての生き物の殺生を禁じました。これは捨て子の保護など対象は人にもおよびましたが，違反者を厳しく処分したので，庶民に不満が広がりました。

とくに犬を大事にするのだ。
江戸に犬小屋をつくって野犬を収容しろ！

徳川綱吉

さらに近親者が死亡した際の忌引や喪に服す日数を定めた**服忌令**を出しました。これらの政策により，殺生や死の穢れをきらう風潮がつくり出され，武力の強さによって人々をしたがわせようとする戦国時代以来の価値観の転換をはかられたのです。

② 元禄時代の財政再建

綱吉の時代には，金・銀産出量が減少したうえ，1657年におきた**明暦の大火**による江戸の町の復興費用や寺社の造営費用など出費が増加して，幕府の財政は急速に悪化しました。

そこで，綱吉は，勘定吟味役**荻原重秀**の提案を採用して，質を落とした**元禄金銀**の発行で収入を増やしました。

小判は金と銀の合金だよ。**慶長小判**２枚と同じ量の金で**元禄小判**は３枚つくれるよ。この差益で稼いだんだ！

▼小判の重量と金含有量の変化

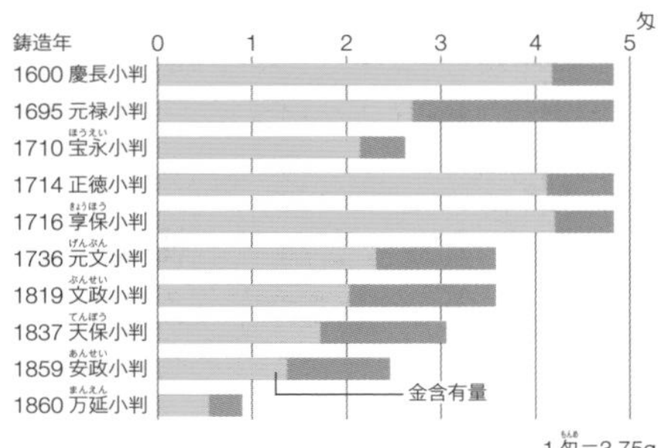

1匁＝3.75g

貨幣を増発したことで，財政は一時的にうるおいましたが，貨幣価値が下がったことで物価が上昇したため，人々の生活を圧迫することになりました。

さらに1707年には富士山が噴火して，駿河・相模などの国々に降灰による被害をもたらしました。

3 正徳の政治

① 将軍権威の高揚

５代将軍綱吉の死後，６代将軍**家宣**・７代将軍**家継**の時代は，将軍に儒学を講義した朱子学者の**新井白石**と側用人の**間部詮房**らが政治の中心となりました（**正徳の政治**）。家宣は綱吉の側用人であった柳沢吉保をしりぞけ，生類憐みの令を廃止するなど，政治の刷新をはかりますが，在職３年余りで死去して，家継が満３歳で後継者となりました。

白石は，短命・幼少の将軍が続いたことで権威が低下することをおそれ，将軍の権威を高めようとします。儀礼の整備に力を入れ，**閑院宮家**を創設して天皇家とのむすびつきを強めました。さらに朝鮮通信使の国書の宛先を，それまでの「日本国大君殿下」から「**日本国王**」に改めさせ，使節の待遇も簡素化しました。白石は「大君」が「国王」より低い意味をもつことをきらったのです。

天皇の跡を継ぐ親王の宮家が３つしかないのはまずい。４つめに**閑院宮家**をつくって皇位の継承を安定させるのだ！

新井白石

② 財政政策

白石は，質を下げた元禄金銀にかえて，あらたに**正徳金銀**を発行して貨幣の質を戻し，物価の上昇をおさえようとします。しかし，つづけておこなわれた貨幣改鋳はかえって社会に混乱を引きおこしました。一方，長崎貿易では，輸入の増加による金・銀の海外流出を防ぐため，1715年に**海舶互市新例**を出して貿易を制限します。清船は年間30隻，輸入額は銀高6000貫まで，オランダ船は年間２隻，輸入額は銀高3000貫までとしました。

輸入を減らすためには，中国から大量に輸入している**生糸の国産化**もすすめなければ。

新井白石

THEME 5

元禄文化

ここで削きめる！

- 武士や有力町人をはじめ広く受け入れられた多彩な文化
- 出版の発達を背景に上方の町人文芸がさかんになる
- 儒学が重視され，古典研究や自然科学などの学問が発達

1 元禄文化の文芸・美術

① 元禄文化の特徴

17世紀後半から18世紀はじめには，武士や新興の町人をはじめ百姓にいたるまでがあらたな文化の受容層となり，多彩な文化が生み出されました。これを**元禄文化**（げんろく）といいます。大坂を中心とした流通の発達や出版の成長などを背景に，庶民の生活を題材とした文芸や演劇などが発達しました。また，平和で安定した社会のもと，武家社会で**儒学**（じゅがく）の教養が重視される一方，古典研究や自然科学などの実学が発達しました。

② 町人文芸の発達

元禄期には上方（かみがた）の町人文芸が中心で，これを代表するのが**井原西鶴**（いはらさいかく）・**松尾芭蕉**（まつおばしょう）・**近松門左衛門**（ちかまつもんざえもん）です。

西鶴は大坂の町人で，世相や風俗を描く**浮世草子**（うきよぞうし）とよばれる本格的な娯楽小説を書きました。**好色物**（こうしょくもの）の『**好色一代男**』（こうしょくいちだいおとこ），**町人物**の『**日本永代蔵**』（にっぽんえいたいぐら）『**世間胸算用**』（せけんむねさんよう）などが代表作で，現実の世界で恋愛や金銭に執着する町人の姿を描写して，広く読まれました。

『好色一代男』は遊郭（ゆうかく）を舞台に，豪商の2代目世之介の女性関係を描いた小説やで。

井原西鶴

芭蕉は伊賀の出身で，**蕉風俳諧**（正風俳諧）を確立しました。西山宗因のはじめた軽妙な談林俳諧が人気でしたが，芭蕉はそれを批判して俳諧を格調高い芸術に高めました。芭蕉は日本各地を旅して俳諧を広め，弟子と東北地方へ旅をした記録である**『奥の細道』**などの紀行文を残します。地方の農村にも旅をする芭蕉一行を支えた人々がいました。

松尾芭蕉

近松は武士の出身ですが，町人となって**人形浄瑠璃**や歌舞伎の脚本を書きました。明清交替を描いた**『国性爺合戦』**など歴史に題材を求めた**時代物**，**『曽根崎心中』**など当時の世相に題材をとった**世話物**などの作品があります。近松の作品は人形遣いの辰松八郎兵衛らが演じ，**竹本義太夫**らによって語られました。

実話をもとに，遊女お初と平野屋の手代徳兵衛の悲劇を描いたのが『曽根崎心中』だ。
道頓堀の竹本座で上演されたよ！

近松門左衛門

このころ，歌舞伎も演劇として発展しました。当初は舞踊を中心とした**女歌舞伎**や**若衆歌舞伎**が中心でしたが，風俗を乱すとして取り締まりを受けます。その後，成人男性だけで演じる**野郎歌舞伎**になると，物語性を重視した演劇に変化しました。江戸や上方に常設の**芝居小屋**がおかれ，江戸では荒々しい演技である**荒事**を得意とした**市川団十郎**，上方では恋愛劇を演じる**和事**の**坂田藤十郎**，女形の**芳沢あやめ**らが出演しました。

③ 美術・工芸の発達

絵画では，京都の**尾形光琳**が俵屋宗達の画風を取りいれながら独自の装飾画を大成し，**琳派**をおこしました。**『燕子花図屏風』**や**『紅**

白梅図屏風』が代表作です。光琳は蒔絵でも『**八橋蒔絵螺鈿硯箱**』などの作品を残しています。一方，庶民のあいだでは都市の風俗を描く**浮世絵**が人気でした。**菱川師宣**が版画をはじめると，安価であることから庶民に普及しました。師宣の代表作には，肉筆画の『**見返り美人図**』があります。

▲見返り美人図

陶器では京都の**野々村仁清**が上絵付の手法をもとに**色絵**を完成させて，**京焼**の祖となりました。染物では**宮崎友禅**が**友禅染**をはじめ，高級な絹の生地にはなやかな模様を表現しました。

2 学問の興隆

① 儒学の発展

幕藩体制が安定すると，体制を支える思想として**儒学**が発展し，儒学者は幕府や藩で登用されるようになります。

鎌倉時代以来，禅僧が学んだ**朱子学**は，五山の僧であった**藤原惺窩**やその門人の**林羅山**によって広められました。羅山・鵞峰・**鳳岡**（**信篤**）とつづいた林家は，代々**大学頭**に任じられて，幕府の文教政策に関わりました。惺窩を祖とする朱子学派は**京学**といわれ，5代将軍綱吉に儒学を講義した**木下順庵**や，その門人で幕政にも関与した**新井白石**，8代将軍吉宗の求めで『六諭衍義大意』を著した**室鳩巣**らがいます。

土佐の谷時中は朱子学の一派である**南学**を確立しました。その門下には**垂加神道**をとなえた**山崎闇斎**らがいます。

これに対し，朱子学を批判する**陽明学**を学んだのが，**中江藤樹**やその門人の**熊沢蕃山**です。蕃山は『**大学或問**』などで幕政を批判したため，下総古河に幽閉され，そこで病死しました。

▼儒学者の系統図

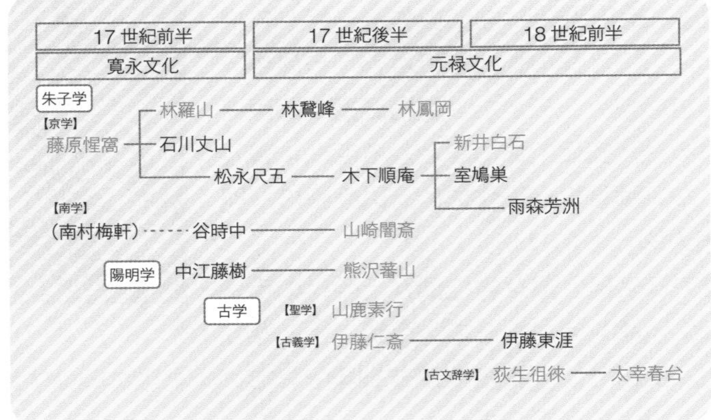

一方，朱子学などの解釈を離れ，孔子・孟子の古典に戻って日本独自の儒学を形成しようとしたのが**古学**です。**山鹿素行**は朱子学を批判して『**聖教要録**』を著しました。京都の町人出身の**伊藤仁斎**は京都堀川に私塾の**古義堂**を開いて儒学の講義をしました。**荻生徂徠**は江戸に蘐園塾を開いて**古文辞学**を提唱しました。

孔子・孟子を理解しようと思うなら，その当時の中国語を学ぶ必要がある！

荻生徂徠

徂徠は8代将軍吉宗に登用されて，政治意見書である『**政談**』を著しています。その弟子の**太宰春台**は『**経済録**』を著して経世論を発展させました。

② 諸学問の発達

歴史学では，史料にもとづく実証的な研究がおこなわれ，歴史に対する関心も高まりました。**林羅山**・**鵞峰**父子は幕府の命で『**本朝通鑑**』を編纂し，水戸藩主の**徳川光圀**は『**大日本史**』の編纂をはじめます。また，**新井白石**は『**読史余論**』を著して独自の時代区分を示し，公家の世から武家の世への転換を正当化しました。

公家の時代が「九変」，武家の時代が「五変」という段階をへて徳川の時代になったのだ！

新井白石

日本の古典に関する研究もさかんになります。幕府の歌学方に任命された**北村季吟**は『**源氏物語湖月抄**』などを著し，『万葉集』を研究した**契沖**は『**万葉代匠記**』を著しました。

自然科学では，農学や医学など実用的な学問が発達します。**本草学**（博物学）では**貝原益軒**が『**大和本草**』，**稲生若水**が『**庶物類纂**』を著しました。農学では**宮崎安貞**が『**農業全書**』を著し，農作物の新しい栽培技術を紹介しました。測量や商業取引などの必要から**和算**が発達し，**関孝和**が研究成果を『**発微算法**』に著しました。天文・暦学では**渋川春海**（**安井算哲**）が暦の誤差を修正して日本独自の**貞享暦**をつくります。これにより幕府は渋川春海を天文方に任じました。

仏教では明清の動乱を避けて来日した**隠元隆琦**が幕府の保護により，京都宇治の万福寺で**黄檗宗**を開きました。

世界地理に対する関心も高まります。長崎の通詞（通訳）の**西川如見**が『**華夷通商考**』を著して，長崎で見聞した海外事情を紹介します。**新井白石**は屋久島で捕らえられたイタリア人の宣教師シドッチを尋問して，『**采覧異言**』や『**西洋紀聞**』を著しました。

SECTION 10

江戸時代（後半）

THEME

1　享保の改革と田沼時代
2　社会の変容と寛政の改革
3　宝暦・天明期の文化
4　化政時代から天保の改革へ
5　化政文化
6　開国とその影響
7　江戸幕府の滅亡

SECTION 10で学ぶこと

18世紀後半以降，**天明・天保の飢饉**によって幕藩体制が動揺し，**列強の接近**により対外的な危機感が高まるんだ。その対処のため，**寛政・天保の改革**がおこなわれるんだけど，最終的に**開国**して幕府は滅亡するよ。

1 幕藩体制の動揺

18世紀後半には，10代将軍家治に登用された老中**田沼意次**が商業資本を利用した財政再建をすすめる**田沼時代**となります。しかし，**天明の飢饉**がおこり，幕藩体制が動揺すると，11代将軍家斉のもとで老中**松平定信**が**寛政の改革**をすすめ，農村復興や都市対策をすすめました。

2 幕藩体制の危機

松平定信が失脚すると，11代将軍**家斉**が親政をする**化政時代**となります。この時代は**天保の飢饉**がおこり，列強の接近による対外的な危機感が高まりました。12代将軍家慶のもと，その対処のため，老中**水野忠邦**が**天保の改革**をすすめましたがうまくいきませんでした。

3 開国と幕府の滅亡

19世紀なかばには，アメリカの**ペリー**が来航して**開国**し，その後，列強との自由貿易がはじまりました。国内では雄藩が幕政に介入し，**尊王攘夷運動**が激化するなど幕府は動揺しました。最終的に薩摩藩・長州藩が協調して討幕を決意し，**江戸幕府は滅亡**しました。

1 時代の特徴

□ 経済

農村では貨幣経済の浸透により貧富の格差が広がって没落する百姓もあらわれ，飢饉なども相まって農村は動揺しました。19世紀前半には関東でも手工業生産がさかんとなり，江戸に商品を直送する**江戸地廻り経済圏**が発達します。

□ 外交

18世紀末から19世紀前半，ロシアなど列強の接近により対外的な危機感が高まるなか，幕府は海防の強化をはかるなど対応し，**鎖国**の維持をはかります。しかし，19世紀半ば，アメリカの**ペリー**が来航すると条約を締結して**開国**し，欧米諸国との貿易をはじめます。

□ 文化

田沼時代から寛政の改革のころには，江戸を中心とする**宝暦・天明期の文化**が発展します。このころには，蘭学や国学などの学問や，浮世絵や小説などの庶民文化が発達します。化政時代から天保の改革のころには，**化政文化**が発展します。幕藩体制の危機に対処する学問が発達し，下層民までが文化を受容します。

2 権力者と重要事項

将軍	権力者	歴史事項
家治	田沼意次 (田沼時代)	株仲間の奨励 **天明の飢饉**
家斉	松平定信 (寛政の改革)	囲米 人足寄場 旧里帰農令 七分金積立
	(化政時代)	関東取締出役 **天保の飢饉**
家慶	水野忠邦 (天保の改革)	株仲間の解散 人返しの法 上知令

将軍	歴史事項
家定	**日米和親条約**（1853） **日米修好通商条約**（1858）
家茂	**安政の大獄**（1858～59） **和宮降嫁**（1861） **文久の改革**（1862） **八月十八日の政変**（1863） **禁門の変**（1864） **薩長連合**（1866） **第２次長州征伐**（1866）
慶喜	**大政奉還**（1867） **王政復古の大号令**（1867）

THEME 1

享保の改革と田沼時代

ここできめる！

- 徳川吉宗は享保の改革で財政再建策を重視する
- 徳川吉宗は江戸の都市政策など支配体制の整備をはかる
- 老中の田沼意次は商業資本を利用した財政再建をすすめる

1 享保の改革

① 徳川吉宗の政治

7代将軍家継が幼くして亡くなったため，徳川本家の血統が途絶えました。そのため，親藩の1つ紀州藩主の**徳川吉宗**が8代将軍にむかえられました。吉宗は側用人を廃止して譜代大名を重視し，老中を中心とする政治に戻します。そして，有能な人材の登用をすすめ，みずから先頭に立って幕政の改革に乗り出しました。これを**享保の改革**といいます。改革の中心となったのは財政再建です。支出の面では，**倹約令**を出して無駄な出費を削減して，**足高の制**によって人材登用をすすめつつ，支出の抑制をはかりました。

優秀な旗本を登用するため，在職中だけ標準役高の不足分を支給する**足高**をおこなうのだ。

徳川吉宗

収入面では，**上げ米**を定めて大名が1万石につき100石の米を上納させ，収入の増加をめざし，大名の負担を軽減するために参勤交代における江戸の在府期間を半年としました。これは1722～30年の9年間実施されました。そのうえ，**年貢増徴**をはかりました。年ごとに収穫高に応じて年貢率を定める検見法を改め，一定の期間は年貢率を固定する**定免法**を採用して年貢率を引き上げます。また，商人の資金力を利用した**町人請負新田**を奨励して耕地面積を増やそうとしました。

これらの政策により幕府財政の立て直しには一定の効果があったと考えられます。

一方，経済政策では，経済発達で物価が上昇するのに対して，米の供給の増加によって米価が安くなるという「**米価安・諸色高**」の状況の改善に取り組みます。年貢米を換金して貨幣収入を得ている武士にとっては，家計を苦しめる原因の１つとなっていました。商工業者の組合である**株仲間を公認**して，流通統制をさせることで物価の高騰をおさえ，**大坂堂島の米市場**での米の先物取引を公認して米価の調整をはかろうとしました。しかし，「米価安・諸色高」の問題は解決できませんでした。

米価と物価は思い通りにならん…。

徳川吉宗

農政では，朝鮮人参や甘蔗（さとうきび）などの栽培を奨励して殖産興業につとめる一方，青木昆陽を登用して**甘藷**（サツマイモ）の栽培を普及させて，飢饉対策としました。また，1722年には**質流地禁止令**を出します。質流れという形で実質的に田畑の売買がおこなわれていたので，これを禁止することで本百姓の没落を防ごうとしました。しかし，土地の取り戻しなどを求める質地騒動が出羽や越後でおこったため，翌年には撤回することになり，田畑の売買は事実上，容認された形になりました。

「質流れ」による実質的な田畑の売買って？

田畑永代売買の禁止令で田畑の売買は禁止されていたんだ。ところが，困窮した百姓のなかには，田畑を質入れすることで借金をして，返済できずに質流れしてしまうことで，田畑を手放して没落する者がいたんだ。

② 江戸の都市問題と政策

18世紀前半には，江戸の人口が100万人前後に達したと考えられます。そのなかで都市問題にも対処する必要がでてきました。

江戸は，17世紀なかばの明暦の大火以降もくり返し大火に見舞われました。そのため，広小路や火除地などの防火施設を設けるとともに，消火制度を強化するために町方による「いろは47組（のち48組）」の**町火消**を組織させます。

吉宗は庶民の不満や意見を投書させるため，評定所に**目安箱**を設置しました。投書による意見が反映され，貧民を対象とする医療施設である**小石川養生所**が設けられました。

目安箱への投書はおれが直接確認するぞ！

徳川吉宗

さらに訴訟事務の軽減をはかって，増加する一方であった金銭貸借の訴訟を幕府は受け付けず，当事者どうしで解決させる**相対済し令**を出しました。

吉宗政権の末期には，**公事方御定書**を制定して裁判や刑罰の基準を定めました。

1732年には西日本を中心とする**享保の飢饉**が発生して，翌年には米価の高騰が原因となり，江戸ではじめての**打ちこわし**がおこりました。

2 田沼時代

① 老中田沼意次の政治

8代将軍吉宗のあと，9代将軍家重，10代将軍家治が将軍となります。家治の側用人から老中となり政治の実権を握ったのが**田沼意次**です。

意次は商人の経済力を利用した幕府の財政再建をすすめます。

年貢増徴で財政再建をするのは限界なのだ！

田沼意次

商人・職人の同業者でつくる株仲間を広く公認して，**運上・冥加**といった営業税を徴収して幕府の収入を増やし，銅座・真鍮座・朝鮮人参座などを設けて**専売制**を実施しました。さらに商人の力を借りて印旛沼・手賀沼の干拓による新田開発をすすめました。貨幣政策では，**南鐐二朱銀**などの計数銀貨を鋳造させて，金銀通貨の一本化をはかりました。

表に「8枚で金１両に換える」ということが書いてある。１両は16朱だから，この銀貨は２朱ということになるね！

▲南鐐二朱銀

長崎貿易では，銅や**俵物**の輸出を奨励して，銀の輸入をはかりました。一方，**工藤平助**の意見書『**赤蝦夷風説考**』を参考に，蝦夷地の開発やロシアとの交易を計画して，最上徳内を蝦夷地の調査に派遣しました。

❷ 天明の飢饉と意次の失脚

田沼意次は商人の資本を積極的に利用して幕府の収入を増やしました。しかし，株仲間による営業の独占や，幕府役人のあいだで縁故や賄賂による人事がおこなわれたことなど，意次に反発する声も高まります。こうしたなかで，1782～87年，東北地方の冷害や浅間山の噴火から**天明の飢饉**がおこります。各地では百姓一揆や打ちこわしが頻発し，社会不安が広がるなか，しだいに意次は勢力を失い，1786年，10代将軍家治が死去した直後に失脚しました。

THEME 2

社会の変容と寛政の改革

ここで　きめる！

- 農村へも貨幣経済が浸透し，貧富の格差が広がる
- 天明の飢饉を受け，寛政の改革では農村・都市政策を実施
- 寛政の改革では風俗や思想の弾圧がおこなわれる

1 社会の変容

① 社会の変容

江戸をはじめ，城下町（じょうかまち）などの都市を中心に商品需要が高まり，18世紀になると，商品生産を担う百姓（ひゃくしょう）も豊かになっていきました。地方の農村にも貨幣経済が浸透しますが，百姓のあいだでは貧富の格差が大きくなります。その結果，村役人を兼ねる豪農層と，小作農などの貧農層が対立するようになり，村役人の不正が発覚すると，貧農が反発して**村方騒動**（むらかたそうどう）がおこります。貧農層のなかには，農業で生計を立てることができず，近隣の都市や江戸・大坂に流出するものもいました。とくに飢饉（ききん）がおこると，貧農層の没落がすすみます。

▼村方騒動

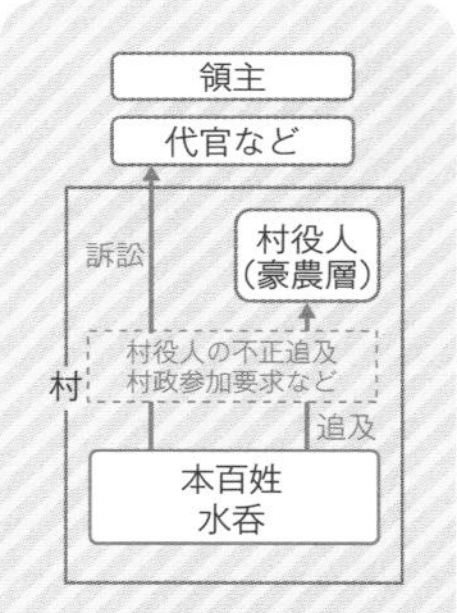

一方，都市社会でも問題がおこります。出稼ぎなどで農村から流入した貧農層が都市の貧民として居住するようになります。これらの貧民層は物価の上昇や飢饉などで生活を破壊され，打ちこわしに参加したりするので，都市の治安悪化の原因になりました。

② 百姓一揆と打ちこわし

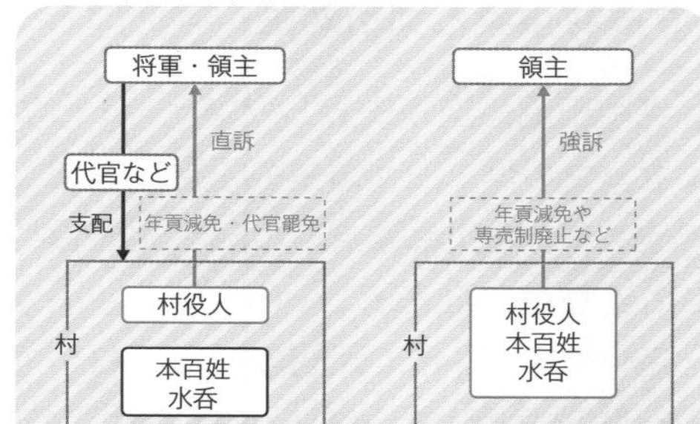

▼代表越訴型一揆と惣百姓一揆

江戸時代の百姓は，厳しい年貢の徴収や役人の不正などに反発して，領主に対して**百姓一揆**をおこすこともありました。17世紀前半には，耕作を放棄する逃散など中世の一揆の名残がありました。しかし，17世紀後半になると，村々の代表者が百姓たちの要求をまとめて領主に直接訴える**代表越訴型一揆**が増えます。17世紀末には，広い地域の百姓が連合する大規模な**惣百姓一揆**が各地で発生しました。一揆に参加した百姓たちは年貢の減免や専売制の撤廃などを要求します。こうした百姓一揆は凶作や飢饉になると，各地で同時に多発しました。

一方，飢饉が発生すると，米価の高騰など都市に住む人々の暮らしも打撃を受けます。1732年，西国一帯でイナゴやウンカなどの虫害がおこり，作物が大打撃を受けた**享保の飢饉**や，1782年の冷害からはじまり，数年にわたった**天明の飢饉**の際には，江戸や大坂など主要な都市で，貧民たちが富商や米商人を襲撃する**打ちこわし**が発生しました。

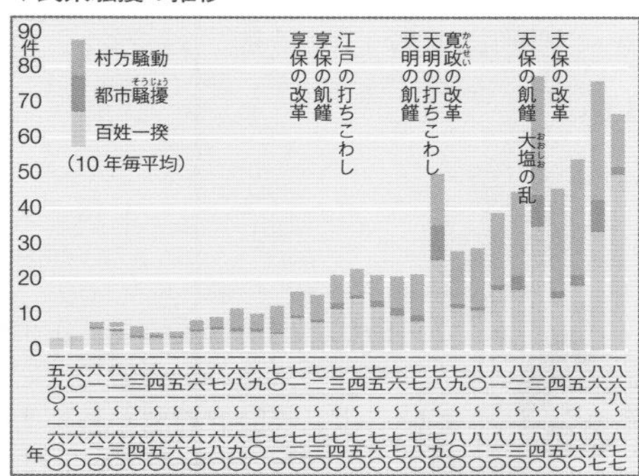

▼民衆騒擾の推移

（青木虹二『百姓一揆総合年表』による）

飢饉の時期に**百姓一揆**や都市の**打ちこわし**が激増するのがわかるね！

2 寛政の改革

① 農村復興と都市対策

老中田沼意次が失脚したあと，**11代将軍家斉**の補佐として老中になったのは，白河藩主の**松平定信**でした。定信は田沼時代の政治を改めて，8代将軍吉宗の政治を理想として改革に取り組みます。これを**寛政の改革**といいます。

定信は1787年，**天明の打ちこわし**の直後に老中に就任し，**天明の飢饉**で荒廃した農村の復興や都市政策に取り組みます。

農村復興策としては，農村から江戸に流入した貧民に対して**旧里帰農令**を出し，資金をあたえて農村に帰ることをすすめるとともに，人口減少が著しい陸奥や北関東では出稼ぎを制限しました。一方，荒れた耕地を復旧させるための公金の貸付もおこないます。さらに飢饉にそなえて，各地に**社倉**・**義倉**をつくらせて，大名にも1万石につき50石の米穀を蓄えさせました。これが**囲米**です。

農村人口が減少すると米の生産力が落ちる。人口減少の原因は，貧農が都市部へ流出していることだ！　これをなんとかしなければ。

松平定信

都市政策では，治安対策として石川島に**人足寄場**を設け，無宿人を強制的に収容し，職業訓練をおこない，職業をもたせようとしました。

無宿人ってどんな人々なの？

江戸時代，居所を定めず，生業をもたない，宗旨人別帳から外された者のことで，無宿，無宿者ともいうよ。当時は農村から都市に無宿人が大量に流入したことで，治安の悪化が問題になっていた。

江戸の町人には町費を節約させて，節約分の７割を積み立てる**七分積金**を命じ，それを運用して飢饉や災害時の貧民を救済するための基金として蓄えさせます。一方で困窮した旗本・御家人を救うために**棄捐令**を出し，札差に対して一部借金の帳消しを命じました。

都市貧民層を何とかしなければ治安が悪化して，打ちこわしが拡大する原因になる。

松平定信

❷ 思想・風俗統制

松平定信は思想や風俗を厳しく取り締まります。田沼時代に緩んだ武士の引き締めをはかって**寛政異学の禁**を発しました。朱子学を正学，朱子学以外の儒学を異学としたうえで，聖堂学問所では異学の講義・研究を禁じました。

柴野栗山・**岡田寒泉**・**尾藤二洲**を寛政の三博士として登用する！
旗本・御家人の引き締めをはかるのだ。

松平定信

民間に対してはきびしい**出版統制令**を出して，幕府批判や風俗を取り締まります。**林子平**が**『海国兵談』**などを著して海防の必要性を説くと，幕府への批判として処罰するとともに，**山東京伝**ら**洒落本**・**黄表紙**の作家と出版業者の蔦屋重三郎らを処罰しました。こうした定信の厳しい統制や倹約令は人々の反感を招くことになります。

そのうえ，朝廷との問題が発生します。光格天皇が実父閑院宮典仁親王に太上天皇の尊号を贈ろうとしましたが，定信の反対で実現しませんでした（**尊号一件**）。定信は，この件などをめぐって将軍家斉とも対立し，1793年に老中を退くことになります。

▼天皇家略系図

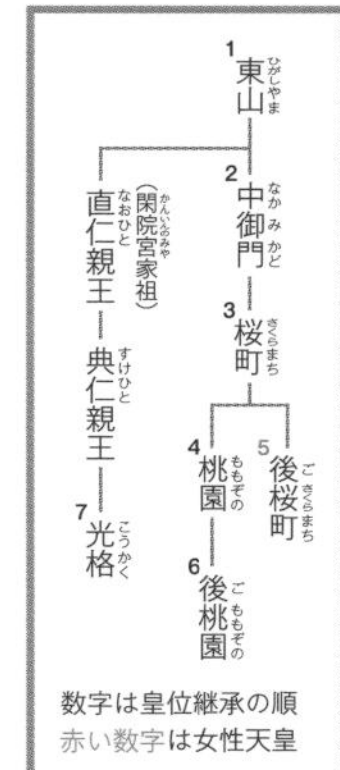

③ 寛政期の藩政改革

諸藩でも18世紀なかばごろから藩政改革がおこなわれます。幕府と同様に諸藩でも田畑の荒廃や年貢収入の減少による財政難が生じていました。そのため，特産物の増産と専売制による財政再建をすすめるとともに，藩校を設立して人材の養成をはかって成果を上げる藩もありました。

米沢(よねざわ)藩主の**上杉治憲**(うえすぎはるのり)は殖産興業につとめ，米沢織(よねざわおり)などをおこし，藩校の**興譲館**(こうじょうかん)を再興しました。秋田藩主の**佐竹義和**(さたけよしまさ)は藩校の**明徳館**(めいとくかん)，熊本藩の**細川重賢**(ほそかわしげかた)は藩校の**時習館**(じしゅうかん)を設立しました。これら改革を主導した藩主は名君とされました。

▼天明～寛政期の藩政改革

THEME 3

宝暦･天明期の文化

ここできめる！

- 宝暦・天明期の文化では，文化の中心が上方から江戸へ
- 小説や浮世絵など出版文化が発達する
- 蘭学や国学など新しい分野の学問が発達する

1 宝暦・天明期の文学・美術

① 宝暦・天明期の文化の特徴

18世紀後半の宝暦（ほうれき）・天明（てんめい）期には，商品経済の発達などを背景に，百姓・町人・武士のなかから幅広い分野で文化の担い手があらわれます。出版文化の中心は上方から江戸にうつり，各地には寺子屋（てらこや）がつくられ，庶民の識字率が高まり，さまざまな出版物が広まりました。一方，幕藩体制の動揺がはじまるなか，幕府を批判する思想もでてきます。こうしたこの時期の文化を**宝暦・天明期の文化**といいます。

② 文学と芸能

小説では，江戸の遊里（ゆうり）を舞台とした**洒落本**（しゃれぼん）や，時事を風刺した絵入りの小説である**黄表紙**（きびょうし）が流行しました。洒落本『**仕懸文庫**（しかけぶんこ）』の**山東京伝**（さんとうきょうでん），黄表紙『**金々先生栄花夢**（きんきんせんせいえいがのゆめ）』の**恋川春町**（こいかわはるまち）が代表です。

洒落本では遊びの心得を説いている。
遊里では「いき」な遊び方をするのだ！

山東京伝

しかし，洒落本作家の山東京伝は出版業者の**蔦屋重三郎**（つたやじゅうざぶろう）とともに寛政（かんせい）の改革で処罰されました。

大坂の**上田秋成**（うえだあきなり）は歴史や伝説を題材とした**読本**（よみほん）を著しました。怪（かい）

奇小説である『**雨月物語**』が代表作です。

▼文芸の系譜

	17～18世紀前半 寛永期の文化～元禄文化	18世紀後半 宝暦・天明期の文化	19世紀前半 化政文化
小説	仮名草子 ― 浮世草子（井原西鶴）	洒落本（山東京伝）	滑稽本（十返舎一九） 人情本（為永春水）
	草双紙（絵本）	黄表紙（恋川春町）	合巻（柳亭種彦）
		読本（上田秋成）	曲亭馬琴
俳諧	貞門俳諧（松永貞徳） ― 談林俳諧（西山宗因） ― 蕉風俳諧（松尾芭蕉）	与謝蕪村	小林一茶
川柳		柄井川柳	

俳諧では文人画家でもある**与謝蕪村**が絵と一体になる句をよみました。同じころ，**柄井川柳**は俳諧の形式で世相や風俗を風刺する**川柳**を広めました。

「役人の子はにぎにぎをよく覚え」
田沼時代の賄賂を風刺したのじゃ！

柄井川柳

また，短歌の形式で世相や政治を風刺する**狂歌**がさかんにつくられて，御家人の**大田南畝**（蜀山人）らが活躍しました。

演劇では，『**仮名手本忠臣蔵**』を著した**竹田出雲**や，その弟子の近松半二が**人形浄瑠璃**の作者として知られました。しかし，このころには人形浄瑠璃にかわって**歌舞伎**が江戸で人気を集めるようになります。

③ 絵画

絵画では，17世紀末に菱川師宣によって創始された**浮世絵**が，絵本の挿絵などとして描かれていました。18世紀なかばに**鈴木春信**が**錦絵**という多色刷りの木版画を創始すると，出版業の発達もあって浮世絵がより一層，さかんになります。寛政期には美人画を描いた**喜多川歌麿**や，役者絵・相撲絵を描いた**東洲斎写楽**らが**大首絵**の手法で優れた作品を残しました。

錦絵はカラーの浮世絵版画，大首絵は，胸から上のみを大きく描いた人物画のことだよ！

▲東洲斎写楽
『市川鰕蔵』

▲喜多川歌麿
『ポッピンを吹く女』

伝統的な絵画では，狩野派に学んだ**円山応挙**が写生を重んじて遠近法を取りいれた立体感のある作品を残しました。**『雪松図屏風』**が代表作です。文人画は明や清の南画の影響を受けたもので，**『十便十宜図』**を描いた**池大雅**・**与謝蕪村**が活躍しました。18世紀後半には**平賀源内**の影響で西洋画も広がります。江戸で**銅版画**をはじめた**司馬江漢**や，銅版画や油絵を描いた亜欧堂田善，『解体新書』の表紙や解剖図を書いた小田野直武らがいました。

2 宝暦・天明期の学問と思想

① 洋学のはじまり

幕府によるキリスト教禁止政策のもとで，西洋の学術を学ぶのは困難でした。しかし，８代将軍吉宗は**漢訳洋書の輸入制限を緩和**して，青木昆陽・野呂元丈らにオランダ語を学ばせるなど，西洋の知識を取りいれようとします。オランダ語で学ばれたので，洋学は当初，**蘭学**とよばれました。そのなかで，西洋の知識をいち早く取りいれたのは医学でした。**前野良沢**・**杉田玄白**らが西洋医学の解剖書である**『解体新書』**を訳述すると，蘭学は医学や天文学など実用の学問として発達しました。

『ターヘル・アナトミア』のオランダ語版を訳述したのが『解体新書』だ。
『蘭学事始』にも書いたけど，本当にしんどい作業だったのよ…。

杉田玄白

その後，**大槻玄沢**はオランダ語の入門書である『**蘭学階梯**』を著し，江戸に芝蘭堂を開いて多くの門人を育てました。その門人の1人**稲村三伯**は蘭日辞典である『**ハルマ和解**』をつくりました。一方，**平賀源内**は長崎で学んだ知識をもとに，エレキテル（摩擦起電機）や寒暖計をつくりました。

実は『解体新書』の解剖図などを描いた小田野直武を紹介したのはオレだ！

平賀源内

洋学者	業績
前野良沢	『解体新書』の訳述
杉田玄白	『解体新書』訳述 『蘭学事始』
大槻玄沢	『蘭学階梯』 芝蘭堂（江戸）
稲村三伯	『ハルマ和解』
宇田川玄随	『西説内科撰要』
平賀源内	寒暖計・エレキテル

▼洋学者の系譜

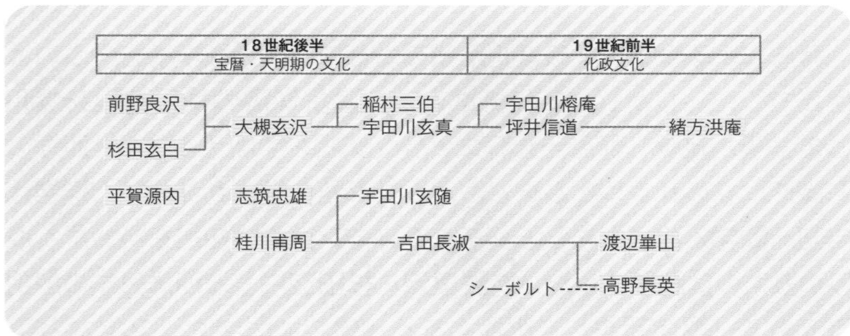

❷ 国学の発達と尊皇論

元禄期の**契沖**(けいちゅう)らの古典研究を源流として，日本古来の思想を求めて古典を研究する**国学**(こくがく)が形成されました。**荷田春満**(かだのあずままろ)や門人の**賀茂真淵**(かものまぶち)は日本の古代思想を追求して**古道**(こどう)を説き，儒教や仏教を外来思想として排除しました。真淵には『国意考(こくいこう)』などの著書があります。

「古道」とは，儒教の思想を排除した日本の国本来のあり方を示す言葉なのだ！
本居くん，『古事記』研究は任せたよ。

賀茂真淵

本居宣長

真淵先生，まかせてください！
『古事記』研究を通じて「古道」を追求するぞ。

18世紀後半，真淵に国学を学んだ**本居宣長**(もとおりのりなが)は国学を大成しました。宣長は『**古事記伝**(こじきでん)』を著し，国学を思想的に高めました。同じく真淵に学んだ**塙保己一**(はなわほきいち)は，幕府の援助で和学講談所(わがくこうだんじょ)をつくって古典の収集・保存につとめ，『**群書類従**(ぐんしょるいじゅう)』を編纂(へんさん)しました。

▼国学者の系譜

17世紀後半～18世紀前半	18世紀後半	19世紀前半
元禄文化	宝暦・天明期の文化	化政文化

契沖
戸田茂睡
荷田春満 —— 賀茂真淵 ┬─ 本居宣長 ┬─ 平田篤胤
　　　　　　　　　　　└─ 塙保己一　└─ 伴信友

18世紀なかごろ，儒学思想の影響もあり，天皇を崇拝する**尊王論**(そんのうろん)が広まりました。水戸藩では『大日本史』の編纂を通じて水戸学(みとがく)が形成され，幕藩体制を維持するために天皇を尊ぶ思想が説かれました。1758年には国学者の竹内式部(たけのうちしきぶ)が尊王論を説いて処罰される**宝暦事件**(ほうれき)，1767年には兵学者の山県大弐(やまがただいに)が幕政を批判して処罰される**明和事件**(めいわ)がおこりました。

③ 民衆思想と教育の広がり

18世紀はじめ，京都の町人**石田梅岩**は**心学**をおこし，儒教道徳に仏教や神道の教えを加えて庶民に生活倫理を説きました。この教えは弟子の手島堵庵や中沢道二らによって全国に広がりました。18世紀なかばになると，陸奥八戸の医者**安藤昌益**は『**自然真営道**』を著して，すべての人が生産活動に従事して自給自足する自然の世を理想とし，武士が百姓を支配する現実の社会を批判しました。

藩政改革にともなって人材養成のため，各地で**藩校**が設立されるようになります。藩士の子弟に朱子学を中心とする儒学の教育などがおこなわれました。民間でも，武士・学者・町人により各地で**私塾**が開かれました。18世紀はじめに大坂の町人がつくった**懐徳堂**は有名で，『**出定後語**』で宗教を批判した**富永仲基**や，『**夢の代**』で無神論を説いた**山片蟠桃**らの学者が出ました。一方，庶民の子どもたちは**寺子屋**で，**読み・書き・そろばん**など日常生活に役立つ知識を学びました。

▼おもな私塾

設立地	私塾名	設立者	設立年
岡山	花畠教場	熊沢蕃山	1641
近江小川	藤樹書院	中江藤樹	1648
京都	古義堂	伊藤仁斎	1662
江戸	蘐園塾	荻生徂徠	1709頃
大坂	懐徳堂	5人の町人（五同志）による	1724 （1726　官許）
江戸	芝蘭堂	大槻玄沢	1786
豊後日田	咸宜園	広瀬淡窓	1817
長崎	鳴滝塾	シーボルト	1824
大坂	洗心洞	大塩平八郎	1830頃
〃	適々斎塾	緒方洪庵	1838
萩	松下村塾	吉田松陰の叔父	1842

過去問にチャレンジ

問２　下線部ⓑに関連して，近世の芸能・文化に関して述べた次の文Ⅰ～Ⅲについて，古いものから年代順に正しく配列したものを，後の①～⑥のうちから一つ選べ。

Ⅰ　浮世絵が多色刷りの木版画(錦絵)として広まり，東洲斎写楽が歌舞伎の役者絵を描いた。
Ⅱ　出雲阿国（出雲の阿国）の演じた踊りが，京都で好評を博した。
Ⅲ　荒々しい演技で知られる歌舞伎役者の初代市川団十郎が活躍した。

①　Ⅰ－Ⅱ－Ⅲ　②　Ⅰ－Ⅲ－Ⅱ　③　Ⅱ－Ⅰ－Ⅲ
④　Ⅱ－Ⅲ－Ⅰ　⑤　Ⅲ－Ⅰ－Ⅱ　⑥　Ⅲ－Ⅱ－Ⅰ

（2022年度　本試験　日本史Ｂ　第４問）

さあ，江戸時代の文化に関する年代順配列問題だ。文化史と時期判定で受験生が苦手とするところだな。６割程度の受験生が正解できるやや難問。解答は何番かな？

③…かな？

えー，④じゃないの？

④が正解だ！　確かに受験生がⅠとⅢで迷うのはわかるね。なぜ④としたのかな？

はい。Ⅰの東洲斎写楽は宝暦・天明期の文化，Ⅱの出雲阿国は桃山文化，Ⅲの初代市川団十郎は元禄文化だから，Ⅱ桃山文化→Ⅲ元禄文化→Ⅰ宝暦・天明期の文化と並べ替えました。

ああ，そうだった。授業で聞いたよ。阿国が桃山文化で出てきたのはわかったんだけど，写楽の役者絵と市川団十郎がわからなかったよ。

すばらしい！　完璧な解説だね。**文化史は教科書の文化区分にしたがって，歴史事項を整理しておきたい**。それが時期判定につながるよ。作品などが西暦何年にできたかなんて，全部覚えられないからね。

THEME 4

化政時代から天保の改革へ

ここで きめる！

- 化政時代には「内憂・外患」が問題となる
- 天保の改革では「内憂・外患」対策に失敗する
- 欧米列強の接近に対し，鎖国を維持しようとする

1 化政時代

① 化政時代

松平定信が老中を辞任したあと，文化・文政期から天保期にいたる約50年のあいだ，政治の実権は11代将軍の**徳川家斉**が握っていました。家斉は将軍を子にゆずったあとも大御所として実権を握っていたので，この時期を**大御所時代**とよぶこともあります。

家斉は，はじめ寛政の改革における質素倹約の方針を引き継ぎましたが，やがて品質を下げた文政金銀を大量に鋳造して，差益で幕府の収入を増加させると，大奥の生活も贅沢なものになりました。家斉といえば，側室が多かったことでも有名です。

側室は40人，子供は55人いたのだ。
大奥でめちゃくちゃ金がかかった…。

徳川家斉

江戸周辺で商品生産がさかんになり経済が発達するなか，関東の農村では博打が蔓延して無宿人や博徒らによる治安の悪化も生じます。そのため，幕府は1805年に**関東取締出役**を設けて，関東全域の犯罪者の取締りをおこない，その下部組織として，1827年には近隣の村々で寄場組合を結成させ，治安維持にあたらせました。

② 流通の変化と手工業の発展

江戸時代中期には,「天下の台所」といわれた大坂に大量の物資が流入し,最大の消費都市である江戸へ物資が廻送されるという流通ルートが形成されました。しかし,江戸時代後期には江戸への商品供給ルートが多様化します。西廻り海運を利用して蝦夷地や北陸と大坂との間と運行した**北前船**や,瀬戸内海と江戸の間を運行した内海船(尾州廻船)などは,各寄港地で特産物の買い入れと積荷の販売をしたため,大坂への物資の流入が減少しました。諸藩でも,大坂を経由せずに専売品を江戸やその他の消費地に直送するようになります。

▼江戸時代の交通

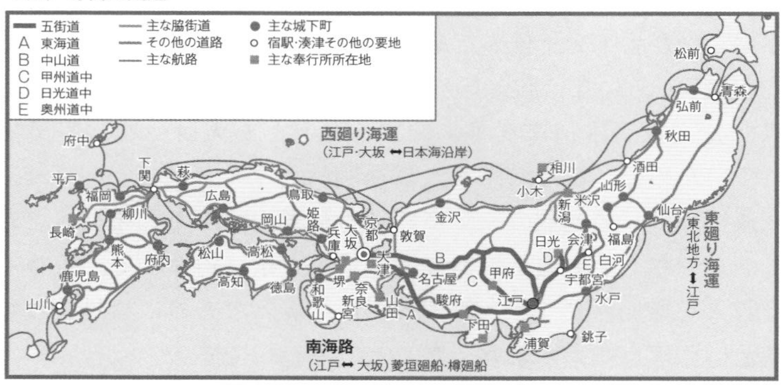

そのうえ,18世紀後半から関東の在郷町で酒・醤油など江戸向けに生産された加工品が出回るようになり,**江戸地廻り経済圏**が形成されました。下総野田の醤油は,地廻りものの代表例です。

▼国訴

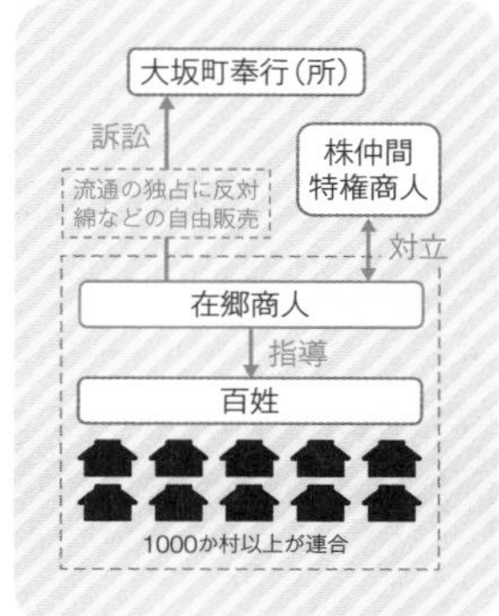

商品生産を担う村々が都市の特権商人による流通独占をうちやぶろうとする動きも出てきます。大坂周辺の村では大坂の問屋による木綿や菜種の流通

独占に対し，数カ国の村々が連合して合法的な訴願闘争である**国訴**をおこない，流通の自由化を実現させました。

手工業生産にも新しい動きがあります。18世紀には問屋が都市民や農民に原料や資金を前貸しし，加工賃を払って製品を引き取る**問屋制家内工業**が展開していました。しかし，19世紀前半になると，大坂周辺や尾張の綿織物業や，桐生・足利など北関東の絹織物業では，賃労働者を工場に集めて生産に従事させ，分業と協業によって生産をおこなう**工場制手工業**（マニュファクチュア）も出てきました。

2 天保の改革

1 幕藩体制の危機

1833年から1838年までつづいた**天保の飢饉**は全国に広がり，農村や都市には生活に苦しむ人々があふれました。各地では百姓一揆や打ちこわしが頻発します。そのなかで，1837年には大坂で**大塩の乱**がおこります。**大塩平八郎**は大坂町奉行所の元与力で，貧民を救済しようとしない幕府や富商らに対する反発から武力蜂起しました。

飢饉で苦しんでいる人がいるのに…。
幕府の役人や有力な商人は，なぜ貧民救済をしようとしないんだ！
賛同する人はオレと一緒に立ち上がってくれ〜！

大塩平八郎

乱は半日で鎮圧されましたが，幕府の元役人が公然と武力蜂起したうえ，越後の**生田万**らが大塩の動きに呼応するなど，幕府や諸藩に動揺をあたえました。

国内だけでなく，対外関係でも問題がおこります。1837年，接近してきたアメリカ商船を異国船打払令にもとづいて打ち払う**モリソン号事件**がおこりました。

この時期には，国内外の問題で幕藩体制が動揺し，危機感が高まりました。水戸藩主の徳川斉昭は「戊戌封事」を著して，天保の飢饉などの国内問題を「**内憂**」，列強接近などの対外問題を「**外患**」として幕府に提出し，「内憂・外患」への対処を求めました。

② 天保の改革

このような国内外の問題に対応するため，1841年，大御所の家斉が死去したあと，12代将軍**家慶**のもと，浜松藩主で老中となった**水野忠邦**が中心となって，**天保の改革**をおこないました。

「内憂・外患」への対応をとらなければ。
水野忠邦

忠邦は享保・寛政の改革にならって，**倹約令**を出し，風俗を取締まりました。歌舞伎の芝居小屋が町外れの浅草にうつされ，人情本作家の**為永春水**らが処分されます。

農村の再建と貧民対策として，**人返しの法**を出して百姓の江戸への出稼ぎを禁じ，江戸に流入した居住者を強制的に農村へ帰そうとしましたが，じゅうぶんな効果を上げることができませんでした。

また，江戸での物価上昇は株仲間が上方市場からの商品流通を独占しているためだと考えて，1841年，**株仲間の解散**を命じて物価を下げようとします。しかし，これにより流通網が混乱して江戸への商品輸送が減ったことで，物価は下がりませんでした。

株仲間を解散したらさらに物価が上がっただと！
水野忠邦

外国船の接近に対しては江戸湾岸の防備を強化したうえ，軍事力の強化をはかるため，**高島秋帆**を長崎からよびよせて西洋砲術を導入しました。1843年，忠邦は**上知令**を出して江戸・大坂周辺のあわせて約50万石の地を直轄領にしようとしました。これは幕府財政の安定化と対外防備の強化をねらったものでしたが，大名や旗本の反対で実施できず，忠邦は失脚しました。

げっ！　上知令を出したら，大名・旗本に反対された。

水野忠邦

❸ 天保期の藩政改革

天保期になると，西南の諸藩のなかから，有能な中・下級武士を登用して藩政改革を成功させる藩が出てきます。

▼天保期の藩政改革

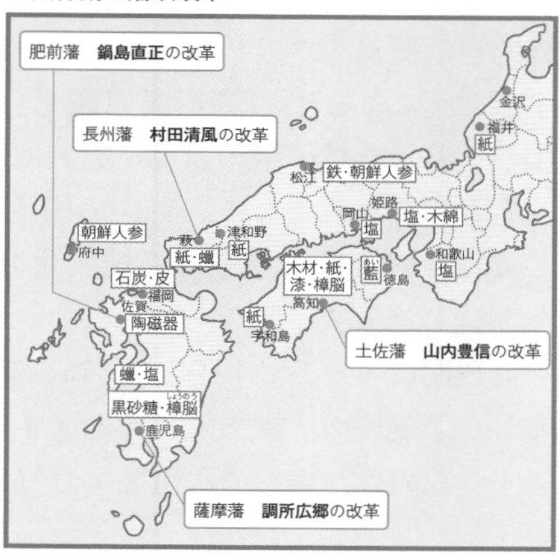

薩摩藩では下級武士の**調所広郷**が登用されました。広郷は藩の巨額の借金を整理して，奄美諸島の黒砂糖の専売や，琉球との密貿易で利益を上げて藩財政を立て直します。

長州藩では，**村田清風**が登用され，多額の借金を整理します。さらに下関に**越荷方**をおいて，諸国の廻船を相手に金融や委託販売で利益を上げて財政再建を実現しました。

肥前の**佐賀藩**では，藩主の**鍋島直正**がみずから改革を主導します。**均田制**を実施して本百姓体制を再建するとともに，**有田焼**の専売によって藩財政を再建しました。そして**反射炉**をそなえた大砲製造所を建設します。

均田制では，小作地をいったん藩で取り上げて，一部を地主に再給付したうえで，残りは小作人に分けて本百姓にしたぞ。

鍋島直正

さらに**土佐藩**でも改革派が緊縮財政をすすめて藩財政の再建につとめます。これら薩長土肥の諸藩は幕末の政局において，雄藩として発言力をもちました。

3 列強の接近とその影響

❶ ロシア船の来航と北方探検

18世紀後半になると，欧米列強が日本に接近しはじめ，幕府は対外的な危機感をつのらせます。ロシアが南下して蝦夷地周辺に出没するようになると，『**赤蝦夷風説考**』を著した**工藤平助**や，『**海国兵談**』を著した**林子平**のように蝦夷地の開発やロシアへのそなえを説く者もあらわれました。老中の**田沼意次**は工藤平助の意見を採用してロシアとの交易や蝦夷地開発を計画して，**最上徳内**を蝦夷地へ派遣しました。

寛政期に入ると，1792年，ロシア使節の**ラクスマン**が**根室**に来航し，漂流民大黒屋光太夫を送還するとともに，幕府に通商を求めます。幕府は長崎への入港許可証（信牌）をわたして退去させました。

外国船の来航は**長崎**に限っている。
長崎なら交渉に応じるぞ！

鎖国を維持したい。

松平定信

これを機に幕府は，江戸湾と蝦夷地の海防の強化を諸藩に命じたうえ，**近藤重蔵**らに北方の探査をさせ，千島列島の**択捉島**に「大日本恵登呂府」の標柱を立てさせます。これにはロシアとの境界線を明確にする目的がありました。

1804年にはロシア使節の**レザノフ**が，入港許可証をもって**長崎**に来航し，通商を要求しました。幕府が鎖国を維持するため，これを拒否すると，ロシアの軍艦が樺太や択捉島を砲撃しました。

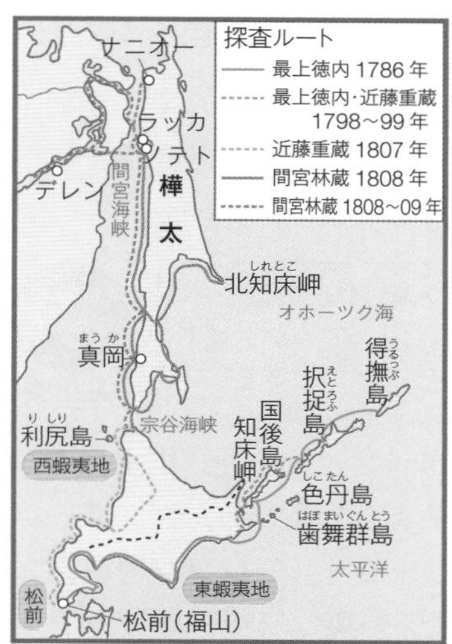

鎖国は先祖が決めた「**祖法**」だ，というのを口実に通商要求を拒否しよう。新しい国との交流はしないのだ！

徳川家斉

これに対し，幕府は1807年，全蝦夷地を直轄にして松前奉行をおきました。翌1808年には**間宮林蔵**に樺太とその沿岸を探査させます。このとき，間宮林蔵は樺太と大陸の間に海峡があることを確認しました。

1811年には幕府の役人が国後島に上陸したロシア軍艦の艦長**ゴローウニン**を捕らえ，抑留する事件がおこり，ロシアとの緊張が高まります。報復としてロシアは北前船の船主高田屋嘉兵衛を抑留しましたが，結果的に両者が交換されて解決しました。この事件を機にロシアとの関係が改善されたため，1821年，蝦夷地は松前藩に返還されました。

❷ イギリス船・アメリカ船の出没

アジアに勢力を伸ばそうとしていたイギリスは，オランダをおさえて東アジアの貿易を独占しようとしました。1808年，イギリスの軍艦**フェートン号**がオランダの商船を追って長崎に入港する事件がおこりました（**フェートン号事件**）。これに驚いた幕府は1810

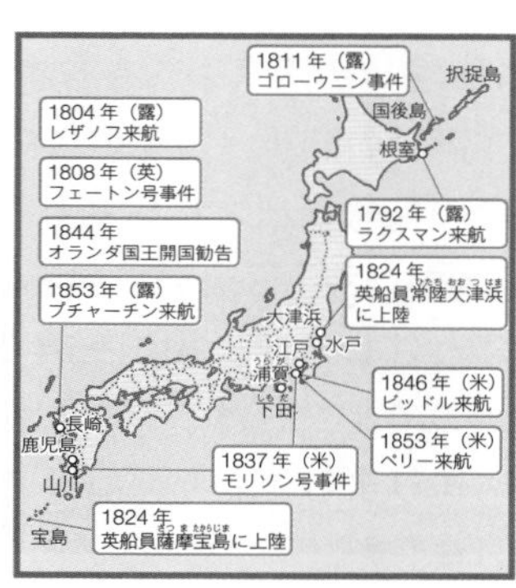

年に白河・会津両藩に江戸湾の防備を命じます。その後もイギリス船・アメリカ船が日本近海に出没しました。そこで幕府は，1825年，**異国船打払令**（**無二念打払令**）を出して，外国船を発見したらただちに撃退するように命じます。

そもそも，キリスト教の国とは交流しないのだ！
外国船を見たら有無を言わさず打ち払って追い返せ！

徳川家斉

1837年，アメリカ商船**モリソン号**が浦賀沖に接近します。日本人の漂流民を送還して日本に通商を求めようとしましたが，幕府は異国船打払令にもとづいてこれを撃退しました（**モリソン号事件**）。翌1838年，**渡辺崋山**は『**慎機論**』，**高野長英**は『**戊戌夢物語**』を著して，アメリカ船を撃退した幕府の政策を批判します。

漂流民を助けてくれた船を，話も聞かずに打ち払うのは人としていかがなものか…。

高野長英

渡辺崋山

外国船を打ち払って，戦争にでもなったらどうするんだ！

1839年，幕府は彼らを厳しく処分しました。これを**蛮社の獄**といいます。この事件は蘭学者たちに衝撃をあたえました。

1840年，清で**アヘン戦争**がおこり，清はイギリスにやぶれ，1842年，南京条約をむすびます。その結果，清は上海などの開港，香港島の割譲，貿易の自由化などを認めさせられました。**アヘン戦争**の情報が日本に伝わると，幕府は異国船打払令をゆるめて**天保の薪水給与令**を出し，漂着した外国船には燃料と食料をあたえることにします。鎖国を維持するため，外国との紛争を避けようとしたのです。1844年にはオランダ国王が開国を勧告する親書を幕府に送りましたが，幕府はこれを拒否してあくまで鎖国を守ると回答しました。

過去問にチャレンジ

問５　下線部ⓓに関して，次の史料２は，1835年に作成された上野国桐生および下野国足利周辺の機織り屋に関する文書から一部を要約したものである。史料２と，これらの地域で織物業が盛んになった時期の社会や政治に関して述べた後の文ａ～ｄについて，最も適当なものの組合せを，後の①～④のうちから一つ選べ。

史料２

これらの地域では約50年前から織物業が繁盛し，年々土地が賑(にぎ)やかになった。そのきっかけは，今から100年程前に京都西陣の機屋の中村弥兵衛が足利郡一色村の百姓仙内のところに滞在した際，返礼として紋紗綾(もんさや)（注１）の織り方を伝授したことである。関東では珍しい織物だったので，大きな利益になった。

これらの地域の百姓は，昔は農業の片手間に女性が蚕飼(こがい)（注２）をして，糸をとり織物で生計を立てていたが，最近はだんだん繁盛して蚕飼などはやめて，近辺だけではなく他国からも糸を買い入れ，糸問屋がたくさん出来，機織り屋はそれぞれ機織り女などを大勢抱えて生業としている。追々他国の者も多数入ってきて，土地が賑やかになるにしたがい風俗は華美になり，労苦を嫌い，自然と農業はなおざりになっている。

（『群馬県史』大意）

（注１）　紋紗綾：模様のある絹織物の一種。
（注２）　蚕飼：養蚕。

a　**史料2**から，これらの地域で独自の機織り技術が発展したのは，江戸時代初期から織物を専業とする者が集住していたからだと考えられる。

b　**史料2**から，これらの地域では，19世紀に織物業の専業化が進んでいたと考えられる。

c　これらの地域で織物業が盛んになった時期には，商品生産や流通の担い手となる豪農が経済的に成長した。

d　これらの地域で織物業が盛んになった時期には，幕府領では幕政改革により，新たに定免法による年貢増徴策が採用された。

①　a・c　②　a・d　③　b・c　④　b・d

（2024年度　本試験　日本史B　第4問）

史料読解問題だけど，時期判断との複合問題だ。５割ぐらいの受験生ができた問題だよ。解答は何番かな？

③かな。

私も③だと思います。

おお！　今回は２人とも正解だ！　その通り③だよ。解答の根拠は？

まず，設問に「**史料２**は，1835年に作成された…文書」とあって，**史料２**には，「これらの地域では約50年前から織物業が繁盛し…」とあったので，「1835年」の「50年前」は，選択肢ａにある「江戸時代初期」ではないと考えて，ａが誤りだからｂが正しいかなと思いました。

うん，そうだね。それでいいよ。補足しておくと，２段落目の内容から選択肢ｂの「織物業の専業化が進んでいた」ことがわかるね。「昔は農業の片手間に女性が蚕飼（こがい）をして，糸をとり織物で生計を立てていたが，最近はだんだん繁盛して蚕飼などはやめて」，「機織り屋はそれぞれ機織り女などを大勢抱えて生業としている」とある。

史料２からわかるように，織物業が繁盛したのは「1835年」の「50

年前」で，18世紀後半です。dの「新たに定免法による年貢増徴策が採用された」のは，享保の改革のときで，18世紀前半だからdは誤りだと思いました。だからcの方が正しいと。

いいね。何世紀かを考えるようになってきたな。これも，補足しておくと，農村で貧富の格差が広がって，有力な農民である豪農層が成長するのは18世紀以降だから，cは正しい選択肢だね。

正直なところ，cとdの判断は不十分でした。何となく当たった感じです。

それでいいんだよ。**文字史料をはじめとする資料問題のなかには，読解が必要な内容判断と，知識で考える時期判断の選択肢が両方入っているものがあるから注意が必要だ**。資料の読解だけで，解けるとは限らないから選択肢をよく見て正誤の判断をしなければいけない。

THEME 5

化政文化

ここでおさえる！
- 化政文化は江戸を中心に下層民や地方へも文化が広がる
- 小説は貸本屋を通じて地方へも広がる
- 幕藩体制の危機を立て直そうとする学問・思想の発達

1 化政文化の文学・美術

① 化政文化の特徴

11代将軍徳川家斉の文化・文政期を中心に天保の改革のころまでの文化を**化政文化**といいます。

この時期には，江戸をはじめとする都市の繁栄を背景として，下層の町人も含む文化が発展します。交通の発達や，出版・教育の普及，身分をこえた人々の交流により，中央の文化が全国各地に広がっていきました。

② 文学の発達

この時期には出版がより一層さかんとなり，さまざまな文芸作品が出版され，貸本屋を通じて地方にも広く流通して多くの読者を得ます。

19世紀初めには，**十返舎一九**の**『東海道中膝栗毛』**や**式亭三馬**の**『浮世風呂』**など，笑いとともに庶民を描いた**滑稽本**が人気を集めます。

『東海道中膝栗毛』の主人公弥次さんと喜多さんは野暮な江戸っ子なのだ。

十返舎一九

▼文芸の系譜

	17〜18世紀前半 寛永期の文化〜元禄文化	18世紀後半 宝暦・天明期の文化	19世紀前半 化政文化
小説	仮名草子 ― 浮世草子（井原西鶴）	洒落本（山東京伝）	滑稽本（十返舎一九） 人情本（為永春水）
	草双紙（絵本）	黄表紙（恋川春町）	合巻（柳亭種彦）
		読本（上田秋成）	曲亭馬琴
俳諧	貞門俳諧（松永貞徳） ― 談林俳諧（西山宗因） ― 蕉風俳諧（松尾芭蕉）	与謝蕪村	小林一茶
川柳		柄井川柳	

恋愛小説である**人情本**（にんじょうぼん）では，**為永春水**（ためながしゅんすい）が『**春色梅児誉美**（しゅんしょくうめごよみ）』を著し，絵入りの長編小説である**合巻**（ごうかん）では，**柳亭種彦**（りゅうていたねひこ）が『**偐紫田舎源氏**（にせむらさきいなかげんじ）』を著しますが，為永春水・柳亭種彦は天保の改革で処罰されました。

『源氏物語』のパロディーなんだけど，江戸城の大奥を風刺したってことで，絶版になっちゃったよ。

柳亭種彦

歴史や伝説を題材とした**読本**（よみほん）では**曲亭馬琴**（きょくていばきん）が『**南総里見八犬伝**（なんそうさとみはっけんでん）』など勧善懲悪（かんぜんちょうあく）の作品で人気がありました。

俳諧（はいかい）では村々に暮らす民衆の生活をよんだ**小林一茶**（いっさ）が多くの作品を残しています。

雀の子　そこのけそこのけ　お馬が通る

小林一茶

和歌では越後（えちご）の禅僧良寛（りょうかん）が素朴な生活をうたいました。

このほか，越後の鈴木牧之（ぼくし）は雪国の自然や生活を『北越雪譜（ほくえつせっぷ）』に著しました。

③ 美術

庶民の旅が一般化するなか，錦絵の風景画が流行します。**葛飾北斎**の『**富嶽三十六景**』や**歌川広重**の『**東海道五十三次**』はその代表作です。これらの錦絵は開国後に海外で紹介されて，ヨーロッパの印象派の画家たちにも影響をあたえました。

▼歌川広重『東海道五十三次』

▼葛飾北斎『富嶽三十六景』

そのほか，伝統絵画では円山派から分かれた**呉春**の**四条派**が出ました。文人画では江戸の谷文晁の門人であった**渡辺崋山**がでました。代表作は『**鷹見泉石像**』です。

▲渡辺崋山『鷹見泉石像』

④ 民衆文化の成熟

三都をはじめとする都市では，芝居・見世物・寄席など民衆を中心とする芸能がさかんになります。江戸や上方を中心に歌舞伎が人気を博し，『**東海道四谷怪談**』を書いた**鶴屋南北**などすぐれた作者が出ました。

人々は春の花見や夏の花火などさまざまな娯楽の場に出かけました。有力な寺社では，寺院の修繕費などを得るために，秘仏を公開する**開帳**や宝くじにあたる**富突**，あるいは**縁日**が催されます。

名所見物・湯治・巡礼などの旅行もさかんになりました。とくに伊勢神宮へ集団で参拝する**御蔭参り**は，ほぼ60年周期でおこなわれました。そのほか，五節句や彼岸会・盂蘭盆会などの行事も人々の楽しみでした。

2　化政文化の学問・思想

①学問・思想の動き

18世紀末以降，動揺する幕藩体制を，どのように立て直すかという観点から学問・思想の分野で新しい動きがおこりました。

この時期には封建制度の維持や改良を説く，**経世思想**が発達しました。『**稽古談**』を著した**海保青陵**は藩専売制の採用など重商主義を説き，**本多利明**は『**経世秘策**』で西洋諸国との交易など開国貿易論を説きました。また，**佐藤信淵**は『**経済要録**』で産業の国営化をとなえます。

国学では，本居宣長の死後，**平田篤胤**がとなえた**復古神道**がさかんになります。幕末の危機的な状況のなか，神官や豪農に受けいれられて，尊王攘夷運動に影響をあたえました。

本居宣長先生が亡くなったあと，
弟子にしてもらったのだ！

平田篤胤

▼国学者の系譜

17世紀後半～18世紀前半	18世紀後半	19世紀前半
元禄文化	宝暦・天明期の文化	化政文化

契沖
戸田茂睡
荷田春満 ―― 賀茂真淵 ―┬― 本居宣長 ―┬― 平田篤胤
　　　　　　　　　　　　└― 塙保己一　　└― 伴信友

水戸学では，19世紀前半になると藩主徳川斉昭を中心に，『**新論**』を著した**会沢安**らの学者が出て尊王攘夷論を説き，幕末の思想や倒幕運動に影響をあたえました。

② 洋学の発達

幕府は天文方の**高橋至時**に西洋暦を取りいれた**寛政暦**をつくらせます。また，列強の接近を背景に西洋への関心が高まったこともあり，幕府は天文方に**蛮書和解御用**を設け，至時の子**高橋景保**らに洋書の翻訳にあたらせました。一方，**伊能忠敬**は幕府の命を受けて全国を測量して**『大日本沿海輿地全図』**を作成しました。元オランダ通詞であった**志筑忠雄**は**『暦象新書』**を著して，ニュートンの万有引力説やコペルニクスの地動説を紹介しました。

オランダ商館にいたドイツ人医師の**シーボルト**は長崎郊外に**鳴滝塾**を開いて**高野長英**らを教えました。しかし，1828年，帰国の際，高橋景保から得た持ち出し禁止の日本地図をもっていたため，処分されました（**シーボルト事件**）。**緒方洪庵**は大坂に**適々斎塾**（**適塾**）を開いて福沢諭吉らの人材を輩出します。

しかし，洋学の研究は，シーボルト事件や蛮社の獄など幕府の弾圧を受けたこともあって，幕府を批判する思想や運動にはむすびつくことはなく，医学・兵学・地理学などの科学技術につながる実学として発展しました。

▼洋学者の系譜

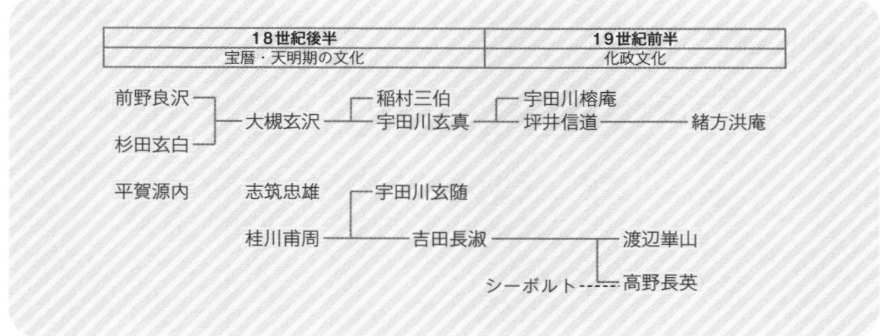

THEME 6

開国とその影響

ここで畝きめる！

- アメリカと日米和親条約を締結して開国する
- 安政の五カ国条約を締結して自由貿易がはじまる
- 開港・貿易によってさまざまな経済的影響を受ける

1 開国

① ペリーの来航と日米和親条約の締結

アメリカは19世紀前半から大陸西部の開拓をすすめて太平洋岸にまで領土を広げました。そこから中国へ向けて太平洋を航海する貿易船や捕鯨船（ほげいせん）のため，寄港地を必要としていました。その寄港地を日本に求めてきたのです。1846年にはアメリカ東インド艦隊司令長官の**ビッドル**が浦賀（うらが）に来航し，通商を要求しましたが幕府は拒否しました。

1853年，アメリカ東インド艦隊司令長官の**ペリー**が軍艦４隻（せき）を率いて浦賀に来航しました。そして大統領フィルモアの国書を提出して日本に開国を求めます。

ペリー

開国しなさい！
来年，回答を聞きにくる。

とりあえず，国書は受け取ろう。

阿部正弘

幕府は国書を受け取り，翌年回答することを約束して日本から退去させました。これにつづいてロシアの使節**プチャーチン**も長崎に来航して，幕府に開国と国境の画定を求めてきました。

1854年，ペリーは7隻の艦隊を率いて再来航し，開国を要求します。これに対して，幕府はやむを得ず，**日米和親条約**を締結しました。その内容は，①**下田**・**箱館**を開いて，②アメリカ船が必要とする燃料や食料の供給をすること，③アメリカに一方的な**最恵国待遇**を認めること，④下田に領事の駐在を認めることなどでした。類似の内容を含んだ条約をイギリス・オランダ・ロシアとも締結しました。日露和親条約では，択捉島と得撫島とのあいだを国境とし，樺太は国境を定めず，日露の雑居と規定しました。

最恵国待遇って何？

すでに条約を締結したA国にあたえなかった特権や利益を，あらたに条約を締結したB国にあたえた場合は，A国にもB国と同様の特権や利益を無条件にあたえるという条項のことだよ。

当時，老中の中心であった**阿部正弘**はアメリカと交渉しているこの状況を朝廷に報告し，諸大名や幕臣にも意見を求めましたが，これは，朝廷の権威を高め，大名の発言力を強めることになります。一方で幕府は，国防の強化をはかって江戸湾に**台場**（砲台）を築き，大船建造の禁止を解除します。このほか，**蕃書調所**を設けて外交文書の翻訳などにあたらせ，長崎には**海軍伝習所**を設置しました。

❷ 安政の五カ国条約の締結

日米和親条約にもとづいてアメリカ総領事として**ハリス**が下田に着任しました。ハリスは，自由貿易の実現をねらって通商条約の締結を要求します。通商条約の締結をめぐっては大名間で対立があり，それをおさえるため，老中首座の**堀田正睦**は朝廷にはたらきかけて条約調印の勅許を求めましたが，外国人を排除する攘夷論者であった孝明天皇は勅許をしませんでした。

ハリス

通商条約をむすびましょう！
清は英仏との戦争で大変なことになっていますよ…。

1858年，清が**アロー戦争**でイギリス・フランスにやぶれると，ハリスはその脅威を説いて通商条約の調印をせまります。当時，大老に就任した**井伊直弼**は勅許を得られないまま，**日米修好通商条約**の締結に踏み切りました。

朕は外国人が国内に入るのを認めたくない！　条約締結は認めないぞ。

孝明天皇

欧米諸国ともめるわけにはいかない…。天皇は無視して条約を締結しよう。

井伊直弼

この条約は，あらたに①**神奈川**・**長崎**・新潟・兵庫を開港し，②幕府の干渉を受けない自由貿易とすることを定め，③輸入品に対する関税率は日本が自由に決める権利（**関税自主権**）が認められず，④日本国内でアメリカ人が法を犯した場合には，アメリカの領事がアメリカの法で裁くこと（**領事裁判権**）を認めるなど，日本に不利で不平等な内容をふくむ条約でした。ついで，オランダ・ロシア・イギリス・フランスとも類似の条約を締結しました。これを**安政の五カ国条約**といいます。

2 開港貿易の開始

① 貿易の開始

安政の五カ国条約にもとづく貿易は，1859年からはじまりました。当初は**横浜**・**長崎**・**箱館**の３港の居留地でおこなわれました。このうち，貿易額は横浜が圧倒的に多く，取引相手ではイギリスが１位となります。日本は**生糸**・茶などを輸出し，毛織物や**綿織物**などを輸入し，貿易は大幅な輸出超過でした。

生糸を生産する製糸業では**マニュファクチュア**化がすすみ，生産力が拡大し，原料を生産する養蚕業も拡大しました。一方，イギリスから安価な綿糸や綿織物が輸入されたため，国内の綿織物業は打撃を受けることになります。

輸出では生糸が圧倒的１位だね。輸入では毛織物が１位だけど，国内産業に対する影響は２位の綿織物の方が大きい。
また，1866年までは輸出超過だけど，そのあと輸入超過になっているね。1866年に，それまで平均20%だった輸入税が一律5%になったことが原因だよ。

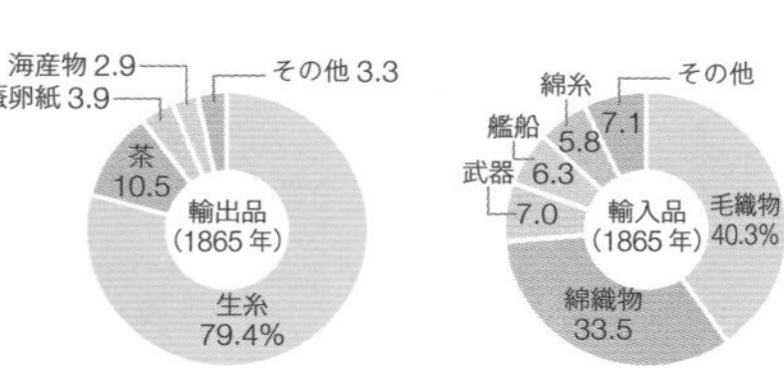

（石井孝「幕末貿易史の研究による」）

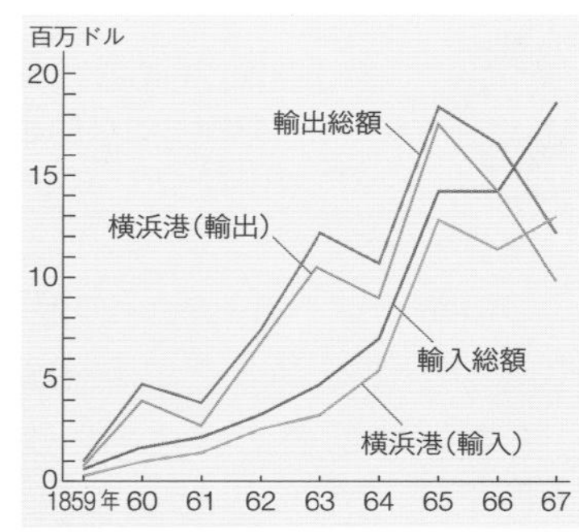

▲輸出入額の推移
（石井孝『幕末貿易史の研究』）による

❷ 貿易の経済的影響

輸出品の生糸などは開港場である横浜に直接運ばれたので，江戸の問屋を中心とした流通のしくみがくずれ，江戸では商品不足が深刻となりました。そのため，物価が上昇します。幕府は1860年，**五品江戸廻送令**を出して，生糸などの重要５品目は江戸の問屋をへて輸出するように命じました。しかし，在郷商人や自由な取引を主張する列国の批判で効果は上がりませんでした。それに加えて金と銀の交換比率が外国と日本でことなっていたため，大量の金貨が流出するおそれがありました。幕府は金貨の海外流出を防ぐため，1860年に貨幣の改鋳をおこなって金貨の質を落としました。それにより物価はさらに上昇して庶民の生活を圧迫することになります。

金と銀の交換比率って？

金と銀の交換比率が日本では金１に対して銀５だったんだけど，海外では金１に対して銀15だったよ。
日本は海外よりも金安銀高だったんだ。だから外国商人は銀貨を持ち込んで金貨である小判と交換して利益を上げることができたんだよ。

こうして貿易が行われることへの反感が高まって，外国人を排除する攘夷運動が激化し，外国人を殺傷する事件などがあいつぎました。

年月	攘夷事件	
1860.12	ヒュースケンの暗殺	アメリカ公使ハリスの通訳官であったオランダ人が暗殺される
1861.5	東禅寺（とうぜんじ）事件	東禅寺におかれていたイギリス公使館が水戸浪士（みとろうし）に襲撃される
1862.8	生麦（なまむぎ）事件	江戸から京都へ帰る薩摩（さつま）藩島津久光（しまづひさみつ）の行列に対して無礼があったと，英人を殺傷
1863.5	下関（しものせき）外国船砲撃（ほうげき）事件	幕府の攘夷（じょうい）決行命令を受け，長州藩が下関を通過する外国船を無差別に砲撃

過去問にチャレンジ

問２　下線部ⓐに関連して，ハジメさんは1865年と1867年における日本の輸入総額と主な輸入品の割合を調べ，次のグラフ１・２を作成した。これらのグラフに関して述べた後の文Ｘ・Ｙについて，その正誤の組合せとして正しいものを，後の①～④のうちから一つ選べ。

グラフ１

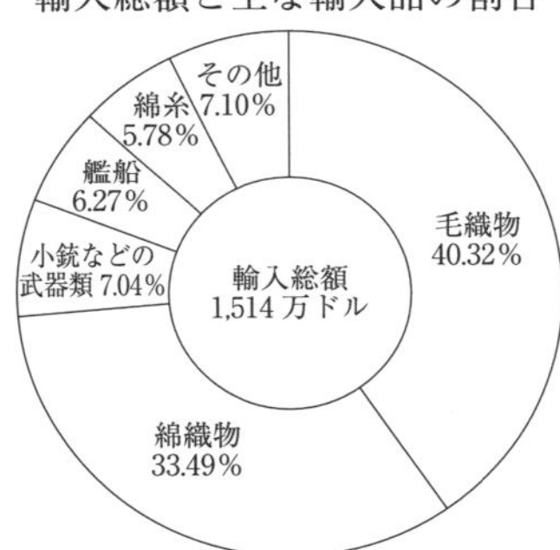

グラフ２

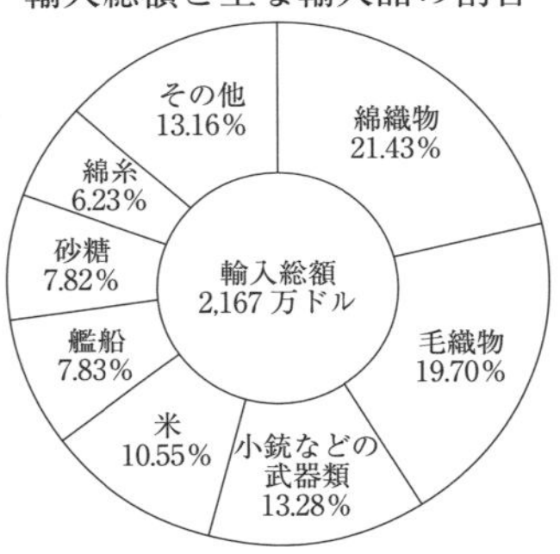

（石井孝『幕末貿易史の研究』により作成）

X　グラフ１とグラフ２からは，艦船や小銃などの武器類の輸入額が増えたことが確認でき，幕末期の日本で西洋式軍備の需要が高まっていたことが分かる。

Y　グラフ１からグラフ２へと輸入総額が変化した背景には，欧米諸国の要求により関税率が引き上げられたことがある。

①　X　正　　Y　正
②　X　正　　Y　誤

③　X　誤　　　Y　正
④　X　誤　　　Y　誤

（2024年度　本試験　日本史B　第5問）

さあグラフの問題をやってもらおうかな。これも資料問題の１つだよ。半分ぐらいの受験生しかできなかった問題だ。答えは何番かな？

①です！

私も①だと思ったけど…なんか引っかかるな。

残念！　正解は②だよ。実は①を選んで間違った受験生がかなり多かったんだよ。

Xは正しいのはわかりました。幕末といえば，薩摩藩などがイギリスから武器を購入して軍事力を強化していましたよね。

よく知っているね。でも，Yの方は何が誤りかわかる？

えーと…安政の五カ国条約をむすんで，貿易を開始した当初は生糸などが輸出されて，輸出超過だったけど，途中から輸入超過になったんでしたっけ？　グラフも輸入額が増えてるし。

いつごろ？　なぜ輸入超過になった？

…

さすがに難しかったかな。確かに貿易を開始した当初は輸出超過だったよ。通商条約では協定関税が規定されていて，「貿易章程」で定められた輸入税が平均20％と高かったんだ。だけど，1866年に「改税約書」が定められて，関税率が一律５％に引き下げられて，輸入が増えたことで輸入超過になったよ。

あー！　そうだった！　なんか引っかかってたんですよね。

ということで，関税率は「引き上げられた」のではなく，「引き下げられた」からYは誤りだ。**細かいデータは，過去問演習をやりながらしっかり復習していくといいよ**。授業を聞いただけではなかなか覚えられないからね。

THEME 7

江戸幕府の滅亡

ここで畝きめる！

- 公武合体派と尊王攘夷派が政治の主導権をめぐって対立
- 尊王攘夷派が敗北し，薩摩と長州が協調して幕府に対抗
- 大政奉還・王政復古の大号令で江戸幕府が滅亡

1 江戸幕府の動揺

① 将軍継嗣問題

ハリスと通商条約をむすぶ交渉をしているころ，13代将軍徳川(とくがわ)家定(いえさだ)には子がいなかったので，その後継者をめぐって対立がおこっていました。一橋家(ひとつばしけ)の**徳川慶喜(よしのぶ)**をおす水戸(みと)藩主**徳川斉昭(なりあき)**・越前(えちぜん)藩主**松平慶永(まつだいらよしなが)**や薩摩(さつま)藩主**島津斉彬(しまづなりあきら)**らの**一橋派**と，三家の１つ紀伊(きい)藩主の**徳川慶福(よしとみ)**をおす**南紀派(なんき)**が対立します。一橋派は主に親藩(しんぱん)・外様(とざま)大名のグループで雄藩(ゆうはん)連合をめざします。

POINT **一橋派と南紀派の対立**

1858年，南紀派の**井伊直弼(いいなおすけ)**は大老に就任すると，通商条約を勅許を得ずにむすび，一橋派をおさえて**慶福(よしとみ)**を将軍の後継者に決定

しました。これが14代将軍の**徳川家茂**です。井伊直弼の独断的な決定は，一橋派の大名や尊王攘夷をとなえる志士たちの反発を招くことになります。

直弼はこうした動きをおさえるため，一橋派の大名や**橋本左内**（越前）・**吉田松陰**（長州）らの下級武士を多数処罰しました。これが**安政の大獄**です。しかし，1860年，これに反発した水戸藩の浪士らが直弼を殺害する**桜田門外の変**がおこります。これにより幕府中心の政治がくずれはじめました。

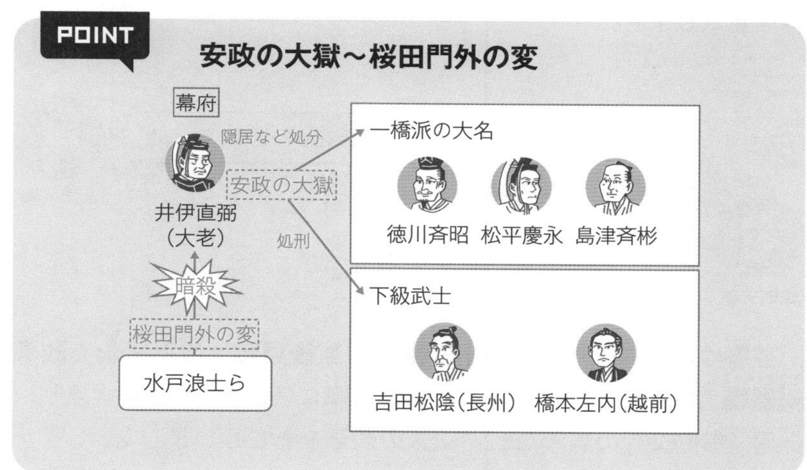

❷ 公武合体運動の展開

井伊直弼が殺害されたあと，幕政の中心になった老中の**安藤信正**は，朝廷との協調により幕府の権威を回復しようとする**公武合体**の方針をとります。そのため，孝明天皇の妹である**和宮**を14代将軍家茂の夫人にむかえました（**和宮降嫁**）。しかし，この政略結婚は尊王攘夷派から反発を受け，1862年，信正が水戸藩の浪士らに襲撃される**坂下門外の変**がおこり，老中を退きました。

この時期には，西南雄藩の動きも活発化し，京都にのぼって朝廷とむすぶことで政治の主導権を握ろうとします。

そのなかで，薩摩藩主の父**島津久光**は1862年に京都にのぼり，公武合体をすすめる立場から朝廷に幕政改革を訴える一方，**寺田屋事件**をおこして藩内の急進的な尊攘派を弾圧しました。そして，久光は勅使をともなって江戸に下り，幕政の改革を要求します。

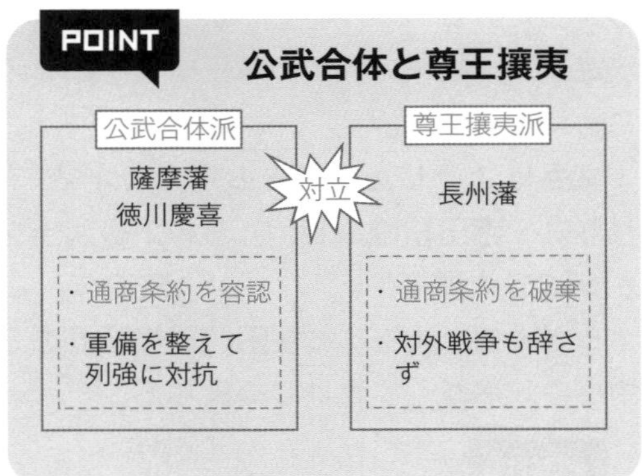

POINT
公武合体と尊王攘夷
公武合体派
薩摩藩
徳川慶喜
・通商条約を容認
・軍備を整えて列強に対抗
対立
尊王攘夷派
長州藩
・通商条約を破棄
・対外戦争も辞さず

幕政改革をやらせましょう！

島津久光

孝明天皇

そうだな。
勅使大原重徳を江戸に派遣する！

幕府はこれに応じて，**徳川慶喜**を**将軍後見職**，**松平慶永**を**政事総裁職**，会津藩主**松平容保**を**京都守護職**に任命して，西洋式軍制の採用，参勤交代の緩和など，**文久の改革**をおこないました。

改革を終え，久光が江戸から京都に戻る途中，横浜郊外で薩摩藩士がイギリス人を殺傷する**生麦事件**がおこりました。

③ 尊王攘夷運動の挫折

島津久光が江戸に滞在しているあいだに，京都では尊攘派の長州藩が主導権を握りました。そして三条実美ら急進派の公家とむすんで朝廷を動かし，1863年，京都にのぼった14代将軍家茂に攘夷の決行をせまります。やむを得ず幕府は1863年5月10日に攘夷を決行することを約束し，諸藩に命じました。しかし，実行したのは下関海峡を通過する外国船を砲撃した長州藩だけでした（**下関外国船砲撃事件**）。

尊攘派から政局の主導権をうばうため，**薩摩藩**と**会津藩**は公武合体派の公家とむすんで朝廷の実権をうばい，1863年8月，**長州藩**と三条実美ら７人の尊攘派公家を京都から追放しました。これが**八月十八日の政変**です。

長州藩に逃れよう…。

三条実美

朝廷はこのあとの国政を話し合うため，同年末に徳川慶喜・松平慶永・松平容保・島津久光らの有力大名を朝議参予に任命し，公武合体派の諸侯会議がおこなわれました。しかし，国政の実質的な主導権をめぐって慶喜と久光の対立が決定的となり，解体されました。

京都から排除された長州藩は勢力を回復するため，尊攘派が弾圧された池田屋事件をきっかけに京都に攻めのぼりますが，**薩摩**・**会津**などの兵にやぶれました。これが**禁門の変**（**蛤御門の変**）です。

池田屋事件って何？

1864年6月におこった，新選組による尊攘派志士の襲撃事件だよ。新選組は京都守護職の松平容保のもとで京都を警備していた部隊の１つ。池田屋は尊攘派志士が集まっていた京都の旅館で，京都守護職や新選組は不穏な動きがあると，警戒していたんだ。

幕府は長州藩が御所を攻撃したことを理由に**第１次長州征討**を実行します。この機に乗じて，下関における外国船砲撃の報復として，イギリス・フランス・アメリカ・オランダの４国は連合艦隊を送り，関門海峡の砲台を攻撃しました（**四国艦隊下関砲撃事件**）。このとき，長州藩では保守派が実権を握り，幕府に謝罪して恭順しました。一方，列国は朝廷に圧力を加えて条約の勅許を得ることに成功し，幕府に対しても長州藩の責任追求を口実として，1866年，関税率を大幅に引き下げる**改税約書**に調印させました。

2 江戸幕府の滅亡

① 薩長同盟と幕府

薩摩藩は，1863年7月，生麦事件の賠償を求めるイギリスと鹿児島湾で交戦しました（**薩英戦争**）。このあと，藩の主導権を握った**西郷隆盛**や**大久保利通**らはイギリスと接近し，軍艦や武器を購入して軍事力の強化をはかりました。一方，攘夷路線に失敗した**長州藩**では，1864年12月に**高杉晋作**らが**奇兵隊**とともに挙兵して，保守派から藩の実権をうばいました。高杉や**桂小五郎**（**木戸孝允**）は軍事力を強化し，幕府に対抗する方針へと転換しました。このころからイギリスの公使**パークス**は薩摩・長州に接近し，フランスの公使**ロッシュ**は幕府を支持して軍事・財政を援助していました。

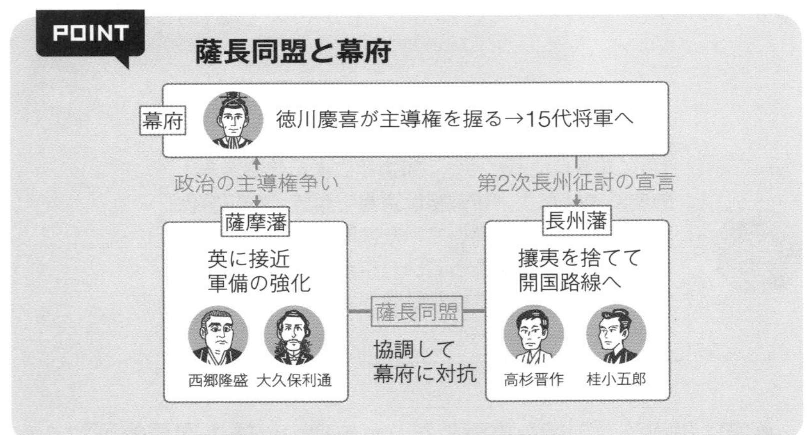

こうした状況のなか，幕府は1865年4月にふたたび長州征討の命令を出しましたが，政治の主導権をめぐって幕府との関係が悪化していた薩摩藩は密かに長州藩を支援します。1866年1月には，薩摩藩は長州藩と軍事同盟の密約をむすびました。これが**薩長同盟**（**薩長連合**）です。この年，幕府は**第2次長州征討**をはじめますが，薩摩藩はしたがわず，14代将軍家茂が急死したため，戦闘を中止しました。

このころには，開国にともなう物価上昇や政局をめぐる抗争により，社会不安が増大して，貧農を中心に世直しをとなえる百姓一揆や打ちこわしが激発します。1867年の夏には，東海・近畿で「**ええじゃないか**」の集団乱舞がおこって社会の混乱は深まりました。一方，**天理教**・**黒住教**・**金光教**などの民衆宗教も急速に広まります。

❷ 江戸幕府の滅亡

将軍家茂の死後，15代将軍に就任した**徳川慶喜**は，フランスの支援で幕政の立て直しにつとめます。一方，同盟を結んだ薩長両藩は，討幕に反対だった**孝明天皇**が1866年に急死すると，武力討幕へと傾いていき，公家の**岩倉具視**らと協力して計画をすすめます。そして，1867年10月14日，朝廷から**討幕の密勅**を得ました。しかし，将軍慶喜は前土佐藩主山内豊信の建議を受け，同日，政権を朝廷に返す**大政奉還**を朝廷に申し入れました。これには政権を返上しても，徳川氏が大名として存続し，国政への影響力を維持しようというねらいがありました。

政治的混乱の責任をとり，
将軍職を辞退して，政権を
天皇に返します。
明治天皇は若い。
政治の実権は
徳川が握れる！

徳川慶喜

大政奉還によって天皇を頂点とする新体制が樹立されることになりますが，この主導権を誰が握るのかが争点となりました。

慶喜に主導権を握らせるな。
巻き返しをはかるぞ！

西郷隆盛

そこで，薩長側は朝廷を動かして12月9日に**王政復古の大号令**を発し，天皇を中心とする新しい政府の樹立を宣言しました。これにより，幕府や摂政，関白が廃止され，あらたに**総裁**・**議定**・**参**

与の三職がおかれました。これにより265年つづいた江戸幕府は廃止されました。同日の夜，三職による**小御所会議**が開かれ，徳川慶喜に対して内大臣の辞退と領地の返上（**辞官納地**）を求めることが決定されました。

SECTION 11

明治時代（前半）

THEME

SECTION 11で学ぶこと

江戸幕府が滅亡すると，**天皇を中心とする明治政府**が成立したよ。明治政府は欧米諸国に対抗するため，近代化をすすめていく。そして**自由民権運動**が進展するなかで**大日本帝国憲法**を制定して帝国議会を開いたんだ。

1 明治維新

王政復古の大号令で天皇を中心とした新政府の樹立を宣言し，新政府は**戊辰戦争**で旧幕府勢力を倒して全国を統一します。その後，**廃藩置県**を断行して藩制を解体し，中央集権体制のもと，軍制や税制などの近代化政策をすすめました。しかし，新政反対一揆や士族の不満が問題になりました。

2 自由民権運動の開始

明治六年の政変で政府は分裂し，**大久保政権**が成立しました。それに対し，政府に不満をもつ士族が中心となり，国会開設を求める**自由民権運動**がはじまりました。一方で士族の反乱もおこりますが，**西南戦争**を最後に落ち着きます。その後，豪農層が中心となり運動は本格化しました。

3 明治憲法の制定

明治十四年の政変で**国会開設の勅諭**が出され，政府は国会開設を公約し，憲法制定事業を本格化させました。一方，自由民権運動は一時的に停滞しましたが，国会開設を前に再燃します。そのなかで1889年，**大日本帝国憲法**が発布され，翌年には**議会**が開かれました。

1 時代の特徴

経済

新政府は，1870年代には**殖産興業政策**をすすめました。官営事業を中心に近代産業の育成をめざす一方，貨幣・金融制度の整備をすすめました。1880年代には**松方財政**により財政再建がはかられ，貨幣制度では銀本位制にもとづく兌換制度が確立しました。一方で，深刻な農村不況となり，農村では貧富の格差が広がりました。

外交

新政府は**岩倉使節団**を派遣して欧米諸国とむすんだ不平等条約を改正するための第一歩を踏み出しました。一方で清国や朝鮮といった東アジア諸国に対しては，中国を中心とする伝統的な秩序を否定し，条約による国際関係を樹立することをめざしました。そのなかで，**琉球処分**を断行し，清国との関係は悪化しました。

2 重要事項

年代	歴史事項
1860年代	王政復古の大号令（1867） **明治維新** **五箇条の誓文**（1868）
1870年代	廃藩置県（1871） **学制**（1872） **徴兵令・地租改正**（1873） 明治六年の政変（1873） **自由民権運動** **民撰議院設立建白書**（1874） **西南戦争**（1877）
1880年代	**国会期成同盟**の結成（1880） 明治十四年の政変（1881） **内閣制度**の創設（1885） **三大事件建白運動**（1887） 大日本帝国憲法の発布（1889）

THEME 1

明治維新

ここで曲きめる！

- 王政復古の大号令で新政府を樹立し，天皇中心の体制を整備
- 廃藩置県を断行して中央集権体制を確立
- 学制・徴兵令・地租改正の三大改革など近代化政策を実施

1 新政府による国内の統一

① 新政府の成立と戊辰戦争

王政復古の大号令で成立した新政府は1868年から約1年半の**戊辰戦争**で，政府に反抗する旧幕府勢力などを鎮圧しました。

年	月	戊辰戦争の展開
1868	1	**鳥羽・伏見の戦い**
	4	江戸無血開城 …西郷隆盛・勝海舟の交渉
	5～12	奥羽越列藩同盟の抵抗を鎮圧
1869	5	**五稜郭の戦い** …**榎本武揚**の降伏

② 政治体制の整備と天皇権威の高揚

戊辰戦争の間に政府は**五箇条の誓文**を出して，世間一般の議論や意見を重視し（公議世論の尊重），攘夷を否定して海外との交流をすすめる（開国和親）などの基本方針を示し，天皇が神々に誓うという形式をとり，天皇親政を強調しました。一方で政府は，**五榜の掲示**を掲げて，キリスト教を禁止するなど江戸幕府を踏襲した民衆方針を示しました。そして，**政体書**を定めて政治組織を整え，行政機関である**太政官**を中央におき，地方行政の単位として**府・藩・県**を定めました。

五箇条の基本方針を朕自ら天地神明に誓うのだ！

明治天皇

政府は天皇を中心に国をまとめようと考えていたので，天皇の権威を高める必要がありました。1868年8月，明治天皇の即位式をあげ，9月に元号を明治にかえて天皇1代につき元号を1つとする**一世一元の制**を定めました。そのうえ，江戸を東京と改称して，事実上の首都としたのです。

③ 中央集権体制の確立

政府は旧幕府領を**府**・**県**として直接支配しましたが，各**藩**は江戸時代と同じように藩主（大名）が各自の判断で支配していました。そこで政府は，1869年6月，藩主に対して**版籍奉還**の命令を出し，土地と人民の支配権を天皇に返上させました。そして，藩主を地方官である**知藩事**に任命して，政府の指揮のもとで改革にあたらせることにしたのです。しかし，軍事や徴税の権限が各藩にあったため，政府は思うように藩を統制できませんでした。そのうえ，政府の財政難が深刻となり，徴税権を政府が握る必要がありました。

改革をすすめるためには，**藩を解体**しなければ！

木戸孝允

そこで政府は藩を廃止する方針を決定し，1871年，**廃藩置県**をおこないました。旧大名であった知藩事は辞めさせられて東京居住を命じられ，政府から派遣された**府知事**・**県令**が地方行政にあたることになりました。こうして政府は国内の統一を実現し，中央集権化が達成されたのです。

POINT

中央集権化の進展

政体書(1868)	**版籍奉還**(1869)	**廃藩置県**(1871)
太政官制の採用 府藩県の三治制	藩主（領主）→ **知藩事**（地方官）	知藩事を罷免 →**府知事・県令**

2 新政府による近代化政策

① 国内統一後の近代化政策

廃藩置県の結果，旧大名や多くの公家が政府から排除され，主に薩長土肥出身の官僚が政府の実権を握り，**藩閥政府**の基礎ができました。そして，国内を統一した政府は**学制**・**徴兵令**・**地租改正**など重要な改革ができるようになりました。これらの改革は明治維新の三大改革ともいわれます。

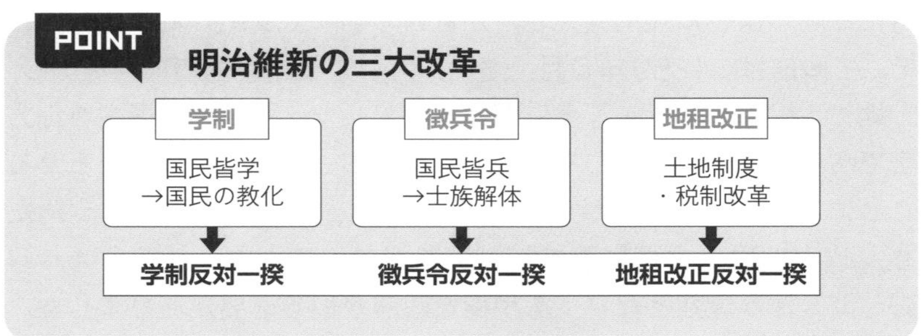

POINT
明治維新の三大改革
学制
国民皆学
→国民の教化
徴兵令
国民皆兵
→士族解体
地租改正
土地制度
・税制改革
学制反対一揆
徴兵令反対一揆
地租改正反対一揆

② 徴兵令と身分制改革

江戸時代には武士が軍事力を担っていましたが，新政府はそれにかわる近代的軍隊の創設をめざしました。そのため，山県有朋が中心となって，1872年に徴兵の理念を示した**徴兵告諭**を出し，翌年，**徴兵令**を公布しました。これにより国民皆兵を原則として身分の別なく，20歳以上の男子は兵役の義務を負いましたが，当初は免役規定がありました。この改革に対しては**徴兵令反対一揆**（**血税一揆**）がおこりました。

国民皆兵を原則として徴兵をすすめるぞ！

山県有朋

徴兵制など近代化の前提として「**四民平等**」をスローガンに身分

制の改革もおこなわれます。旧藩主・公家を**華族**，武士を**士族**，百姓・商人・職人は**平民**とし，えた・非人も平民と同様としました。1871年には**戸籍法**が制定され，翌年，あらたな身分にもとづいて戸籍が作成されました。これを**壬申戸籍**といいます。そのうち，華族・士族には，給与にあたる家禄など**秩禄**が支給されていましたが，国家財政の負担となっていたため，1876年の**秩禄処分**で全廃されました。その際，華族や士族には，数年分の家禄に当たる**金禄公債証書**をあたえました。

③ 地租改正

財政難であった政府にとって財源確保は大きな課題でした。そのため，政府は税制改革として**地租改正**をすすめました。

政府は1871年，作付制限を廃止し，翌年には**田畑永代売買の禁止令**を解き，地価を定め，地主・自作農に**地券**を交付して土地の所有権を認めました。そして1873年，**地租改正条例**を公布しました。課税基準を収穫高から一定の地価に変更し，物納を**金納**に改め，地価の**3%**を**地租**として地券所有者を納税者としました。

	従来の年貢	地租
課税基準	収穫高	地価
税率	不定	3％
納税方法	現物納	金納
納税者	本百姓	地券所有者

農民の負担が従来と変わらなかったため，**地租改正反対一揆**がおこり，政府は地租を2.5%に引き下げて対応しました。

これが土地所有権を示す**地券**だよ！
地価や**地租**が記載されているね。

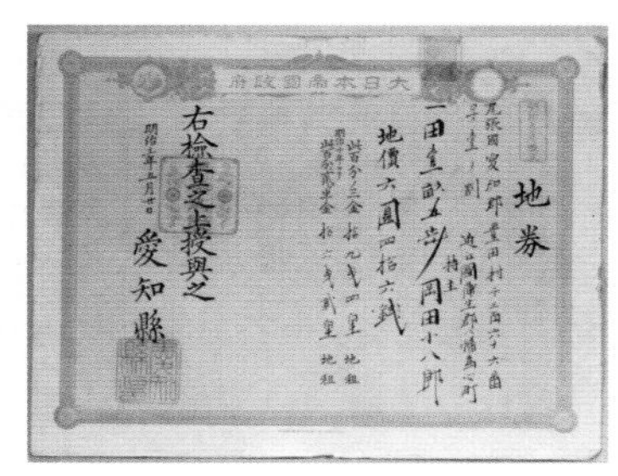

THEME 2

明治初期の外交

ここで畄きめる！

- 条約改正交渉・欧米視察のため，岩倉使節団を派遣
- 樺太・千島交換条約，琉球処分など日本の国境を確定
- 清国とは対等条約，朝鮮とは不平等条約を締結

1 欧米列強との関係

① 岩倉使節団の派遣

明治政府は開国和親の方針にしたがって，欧米諸国と良好な関係を築こうとします。そのなかには江戸幕府がむすんだ不平等条約を対等な条約に改正するという課題がありました。その交渉のため，廃藩置県後の1871年，右大臣の**岩倉具視**（いわくらともみ）を大使とする**岩倉使節団**が欧米に派遣されます。

条約改正の予備交渉と欧米の視察が目的だ！

岩倉具視

この使節団は**大久保利通**（おおくぼとしみち）・**木戸孝允**（きどたかよし）・**伊藤博文**（いとうひろぶみ）らの副使をはじめ，官僚・留学生など100名をこえる大規模なもので，欧米の視察も目的としていました。留学生のなかには，のちに**女子英学塾**（じょしえいがくじゅく）を創設する**津田梅子**（つだうめこ）をはじめ，５人の少女もいました。条約の改正交渉はうまくいきませんでしたが，欧米の制度や産業などを視察することでメンバーが得た知識は日本の近代化に役立ちました。その間，日本国内では**西郷隆盛**（さいごうたかもり）を中心に板垣退助（いたがきたいすけ）・江藤新平（えとうしんぺい）ら**留守政府**（るすせいふ）が学制（がくせい）や徴兵令（ちょうへいれい）などの政策を進めていましたが，改革への反発から新政反対一揆（いっき）が各地でおこり，留守政府は士族の不満が高まるなどの問題をかかえることになります。

② 北方の開発と国境の確定

政府は1869年，蝦夷地を北海道と改称して**開拓使**をおきました。一方，ロシアとの間では，幕末以来，国境問題がありました。国境を定めていなかった樺太に関して，1875年，**樺太・千島交換条約**を結んで，樺太はロシア領と認め，千島全島を日本が領有することとしました。

1876年，日本政府は帰属がはっきりしていなかった**小笠原諸島**の領有を各国に通告しましたが，アメリカやイギリスからは異議がなく，日本領として統治することになります。

日露和親条約では**択捉島**と**得撫島**の間に国境を定めて，**樺太**は日露雑居の地としていたね！

▲日本とロシアの国境

2 東アジア諸国との関係

① 清国との対立

東アジアでは中国を中心とした冊封体制により，国際秩序が成り立っていました。しかし，日本政府は東アジア諸国と西洋にならった条約をむすんで国交を開くことをめざし，軍事力も利用して強硬な態度をとります。

江戸時代，清国とは貿易のみで国交はありませんでしたが，1871年，お互いに開港して領事裁判権を認めあうなど対等な**日清修好条規**をむすびました。

日清間では琉球王国をめぐる問題で対立することになります。琉球は，江戸時代には薩摩の島津氏の支配下にありながら清国へも朝貢し，日清両国にしたがうという状態（**日清両属**）にありました。そのなかで日本政府は，1872年，**琉球藩**を設置しました。また，琉球の漂流民が台湾で殺害される事件がおこると，日本政府は，1874年，台湾に軍隊を送り（**台湾出兵**），清国に賠償金を支払わせました。

大久保利通

台湾出兵をすすめて
清国に対抗するぞ！

台湾出兵には反対！
政府を辞める！

木戸孝允

これを受け1879年には軍隊・警察を派遣して**沖縄県**を設置しました。この一連の政策を**琉球処分**といいます。それにより琉球の所属が日本と清国の間で問題となり，日清関係は悪化していきました。

② 朝鮮の開国

日本政府は朝鮮に従来とは違った形での国交を求めましたが，断られました。そのため，1873年，**留守政府**の西郷を中心に板垣・江藤らは軍事力により朝鮮に開国をせまるという**征韓論**を実行しようとしました。これには国内における士族の不満を対外問題にそらすという意図もありました。しかし，欧米を視察した大久保ら**岩倉使節団**が帰国して，殖産興業など国内の改革を優先するべきだと**内地優先論**をとなえて反対したため，西郷ら征韓派は主張を退けられて政府を辞めました（**明治六年の政変**）。

征韓だ！
朝鮮との戦争も辞さない！

内治優先です！
殖産興業をすすめなければ…。

その後，1875年，日本政府は軍艦を派遣して江華島（こうかとう／カンファド）付近で紛争をおこし（**江華島事件**），それをきっかけに翌年には**日朝修好条規**（にっちょうしゅうこうじょうき）をむすびました。この条約では朝鮮が独立国であることを規定し，釜山（ふざん／プサン）・仁川（じんせん／インチョン）などを開港させ，日本の領事裁判権や関税免除など不平等な内容を認めさせました。

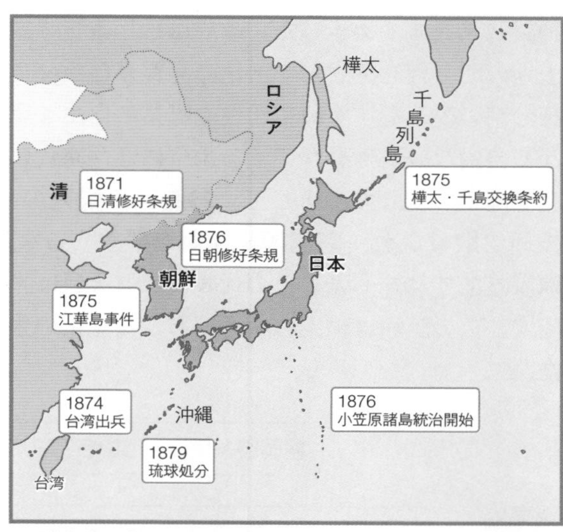

▲明治初期の東アジア情勢

THEME

3 殖産興業と松方財政

ここで覚える！

- 政府は殖産興業政策をすすめ，近代産業を育成
- 欧米にならった兌換制度の整備をめざす
- 松方財政で国家財政は安定するが，深刻な農村不況になる

1 殖産興業

① 殖産興業政策（主に1870年代）

政府は欧米諸国に対抗するために**富国強兵**の実現をめざし，**殖産興業**政策をすすめました。政府は地租改正事業を通じて，近代的な土地の所有権を確立して土地の売買が自由にできるようにしたり，身分制の改革をすすめて居住や職業の自由を認め，関所を撤廃するなど自由な経済活動ができるように江戸時代にあったさまざまな制度を廃止しました。そして，**お雇い外国人**の指導を受けて欧米の技術を取りいれ，**官営模範工場**を設立するなど，さまざまな**官営事業**をすすめました。その代表例が群馬県に設けられた**富岡製糸場**です。この工場は輸出の中心であった生糸の生産拡大に貢献しました。

富岡製糸場はどういう工場だったの？

フランスの先進技術を取りいれた工場で，士族の子女が採用されて工女を育てる目的があったんだ。

1870年に設置された**工部省**と1873年に設置された**内務省**が殖産興業に大きな役割をはたしました。交通では，工部省が中心となって，1872年，**新橋・横浜**間に**官営鉄道**を敷き，開港場と大都市

をむすびつけました。また，工部省は旧幕府の経営していた鉱山や造船所などを官営事業として経営しました。通信では，1869年に東京・横浜間に**電信線**が架設され，のちに欧米へも接続されました。また1871年には，**前島密**(まえじまひそか)の建議により飛脚にかわる**郵便制度**(ゆうびん)が整えられました。海運では，**岩崎弥太郎**(いわさきやたろう)が経営する**三菱**(みつびし)を保護しました。岩崎（三菱）や三井など政府に特権をあたえられて利益を上げた商人は**政商**(せいしょう)とよばれました。

台湾出兵の時に軍事輸送で儲けたのだ！

岩崎弥太郎

1877年には内務省が中心となり，東京の上野で第１回**内国勧業博覧会**(ないこくかんぎょうはくらんかい)が開かれ，民間産業の発展にきっかけをあたえました。政府は，1869年，蝦夷地を**北海道**と改称して**開拓使**(かいたくし)をおき，アメリカ式の農場制度の移植をはかり，1876年にはアメリカの**クラーク**を招いて**札幌農学校**(さっぽろ)を開校しました。さらには1874年には開拓の労働力を確保しつつ，ロシアを警戒して備えるため，**屯田兵制度**(とんでんへい)を設けます。これは秩禄処分(ちつろくしょぶん)などで困窮した士族を救済するための士族授産(じゅさん)の政策にもなりました。

2 松方財政

① 貨幣・金融制度の整備

新政府が成立した当初は，幕府が鋳造(ちゅうぞう)した金貨・銀貨・銭貨(せんか)のほか，諸藩で発行された藩札(はんさつ)や外国の貨幣，さらに戊辰(ぼしん)戦争の戦費を調達するために発行された**不換紙幣**(ふかんしへい)である**太政官札**(だじょうかんさつ)・民部省札(みんぶしょうさつ)などさまざまな貨幣が流通していました。政府は経済を発展させるため，これらを整理して貨幣・金融制度を整えなければなりませんでした。1871年，**新貨条例**(しんかじょうれい)を公布して金本位制(きんほんいせい)を定め，金貨などを発行して**円**(えん)・銭(せん)・厘(り)の10進法を採用しました。ついで政府は1872年，渋沢栄一が中心となってアメリカの制度を参考に**国立銀行条例**を公布し，金融制度の整備をはかりました。これにより，商人や地主など民間の力で銀行を設立させ，正貨（金貨）と同額で交換できることを約束した**兌換紙幣**を各地で発行させようとしました。

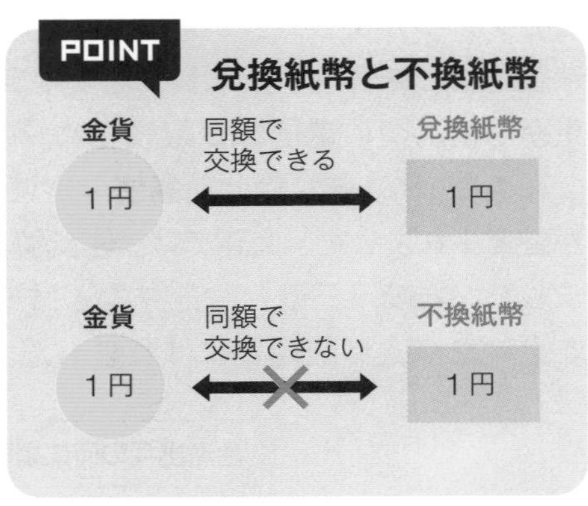

国立銀行は紙幣の発行権をもつ民間銀行だ。

渋沢栄一

当初，国立銀行の設立はすすまず，1876年に国立銀行条例を改正して兌換義務を廃止しました。秩禄処分で発行した金禄公債証書で出資して国立銀行をつくることを奨励したのです。それ以降，急速に国立銀行の設立はすすみました。このような状況により，政府がめざした兌換紙幣を発行する制度はなかなか実現しませんでした。

❷ 松方財政（主に1880年代）

政府は**西南戦争**の戦費を調達するため，**不換紙幣**を発行しました。それに加え，条例の改正により増加した国立銀行が不換銀行券を大量に発行したことから激しいインフレーションがおこって，定額地租を主な財源とする政府は財政難となりました。当時，財政を担当していた**大隈重信**が中心となって工場払下げ概則を制定して官営工場を払い下げる方針を決めるなど財政再建に着手しました。

大隈が明治十四年の政変で罷免されると，1881年，**松方正義**が大蔵卿に就任して財政再建をすすめました。

緊縮財政をすすめて不換紙幣を整理して，**銀本位制**による兌換制度を整える！

松方正義

松方は間接税の増税で政府収入の増加をはかる一方，官営工場の払い下げをすすめるなど，軍事費以外の政府支出を緊縮しました（**緊縮財政**）。そして租税として回収した不換紙幣を消却してデフレーションをすすめ，1882年には中央銀行として唯一の発券銀行となる**日本銀行**を設立します。1885年には銀兌換紙幣を発行させ，翌年には銀兌換をはじめて日本は**銀本位制**となりました。

事業所	年代	払い下げ先
高島炭鉱	1874	後藤象二郎，のち三菱が買収
院内(いんない)銀山	1884	古河
阿仁(あに)銅山	1885	古河
三池(みいけ)炭鉱	1888	三井
佐渡(さど)金山	1896	三菱
生野(いくの)銀山	1896	三菱
長崎造船所	1887	三菱
兵庫造船所	1887	川崎
深川セメント製造所	1884	浅野
新町紡績所	1887	三井
富岡製糸場	1893	三井

国立銀行はどうなったの？

国立銀行は紙幣が発行できない普通銀行になったよ！

この影響でデフレーションがすすみ，政府の財政は安定しました。しかし，その一方で米や繭(まゆ)の価格が下落して農家の収入は減少しました。地租(ちそ)は定額金納であり，地租の負担が減らなかったため，農家の税負担が重くなって深刻な農村不況となりました。そのため，自作農のなかには土地を手放して小作農へと転落する者があらわれ，一方で土地を集積して成長する地主がいて農民の階層分化がすすみました。

1881年から不換紙幣(政府紙幣)が減って，米価が下がっているね！
1886年からは日本銀行券が増えているよ！

▼紙幣流通量の変遷

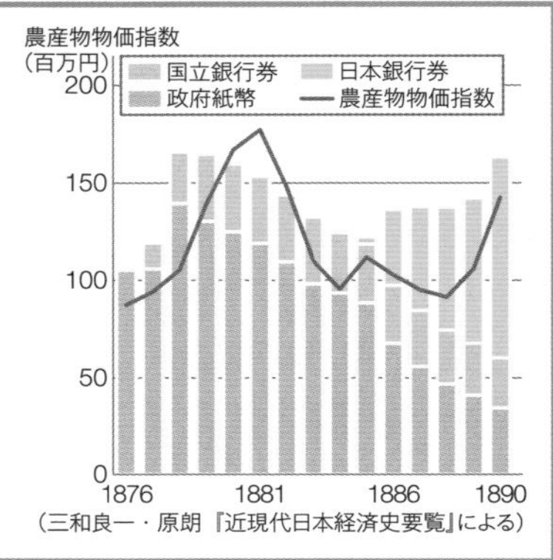

(三和良一・原朗『近現代日本経済史要覧』による)

3
殖産興業と松方財政

THEME 4

自由民権運動

ここで畝きめる！

- 士族中心の運動としてはじまり，豪農層が参加して本格化
- 明治十四年の政変で国会開設の勅諭が出される
- 大同団結運動，三大事件建白運動で運動は再燃

1 自由民権運動の開始と士族の反乱

① 運動のはじまり（士族民権）

明治六年の政変後には，あらたに**内務省**が設置され，地方行政や警察行政など政府の主要な行政を管轄します。その初代長官（内務卿）となった**大久保利通**(おおくぼとしみち)が政府の中心となりました（**大久保政権**）。これに対して政府を去った**板垣退助**(いたがきたいすけ)・**江藤新平**(えとうしんぺい)らは，1874年，愛国公党(あいこくこうとう)を結成して**民撰議院設立建白書**(みんせんぎいんせつりつけんぱくしょ)を政府に提出し，政府を大久保ら官僚の独裁（有司専制(ゆうしせんせい)）であると批判し，「天下ノ公議ヲ張ルハ民撰議院ヲ立(たつ)ルニ在ル而已(のみ)」と議会の開設を求めました。これが**自由民権運動**のはじまりです。

大久保ら官僚の独裁は認めないぞ！
「民撰議院」の設立を求める！

板垣退助

このあと，板垣が土佐で設立した**立志社**(りっししゃ)など，各地では士族を中心とした政社が設立されました。さらに1875年には立志社を中心に全国組織をめざして**愛国社**(あいこくしゃ)が大阪で設立されました。こうした動きに対し，大久保は政府を下野(げや)していた木戸，板垣と会談（**大阪会議**）し，その際の合意にもとづいて**漸次立憲政体樹立の詔**(ぜんじりっけんせいたいじゅりつのみことのり)を出しました。

大久保利通
政府に復帰してくれ！憲法や議会はゆっくり考えよう。

木戸孝允
憲法を制定して立憲体制へ移行すべきだ！

板垣退助
議会を早く開設すべきだ！

これは憲法のもとで国民を立法など政治に関わらせる立憲制に，時間をかけて移行する方針を定めたもので，立法機関である**元老院**，最高裁判所にあたる**大審院**，そして府知事・県令で構成される**地方官会議**を設置しました。その間，民権派は新聞や雑誌で政府を攻撃したので，政府は**讒謗律**・**新聞紙条例**などを制定してこれを規制しました。

② 不平士族の反乱

民権運動がさかんになる一方，政府の改革により特権を失っていく士族は，政府に対する不満から蜂起しました。1874年，征韓論の中止に反発する佐賀の不平士族が江藤新平を擁して挙兵する**佐賀の乱**がおこりました。その後，1876年，**廃刀令**が出され，**秩禄処分**がおこなわれると，1876年から1877年にかけて，不平士族の反乱があいついでおこりましたが，いずれも政府によって鎮圧されました。1877年，**西郷隆盛**を擁した私学校生ら鹿児島士族を中心とした**西南戦争**が発生しましたが，政府が鎮圧すると，これを最後に不平士族による反乱はおさまりました。

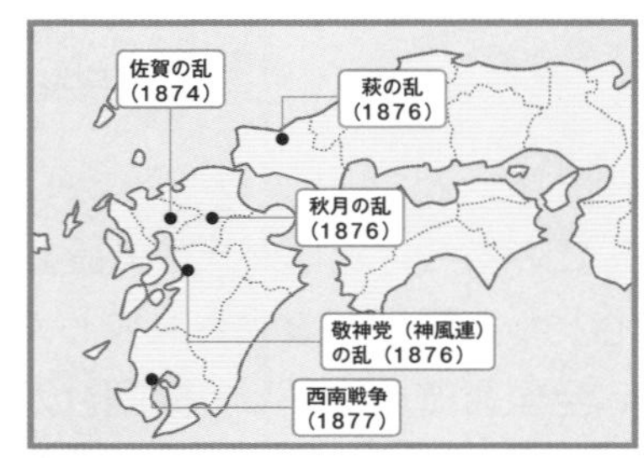

▲士族の反乱

征韓の中止は納得できん！
実行を求める！

西郷隆盛

鹿児島士族の政府への不満は
もうおさえられない…。

2 自由民権運動の本格化と明治十四年の政変

① 運動の本格化（豪農民権）

運動の中心であった立志社は西南戦争の最中に国会開設を求める立志社建白を政府に提出しました。一方，西南戦争後，政府は1878年に**郡区町村編制法**・**府県会規則**・**地方税規則**の**地方三新法**を制定しました。これにより，政府は府会・県会を設置して議員を選挙で選ぶなど地方制度の整備をすすめ，民意を反映できる制度に改めました。そうしたなかで，解散状態にあった愛国社の再興大会が開かれ，運動は士族だけでなく，地主や都市の商工業者，府県会議員などにも広まっていきました。

なぜ地主層（豪農）に運動が広まったの？

地主層（豪農）は多くの地租を負担していたから，政治に対する関心が高かったんだ！

1880年には，愛国社とは別にあらたに大阪で**国会期成同盟**が結成され，国会開設請願書を政府に提出しようとします。これに対して政府は**集会条例**を定め，演説会など政社の活動を制限しました。

そうしたなかで民権派は憲法私案（**私擬憲法**）を作成しました。福沢諭吉らの影響を受けた交詢社の「**私擬憲法案**」や，立志社の植木枝盛による「**東洋大日本国国憲按**」，あるいは東京近郊の農村の青年らによる「五日市憲法」などがありました。

憲法では国民に言論・集会などの自由を認め，抵抗権・革命権を与えるのが理想だ！
植木枝盛

② 明治十四年の政変

自由民権運動の高まりに対し，政府では**大隈重信**らがイギリス流の議院内閣制を早期に導入することを主張し，時期尚早とする**伊藤博文**らと激しく対立していました。

早く議会を開くべきだ！
イギリスの議院内閣制を参考にしよう！
大隈重信

議会を開くのはまだ早い！
伊藤博文

そのなかで，開拓使長官の**黒田清隆**が同郷である薩摩出身の政商に開拓使の官有物を不当な安価で払い下げようとしていると報道されて問題化しました（**開拓使官有物払下げ事件**）。このとき民権派が藩閥と政商の癒着として激しく政府を攻撃しました。政府は払い下げを中止し，民権派と同調したとして大隈を罷免しました。さらに**国会開設の勅諭**を出して1890年に国会を開設することを公約しました。この一連の動きが**明治十四年の政変**です。政府では伊藤を中心とする薩長**藩閥政府**が確立し，天皇が定めるという**欽定憲法**の方針が決まりました。

明治23 (1890) 年に国会を開く！
朕が中心になってすすめるぞ！
実際は伊藤らがやるけどね…。
明治天皇

3 自由民権運動の再編

① 政党の結成と運動の停滞

明治十四年の政変前後には，議会開設に備えて政党を結成する動きがすすみ，板垣(いたがき)を総裁とする**自由党**，大隈を総裁とする**立憲改進党**(りっけんかいしんとう)，福地源一郎(ふくちげんいちろう)らを中心に**立憲帝政党**(ていせいとう)が設立されました。

政党	中心人物	性格	支持者
自由党	板垣退助	フランス流・自由主義	豪農・商工業者
立憲改進党	大隈重信	イギリス流・議院内閣制	都市実業家・知識人
立憲帝政党	福地源一郎	政府系政党	神官・官吏など

1880年代前半には，**松方財政**(まつかたざいせい)の影響で全国的な不況になります。土地を手放して自作農から小作農に転落する農民もいました。さらに下級士族の困窮も激しくなり社会は動揺しました。運動の中心であった地主などが経営難により運動から手を引き，一方で政治的に急進化する者もあらわれました。

このようななか，自由党員や困窮した農民による蜂起(ほうき)などがおこります。1882年には，福島県令三島通庸(みしまみちつね)がすすめる道路の造成事業に反発する農民が抵抗し，これに協力した自由党員の河野広中(こうのひろなか)らが検挙されるという**福島事件**がおこりました。1884年には，埼玉県秩父(ちちぶ)地方で，困民党(こんみんとう)と称する約3,000人の農民が蜂起し，高利貸や警察などを襲撃する**秩父事件**がおこり，政府は軍隊を派遣して鎮圧しました。

秩父事件を起こした農民たちはなぜ困窮したの？

松方財政で米や繭(まゆ)の価格が下落したため，それらを売却して収入を得て，定額の地租を納める農民の負担が重くなったからだよ。

この間に自由党が解党する一方，立憲改進党では大隈重信ら指導者が離党しました。翌1885年には，旧自由党左派の大井憲太郎ら が朝鮮の改革に武力で介入しようと企て大阪で検挙される**大阪事件**がおこりました。こうして自由民権運動はしだいに停滞していきました。

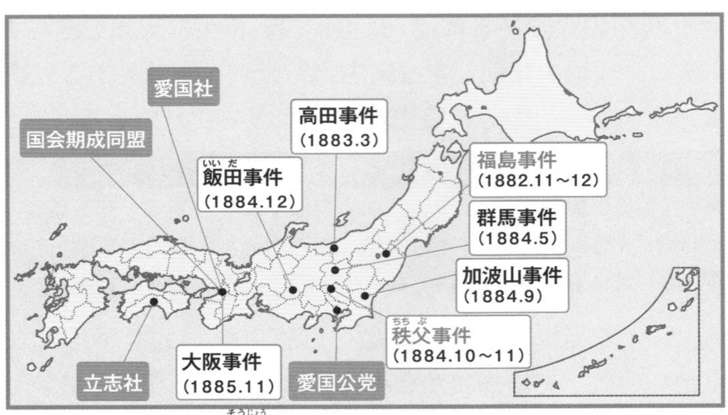

▲自由民権運動における騒擾事件と結社

② 大同団結へ

1880年代後半になり，国会開設の時期が近づくと，民権運動の再結集がはかられ，旧自由党の星亨らのよびかけで団結して国会開設に備えようという**大同団結運動**が活発化しました。1887年には，**井上馨**外務大臣の条約改正交渉に対する反発から，地租軽減，言論集会の自由，外交失策の挽回をとなえる**三大事件建白運動**がおこりました。これに対し，政府は**保安条例**を出して民権派を東京から追放する一方，運動の中心であった大隈重信や後藤象二郎を内閣の大臣としました。これで運動は勢いを失いましたが，1889年の**大日本帝国憲法**の発布によって政党の再建に向かい，**初期議会**では民党の動きにつながりました。

THEME 5

大日本帝国憲法の制定

ここで きめる！

- 伊藤博文の渡欧により，ドイツ流欽定憲法の方針が決まる
- 華族令や内閣制度など諸制度の整備がすすめられる
- 明治憲法体制では，天皇と内閣が強い権限を持つ

1 憲法の制定過程

① 諸制度の整備

政府は**明治十四年の政変**の際，1890年（明治23年）の国会開設を公約しました。そのため，議会を開設するまでに憲法を制定する必要がありました。憲法制定は天皇が定めて国民にあたえる**欽定憲法**の方針がとられ，天皇の権限が強い憲法を制定し，政府が政治的な主導権を握ることを決めました。

1882年には**伊藤博文**らがヨーロッパに派遣され憲法調査にあたり，ベルリン大学のグナイスト，ウィーン大学のシュタインからドイツ流の憲法理論を学び，帰国後は諸制度を整備して憲法制定の準備をすすめました。

ドイツを参考に天皇の権限が強い憲法にするぞ！
公選制の議会には大きな権限をあたえない。

伊藤博文

1884年には，**華族令**を定め，旧公家・大名に加え，国家に功績のあった者を華族として貴族院議員を選出する母体としました。1885年には太政官を廃止して**内閣制度**を創設します。行政機関である内閣は，内閣総理大臣（首相）のもと，各省の大臣が協調して政務をおこなう体制をとりました。初代の内閣総理大臣となったのは**伊藤博文**です。このとき天皇を補佐して宮中を管理する宮内大臣

と内大臣がおかれましたが，宮中と府中（内閣）の区別をするという考え方から内閣の構成員から外れました。

▼第1次伊藤内閣

大臣	氏名	出身	年齢
総理	伊藤博文	長州	45
外務	井上　馨	長州	51
内務	山県有朋	長州	48
大蔵	松方正義	薩摩	51
陸軍	大山　巌	薩摩	44
海軍	西郷従道	薩摩	43
司法	山田顕義	長州	42
文部	森　有礼	薩摩	39
農商務	谷　干城	土佐	49
逓信	榎本武揚	幕臣	50

② 憲法の制定

1886年から伊藤博文を中心に井上毅・伊東巳代治・金子堅太郎らがドイツ人顧問**ロエスレル**らの助言を得ながら，国民には非公開のまま憲法草案の作成がすすめられました。1888年には天皇の諮問機関となる**枢密院**が設置され，明治天皇も出席するなかで審議が重ねられました。そして，**黒田清隆**内閣の1889年2月11日，**紀元節**（建国記念日のこと）に**大日本帝国憲法**が発布されました。

▲憲法発布式

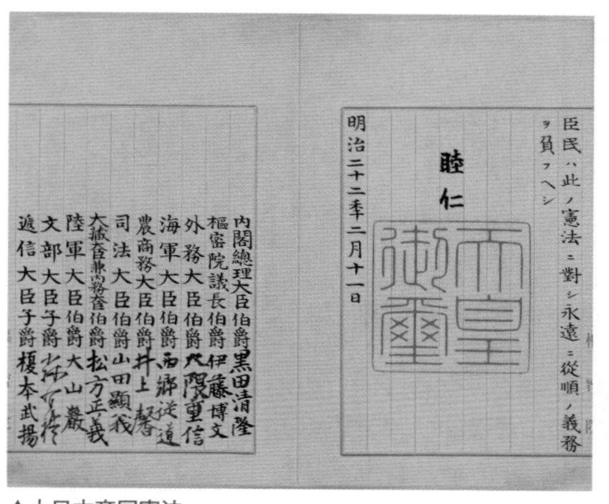

臣民ハ此ノ憲法ニ對シ永遠ニ従順ノ義務ヲ負フヘシ

睦仁
天皇御璽

明治二十二年二月十一日

内閣總理大臣伯爵黒田清隆
樞密院議長伯爵伊藤博文
外務大臣伯爵大隈重信
海軍大臣伯爵西郷従道
農商務大臣伯爵井上馨
司法大臣伯爵山田顕義
大藏大臣兼内務大臣伯爵松方正義
陸軍大臣伯爵大山巖
文部大臣子爵森有禮
遞信大臣子爵榎本武揚

▲大日本帝国憲法

「睦仁」という明治天皇の署名と御璽があるね。黒田清隆以下大臣たちの署名もある。

一方で地方制度の整備もすすめられました。内務大臣の**山県有朋**のもと，ドイツ人顧問**モッセ**の助言を受け，1888年には**市制**・**町村制**，1890年には**府県制**・**郡制**が制定されました。地方自治においては内務省から派遣された府・県知事や郡長が大きな権限をもっており，地方議会では納税額が多い地主などに優位な選挙制度となっていたため，地方の有力者が優位を占めました。

地方制度では，府知事・県知事など首長は任命制，地方議会の議員は公選制だ！

山県有朋

2 明治憲法体制

① 憲法の内容

大日本帝国憲法の制定により，日本でも立憲制が成立しました。大日本国憲法では，天皇が元首として国を統治するという天皇主権を基本的な考え方とし，天皇と行政機関である内閣に強い権限をあたえました。天皇は陸海軍の統帥，文武官の任免，法律の公布・施行，宣戦布告・講和・条約締結などの権限をもっていました。これらは議会が関与できない**天皇大権**とされました。ただし，天皇の統治権は無制限ではなく，憲法の条規にしたがい，内閣の各大臣の助言によって行使されました。

立憲制ってどういう意味？

憲法にもとづいて政治をおこなう制度のことだよ。
支配者の自分勝手な権力を制限して，国民の権利と自由を保障することを目的としているんだ。

　このうち，軍の作戦や用兵に関する**統帥権**は天皇に直属し，内閣も関与できない権限とされ，陸軍の参謀本部，海軍の軍令部の助言で行使されました（**統帥権の独立**）。

　行政機関である**内閣**は，内閣総理大臣以下，各大臣が天皇によって個別に任命され，議会ではなく天皇に対して責任を負いました。

　立法機関は**帝国議会**といい，**貴族院**と**衆議院**の両院で構成されました。貴族院は皇族・華族と天皇が任命する勅任議員から構成されました。衆議院は**公選制**で国民が選挙した議員から構成され，国民の代表機関としての性格をもちました。両院は法案や政府が提出する予算案の審議・議決にあたり，天皇の立法権を協賛しました。天皇大権などがあったため，現在の国会にくらべると権限はおさえられていましたが，法律や予算は帝国議会で賛成多数にならなければ成立しなかったので，内閣は政策をすすめるうえで議会の協力が必要でした。

▼明治憲法体制

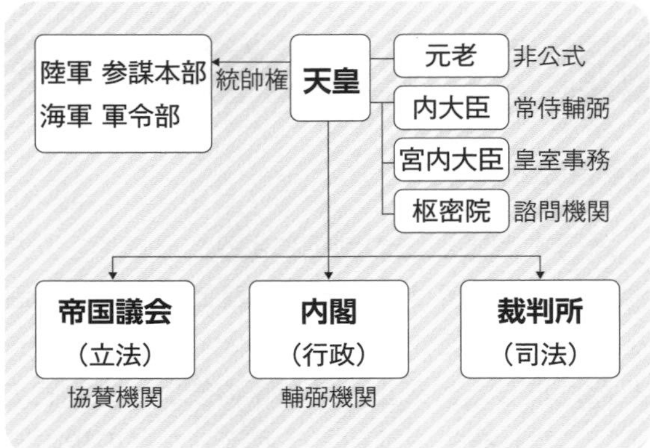

　天皇・皇族以外の国民は，天皇の

臣下である人民として「**臣民**」とよばれました。臣民は兵役・納税の義務を負いましたが，言論・集会・信教・居住・移転などの自由が認められました。ただし，これらの自由は「法律の範囲内」や「臣民の義務に背かない限り」などの条件がつけられ，日本国憲法で規定されている基本的人権の尊重という考え方は不十分なものでした。

また，憲法発布と同時に，皇室に関する基本法として**皇室典範**も制定されて皇位の継承などについて定められましたが，「臣民の敢て干渉する所に非ざるなり」として公布されませんでした。

② 諸法典の編纂

近代的な法典の編纂は明治初年からすすめられました。欧米並みの法典編纂は条約改正のためにも必要でした。フランス人法学者の**ボアソナード**を招いて1880年には**刑法**と**治罪法**（刑事訴訟法）が公布されました。さらに1890年には**民法**や商法なども公布されました。しかし，帝国大学教授の穂積八束がボアソナードを中心として制定したフランス流の民法を批判し（**民法典論争**），日本の家制度に合わないという理由で施行が延期されました。その後，1896から1898年にかけて**新民法**が公布されました。民法であらたに規定された家制度は，家長である戸主が家族に対して強い権限をもち，婚姻などでは戸主の承認が必要となりました。また，女性は男性と対等な権利を認められませんでした。

▼おもな法典の制定

法典名	公布年	施行年
刑法	1880	1882
治罪法	1880	1882
大日本帝国憲法	1889	1890
刑事訴訟法	1890	1890
民事訴訟法	1890	1891
民法	1890	延期
商法	1890	1893
（修正）民法	1896·98	1898
（修正）商法	1899	1899

「民法出デヽ忠孝亡ブ」！
個人主義は日本の家族に合わないのだ。

穂積八束

SECTION 12

明治時代（後半）

THEME

1　初期議会と条約改正
2　日清戦争と日清戦後の議会
3　日露戦争と大陸進出
4　産業革命
5　資本主義社会の形成
6　明治文化

SECTION 12で学ぶこと

憲法が制定され，欧米諸国も注目するなか，議会が開かれたよ。当初は**超然主義**の立場をとる藩閥政府と議会で多数の民党が対立していたけど，**日清戦争**・**日露戦争**を背景に協調するようになるんだ。

1 初期議会

憲法発布の翌年，1890年には選挙が実施され，**初期議会**がはじまりました。藩閥政府は政党に左右されないという**超然主義**の立場を取り，衆議院で多数を占める民権派の**民党**と軍備拡張予算をめぐって対立しました。しかし，**日清戦争**がはじまるとともに対立は終わりました。

2 日清戦後の議会

日清戦争後，ロシアとの対立が本格化するなか，軍備拡張について政府と政党の協調がすすみました。政党の力を無視できないと考えた藩閥は**政党内閣**を認め，**第1次大隈重信内閣**が成立しました。それに対して，伊藤博文は議会運営のため政党が必要だと考え，**立憲政友会**を結成しました。

3 桂園時代

伊藤博文や山県有朋らは天皇の非公式の顧問である**元老**として発言力をもちつづけました。その後継者である陸軍·長州閥の**桂太郎**と立憲政友会総裁の**西園寺公望**が交互に組閣する**桂園時代**となりました。両者の協調のもと，**日露戦争**から大陸進出がすすめられました。

1 時代の特徴

□経済

1880年代後半から**紡績業**・鉄道業を中心に**会社設立ブーム**となり，**産業革命**がはじまります。日本においては繊維産業を中心に機械工業が発達しました。そのなかで労働者の待遇が問題となり，**労働運動**がはじまりました。

□外交

朝鮮半島の主導権をめぐって，1890年代には**日清戦争**，1900年代は**日露戦争**がおこりました。２つの戦争で勝利した日本は**満洲**に進出し，**朝鮮**を植民地化しました。しかし，日本が満洲権益を独占することに反発するアメリカとの関係が悪化しました。

□文化

明治時代には教育・芸術・文学などさまざまな分野で**近代化＝西洋化**が進展し，思想面では**民権思想**が広がりました。その一方で明治時代中期には日本の伝統文化を重視する**近代的民族主義**が台頭しました。

2 内閣と重要事項

内閣	歴史事項
第１次伊藤博文	**三大事件建白運動**（1887）
黒田清隆	**大日本帝国憲法発布**（1889）
第１次山県有朋	**第１議会**（1890）
第１次松方正義	
第２次伊藤博文	**日清戦争**（1894） **三国干渉**（1895）
第２次松方正義	
第３次伊藤博文	**憲政会結成**（1898）

内閣	歴史事項
第１次大隈重信	**初の政党内閣**
第２次山県有朋	**治安警察法**（1900） **軍部大臣現役武官制**（1900） **北清事変**（1900） **立憲政友会成立**（1900）
第４次伊藤博文	
第１次桂太郎	**日英同盟**（1902） **日露戦争**（1904）
第１次西園寺公望	**関東都督府設置**（1906） **南満洲鉄道設立**（1906）
第２次桂太郎	**大逆事件**（1910） **韓国併合条約**（1910）

THEME 1

初期議会と条約改正

ここできめる！

- 藩閥政府は議会開設にあたって超然主義の方針をとる
- 初期議会で民党は予算案をめぐって藩閥政府と対立
- 条約改正では領事裁判権の撤廃と関税自主権の回復が課題

1 初期議会の展開

① 超然主義と初の総選挙

憲法と同時に**衆議院議員選挙法**が公布されました。選挙権をもつのは直接国税15円以上を納める満25歳以上の男子とされ，制限が設けられていました。そのため，有権者は全人口の約1%でした。

憲法発布の直後には**黒田清隆**（くろだきよたか）首相が民権派に対抗し，藩閥政府の立場として政府は政党に左右されないという**超然主義**（ちょうぜん）を表明しました。

政府は**超然**として政党の外に立つのだ！

黒田清隆

そのなかで，1890年には第1回衆議院議員選挙が行われ，選挙の結果，**立憲自由党**（りっけんじゆう）と**立憲改進党**（かいしん）の民権運動の流れを組む**民党**（みんとう）が過半数を占めました。

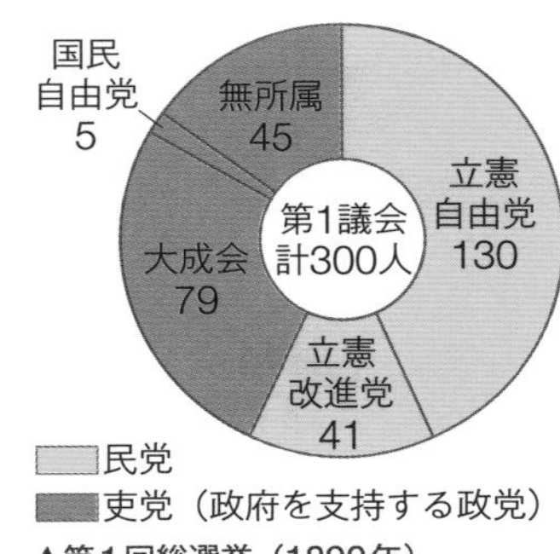

▲第１回総選挙（1890年）

② 初期議会

初期議会では，超然主義をかかげて軍備拡張を含む予算案を提示する藩閥政府と，予算削減や地租軽減を主張する民党が激しく対立しました。

第１議会では，衆議院で過半数を占める民党側が軍備拡張をすすめようとする**第１次山県有朋内閣**を攻撃しましたが，山県内閣は立憲自由党の一部を切りくずして予算を成立させました。

山県有朋

ロシアの南下に対抗するためには，軍事費を増額して国防を強化する必要がある！

政費節減・民力休養！
軍事費の増額に反対！

第２議会では，**第１次松方正義内閣**が民党と対立して衆議院を解散しました。1892年の第２回総選挙では品川弥二郎内相が激しい選挙干渉をおこないましたが民党が勝利し，松方内閣は第３議会終了後に退陣しました。

第４議会では，**第２次伊藤博文内閣**が自由党と接近し，天皇の詔書の力を借り，ようやく海軍を拡張する予算案の成立に成功しました。

第５議会では，藩閥政府と接近した自由党に反発する立憲改進党が他の政党と連合し，政府の条約改正交渉を攻撃して「**対外硬派**」を形成しました。こうした藩閥政府と衆議院の対立は日清戦争直前の第６議会までつづきました。

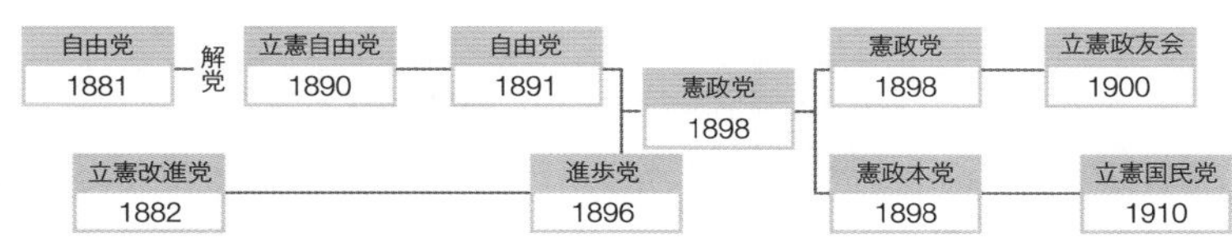

▲明治時代の政党

2 条約改正

① 条約改正の難航（1870～80年代）

日本が欧米諸国と対等な地位を得るためには，江戸幕府が締結(ていけつ)した不平等条約の改正が必要とされました。そのうち，**領事裁判権(りょうじさいばんけん)の撤廃**（法権回復）と**関税自主権(かんぜいじしゅけん)の回復**（税権回復）は特に重要な課題でした。

1870年代には**岩倉使節団(いわくらしせつだん)**が予備交渉のために派遣され，つづく**寺島宗則(てらしまむねのり)**外務卿が税権回復を中心とする条約改正交渉をすすめましたが失敗しました。

1880年代には**井上馨(かおる)**外務卿（内閣制度創設後は第1次伊藤博文内閣の外務大臣）が**法権回復**を中心とする条約改正交渉をすすめました。井上外相は改正交渉を有利にすすめるため，**鹿鳴館(ろくめいかん)**を建設して日本の西洋化をアピールする**欧化主義(おうか)**を採用しました。そして，日本国内を外国人に解放する内地雑居(ないちざっきょ)を認めるかわりに，領事裁判権を撤廃(てっぱい)する改正案を欧米諸国とのあいだにまとめました。

欧米並みの法典を編纂して，
領事裁判権の撤廃をめざす！

井上馨

しかし，それには欧米同様の法典を編纂(へんさん)し，外国人を被告とする裁判では外国人の裁判官を参加させるという条件が付きました。それに対し，農商務大臣の谷干城(たにたてき)や法律顧問(こもん)のボアソナードらをはじめ，政府内外から国家の主権を侵害するものだという批判がおこり，極端な欧化政策に対する反感とあいまって改正案への批判が高まりました。

外国人判事を採用して，内地雑居を認める
のは改悪だ！

谷干城

背景には1886年におこった**ノルマントン号事件**により不平等条約に対する世論の反感が高まっていたこともありました。イギリス船が沈没した際に日本人の乗客が全員死亡したにもかかわらず，領事裁判で船長の過失が問われなかったという事件です。結局，井上は外相を辞任して改正は失敗に終わりました。

人物	条約改正の展開
岩倉具視	条約改正の予備交渉
寺島宗則	税権回復
井上馨	法権回復中心 内地雑居 外国人判事の任用
大隈重信	法権回復 大審院のみ外国人判事の任用
青木周蔵	法権回復
陸奥宗光	法権の完全回復に成功 **日英通商航海条約**締結 （1894）
小村寿太郎	関税自主権の完全回復に成功 **日米通商航海条約**締結 （1911）

つづく黒田清隆内閣の**大隈重信**外相は国ごとに個別の交渉をすすめましたが，大審院への外国人判事の任用を条件としていたことから反発を受け，右翼の青年により襲撃されます。この事件を機に交渉は中断しました。

② 条約改正の達成（1890年代以降）

1890年代になると，ロシアの東アジア進出を警戒するイギリスが日本に好意的になり，条約改正交渉に応じる態度を示すようになりました。そのなかで交渉をすすめていた**青木周蔵**外相（第1次山県有朋内閣～第1次松方正義内閣）は，1891年，訪日中のロシア皇太子ニコライが警備中の巡査に切りつけられて負傷した**大津事件**で責任を取って辞職しました。その後，第2次伊藤博文内閣の**陸奥宗光**外相が，日清戦争勃発直前の1894年，領事裁判権の撤廃，相互対等の最恵国待遇および内地雑居を内容とする**日英通商航海条約**の調印に成功し，他の欧米諸国とも改正条約に調印しました。

イギリスとの改正条約に成功した。
領事裁判権が撤廃できた！

陸奥宗光

日露戦争後には第２次桂太郎内閣の**小村寿太郎**(こむらじゅたろう)外相のもと関税自主権の完全な回復に成功します。1911年，アメリカと**日米通商航海条約**をむすび，他の国とも同様の条約をむすびました。

関税自主権の完全回復に成功した。
これで日本も列国と対等だ！

小村寿太郎

THEME 2

日清戦争と日清戦後の議会

ここで畠きめる！

- 朝鮮内部の動きに日清両国が介入して日清対立が激化
- 日清戦争には勝利したが，日露対立が本格化
- 日清戦後，政党の勢力が強まり，初の政党内閣が成立

1 日清戦争

① 朝鮮をめぐる日清対立

1870年代に**日朝修好条規**(にっちょうしゅうこうじょうき)が締結(ていけつ)されると，朝鮮では近代化をめざす親日派が台頭しました。一方，清国は朝鮮との関係を重視して日本に対抗しました。

1880年代に入ると，朝鮮半島をめぐる日清対立が激化しました。1882年には日本に接近する国王の妻**閔妃**(びんひ／ミンビ)とその一族に反対し，国王の父**大院君**(だいいんくん／テウォングン)を支持する軍隊や民衆が蜂起し，日本公使館をおそいました（**壬午軍乱**(じんごぐんらん)）。反乱は清国が介入して鎮圧したため，失敗に終わりましたが，閔氏政権は日本から離れて清国へ接近しはじめました。これに対し，日本と結んだ**金玉均**(きんぎょくきん／キムオッキュン)ら急進改革派の独立党は，1884年，日本公使館の援助でクーデターをおこしました（**甲申事変**(こうしんじへん)）が，清国軍に鎮圧されました。これにより悪化した日清関係を調整するため，1885年，伊藤博文(いとうひろぶみ)を全権として派遣して**天津条約**(てんしん)を締結しました。この条約により日清両国は朝鮮から撤兵し，朝

▼1880年代の朝鮮問題

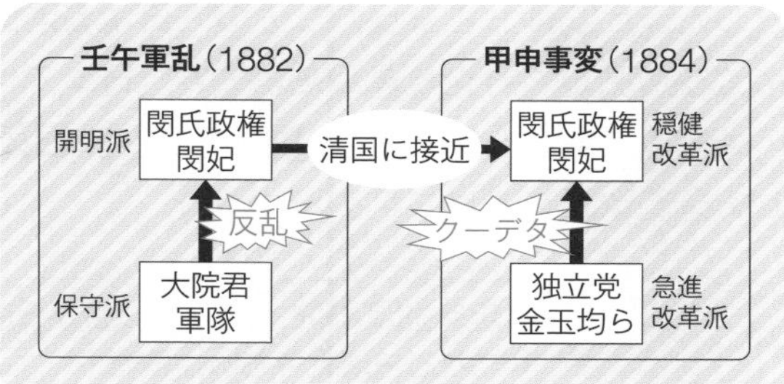

鮮に出兵する際には相互に事前通告することとし，両国の衝突を避けました。

朝鮮での軍事的争いは避けたい！
清国と調整をはからねば…。

伊藤博文

これ以降，日本では清国や朝鮮に対する国民感情が悪化しました。**福沢諭吉**が主催する『時事新報』は「**脱亜論**」を発表して，日本がアジアを脱して欧米列強の一員として清国・朝鮮に対して武力をもって対処することを主張しました。

「**脱亜入欧**」だ！
欧米同様に大陸進出をめざすべき。

福沢諭吉

② 日清戦争の勃発

1889年には，朝鮮の地方官が日本への穀物の輸出を禁じる防穀令を出しました。これに対し，日本政府はこの命令を廃止させ，損害賠償を求めて1893年に要求を実現しました（**防穀令事件**）。日本政府は，清国と接近する朝鮮政府との対立を強めました。

朝鮮では1894年，宗教団体である東学の信徒を中心とする農民が，日本の侵略を非難するとともに，朝鮮政府に抵抗して蜂起する**甲午農民戦争**がおこりました。反乱鎮圧のため，朝鮮政府の要請を受けた清国が天津条約にもとづいて日本に通告して出兵すると，**第2次伊藤博文内閣**の陸奥宗光外相の主張で，日本も対抗して出兵しました。反乱はおさまったものの，日本と清国は朝鮮の内政改革をめぐって激しく対立しました。一方，日本ではこの間にイギリスとの条約改正交渉をすすめ，1894年7月に**日英通商航海条約**を締結して条約改正に成功します。

新条約に調印と青木駐英公使から連絡がきた！
これで日清戦争もいけるぞ！

陸奥宗光

それにより国際情勢が有利になると，清国に宣戦布告をして**日清戦争**をはじめました。日本軍が清国軍を朝鮮半島から排除し，遼東半島を占領するなど戦争は日本の勝利に終わりました。そして1895年，日本全権**伊藤博文**・**陸奥宗光**と清国全権の李鴻章とのあいだで**下関条約**がむすばれ，講和が成立しました。この条約では，清国が①朝鮮を独立国と認め，②日本に**遼東半島**・**台湾**・膨湖諸島を割譲し，③日本に**賠償金2億両**（当時の日本円で約3億円）を支払い，④あらたに沙市・重慶など4港を開くことが決められました。この結果，台湾を領有した日本は，住民の抵抗を武力で抑え，**台湾総督府**を設置して植民地支配を進めました。

▲日清戦争後の日本の勢力範囲

しかし，遼東半島の割譲に対して**ロシア**は，ドイツやフランスとともに，その返還を求める**三国干渉**を実行しました。対抗する力がなかった日本はこれを受け入れました。

2 日清戦後の議会

① 初の政党内閣成立

三国干渉により，国民は「**臥薪嘗胆**（がしんしょうたん）」をスローガンにロシアへの対抗心を強め，それを背景に政府は軍備拡張を中心に国力の充実をはかりました。

軍備拡張などの政策をすすめるには，藩閥（はんばつ）勢力は議会で予算を承認してもらう必要があり，それまで対立してきた政党との協調をはかりました。**第2次伊藤博文**（いとうひろぶみ）**内閣**は，板垣退助（いたがきたいすけ）を内務大臣として入閣させ，**自由党**と提携しました。つづく**第2次松方正義**（まつかたまさよし）**内閣**は，大隈重信（おおくましげのぶ）を外務大臣として入閣させ，立憲改進党などから結成された**進歩党**（しんぽとう）と提携しました。

しかし，軍備拡張の財源として地租増徴（ちそぞうちょう）が問題になると，地主を支持基盤とする政党は政府に協調できず，1898年に成立した**第3次伊藤博文内閣**は政党との提携に失敗しました。伊藤内閣が提案した地租増徴案に対し，自由・進歩両党は結束して否決し，合同して**憲政党**（けんせいとう）を結成しました。

伊藤博文

地租増徴には反対だ！
憲政党を結成して対抗するぞ！

板垣退助

大隈重信

この結果，衆議院で絶対的な多数をもつ政党が誕生し，議会運営の見通しを失った第３次伊藤内閣は総辞職しました。それにかわって初の政党内閣として**憲政党**を与党とする**第１次大隈重信内閣**（**隈板内閣**）が成立しました。

伊藤博文

一度，**大隈・板垣**に政権を担当させてみてはどうですか？

政党内閣は認めたくないが…仕方ない。**大隈**か，**板垣**を首相に指名する！

明治天皇

この内閣は大隈が首相兼外相，板垣が内相となり，陸海軍大臣以外の閣僚はすべて憲政党員でした。しかし，大隈内閣は旧自由党・旧進歩党間の対立があり，共和演説事件で**尾崎行雄**文相が辞任すると，その後任をめぐる対立から旧自由党系の**憲政党**と旧進歩党系の**憲政本党**に分裂し，内閣は成立から４カ月で総辞職しました。

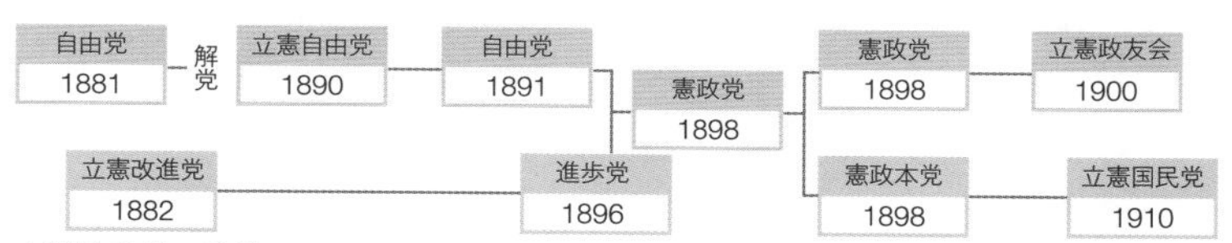

▲明治時代の政党

② 立憲政友会の成立

大隈内閣につづいて成立したのは**第２次山県有朋内閣**です。山県内閣は**憲政党**の支持を得て，地租増徴案を成立させました。そして政党の勢力拡大による軍部への影響を抑えるため，1900年には**軍部大臣現役武官制**を制定し，現役の大将・中将以外は陸・海軍大臣になれないようにしました。また，**治安警察法**を制定して，労働運動など政治・社会運動を規制しました。

山県有朋

陸軍・長州閥の勢力を集めて
政党に対抗するぞ！

議会運営のためには政党が必要。
立憲政友会を結成するぞ！

伊藤博文

一方，**伊藤博文**は議会の運営をスムーズにするためには政府に協力する政党が必要だと考えました。1900年，伊藤派の官僚に加え，山県内閣の政策に批判的になった**憲政党**のメンバーとともに**立憲政友会**を結成しました。伊藤は立憲政友会を与党として第４次内閣を組織しましたが短命に終わり，1901年には**第１次桂太郎内閣**が成立しました。

これ以降，山県の後継者である長州閥の**桂太郎**と，伊藤のあとを受けて立憲政友会の総裁となった**西園寺公望**が政界を二分し，交互に政権を担当する**桂園時代**になりました。山県や伊藤らは政界の第一線を退き，天皇の非公式の顧問である**元老**として首相の推薦をして，政治に対する影響力を保持しました。

THEME

3 日露戦争と大陸進出

ここできめる！

- 三国干渉や韓国問題で日露対立が本格化
- 日露対立を背景にイギリスと接近し日英同盟を締結
- 日露戦争で勝利し，満洲に進出する一方で韓国を併合

1 日英同盟と日露戦争

① 日露対立の本格化

日清戦争で清国が敗北したことで，中国を中心とした東アジアの伝統的な国際秩序はくずれ，**三国干渉**は日露対立を本格化させました。そのなかで日本の侵略をおそれた朝鮮は1897年に**大韓帝国**（韓国）と国号を改め，ロシアの支援で日本に対抗する動きを強めました。日本はロシアの東アジア進出を警戒し，朝鮮半島に勢力を伸ばそうとしていたため，韓国問題をめぐる日露対立はしだいに深まりました。

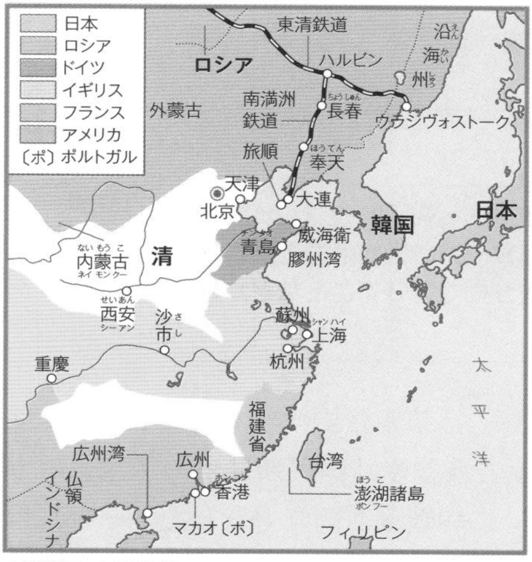

▲列強の中国分割

列強	年	租借地
ロシア	1898	旅順・大連
ドイツ	1898	山東半島の膠州湾
イギリス	1898	威海衛
	1898	九龍半島
フランス	1899	広州湾

清国の弱体化をみた列強は，港湾の租借権や鉄道の敷設権などさまざまな利権を清国から手に入れ，独占的な勢力範囲を設定して**中**

国分割を進めていきました。満洲への勢力拡大をねらうロシアは，1898年，日本が返還した遼東半島の**旅順**と**大連**を租借しました。そのほか，ドイツ，イギリス，フランスなどが租借地を拠点として勢力を伸ばしました。こうした動きに対し，アメリカは中国分割には関わらず，国務長官ジョン=ヘイが中国における通商の自由を求める門戸開放宣言を発しました。

清国では列強の進出に反発した**義和団**が「扶清滅洋」をとなえて勢力を拡大し，1900年には北京の列国公使館を包囲しました。清国政府もこれに同調して列国に宣戦布告し，**北清事変**がおこりました。日本や列国は連合軍を結成してこれを鎮圧し，翌年には清国と**北京議定書**をむすんで，巨額の賠償金支払いや公使館守備兵の駐留などを承認させました。

② 日英同盟と日露戦争の開始

北清事変の際にロシアは満洲を占領して清国に権益を認めさせ，事変後も撤兵しませんでした。それに対し，**第１次桂太郎内閣**は満洲と接する韓国を勢力範囲として確保するため，イギリスと同盟をむすぶ方針をとり，1902年に**日英同盟**をむすびました。その後も日本はロシアとのあいだで交渉をつづけつつ，開戦準備をすすめました。

日英同盟はどんな内容なの？

日本の韓国における政治的・経済的利益を承認することや，日英どちらか一方の国が他国と交戦した場合，もう一方の国が中立を守ることなどが規定されているよ。

国内では**対露同志会**や戸水寛人ら東京帝国大学などの七博士は**主戦論**をとなえ，「万朝報」の黒岩涙香や「国民新聞」の徳富蘇峰が主戦論を盛り上げると，しだいに開戦論が高まりました。一部にはキリスト教徒の**内村鑑三**や，**平民社**を設立した社会主義者の**幸徳秋**

水・堺利彦らのように**非戦論**・**反戦論**をとなえる人々もいましたが少数派でした。開戦後，**与謝野晶子**は「君死にたまふこと勿れ」という反戦詩を雑誌『明星』に発表しています。

「君死にたまふこと勿れ」
戦地にいる弟が心配…。
与謝野晶子

▼日露戦争関係図

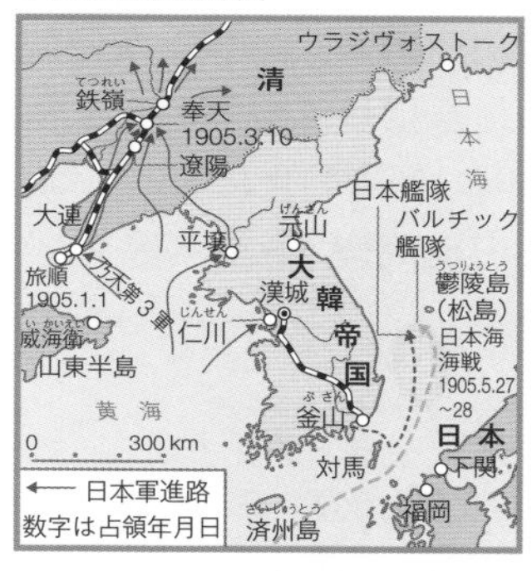

1904年，日本とロシアの交渉は決裂し，両国は宣戦布告をして**日露戦争**がはじまりました。日本は戦局を優位にすすめたものの，国力は限界に達し，日本海海戦での勝利を機にアメリカに調停を依頼しました。一方，ロシアも国内で革命運動がおこって戦争継続は困難であったため，アメリカの大統領**セオドア=ローズヴェルト**の斡旋で，1905年，**ポーツマス条約**が締結されました。全権は日本側が**小村寿太郎**，ロシア側はヴィッテでした。ロシアは，①韓国における日本の優越権を認め，②**旅順**・**大連**の租借権や長春以南の鉄道利権と③**北緯50度以南の樺太**を日本に譲り渡すことなどを認めました。しかし，戦争中の増税や犠牲に苦しんだ国民は，条約で賠償金が得られなかったことで反発しました。東京では暴動がおこり，**日比谷焼打ち事件**が発生しました。

▲日露戦争後の勢力範囲

賠償金がなかったら戦後補償はどうなるんだ！

2 大陸進出と国際情勢

① 韓国併合

日露戦争中から日本は韓国への侵略を進めました。1904年，日韓議定書をむすび，韓国内での軍事行動の自由を確保し，同年，**第1次日韓協約**をむすんで日本政府が推薦する外交・財政顧問を韓国政府で採用させました。日露戦争終結後の1905年には**第2次日韓協約**をむすび，韓国の外交権をうばい保護国化して**統監府**（とうかんふ）を設置し，**伊藤博文**（いとうひろぶみ）を初代統監としました。韓国の保護国化については，アメリカと**桂**（かつら）**・タフト協定**，イギリスとは**日英同盟**を改定（第2次）して承認を取り付けました。

韓国の保護国化を認めさせるかわりに，**桂・タフト協定**ではアメリカのフィリピン支配を承認，**第2次日英同盟**はインドまで適用範囲を拡大したぞ！

桂太郎

これに対し，1907年，韓国皇帝はオランダのハーグでおこなわれた第2回万国平和会議に密使（みっし）を送って日本の侵略を訴えようとしましたが，受けいれられませんでした（**ハーグ密使事件**）。これを機に日本は韓国皇帝を退位させ，**第3次日韓協約**をむすび，韓国の内政権を掌握（しょうあく）し，軍隊を解散させました。韓国ではこれらに抵抗する**義兵**（ぎへい）**運動**が活発化しました。

1909年，伊藤博文がハルビンで安重根（あんじゅうこん／アンジュングン）に暗殺されると，1910年には**韓国併合**（へいごう）**条約**をむすび，韓国を植民地化して**朝鮮総督府**（ちょうせんそうとくふ）を設置しました。初代総督には**寺内正毅**（てらうちまさたけ）が就任しました。このの ち韓国で**土地調査事業**を実施して農民から土地を取り上げて国有地とし，一部は国策会社の**東洋拓殖会社**（とうようたくしょく）や日本人地主に払い下げられました。

総督は現役の軍人に限られていたのだ！厳しく支配するぞ。

寺内正毅

② 満洲への進出

日露戦争後には，日本の満洲進出が本格化し，ポーツマス条約で獲得した権利をもとに南満洲を勢力範囲にしました。1906年には旅順・大連とその周辺地域である**関東州**を統治する機関として旅順に**関東都督府**が設置されました。さらに半官半民の**南満洲鉄道株式会社**（満鉄）を大連に設立し，ロシアから譲り受けた長春・旅順間の旧東清鉄道を中心に，炭鉱の開発や製鉄所の経営などをすすめました。

▼関東州

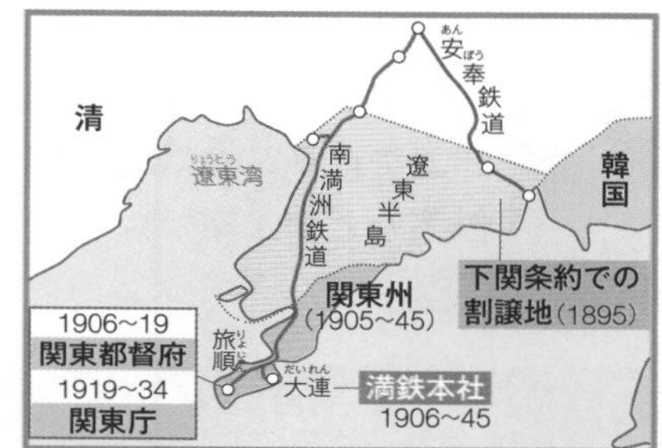

満洲への経済的な進出をねらうアメリカは日本の南満洲権益の独占に反対し，アメリカの国内では**日本人移民排斥運動**が激化するなど日米関係は急速に悪化しました。しかし日本は**日英同盟**や**日露協約**によるイギリスやロシアとの協調を背景に満洲の権益を国際的に承認させました。

1911年，中国では孫文を指導者として**辛亥革命**がおこって清朝が滅亡し，翌年には**中華民国**が成立しました。日本政府は革命の動きに対して不干渉の立場をとりました。

▼日露戦後の国際関係

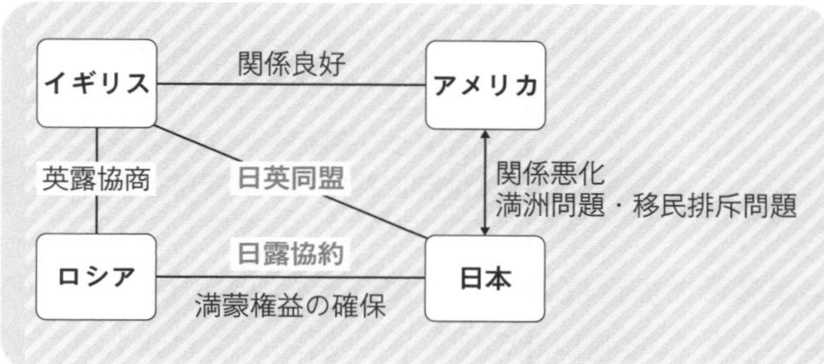

THEME 4

産業革命

ここでおさめる！

- 1880年代後半の会社設立ブームから産業革命がはじまる
- 日本の産業革命は紡績業・製糸業など繊維産業が中心
- 鉄鋼など重工業は大部分を輸入に頼る

1 産業革命のはじまり

① 産業革命へ

1880年代には，大蔵卿**松方正義**が財政再建をすすめ，そのなかで民間産業が成長し，銀本位制が確立して物価が安定しました。そのため，1880年代後半には，鉄道や紡績を中心に**会社設立ブーム**（**企業勃興**）となり，機械技術をもちいて生産力を高める産業革命の時代をむかえました。

1890年代には，日清戦争で得た巨額の賠償金をもとに，政府は軍備拡張や貨幣・金融制度の整備につとめました。1897年には第2次松方正義内閣のもと，**貨幣法**を制定し，欧米諸国にならった**金本位制**を採用して外国為替相場を安定させ，貿易をさかんにすることをめざしました。また，特定の分野に資金を供給する特殊銀行として，日本勧業銀行・日本興業銀行などが設立されました。

欧米諸国との貿易が多くなってきた。**金本位制**に移行する必要がある！

松方正義

貿易は産業革命の進展により拡大したものの，綿花などの原料や鉄・機械の輸入が増加したので，輸入超過となりました。貿易品のあつかいでは三井物産をはじめとする商社が活躍し，外国為替をあつかう特殊銀行である**横浜正金銀行**が貿易に関する金融にあたりました。

❷ 繊維産業の発達

日本の産業革命の中心となったのは**綿糸**を生産する**紡績業**でした。幕末には厳しい状況にあった綿産業ですが，明治時代に入り，輸入綿糸を材料に綿織物を生産することで回復に向かいました。1870年代後半には臥雲辰致が紡績機械である**ガラ紡**が広がり，綿糸の国産化がすすみました。1882年，第一国立銀行頭取であった渋沢栄一のよびかけで**大阪紡績会社**が設立され，翌年，操業を開始しました。

▼綿糸の生産と輸出入の推移

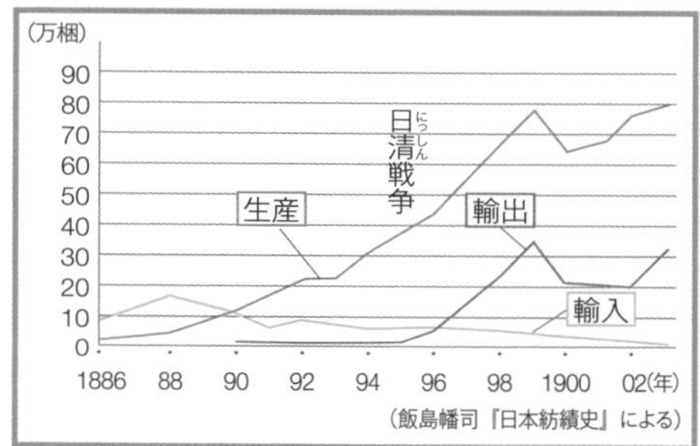

綿糸を国産化するためには
大規模な工場が必要だ！
渋沢栄一

この工場では，中国・インドなどから原料の**綿花**，欧米から**蒸気機関**を輸入して大量生産し，大規模な経営に成功しました。この成功を受けて大規模な紡績工場を設立する動きが高まり，ガラ紡は排除され，輸入機械による生産が増加しました。1890年には国産の綿糸生産量が輸入量を上回りました。日清戦争後，綿糸は主に中国や朝鮮への輸出品として発展し，1897年には輸出量が輸入量を上回りました。しかし，原料の綿花を輸入していたため，綿業の貿易収支は赤字でした。

日露戦争後，**綿織物業**では，大規模な紡績会社が大型の力織機を輸入して綿織物をさかんに生産するようになり，農村では**豊田佐吉**が発明した小型の国産力織機を導

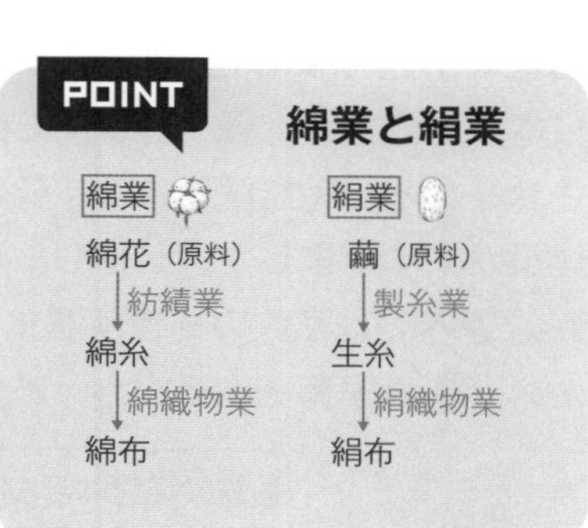

入して小規模な工場へ転換する動きがすすみます。1909年には綿布輸出額が輸入額を上回りました。

一方，国産の**繭**を原料とした**生糸**を輸出して外貨を獲得する**製糸業**は重要な産業でした。幕末の開港以来，生糸は欧米向けの輸出品として発展しました。当初は江戸時代の機械を改良した**座繰製糸**が普及しましたが，欧米の機械に学んで改良した**器械製糸**が広がりました。農村では原料の繭を生産する**養蚕業**も発達しました。輸出の増加により日清戦争前後には**器械製糸**の生産量が座繰製糸を上回りました。日露戦争後にはアメリカ向けの輸出が伸び，1909年には中国を抜いて世界最大の生糸輸出国となりました。

2 産業革命の展開

① 鉄道と海運

▼鉄道の発達

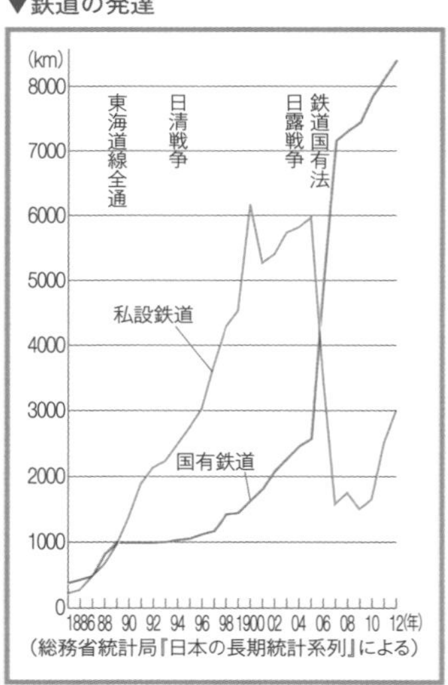

(総務省統計局『日本の長期統計系列』による)

鉄道業では，1881年，華族の出資により**日本鉄道会社**が設立され，初の私鉄が開業し，政府の保護で成功したことから鉄道会社の設立ブームとなりました。官営鉄道では，1889年に東海道線が全通し，新橋・神戸間がつながりましたが，同年，営業キロ数では民営鉄道が官営を上回りました。1891年には日本鉄道会社が上野・青森間を全通させるなど，民営鉄道による幹線の建設がすすみました。しかし，日露戦争後の1906年，**第1次西園寺公望内閣**は私鉄の経営が悪化するなか，軍事的な必要が高まったため，**鉄道国有法**を公布し，私鉄17社を買収して国有化しました。

私鉄の経営は苦しいし，軍事的にも利用したい。
主要な鉄道は国有化するぞ！

西園寺公望

海運では，三菱が独占することへの反発から共同運輸会社が設立されましたが，1885年に合併して**日本郵船会社**となり，三菱の手を離れました。日本郵船は政府の保護を受け，1893年には綿花輸送を目的としてインドのボンベイ航路を開きました。政府は1896年に**造船奨励法**・航海奨励法を公布して鉄鋼船の建造と外国航路への就航に保護を加えました。

▼輸出入品目の変化

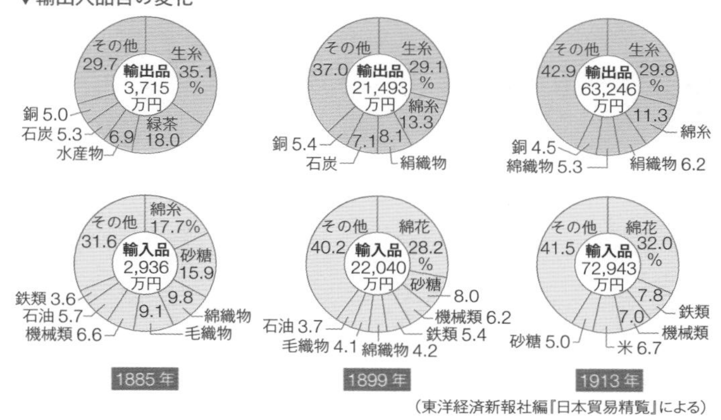

（東洋経済新報社編『日本貿易精覧』による）

1885年は輸入品の１位が**綿糸**だけど，1899年には**綿花**が輸入品の１位になっているうえに，**綿糸**が輸出品の2位になっているよ！　**綿糸**の国産化がすすんだことがわかるね。
生糸はずっと輸出品の１位で，重要な外貨獲得産業だ！

❷ 重工業の発達

松方財政のもと，軍事工場と鉄道をのぞく官営事業は民間に売却されていきました。三井・三菱（岩崎）をはじめ，**政商**は鉱山の払い下げを受け，機械化をすすめて石炭や銅の輸出を拡大しました。

重工業の分野では，日清戦争後，賠償金をもとに官営の**八幡製鉄所**が設立されました。北九州の**筑豊炭田**の石炭を使用し，原料の鉄鉱石は中国の**大冶鉄山**から輸入しました。さらに民間の**日本製鋼所**

の設立もすすみましたが，鉄の生産力は低く，国内の需要を満たすことはできなかったため，輸入に頼っていました。日清戦争後の造船奨励策のもと，三菱の**長崎造船所**などが成長し，世界レベルの技術に追いつきました。工作機械では池貝（いけがい）鉄工所が旋盤（せんばん）の国産化に成功しました。

なぜ八幡製鉄所は北九州に設立されたの？

燃料となる石炭が北九州の筑豊炭田で採れたからだよ！

THEME 5

資本主義社会の形成

ここできめる!

- 財閥や寄生地主が投資するなど資本家へと成長する
- 貧しい農家の子女が低賃金の労働力として繊維産業を支える
- 労働者の待遇が問題となり労働運動や社会主義運動が勃興

1 寄生地主・財閥の成長

① 産業革命と農村

工業にくらべると，農業は発展がゆるやかで，江戸時代からつづく米作を中心とした小規模な経営が中心でした。商品作物の栽培では，生糸の輸出拡大を反映して，桑の栽培や養蚕は好調でした。一方，綿花は輸入品が増加し，栽培がおとろえました。

松方財政による農村不況の影響で，農村では階層分化がすすみました。生活が苦しくなった自作農から土地を買い集めて集積する地主が増え，なかには小作料収入を得て，耕作から離れる**寄生地主**もあらわれました。こうした地主は株式に投資したり，企業を設立したりするなど資本家として産業革命を支えました。一方，土地を手放した自作農は小作農に没落し，貧しい農家では子女を工場に出稼ぎに出すなどして家計を支えていました。こうした子女の出稼ぎは繊維産業に低賃金の労働力を供給することとなり，産業革命に重要な役割をはたしました。

② 財閥の形成

三井・三菱などの**政商**は産業革命のあいだにも，金融・貿易・鉱業などさまざまな分野に進出し，多角的な経営をすすめました。政商は鉱工業の基盤をもち，多くの部門にわたり株式を所有することで会社を支配する**持株会社**をつくり，**コンツェルン**の形態を整えていきました。そして，明治時代末期から大正期にかけて財閥(ざいばつ)へと成長していきました。1909年には，三井財閥が三井合名(ごうめい)会社を設立しました。その後，1920年代にかけて三菱・住友(すみとも)・安田の各財閥も持株会社を設立しました。これらの持株会社は創業者の同族によって直接支配されました。

▼コンツェルン

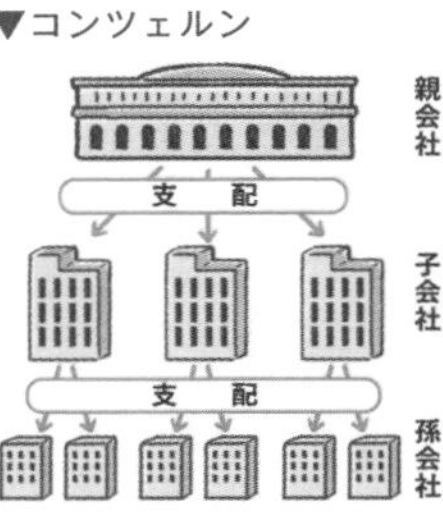

2 社会問題のはじまり

① 社会問題の発生

産業革命を経て，資本主義社会が成立したことにより，あらたな問題が発生しました。その1つは工場で働く労働者の待遇(たいぐう)の問題です。繊維(せんい)産業を中心に工場が増えるにつれ，低賃金(ていちんぎん)労働者も増えていきましたが，その大半は貧しい農家の次男・三男や，娘たちでした。特に繊維産業の労働者の多くは女性でした。女性の多くは，賃金の前借りや寄宿舎(きしゅくしゃ)制度で工場に縛(しば)りつけられ，欧米よりはるかに安い賃金で，紡績(ぼうせき)業では昼夜2交替制，製糸(せいし)業では15時間以上の長時間の労働を強いられました。

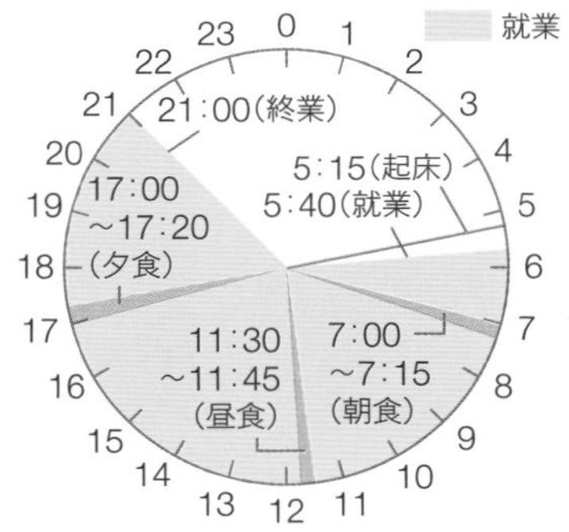

▲製糸工場での労働時間
（『長野県立歴史館展示案内』による）

男性の労働者は鉱山(こうざん)業や運輸業で働いており，1888年には雑誌『日本人』が三菱(みつびし)の経営する高島炭鉱の労働者の悲惨な状況を報じて反響をよびました。

こうした労働者の実態は，**横山源之助(よこやまげんのすけ)**が著した『**日本之下層社会**』（1899年刊）や，農商務省(のうしょうむしょう)が編纂(へんさん)した『**職工事情(しょっこうじじょう)**』（1903年刊）に記されています。

このころには公害問題も発生しました。**足尾銅山(あしおどうざん)**から流れ出た鉱(こう)

毒が，渡良瀬川流域の農業や漁業に深刻な被害をあたえていることが社会問題になり，1901年，操業停止を訴える**田中正造**が天皇への直訴まで試みましたが，政府は効果的な対策をおこないませんでした。

足尾銅山を操業停止にしなければ。
政府が動かぬなら天皇に直訴じゃ！
田中正造

② 労働運動のはじまり

日清戦争前後の産業革命期に入ると，待遇の改善や賃金の引上げを要求するストライキがはじまりました。1897年には，アメリカの労働運動に影響を受けた**高野房太郎**・片山潜らが**労働組合期成会**を結成して労働運動を指導し，鉄工組合など労働組合の結成がすすみました。その結果，労働者の待遇改善を求める労働争議が増加しました。

こうした動きに対して，**第2次山県有朋内閣**は1900年，**治安警察法**を制定して労働者の団結権やストライキ権を制限して取り締まりました。**第2次桂太郎内閣**は労働者の待遇を改善するため，1911年，はじめての労働者保護法である**工場法**を制定しました。しかし，適用範囲が15人以上を使用する工場に限定されるなど十分な労働者の保護にはならなかったうえ，施行は1916年まで延期されました。

なぜ工場法は施行が延期されたの？

労働時間の制限などで生産力が落ちるといって，
資本家たちが反対したからだよ。

③ 社会主義政党の結成

日露戦争後，労働運動が展開するなか，資本主義を否定的にみて，貧富の格差がない社会を実現しようとする社会主義運動もはじまりました。1901年には安部磯雄・片山潜・**幸徳秋水**らが初の社会主義政党である**社会民主党**を結成しましたが，治安警察法により禁止されました。1906年には，**日本社会党**が結成され，第１次西園寺公望内閣に公認されましたが，翌年，解散させられました。第2次桂太郎内閣は1910年の**大逆事件**で社会主義者を弾圧しました。この事件では，明治天皇暗殺の計画が発覚したことをきっかけに，計画に関与していなかった社会主義者も大量に検挙され，幸徳秋水ら12名が死刑となりました。その結果，社会主義者が活動しにくくなり，「**冬の時代**」となりました。

俺は天皇暗殺計画に関わっていない，無実だ！

幸徳秋水

THEME

6 明治文化

ここで畝きめる！

- 1870年代には西洋文明の摂取による近代化をはかる
- 1880年代には日本の伝統文化を重視する風潮が強まる
- 近代的な教育制度が整い，義務教育が普及する

1 明治の思想・学問・教育

1 明治の思想

明治初期，新政府は西洋文明の摂取による近代化の推進をはかり，国民のあいだに**文明開化**（ぶんめいかいか）とよばれる新しい風潮が生まれました。

文明開化の風潮って，具体的に何があるの？

東京の銀座には**煉瓦造り**（れんが）の建物が並んで，**ガス灯**が立てられたよ。そのほか，1872年に**太陽暦**が採用されて，日曜日が休日になったのも文明開化の象徴だね。

思想面では，西洋の**啓蒙思想**（けいもう）の普及がはかられ，**福沢諭吉**（ふくざわゆきち）の『**学問のすゝめ**』や**中村正直**（なかむらまさなお）の『**西国立志編**』（さいごくりっしへん）などが啓蒙書としてさかんに読まれました。1873年には，森有礼（もりありのり）を社長に福沢諭吉・中村正直・加藤弘之（ひろゆき）らが**明六社**（めいろくしゃ）を結成し，翌年から『**明六雑誌**』を発行して近代思想の普及につとめました。

天は人の上に人を造らず人の下に人を造らず！

福沢諭吉

一方，自由民権論の基礎となった**天賦人権の思想**（てんぷじんけん）がとなえられ，土佐出身の**中江兆民**（なかえちょうみん）はルソーの『社会契約論』（けいやく）の一部を翻訳して

『民約訳解』を刊行し，**植木枝盛**は『民権自由論』を著しました。

人は生まれながらにして自由・平等で，幸福を
追求する権利があるとする考え方が，天賦人権
の思想だ！
中江兆民

宗教面では，1868年，政府は**五榜の掲示**によりキリスト教を禁止し，神道を利用して国民を導くため，神祇官を再興し，神仏習合を禁止する**神仏分離令**を出しました。これをきっかけに民衆による**廃仏毀釈**が各地でおこります。1870年には大教宣布の詔を出し，神道国教化をはかりましたが，欧米諸国の抗議もあり，1873年，掲示を撤廃してキリスト教を黙認しました。こうしたなかで信教の自由をめざす動きが強まり，浄土真宗の僧である**島地黙雷**は仏教を復興しました。

神道国教化はおかしい。欧米のように
信教の自由を認めるべきだ！　仏教の
復興をめざすぞ。
島地黙雷

1880年代になると，日清対立が激化し，条約改正交渉が本格化するなか，国権論が台頭しました。井上馨外相のもと，政府が条約改正を進めるため，**鹿鳴館**を建設して西洋化をアピールするなど**欧化政策**をとると，それに対する反発が起こりました。**民友社**の**徳富蘇峰**は雑誌『国民之友』などを発行し，国民生活の西洋化が必要だと主張する**平民的欧化主義**をとなえ，政府の政策を批判しました。一方，**政教社**の**三宅雪嶺**らは雑誌『日本人』，**陸羯南**は新聞『日本』を発行し，国粋保存をとなえ，**近代的民族主義**を主張しました。

6

明治文化

平民的欧化主義と近代的民族主義の違いは？

藩閥政府が上から押し付けた**貴族的欧化主義**に対して，表面的ではない，平民中心の下からの西洋化を主張したのが**平民的欧化主義**だよ。それに対して，日本の伝統を否定する西洋化を批判し，伝統文化の重視を主張したのが**近代的民族主義**だね。

1890年代には，日清戦争が勃発し，徳富蘇峰らは国家主義に転じ，**高山樗牛**は領土的な拡張をめざす対外膨張論を説き，**日本主義**をとなえました。

1900年代になると，日露戦争での勝利によって明治維新以来の国家的目標が達成されたという意識が国民に広がり，国家主義に対する疑問が生じてきました。このような風潮のなか，第2次桂太郎内閣は，1908年，勤勉・倹約を国民に求める**戊申詔書**を発して，国民道徳の強化につとめました。

② 明治期の教育

1872年，政府は**学制**を公布します。そのときに出された「学事奨励に関する太政官布告（被仰出書）では，国民皆学を理念としてかかげ，実学を重んじ立身出世をめざす教育観をとなえて小学校教育の普及をはかりました。しかし，地方の実情を無視した画一的な強制に対する批判からうまく行きませんでした。1877年には**東京大学**を設立し，多くの外国人教師を招いて専門教育をおこないました。

▼自然科学の業績

分野	学者	業績
医学	**北里柴三郎**	ペスト菌発見
	志賀潔	赤痢菌発見
薬学	**高峰譲吉**	アドレナリン抽出
	鈴木梅太郎	オリザニン抽出
物理学	田中館愛橘	地磁気の測定
	長岡半太郎	原子構造の研究
地震学	**大森房吉**	地震計を発明
天文学	**木村栄**	緯度変化のZ項
植物学	牧野富太郎	植物分類学

1879年にはアメリカの制度を参考にした教育令を公布するなどの試行錯誤を経て，1886年，文部大臣森有礼のもとで**学校令**が公布されます。これにより，**小学校**・中学校・師範学校・**帝国大学**からなる学校制度が整えられ，小学校においても義務教育が明確化されました。1890年には**教育勅語**が発布され，天皇に忠義を尽くして日本を愛する忠君愛国の教育理念が強調されます。1903年には小学校の教科書が国定教科書となり，国家の統制が強まる一方，授業料が廃止されたこともあり，小学校の就学率は100%近くになりました。

民間では福沢諭吉の**慶應義塾**や大隈重信が設立した**東京専門学校**（のちの早稲田大学），新島襄の**同志社**などの私立学校が発達しました。

2 明治の文学・芸術など

1 明治期の文学

江戸時代に引きつづき，大衆文芸である**戯作文学**が人気を得て，自由民権論や国権論を宣伝する**政治小説**が書かれました。

それに対し，**坪内逍遙**は『**小説神髄**』を著して西洋の文芸理論をもとに**写実主義**を提唱し，その実践として**二葉亭四迷**は『**浮雲**』を言文一致体で著しました。そのほか，硯友社の**尾崎紅葉**や，理想主義的な作品を発表した**幸田露伴**がいました。

写実主義って何？

戯作文学の荒唐無稽な誇張や勧善懲悪などを排除して，現実をあるがままに表現しようとする立場だよ。写実主義以降を西洋の影響を受けた近代文学と考えればいい。

日清戦争前後には，人間の感情面を重んじる**ロマン主義**がさかんになりました。雑誌『文学界』を主宰した**北村透谷**の評論，明星派の**与謝野晶子**の詩歌，『舞姫』を書いた**森鷗外**，**樋口一葉**などが出ました。また，**正岡子規**は俳句や短歌の革新につとめました。

日露戦争前後になると，写実主義の延長線上にフランス・ロシアの影響を受けた**自然主義**が流行し，国木田独歩や**島崎藤村**らが出ました。しかし，明治末期になると，自然主義に反発する**夏目漱石**らの作品もあらわれました。

▼明治時代の文学作品

	作家	作品
戯作文学	仮名垣魯文	『安愚楽鍋』
政治小説	矢野龍溪	『経国美談』
写実主義	坪内逍遥	『小説神髄』
	二葉亭四迷	『浮雲』
	尾崎紅葉	『金色夜叉』
	幸田露伴	『五重塔』
ロマン主義	森鷗外	『舞姫』
	樋口一葉	『たけくらべ』
自然主義	島崎藤村	『破戒』
	田山花袋	『蒲団』
反自然主義	夏目漱石	『吾輩は猫である』

② 明治期の芸術

美術では，1870年代，文明開化の風潮のなか，政府は西洋画の発展をめざして**工部美術学校**を設立しました。イタリア人のフォンタネージらが講師として招かれ，浅井忠らが学びました。

1880年代になると，東京大学の外国人教師であったアメリカ人フェノロサや，岡倉天心らにより，日本の伝統美術を再評価する動きが強まりました。そのもとで岡倉は1887年，日本画の復興などをめざして西洋美術を除外した**東京美術学校**を設立し，狩野芳崖や橋本雅邦を講師として招きました。岡倉はその後，1898年に日本美術を中心とした団体である**日本美術院**をつくり，横山大観らが活躍しました。

西洋画では，1889年，**浅井忠**らが日本初の西洋美術団体である**明治美術会**を結成し，フランスで学んだ**黒田清輝**(くろだせいき)は1896年に**白馬会**(はくばかい)を結成します。そのなかで文部省は伝統美術と西洋美術の発展をめざし，1907年に文部省美術展覧会（**文展**(ぶんてん)）を開催しました。

▼明治時代の絵画

	画家	作品
西洋画	高橋由一(ゆいち)	『鮭(さけ)』
	浅井忠	『収穫』
	黒田清輝	『湖畔(こはん)』『読書』
	青木繁(しげる)	『海の幸』
日本画	狩野芳崖(かのうほうがい)	『悲母観音(ひぼかんのん)』
	橋本雅邦(はしもとがほう)	『龍虎図(りゅうこず)』
	横山大観(よこやまたいかん)	『無我(むが)』

▲黒田清輝『湖畔』

▲横山大観『無我』

演劇では，**歌舞伎**(かぶき)が民衆に親しまれ，明治初期には河竹黙阿弥(かわたけもくあみ)が新作を発表しました。明治中期には9代目市川団十郎(いちかわだんじゅうろう)，5代目尾上菊五郎(おのえきくごろう)，初代市川左団次(さだんじ)が活躍して「**団菊左時代**(だんきくさ)」とよばれました。一方，「オッペケペー節(ぶし)」をはじめた**川上音二郎**(かわかみおとじろう)らが民権思想を盛り込んだ壮士芝居(そうししばい)は，日露戦争前後から**新派劇**(しんぱげき)とよばれました。日露戦争後には，西洋の近代劇を翻訳・上演する**新劇**(しんげき)が発達し，坪内逍遙の**文芸協会**や小山内薫(おさないかおる)の**自由劇場**などが設立されました。

SECTION 13
大正時代

THEME

1　大正時代前期の政治・外交
2　大正時代中期の政治・外交・経済
3　大正時代後期の政治・社会
4　市民文化

SECTION 13で学ぶこと

民衆の政治参加の気運が高まって，**大正デモクラシー**ともいわれる風潮が広がったのが大正時代だよ。大正末期には，**政党政治**が確立し，**普通選挙法**が制定されたんだ！

1 第一次護憲運動

日露戦争後には民衆の政治意識が高まります。そのなかで**第３次桂太郎**内閣が成立すると，**第一次護憲運動**がおこりました。これは藩閥打倒をめざす政党の運動から民衆騒擾へと発展して内閣は総辞職することになりました。以降，民衆の動きは無視できないものとなりました。

2 政党内閣の成立

第一次世界大戦が進展するなか，民衆騒擾である**米騒動**が発生し，藩閥勢力を中心とする**寺内正毅**内閣は辞職しました。その後，普通選挙運動が激化するなど民衆の動きが活発化し，それを受け立憲政友会を与党とする**原敬**内閣が**政党内閣**として成立しました。

3 第二次護憲運動

普通選挙を求める声が高まるなか，**第二次護憲運動**がおこりました。このなかで実施された総選挙で第１党となった憲政会を中心とする**加藤高明**内閣が成立し，**男子普通選挙**が実現しました。以降，「**憲政の常道**」といわれる政党内閣の時代がしばらくつづきました。

1 時代の特徴

□ 経済

日露戦争以降，経済は停滞していましたが，第一次世界大戦が発生すると，日本は**大戦景気**となり，大幅な輸出超過となりました。しかし，大戦が終結すると，その反動で**戦後恐慌**となり，以降，1920年代には恐慌がくり返されました。

□ 外交

日露戦争後，中国権益の確立が課題となるなか，ヨーロッパで**第一次世界大戦**がおこると，日本政府はこれを好機として中国進出をすすめました。第一次世界大戦後には国際平和機関として**国際連盟**が設立され，その後，**ワシントン会議**が開催されるなど国際協調の時代となり，日本も参加しました。

□ 文化

第一次世界大戦後の重化学工業の発展やそれに伴う都市人口の増加により，東京や大阪などの大都市では新中間層や工場労働者が増加し，労働者やサラリーマンなど一般大衆を担い手とする**大衆文化**が発達しました。

2 内閣と重要事項

内閣	歴史事項
第２次西園寺公望	**明治天皇死去**（1912） **２個師団増設問題**（1912）
第３次桂太郎	**第一次護憲運動**（1912～13）
第１次山本権兵衛	**ジーメンス事件**（1914）
第2次大隈重信	**第一次世界大戦勃発**（1914）
寺内正毅	**米騒動**（1918）
原敬	**選挙法改正**（1919） **パリ講和会議**（1919）

内閣	歴史事項
高橋是清	**ワシントン会議**（1921～22）
加藤友三郎	
第２次山本権兵衛	**虎ノ門事件**（1923）
清浦奎吾	**第二次護憲運動**（1924）
第１次加藤高明	**治安維持法制定**（1925） **普通選挙法制定**（1925）

THEME 1

大正時代前期の政治・外交

ここでさめる!

- 第一次護憲運動により民衆の政治参加の意識が高まる
- 日本は第一次世界大戦に参戦して中国へ進出する
- ロシア革命により，世界初の社会主義政権が誕生する

1 第一次護憲運動

① 桂園時代

日露戦争前後の政治は，山県有朋(やまがたありとも)の後継者である**桂太郎**(かつらたろう)が率いる軍部・官僚・貴族院勢力と，伊藤博文(いとうひろぶみ)のあとを受けた**西園寺公望**(さいおんじきんもち)を総裁とする**立憲政友会**(りっけんせいゆうかい)が政界を二分しました。山県有朋や伊藤博文らの有力者は政界の第一線から退きましたが，非公式に天皇の相談にのる**元老**(げんろう)として首相を選ぶ権限を握って，内閣に対して影響力をもちました。1901年に第1次桂太郎内閣が成立してから10年以上，桂と西園寺が交互に政権を担当し，この時期を**桂園時代**(けいえん)とよびます。

内閣	できごと
桂太郎[1]	日露戦争（1904） ポーツマス条約（1905）
西園寺公望[1]	鉄道国有法（1906）
桂太郎[2]	大逆事件(たいぎゃく)（1910） 韓国併合（1910） 工場法制定（1911）
西園寺公望[2]	明治天皇死去（1912）

▲桂園時代の主なできごと

首相は誰にする？
明治天皇

桂と西園寺を交互に！
伊藤博文（元老）
山県有朋（元老）

❷ 大正政変とその影響

国家財政が悪化する困難な状況のなか，1911年，**第2次西園寺公望内閣**が組織され，1912年には，明治天皇が死去して大正天皇が即位しました。

そのなかで，元老の山県有朋と陸軍は内閣に対して**2個師団の増設**を要求しました。西園寺内閣が財政難を理由にこれを拒否すると，陸軍大臣の上原勇作は単独で辞表を天皇に提出して辞職しました。陸軍が後継の大臣を推薦しなかったため，西園寺内閣は総辞職に追い込まれました。この背景には**軍部大臣現役武官制**による規定がありました。

納得できない！　辞任するけど，陸相の後任は出さん！

上原勇作

西園寺公望

内閣が成立しない…。やむを得ず総辞職だ…。

立憲政友会と陸軍が対立するなか，山県ら元老は桂太郎を首相に指名し，**第3次桂太郎内閣**が成立しました。しかし，桂が内大臣兼侍従長という天皇の側近である立場から組閣することは「宮中・府中の別」を乱すという非難の声が上がりました。立憲政友会の**尾崎行雄**，立憲国民党の**犬養毅**を中心に，ジャーナリストから都市民衆までが加わり，「**閥族打破・憲政擁護**」をスローガンとして**第一次護憲運動**が全国に広がりました。これに対し，桂太郎は議会運営を重視して新党を組織し，元老政治から抜け出すことをかかげました。しかし，批判はおさまらず，民衆による議会の包囲を受けて桂内閣は50日あまりで総辞職しました。この一連の動きを**大正政変**といいます。

民衆の騒擾は抑えられない…。これは辞職するしかない。

桂太郎

桂のあとを受けたのは，海軍大将で薩摩出身の**山本権兵衛**でした。山本は立憲政友会を与党として内閣を組織しました（**第１次山本権兵衛内閣**）。山本は**軍部大臣現役武官制**を改正して任用資格を現役を終えた大将・中将に広げるなど，官僚や軍部に対する政党の勢力拡大につとめました。しかし，1914年に海軍の高官をめぐる汚職事件である**シーメンス事件**が発覚すると，民衆の抗議行動を受けて総辞職しました。

山県有朋

次の首相は海軍の山本でいいんじゃね？

立憲政友会の協力があるならばいいですよ。

山本権兵衛

こうした民衆の動きを警戒した山県ら元老は民衆に人気のある**大隈重信**を首相に指名しました。大隈は桂が組織した**立憲同志会**を与党として組閣しました（**第２次大隈重信内閣**）。1915年の総選挙で立憲同志会は立憲政友会に圧勝し，陸軍の２個師団増設が議会を通過しました。

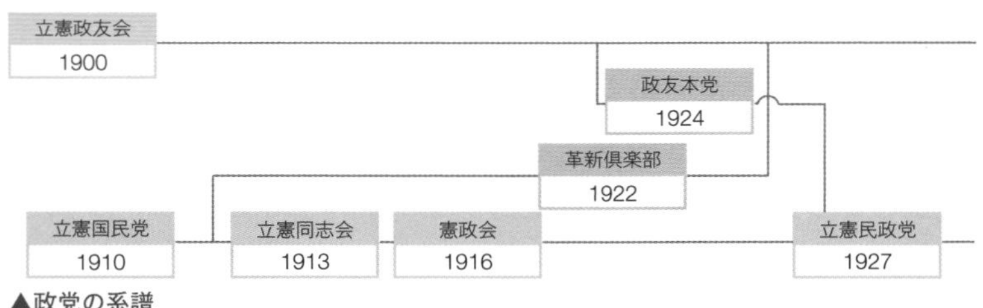

▲政党の系譜

2 第一次世界大戦と日本

① 第一次世界大戦の勃発と日本の参戦

19世紀末，ヨーロッパではドイツが強国として台頭し，オーストリアとイタリアと共に**三国同盟**が形成されました。それに対抗して，イギリス・フランス・ロシアの間で**三国協商**が形成されました。日本は日英同盟，日露協約を結んでいたため，三国協商側に立ちました。こうした状況のなか，1914年の**サライェヴォ事件**をきっかけに**第一次世界大戦**がはじまりました。

イギリスがドイツに宣戦布告すると，**第２次大隈重信内閣**（加藤高明外相）は中国に権益を確立する好機とみて**日英同盟**を口実にドイツに宣戦布告をして参戦しました。そして，ドイツの根拠地である**青島**と山東省の権益を接収し，赤道以北の**ドイツ領南洋諸島**の一部を占領しました。

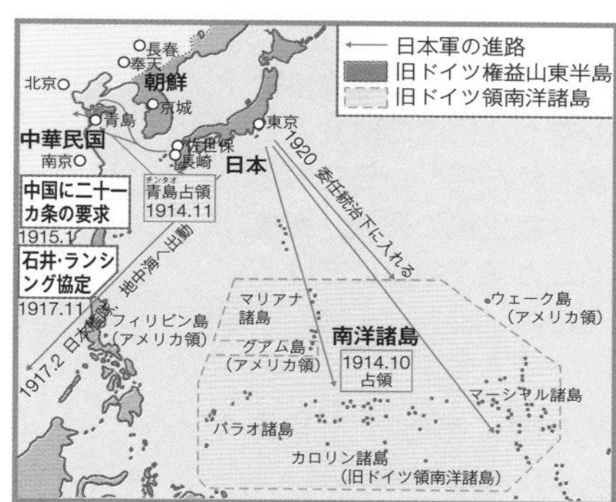

◀第一次世界大戦期の日本の勢拡大

この機会にドイツの根拠地を東洋から一掃して日本の国際的地位を高めるのだ！

加藤高明

② 日本の中国侵略とシベリア出兵

1915年，**第２次大隈重信内閣**は北京の袁世凱政府に対して，山東省のドイツ権益の継承や，南満洲および東部内蒙古における日本の権益強化などを求め，**二十一ヵ条の要求**をつきつけて，要求の大部分を承認させました。

二十一ヵ条の要求（1915年）

1. 山東省のドイツ権益を継承
2. 南満洲の租借地，鉄道敷設権の99ヵ年延長
3. 漢冶萍公司の日中共同経営
4. 中国沿岸の不割譲
5. 中国政府への日本人顧問の採用など

大隈重信

加藤高明

袁世凱

これにより中国では抗日運動が激化しました。次の**寺内正毅内閣**では，北方軍閥の段祺瑞政権に対して**西原借款**をおこない，中国における日本の権益確保を狙いました。こうした日本の動きをイギリスやロシアは承認しましたが，日本の中国進出を警戒していたアメリカは反発しました。

西原借款って何ですか？

寺内内閣が段祺瑞政権と契約した一連の経済借款のことだ。寺内のブレーンだった民間の財界人である西原亀三が交渉してまとめたことからこの名称でよばれているよ。寺内は袁世凱の死後，実権を握った段祺瑞を支援することで，中国における影響力の確保をねらったんだ。

しかし，アメリカは第一次世界大戦に参戦するにあたって太平洋方面の安全を確保するため，日本との関係調整をはかる必要がありました。寺内正毅内閣の1917年，アメリカとのあいだで中国の領土保全・門戸開放と日本の特殊権益を認める**石井・ランシング協定**を締結しました。

戦争が長期化するなか，1917年，ロシアでは帝政と戦争に反対する民衆によって**ロシア革命**がおこりました。その結果，世界で初めての社会主義国家（のちのソヴィエト連邦）が誕生しました。イギリス・フランス・アメリカ・日本は社会主義の拡大をおそれてロシア革命に干渉するため，1918年，**シベリア出兵**をおこないました。日本は他国が撤退したあとも1922年まで継続しました。

THEME 2

大正時代中期の政治・外交・経済

ここで きめる!

- 米騒動をきっかけに政党内閣である原内閣が成立
- パリ講和会議で第一次世界大戦が終結して国際連盟が成立
- ワシントン会議により国際協調体制が形成される

1 政党内閣の成立

① 大戦景気

不況におちいっていた日本は，第一次世界大戦により空前の好景気となりました。これを**大戦景気**(たいせんけいき)といいます。イギリス・ロシアなど連合国には軍需品などを，ヨーロッパ諸国が後退したアジア市場には**綿織物**(めんおりもの)などの綿製品を，好景気であったアメリカには**生糸**(きいと)などを輸出し，貿易は大幅な輸出超過(ちょうか)となりました。輸出の拡大で繊維産業は活性化し，中国の上海や青島に日本企業が建設した紡績工場である**在華紡**(ざいかぼう)が進出しました。

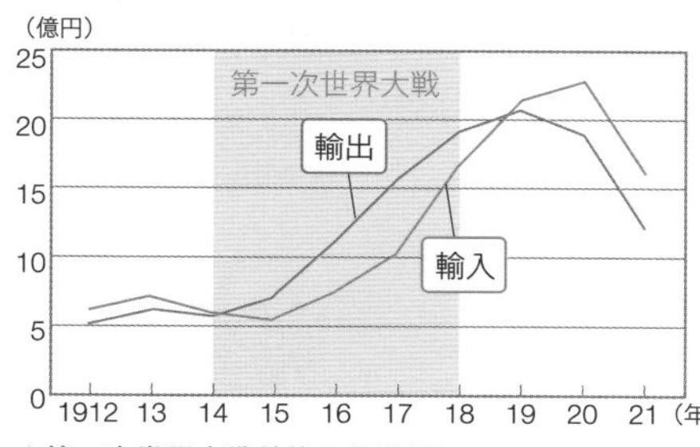

▲第一次世界大戦前後の貿易額

（東洋経済新報社編『日本貿易精覧』による）

1915～18年まで輸出超過なのがわかるね！

貿易が拡大するなか，大戦の影響で世界的な船舶(せんぱく)不足になると，**海運業・造船業**は好景気となり，**船成金**(ふななりきん)が生まれ，世界第３位の海運国へと成

長しました。造船の好況などを受け，**鉄鋼業**では八幡製鉄所が拡充されるとともに，満鉄の**鞍山製鉄所**が設立されました。ドイツからの輸入が途絶えた**化学工業**では国産化がすすみました。重化学工業の発達を背景に**電力業**も成長し，大規模な水力発電事業が展開されました。猪苗代・東京間の長距離送電に成功し，工業動力は蒸気力から電力への転換がすすみました。

大戦景気の影響で，日本は債務国から債権国へ転換する一方，工業生産額が農業生産額を追い越しました。とくに重化学工業の躍進により男性労働者の数が増加し，都市人口が拡大しました。

② 政党内閣の成立

1914年からはじまった第一次世界大戦によって，日本の経済は大戦景気になりましたが，物価が上がって民衆の生活は苦しくなります。そのうえ，都市部の人口が増加して米の消費量が増え，商社や米商人がシベリア出兵を見越した米の買占めをしたことで米価が大きく上がると，1918年には民衆が米の安売りを求めて米商人や富商などを襲撃する**米騒動**が全国に広がりました。**寺内正毅内閣**は軍隊を出動させて鎮圧しましたが，その後も責任を追及する声が高まって総辞職しました。寺内は陸軍・長州閥で，組閣当初から「非立憲」内閣と非難されていました。

▲米騒動

誰がビリケン
(非立憲)じゃ！

寺内正毅

ビリケン

アメリカの福の神ビリケンに似てる…。

米騒動をきっかけに民衆の政治参加を求める普通選挙運動が激化しました。このころには政治学者の**吉野作造**が**民本主義**を唱え，天皇主権のもとで国民が政治に参加することは可能であるとし，普通選挙制・政党内閣制の実現を主張したことも背景にあります。政党内閣制は，憲法学説である**天皇機関説**をとなえた**美濃部達吉**も理想としていました。

政党内閣って何？

①衆議院で多数を占める政党が中心になって組閣，②その政党の党首が首相，③大臣の大部分が政党員という３つがそろった内閣のことだよ。

寺内内閣の辞職を受け，元老の山県有朋らも民衆の動きを警戒しました。そのため，**立憲政友会**の総裁**原敬**を首相として指名し，政党内閣を認めました。原敬は華族でも藩閥でもなく，衆議院に議席をもつはじめての首相となり，「**平民宰相**」とよばれて国民から歓迎されました。この内閣は陸軍・海軍・外務の３大臣以外は衆議院で第１党の立憲政友会の党員で構成する本格的な**政党内閣**でした。

私は衆議院議員で「平民宰相」！

原敬

しかし，原は，ロシア革命などの影響で社会主義が活発化することを警戒し，国民が求める普通選挙の導入には否定的でした。そのため，選挙権の納税資格を**3円以上**に引き下げ，**小選挙区制**を導入する選挙法改正にとどめました。

選挙法は改正するけど，社会主義は認めないよ！

原敬

1919年の総選挙で，立憲政友会は鉄道の拡充や高等学校の増設などの積極政策をかかげて圧勝しました。しかし，1920年には大戦景気後の**戦後恐慌**によって財政に行き詰まったうえ，党員の汚職が頻発するなど反発を受け，1921年，原首相は右翼の青年に東京駅で暗殺されました。

高橋是清が立憲政友会の総裁を引き継ぎ，内閣を組織しましたが，内部対立により短命に終わりました。

2 第一次世界大戦の終結と国際協調

① パリ講和会議とその影響

1917年にはアメリカが連合国側で大戦に参戦し，1918年，ドイツが降伏して連合国の勝利で**第一次世界大戦**は終わりました。翌1919年には**パリ講和会議**が開かれ，原敬内閣は連合国側の一員として参加し，全権として西園寺公望らを派遣しました。講和会議では，アメリカ大統領ウィルソンの提唱した平和原則が大きな影響をあたえました。講和条約としてむすばれた**ヴェルサイユ条約**はドイツの領土を縮小し，巨額の賠償金や軍備の制限などを課す厳しい内容のものとなりました。この条約で日本は山東省の旧ドイツ権益の継承などが認められました。しかし，講和会議では，ドイツに宣戦布告して参戦していた中国が旧ドイツ権益の中国への返還を求めて反発しました。中国は，国内で反日民族運動である**五・四運動**がおこったこともあり，条約への調印を拒否しました。

民族自決や国際連盟設立など
14カ条の平和原則を提案する！

ウィルソン

一方で民族自決の考え方が広まり，東ヨーロッパでは小国が独立しましたが，アジア・アフリカでは植民地支配がつづき，1919年，朝鮮では独立を求める**三・一独立運動**がおこりました。

1920年には世界平和と国際協調を目的とする**国際連盟**が発足しました。日本はイギリス・フランス・イタリアとともに常任理事国となりましたが，アメリカは国内での反対があり参加できませんでした。

なぜ第一次世界大戦後に国際協調が進んだの？

世界大戦によって他国を侵略するよりも，戦争を避けて国際協調のもとで経済発展をめざすほうがよいという考え方が強まったからだよ。その結果，戦争の違法化がすすんでいくんだ。

❷ ワシントン会議から国際協調へ

アメリカは第一次世界大戦で力を弱めたヨーロッパ諸国にかわって世界経済の中心になり，アジア・太平洋方面での発言力を強めました。そのなかでアメリカは，パリ講和会議で十分に議論できなかった海軍軍縮問題や中国での民族運動の高揚などについて検討するため，1921年から各国の代表を集め，**ワシントン会議**を開きました。原敬（はらたかし）内閣はこれに応じて，海軍大臣**加藤友三郎**（かとうともさぶろう）や駐米大使**幣原喜重郎**（しではらきじゅうろう）らを全権として派遣しました（開催時は高橋内閣）。

米・英・日を中心にアジア・太平洋地域に新しい秩序が必要だ！

ハーディング（米大統領）

会議では，３つの条約が結ばれました。第１に，1921年，アメリカ・イギリス・日本・フランスによる**四カ国条約**（しかこく）が締結（ていけつ）されました。これにより，太平洋地域の現状維持が確認され，この結果，**日英同盟**が廃棄されました。第2に，1922年，アメリカ・イギリス・日本・フランス・イタリアの5カ国で，**ワシントン海軍軍縮条約**が締結されました。その要点は，**主力艦**について，保有比率をアメリカ・イギリス各5，日本3，フランス・イタリア各1.67としたうえ，今後，10年間の建造を禁止するというものでした。

▲ワシントン会議の風刺画

第3に，1922年，中国に関する**九カ国条約**が締結されました。この条約では，中国の独立と領土の保全を確認し，日米間の**石井・ランシング協定**は廃棄されました。この検討の場で日中間に交渉がもたれ，日本は山東省の権益を中国に返還することになりました。

これらの取り決めにより，アジア・太平洋には米・英・日を中心とする新しい国際秩序が形成され，戦争の再発を防止して，経済を発展させるために国際協調がめざされました。この秩序を**ワシントン体制**とよびます。

POINT

第一次世界大戦後の国際秩序

ヴェルサイユ体制……パリ講和会議で締結されたヴェルサイユ条約をもとに形成された**ヨーロッパの国際秩序**

ワシントン体制……アメリカの提案によりワシントン会議をもとに形成された**東アジア・太平洋地域の国際秩序**

米英と協調して経済発展をめざす！

幣原喜重郎

『東洋経済新報(とうようけいざいしんぽう)』の記者であった**石橋湛山(いしばしたんざん)**は，二十一ヵ条の要求やシベリア出兵などの対外侵略を批判して**小日本主義(しょうにほんしゅぎ)**を主張していました。小日本主義とは，植民地を放棄し，軍備を撤廃することで国際的な地位を高めようとする考え方です。石橋は日本が朝鮮や満洲を放棄して，平和的な経済発展をめざすことを説いていました。

THEME 3

大正時代後期の政治・社会

ここで畝きめる!

- ロシア革命や米騒動をきっかけに社会運動が勃興する
- 第二次護憲運動の結果，男子普通選挙が成立する
- 「憲政の常道」といわれる政党内閣の時代へ

1 社会運動の展開

① 社会運動の勃興

第一次世界大戦が国民を戦争に動員する総力戦として戦われたため，ヨーロッパ諸国では労働者の権利拡張や国民の政治参加を求める動きが活発化しました。日本でも**ロシア革命**や**米騒動**(こめそうどう)をきっかけとして，普通選挙運動をはじめとした社会運動が勃興(ぼっこう)します。**民本主義**(みんぽん)をとなえた**吉野作造**(よしのさくぞう)は1918年に黎明会(れいめいかい)を結成して啓蒙(けいもう)活動をおこない，知識人層に大きな影響をあたえました。吉野の影響を受けた東京帝国大学の学生たちは新人会などの思想団体を結成して社会運動との関係を深めていきました。

天皇主権のもとでも民衆の政治参加は可能だ！

吉野作造

明治末期の大逆(たいぎゃく)事件により「冬の時代」であった社会主義運動は，ロシア革命の影響や労働運動の高まりによってふたたび活発化しました。1920年には労働運動家・学生運動家や社会主義者らが集まり**日本社会主義同盟**が結成されましたが，翌年，原敬(はらたかし)内閣によって禁止されます。社会主義の内部では大杉栄(おおすぎさかえ)らの無政府主義と，堺利彦(さかいとしひこ)らの共産主義が対立していましたが，ロシア革命の影響で**共産主義**の影響力が増大して，1922年には堺，山川均(やまかわひとし)らによって**日**

本共産党がコミンテルンの日本支部として非合法に結成されました。

無政府主義と共産主義って何が違うの？

無政府主義は国家や政府のような権力を排除して，個人の自由な結合による理想的な社会の実現をめざす考え方。アナーキズムともいうよ。共産主義は革命によって共産党の一党独裁体制をつくり，そのもとで平等社会の実現をめざす考え方だよ。

❷ その他の社会運動

第一次世界大戦中には，大戦景気による産業の発達で労働者の人口が増加しました。そのなかで物価高がすすむと賃金引上げなどを求める**労働運動**が盛り上がり，労働争議(そうぎ)の件数も増加していきました。1912年に鈴木文治(ぶんじ)が結成した**友愛会**(ゆうあいかい)は，労働者の地位向上をめざして労資(ろうし)協調の立場をとって活動をしていましたが，第一次世界大戦以降，労働組合の全国組織へと発展しました。1919年には大日本労働総同盟友愛会と改称して1920年には第1回の**メーデー**を主催します。1921年には**日本労働総同盟**と改めて，労使協調主義から階級闘争主義に転換していきました。

1917年から労働争議の発生件数と参加人数が極端に増えているね！

▼労働争議と参加人数

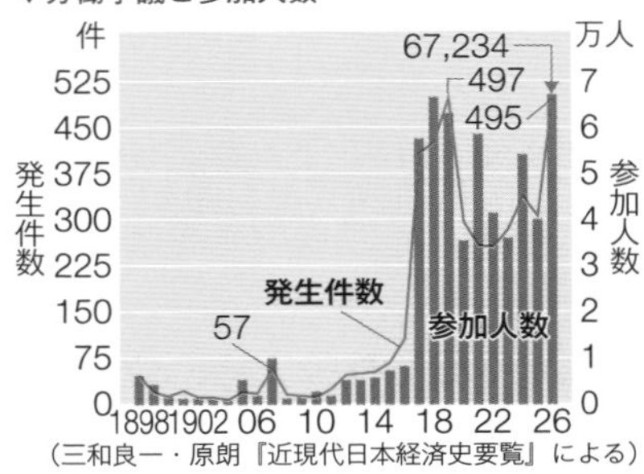

（三和良一・原朗『近現代日本経済史要覧』による）

農村では小作料(こさくりょう)の引下げなどを求める**小作争議**が頻発しました。そのため，1922年には杉山元治郎(すぎやまもとじろう)や賀川豊彦(かがわとよひこ)らによって，全国組織である**日本農民組合**が結成され，小作争議を指導しました。

女性解放運動は，明治末期に**平塚らいてう**らが結成した文学団体の**青鞜社**からはじまりました。平塚らいてうは，雑誌『青鞜』の創刊号で女性解放を主張しました。1920年には平塚と**市川房枝**らが**新婦人協会**を設立して，女性の参政権を要求するなど女性の地位を高める運動を展開しました。そのため，1922年には治安警察法第５条が改正されて，女性の政治集会への参加が認められます。1924年には婦人参政権獲得期成同盟会へと発展しました。

元始，女性は実に太陽であった！

平塚らいてう

女性も社会的役割をはたしています。
選挙権を認めてください！

市川房枝

被差別部落への社会的差別撤廃を求める**部落解放運動**もこの時期に本格化して，1922年には**全国水平社**が結成されました。

2 第二次護憲運動と政党政治

① 第二次護憲運動へ

原敬の暗殺後，立憲政友会の総裁を引き継いだ**高橋是清**が組閣しましたが，政友会の内部対立により短命に終わり，その後は非政党内閣がつづきました。

普通選挙運動が盛り上がるなかで組閣した**加藤友三郎内閣**から普通選挙制の検討がはじまりました。

海軍の軍縮やシベリア撤兵をすすめる。ワシントン会議で課されたことを実行しなければ…。

加藤友三郎

つづく**第２次山本権兵衛内閣**も普選導入の方針をかためていましたが，1923年9月に発生した**関東大震災**の対応に追われました。

社会不安が高まるなか，朝鮮人が暴動をおこしたという流言を信じた人々が自警団をつくり多数の朝鮮人や中国人が殺害されました。さらに東京の亀戸警察署内で社会主義者が殺害される**亀戸事件**や，無政府主義者の大杉栄・伊藤野枝らが憲兵により殺害される**甘粕事件**もおこりました。これに憤慨した無政府主義者の青年が摂政であった皇太子裕仁親王（のちの昭和天皇）を狙撃する**虎の門事件**がおこり，山本内閣は責任をとって辞職することになりました。

天皇制に反対する無政府主義者がまさか皇太子の命を狙うとは…。

山本権兵衛

第２次山本内閣の辞職後，1924年，枢密院議長であった**清浦奎吾**が陸軍・海軍大臣以外の大臣を貴族院議員から選出して内閣を組織しました。これに対し，清浦内閣を衆議院に基盤をもたない超然内閣だとした**憲政会・立憲政友会・革新倶楽部**の３党（**護憲三派**）は，清浦内閣の打倒と政党内閣の樹立をめざして，**第二次護憲運動**を起こしました。

護憲三派

国民は政党内閣や普通選挙の実現を求めている！

加藤高明（憲政会）

清浦奎吾

衆議院を解散して総選挙だ！

高橋是清（立憲政友会）

犬養毅（革新倶楽部）

清浦内閣は，立憲政友会から分裂した勢力が結成した政友本党を与党とし，衆議院を解散して総選挙にのぞみましたが，護憲三派が圧勝しました。その結果，第１党となった**憲政会**の総裁**加藤高明**を首相とする護憲三派の連立内閣が成立しました。

❷「憲政の常道」へ

加藤高明内閣は，**幣原喜重郎**（しではらきじゅうろう）外務大臣による協調外交と軍縮をすすめました。1925年には**日ソ基本条約**を締結して，ソ連との国交を樹立しました。一方，内政面では最大の懸案（けんあん）であった男性の普通選挙の実現に取り組み，1925年，納税額による制限を廃止して，満25歳以上の男子に選挙権をあたえる**普通選挙法**を成立させました。これにより有権者は約4倍になりました。しかし，女性に対する選挙権はあたえられませんでした。また，加藤内閣は普選実施による労働者階級の影響力の増大やソ連との国交による共産主義思想の広まりを警戒して**治安維持法**を制定しました。この法は「国体」の変革と私有財産制度の否定をめざす結社を取り締まることを目的としました。

「国体」って何？

難しい言葉だけど，天皇が統治する国のあり方を意味するよ。要は戦前の天皇制のことだと考えればいい。共産主義者は天皇の存在を否定したから，弾圧の対象になったんだ。

▼選挙法の改正

公布年	公布時の内閣	実施年	選挙人			
			直接国税	性別年齢（歳以上）	総数（万人）	全人口比（%）
1889	黒田	1890	15円以上	男性25	45	1.1
1900	山県	1902	10円以上	〃	98	2.2
1919	原	1920	3円以上	〃	307	5.5
1925	加藤（高）	1928	制限なし	〃	1241	19.8
1945	幣原	1946	〃	男女20	3688	48.7

納税資格の変化に着目して，選挙法の変遷をしっかり確認しておこう！

この後，**立憲政友会**が陸軍・長州閥(ちょうしゅうばつ)の**田中義一**(ぎいち)を総裁にむかえ，**革新倶楽部**を吸収したため，護憲三派の連立がくずれて加藤内閣は憲政会の単独与党となりました。一方，1927年には**憲政会**が政友本党と合同して**立憲民政党**(りっけんみんせいとう)を結成しました。こうして加藤高明内閣の成立から五・一五事件で犬養毅内閣が崩壊するまでの8年間，**立憲政友会**と**憲政会**（のち**立憲民政党**）の2大政党が交代で政権を担当しました。

このように衆議院に多数の議席を持つ政党の党首が，閣僚の大部分を政党員で構成する政党内閣を組織する慣例は「**憲政の常道**(じょうどう)」であると考えられるようになりました。

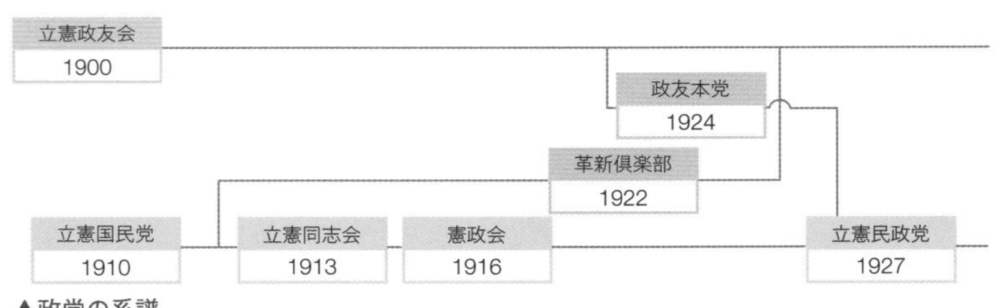

▲政党の系譜

THEME 4

市民文化

ここで きめる！

- 都市部では公務員・会社員などの都市中間層が台頭
- 都市中間層の台頭を背景にマス=メディアが発達
- 大正デモクラシーの風潮のなか，様々な学問・芸術が発達

1 大衆文化の成立

① 市民生活の変化

第一次世界大戦後には産業が発展し，国民の生活水準が引き上げられました。東京や大阪などの大都市では会社員や公務員などの**俸給生活者**（ほうきゅう）**（サラリーマン）**を中心とする都市中間層が台頭しました。また，タイピストや電話交換手（こうかんしゅ），教員などの仕事をもつ**職業婦人**が増加しました。

▲職業婦人（タイピスト）

大正から昭和初期にかけては，都市の景観や市民生活も大きく変化して生活の洋風化がすすみました。都心では，**鉄筋**（てっきん）**コンクリート造**（づくり）のオフィスビルが出現し，労働者向けの集合住宅であるアパートも建てられました。都心部から郊外に向かう鉄道沿線には**電灯**（でんとう）や水道，ガスなどの施設をそなえた和洋折衷（わようせっちゅう）の**文化住宅**が建てられてサラリーマンに人気がありました。電灯は農村部まで普及しました。

ヨーロッパやアメリカの大衆（たいしゅう）文化が流入し，生活の洋風化がすすみました。着物・和装から洋服への移行があきらかとなり，トンカツやカレーライスなどの洋食が普及しました。

▲大正・昭和初期の家庭料理

② 大衆文化の発達

明治末期には小学校の就学率が100%近くになり，都市を中心に中学校や高等女学校への進学者が増加し，高等教育を受ける人の数も増えました。1918年には原敬内閣により**大学令**が公布され，帝国大学以外に公立・私立大学なども正式に大学とされました。そのなかで，新聞・雑誌・ラジオ・映画などのマス=メディアも急速に発達し，労働者やサラリーマンなどの大衆を担い手とする**大衆文化**が誕生しました。

新聞や雑誌の発行部数は飛躍的に伸び，大正末期には「大阪朝日新聞」や「東京朝日新聞」など発行部数100万部をこえる新聞があらわれ，**『中央公論』**『改造』などの総合雑誌も発展しました。昭和に入ると，大衆娯楽雑誌**『キング』**の発行部数も100万部をこえるようになりました。さらに1冊1円の**円本**や**岩波文庫**など低価格の出版物も登場します。

ラジオ放送は1925年に開始され，翌年には日本放送協会（NHK）が設立されました。活動写真とよばれていた映画は，当初，無声でしたが，1930年代には**トーキー**とよばれる有声映画もはじまりました。

2 学問と芸術

① 学問の発達

大正デモクラシーとよばれる風潮のもと，さまざまな学問や芸術が発展しました。

人文・社会科学の分野では，**西田幾多郎**が『善の研究』を著して独自の哲学体系を確立し，和辻哲郎は仏教美術・日本思想史を研究して『古寺巡礼』などで独自の思想を展開しました。**津田左右吉**は『古事記』『日本書紀』を科学的に分析し，**柳田国男**は民間伝承の調査・研究を通じて民俗学を確立し，『遠野物語』を著しました。一方，**マルクス主義**が知識人に大きな影響をあたえました。『貧乏物語』を著した**河上肇**は日本におけるマルクス主義経済学の確立につとめました。

マルクス主義ってどんな思想なの？

ドイツのカール・マルクスが主張した学説や思想のことで，資本主義を否定して，共産主義を展望するんだ。日本では社会主義運動や労働運動を支える理論となったよ。著書の『資本論』が有名だね。

自然科学の分野では，第一次世界大戦期に化学薬品などの輸入が途絶えたため，独自の研究がはじまりました。物理学や科学の研究をおこなうことを目的に1917年には**理化学研究所**が設立され，のちには理研コンツェルンに成長しました。また，**本多光太郎**のKS磁石鋼の発明や**野口英世**の黄熱病の研究など，優れた研究も生まれました。

❷ 文学と芸術

文学では，自然主義がしだいにおとろえましたが，明治後期から**夏目漱石**や**森鷗外**をはじめ多くの作家が登場しました。人道主義をかかげる雑誌『白樺』で活動した**有島武郎・志賀直哉・武者小路実篤**らの**白樺派**，現実的な自然主義に対して美に最高の価値をおく**永井荷風・谷崎潤一郎**らの**耽美派**，反自然主義の

▼大正から昭和初期の文学

	作家	作品
高踏派	夏目漱石	『こころ』
	森鷗外	『阿部一族』
耽美派	永井荷風	『腕くらべ』
	谷崎潤一郎	『刺青』
白樺派	有島武郎	『或る女』
	志賀直哉	『暗夜行路』
	武者小路実篤	『その妹』
新思潮派	芥川龍之介	『羅生門』『鼻』
	菊池寛	『恩讐の彼方に』
プロレタリア文学	徳永直	『太陽のない街』
	小林多喜二	『蟹工船』
新感覚派	川端康成	『伊豆の踊子』

立場をとって雑誌『新思潮』で活動した**芥川龍之介**・菊池寛らの**新思潮派**が活躍しました。新聞や大衆雑誌には**中里介山**の『大菩薩峠』をはじめ，吉川英治・大佛次郎らの歴史小説，江戸川乱歩の探偵小説などが連載され，**大衆文学**が発達しました。さらに社会主義や労働運動の高まりのなかで，大正末期には**プロレタリア文学**がおこり，1921年には雑誌『種蒔く人』，1928年には『戦旗』などが創刊され，**小林多喜二**・**徳永直**らの作品が掲載されました。一方で，**川端康成**らの**新感覚派**も登場します。

演劇では小山内薫らが創設した**築地小劇場**が新劇運動の中心となり，音楽の世界では山田耕筰が本格的な交響曲の作曲・演奏をおこないました。

美術の世界では，文部省による**文展**のアカデミズムに反発する洋画の在野勢力として，**二科会**や**春陽会**が創設され，**安井曽太郎**（『金蓉』）・**梅原龍三郎**（『紫禁城』）・**岸田劉生**（『麗子微笑』）らが活躍しました。日本画では**横山大観**（『生々流転』）らが**日本美術院**を再興して**院展**を開催しました。

▲岸田劉生『麗子微笑』

SECTION 14

昭和時代（戦前）

THEME

SECTION 14で学ぶこと

国際協調は**世界恐慌**をきっかけにくずれて，日本では政党内閣が崩壊して軍部が台頭するんだ。そのなかで日本は**満洲事変・日中戦争**をすすめて，反発したアメリカと**アジア・太平洋戦争**をはじめることになるよ。

1 政党内閣の時代

大正時代末から昭和初期にかけて，**政党内閣の時代**がつづき，二大政党が交互に政権を担当しました。しかし，この時期には**世界恐慌**の影響などから国内の経済状況が悪くなるなど国民の政党内閣に対する不信感が高まりました。

2 軍部の台頭

政党への不信感が高まるなか，**満洲事変**が勃発し，国内では軍部や右翼による**国家改造運動**が活発化してテロやクーデタがおこりました。その結果，**五・一五事件**で政党内閣が崩壊し，その後，陸軍の青年将校による**二・二六事件**をきっかけに軍部の発言力が高まりました。

3 戦時体制の形成

日中戦争から**アジア・太平洋戦争**へと進展する過程で，国内では戦時体制へと移行していきました。**国家総動員法**により議会の承認なく経済統制がおこなわれ，**大政翼賛会**の結成では既成政党が解散するなど議会政治は形骸化し，軍部の指導による戦時体制が形成されました。

1 時代の特徴

□経済

1920年代には**戦後恐慌**，**震災恐慌**，**金融恐慌**がつづき，経済状況は悪化しました。その再建をめざして**井上財政**がおこなわれましたが，**世界恐慌**の影響もあり，**昭和恐慌**が発生しました。1930年代には**高橋財政**により恐慌からは脱出しましたが，満洲事変・日中戦争のなか，戦時経済へと移行し，軍事インフレがすすみました。

□外交

1920年代には，**幣原外交**に代表されるように欧米との国際協調体制が維持されましたが，1930年代，日本が**満洲事変**をはじめると崩壊していきます。さらに**日中戦争**が勃発して泥沼化すると，アメリカとの対立が激化し，1940年代には**アジア・太平洋戦争**がはじまります。

2 内閣と重要事項

内閣	歴史事項
第１次若槻礼次郎	
田中義一	**山東出兵**（1927－28） **不戦条約**（1928）
浜口雄幸	**金解禁・ロンドン海軍軍縮条約**（1930）
第２次若槻礼次郎	**満洲事変勃発**（1931）
犬養毅	**満洲国建国**（1932） **五・一五事件**（1932）
斎藤実	**日満議定書**（1932） **国際連盟脱退通告**（1933）
岡田啓介	**二・二六事件**（1936）
広田弘毅	**日独防共協定**（1936）
林銑十郎	

内閣	歴史事項
第1次近衛文麿	**日中戦争勃発**（1937） **国家総動員法**（1938）
平沼騏一郎	**ノモンハン事件**（1939）
阿部信行	**第二次世界大戦勃発**（1939）
米内光政	
第２・３次近衛文麿	**日独伊三国同盟**（1940） **大政翼賛会結成**（1940） **日ソ中立条約**（1941）
東条英機	**太平洋戦争勃発**（1941）
小磯国昭	
鈴木貫太郎	**ポツダム宣言受諾**（1945）

THEME

1 金融恐慌と山東出兵

ここで直きめる！

- 1920年代には恐慌が連続して経済状況が悪くなる
- 中国の北伐に対して田中内閣は山東出兵を断行する
- 田中内閣ではじめて普通選挙が実施され，共産党を弾圧

1 恐慌の時代

① 恐慌の連続

第一次世界大戦が終結してヨーロッパ諸国の復興がすすむと，生産力を回復させていった国々の商品がふたたびアジア市場へと輸出されるようになりました。アジア市場で国際競争が復活すると，1919年から日本の貿易は輸入超過となります。とくに重化学工業製品の輸入が増加し，1920年には生産能力が需要を上回る過剰生産が原因となる**戦後恐慌**が発生しました。企業の経営が悪化するなか，**原敬内閣**は積極的に経済を保護する政策をとり，日本銀行が各銀行に緊急融資をおこない，銀行による企業への融資を支えました。

その後，経済の立て直しができないまま，1923年には**関東大震災**が発生して日本の経済は大きな打撃を受けました。被害を受けた企業がふりだした手形

POINT 恐慌の時代

戦後恐慌（1920）原内閣
↓ 輸出の停滞
企業の経営悪化
震災恐慌（1923）山本[2]内閣
↓ **震災手形**の処理問題
銀行の経営悪化
金融恐慌（1927）若槻[1]～田中内閣
銀行の**取付け騒ぎ**
中小銀行の休業・倒産

の決済ができなくなり，**震災恐慌**が発生しました。この震災で決済が困難となったものを**震災手形**といいます。その処理にあたった**第2次山本権兵衛内閣**は日本銀行に特別融資をおこなわせることで一時的に事態を収拾しました。しかし，震災手形の処理はスムーズにすすまず，課題として残りました。

❷ 金融恐慌の発生

恐慌の連続で日本の経済は大きな打撃を受けました。銀行からの融資を受けても返済できない，経営状態の悪い企業が多かったため，大量の不良債権をかかえた銀行は，経営が悪化していました。そのため，震災手形を処理して銀行を救済する必要がありました。

そうした状況のなか，1927年には，**憲政会**の**第1次若槻礼次郎内閣**で震災手形処理法案が可決されました。しかし，議会での片岡直温蔵相の失言をきっかけに，一部の銀行の経営危機が明らかになると，信用を失った銀行に預金者がおしかけて預金を引き出すという**取付け騒ぎ**がおこり，銀行の休業が続出する事態となりました。これを**金融恐慌**といいます。

片岡直温

東京渡辺銀行が破綻いたしました！

銀行は信用できない！
預金を引き出せ！

さらに大戦景気で急成長した**鈴木商店**が倒産し，鈴木商店に巨額の融資をしていた**台湾銀行**が経営危機におちいりました。

鈴木商店ってどんな企業なの？

1877年に開業。日清戦争後には台湾に進出して台湾総督府や**台湾銀行**と結んで急成長したんだ。ところが，戦後恐慌で打撃を受けて，再建できず1927年に倒産したんだ。

若槻内閣は緊急勅令によって台湾銀行を救済しようとしましたが，幣原外交に不満をもつ枢密院が了承しなかったため，救済できず総辞職に追い込まれました。

若槻内閣の**幣原外相**の外交政策は納得できない。緊急勅令案は承認しないぞ！

伊東巳代治
（枢密院）

ついで成立した**立憲政友会**の**田中義一内閣**は，３週間の**モラトリアム（支払猶予令）**を発して銀行の預金引き出しをおさえ，再度，日本銀行からの救済融資をおこなって事態を収拾しました。

金融恐慌では多くの中小銀行が倒れ，**三井**・**三菱**・**住友**・**安田**・**第一**の５大銀行に預金が集中して支配的な地位を占めるようになりました。これらの銀行を中心とする財閥は経済界を支配するとともに政治への発言力を強めることになりました。

銀行数が減っている一方で，５大銀行の預金高が増えているのがわかるよ！

▼銀行の預金高の推移

年	預金高　億円(%)	
	5大銀行	中小銀行
1926	22.3(24.3)	69.6(75.7)
1927	28.2(31.2)	62.1(68.8)
1928	31.3(33.5)	62.1(66.5)
1929	32.1(34.5)	60.9(65.5)
1930	31.9(36.5)	55.4(63.5)
1931	31.7(38.3)	51.0(61.7)
1932	34.3(41.2)	49.0(58.8)

（三和良一・原朗『近現代日本経済史要覧』による）

▼普通銀行数の推移

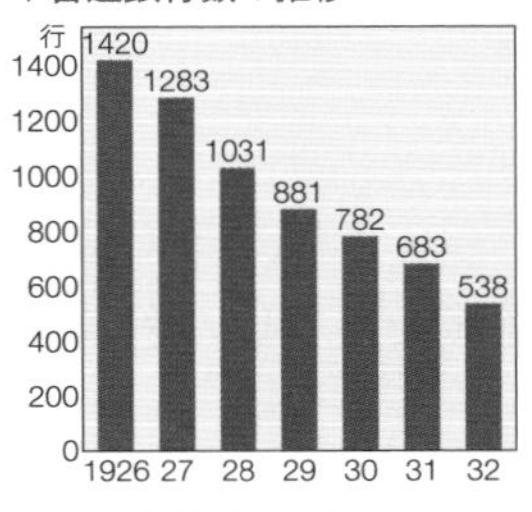

（中村政則『昭和の恐慌』による）

2 田中義一内閣の外交と内政

① 北伐と山東出兵

中国では，**中国国民党**が広州を中心に中国南方に支配を広げ，1924年には中国共産党と提携して**第１次国共合作**を成立させました。国民党の中心であった**蔣介石**は北方軍閥を打倒して中国全土を統一することをめざし，1926年，国民革命軍を率いて**北伐**をはじめ，1927年には南京を占領して国民政府を樹立しました。

張作霖ら北方軍閥を倒して中国を統一するぞ！

蔣介石

▼北伐と山東出兵

北伐に対して**第１次若槻礼次郎（憲政会）内閣**の**幣原喜重郎**外相は中国に対しては権益の保護や経済的な進出を重視し，武力行使をおさえる内政不干渉の方針をかかげていました。しかし，日本の国内では立憲政友会や軍部・枢密院などが不干渉の方針をとる幣原外交を批判しました。

それは軟弱外交だ！

伊東巳代治（枢密院）

満洲の権益をどうするんだ！

田中義一（立憲政友会）

北伐には干渉しない！
中国内政不干渉の方針でいく。

幣原喜重郎

金融恐慌で若槻内閣が倒れると，**立憲政友会**の**田中義一内閣**が成立しました。北伐の進展に対して田中内閣は，1927年，中国関係の外交官や軍人を集めて**東方会議**を開き，満洲における権益を守るために積極的な行動をとる方針を決定しました（「対支政策綱領」）。そして，日本人の居留民保護を名目として翌年にかけて3次にわたる**山東出兵**を実施し，満洲軍閥の張作霖を支援して満洲における権益を守ろうとしました。

しかし，張が国民革命軍に敗北すると，1928年，関東軍の一部は満洲の直接支配を狙って，張の乗った列車を奉天郊外で爆破する**張作霖爆殺事件**（満洲某重大事件）をおこしました。田中首相は事件の処理をめぐって昭和天皇に叱責され，内閣は総辞職しました。この事件の結果，張作霖の子で後継者の張学良が国民政府に合流し，北伐は完了しました。

田中は関係者を厳重処分するという約束をやぶった。顔も見たくない！

昭和天皇

周囲の反対で爆殺事件の関係者を厳重処分できなかった…。

田中義一

一方，田中内閣は欧米諸国との協調外交を維持し，1928年にはパリで**不戦条約**に調印しました。この条約は国際紛争解決のための戦争を否定し，国策の手段としての戦争を放棄することを宣言したものでした。

② 社会主義運動の高まり

普通選挙法が成立すると，労働組合や農民組合を基盤とした社会主義勢力により**無産政党**が結成されました。1926年には**労働農民党**が組織されましたが，党内で共産党系の勢力が強まったため，議会政策を重視する社会民衆党と，中間的立場に立つ日本労農党に分裂しました。

1928年には**田中義一内閣**のもと，普通選挙制による初の総選挙が実施され，無産政党から8名の当選者が出ました。そのなかで，**日本共産党**が公然と宣伝活動をしたので，田中内閣は選挙直後の3月15日に共産党員の一斉検挙を行いました（**三・一五事件**）。同年には**治安維持法**を改正して最高刑を死刑とし，**特別高等警察**（**特高**）を全国の警察に設置して，1929年にも大規模な検挙をおこないました（**四・一六事件**）。これにより幹部をことごとく検挙された日本共産党は，決定的ともいえる大きな打撃を受けました。

▼無産政党の系譜

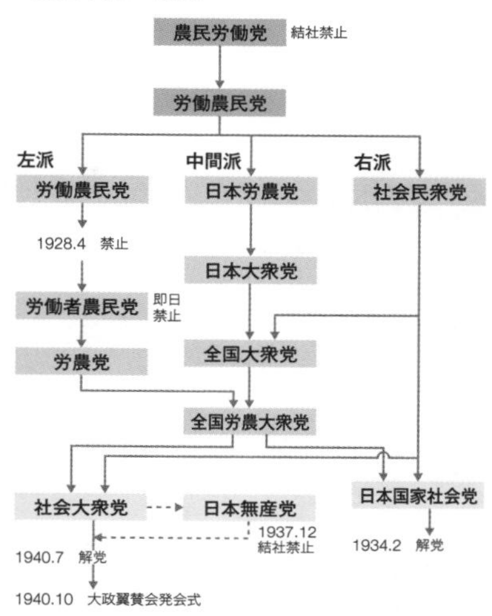

過去問にチャレンジ

問4　下線部ⓒに関連して，20世紀以降の日本の対外関係のなかで，鉄道に関わる諸政策・事件を説明した次の文Ⅰ～Ⅲについて，古いものから年代順に正しく配列したものを，後の①～⑥のうちから一つ選べ。

Ⅰ　奉天郊外において，張作霖が乗っていた列車が爆破された。

Ⅱ　南満洲鉄道株式会社が設立された。

Ⅲ　段祺瑞政権に対して，鉄道建設にも関わる巨額の経済借款を与えた。

① Ⅰ－Ⅱ－Ⅲ　② Ⅰ－Ⅲ－Ⅱ　③ Ⅱ－Ⅰ－Ⅲ
④ Ⅱ－Ⅲ－Ⅰ　⑤ Ⅲ－Ⅰ－Ⅱ　⑥ Ⅲ－Ⅱ－Ⅰ

（2022年度　本試験　日本史Ｂ　第６問）

日本の中国進出に関する年代順配列問題だよ。４割程度の受験生が正解できた問題だ。答えは何番かな？

うーん，むずかしい。③？

⑥！

あれ？　また２人とも間違えたね。解答は④だよ。こういう場合はどう考えればいいかな？

Ⅱの南満洲鉄道株式会社が設立されたのは，第１次西園寺公望内閣の時，明治時代で日露戦争後ですよね。Ⅰの張作霖爆殺事件は，昭和初期で田中義一内閣が辞職する原因になった事件です。そこはわかるんですが…。

そうなんだよ。満鉄の設立は1906年，張作霖爆殺事件は1928年って覚えてるんだけど，Ⅲの時期があいまいなんだ。段祺瑞って聞いたことはあるんですが。

授業では話したからね。Ⅲは寺内正毅内閣がおこなった西原借款の内容で，大正時代だよ。

あー！　そうだった。今，聞いてて思い出した。

西暦年を覚えるのは得意なんだけど，出来事が出てこないとダメだね。

内閣総理大臣もおさえておきたいけど，Ⅰは昭和初期，Ⅱは明治時代，Ⅲは大正時代と，意外に大きな時代区分で並べ替えはできる。**時代区分や内閣がわかっていれば，西暦年を覚えておかなくても大丈夫だね。**

THEME

2 世界恐慌とその影響

ここで畝きめる！

- 浜口内閣は井上財政・幣原外交で経済の再建を進める
- 世界恐慌に巻き込まれ，昭和恐慌が発生する
- 高橋財政により昭和恐慌を脱出し，重化学工業中心へ

1 浜口雄幸内閣の経済政策・外交政策

① 井上財政

立憲政友会の田中義一内閣にかわって成立した**立憲民政党**の**浜口雄幸内閣**は経済の再建を課題とし，大蔵大臣に**井上準之助**，外務大臣に**幣原喜重郎**を起用しました。

井上準之助

幣原喜重郎

井上財政と幣原外交で経済の再建だ！

浜口雄幸

第一次世界大戦中の1917年，日本はアメリカをはじめとする各国にならって金輸出禁止の措置をとりました。大戦が終結すると，各国は貿易を促進するため，**金輸出の解禁**（**金解禁**）をしていきましたが，日本は恐慌が続くなか，金解禁ができず為替相場が不安定なままでした。そのため，財界からも，欧米諸国にならって金解禁を実施して為替相場を安定させることで，貿易をさかんにするべきだという声が高まっていました。

井上蔵相は日本銀行券の増発によって上昇した物価を引き下げるため，徹底した**緊縮財政**をすすめました。

井上準之助

国民のみなさん！　**緊縮**に協力してください。物価を下げるため，今はお金を使わないで！

そして1930年には為替相場を安定させるために**金輸出解禁**（**金解禁**）を断行しました。同時に産業を合理化して経営状態の悪い不良企業を整理し，工業の国際競争力を高めようとします。その一環として1931年には，基幹産業におけるカルテルの結成をうながす**重要産業統制法**を制定しました。

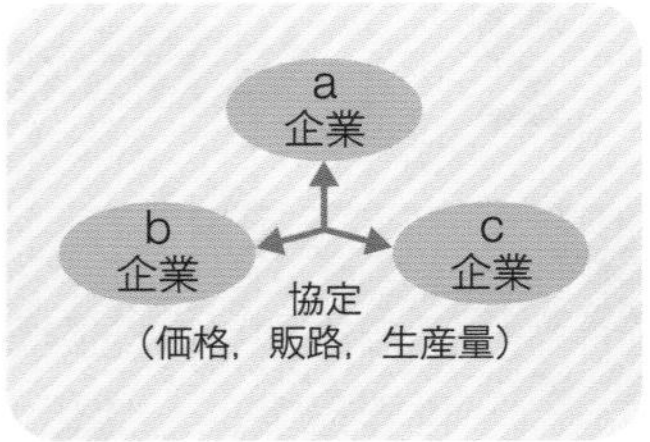

▲企業のカルテル

1930年まで変動相場だけど，**金解禁**をした結果，固定相場になって安定したよ！

▼対米為替相場の推移（100円当たりのドル相場）

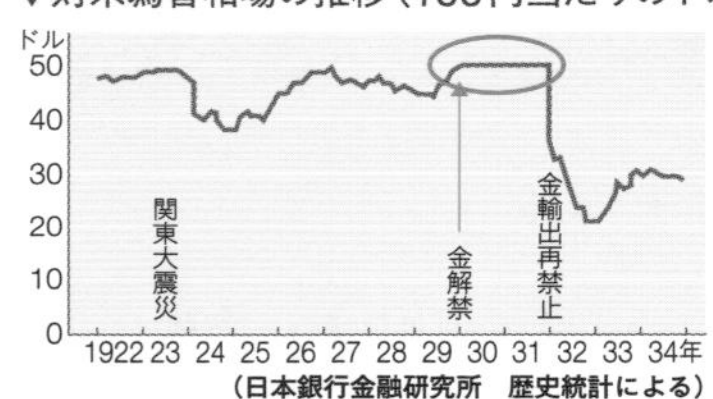

（日本銀行金融研究所　歴史統計による）

② 世界恐慌とその影響

金解禁を実施したものの，前年からアメリカではじまった恐慌が**世界恐慌**へと拡大したうえ，旧平価で金解禁をして円高になったため，輸出が大きく減り，株価や物価が下がって企業の倒産があいつぎ，失業者が増えて深刻な恐慌となりました。これを**昭和恐慌**といいます。

旧平価って何？

金輸出禁止以前の為替相場のこと。井上蔵相は当時の円の実際の価格より20%も上回る100円＝49.85＄の旧平価で金解禁をしたよ。そのため，急激な円高になったんだ。

とくに農村の不況は深刻でした。アメリカ向けの**生糸**（きいと）輸出が不振となったため，繭（まゆ）の価格が大幅に下落し，養蚕（ようさん）農家は壊滅的な打撃を受けました。1930年の米作は空前の豊作（ほうさく）でしたが，米価の下

▲大根をかじる子どもたち

落により豊作飢饉となり，翌年には一転して東北地方を冷害がおそいました。農村では，貧困がすすみ，学校に弁当を持参できない**欠食児童**が増えるとともに，**子女の身売り**も続出しました。農村に戻る都市の失業者も増え，兼業する仕事もないまま，貧しい農家の生活は一層困窮しました。

このような状況のなか，無策な政党や金輸出再禁止を予想して円売り・ドル買いをすすめる財閥への批判は高まっていきました。三菱と立憲民政党，三井と立憲政友会など，政党と財閥のむすびつきは世間に知られていたため，財閥への批判は政党政治への批判となっていきました。

③ 協調外交の挫折

幣原外交は井上財政を助けるものでした。幣原外相は輸出を増加させるため，田中内閣で悪化した中国との関係改善を進めました。また緊縮財政を助けるため，軍縮にも積極的でした。1930年には**若槻礼次郎**を全権として派遣し，**ロンドン会議**に参加します。会議では，**補助艦**の保有量が取り決められ，ほぼ対米英７割で**ロンドン海軍軍縮条約**に調印しました。しかし，野党の立憲政友会や海軍軍令部などは，政府が海軍の反対をおしきって兵力量を決定したのは天皇大権の１つである統帥権を犯すものであるとして政府を攻撃しました（**統帥権干犯問題**）。

統帥権は関係ない。兵力量は編制権の問題で，内閣の助言で行使できる！

浜口雄幸

浜口内閣は枢密院の同意によって条約を批准しました。しかし，経済政策に対する不満もあり，浜口首相は1930年，右翼の青年に狙撃されて重傷を負い，翌年退陣したのち，死亡しました。

▼国際協調下の条約

条約		内閣	全権	条約の内容と関連事項
ヴェルサイユ条約 1919年		原敬	**西園寺公望**	第一次世界大戦の講和条約 国際連盟の設立（1920）
ワシントン会議	**四カ国条約** 1921年	高橋是清	**加藤友三郎** 徳川家達 幣原喜重郎	太平洋の現状維持 **日英同盟**の廃棄
	九カ国条約 1922年			中国において領土保全・門戸開放・機会均等を規定 **石井・ランシング協定**の廃棄（1923）
	ワシントン海軍軍縮条約 1922年			**主力艦**保有量の制限 10年間（1931年まで）の主力艦の建造禁止
不戦条約 1928年		田中義一	内田康哉	国策の手段としての戦争を放棄 「人民ノ名ニ於イテ」の文言が問題化し，この部分は日本には適用されず
ロンドン海軍軍縮条約 1930年		浜口雄幸	**若槻礼次郎**	英・米・日は補助艦の保有量を制限 **主力艦**の保有制限と建造禁止の延長（1936年末まで）

2 恐慌からの脱出

① 高橋財政

満洲事変が勃発し，事態の収拾ができなかった立憲民政党の第2次若槻礼次郎内閣が退陣し，かわって**立憲政友会**の**犬養毅内閣**が成立します。大蔵大臣に就任した**高橋是清**は，斎藤実内閣，岡田啓介内閣まで3代にわたって蔵相をつとめました。

昭和恐慌からの脱出をめざす！

高橋是清

高橋は蔵相に就任すると，ただちに**金輸出再禁止**を断行して円と金の交換を停止し，金本位制から離れて**管理通貨制度**へと移行します。その結果，急速に円安がすすみました。

金本位制から離脱して，変動相場になり，急速に円安がすすむよ！

▼対米為替相場の推移（100円当たりのドル相場）

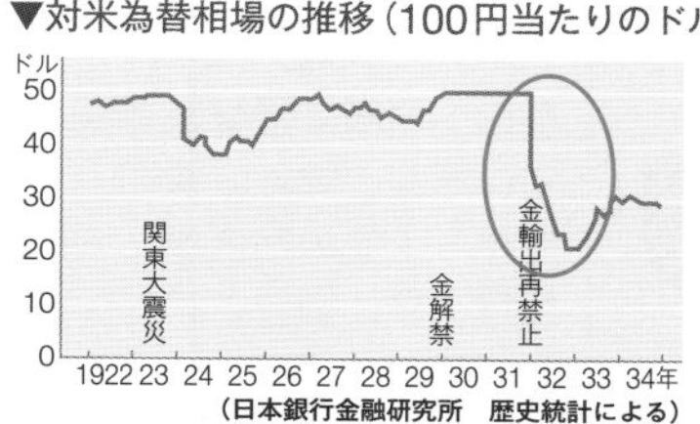

（日本銀行金融研究所　歴史統計による）

産業合理化をすすめていた諸産業は，大幅な円安の状況を利用して低価格となった日本製品の輸出を伸ばしていきました。とくに**綿織物**の輸出が拡大し，イギリスにかわって世界第1位の規模となりました。

このころ，世界恐慌からの脱出をはかっていたイギリスをはじめとする列強は，日本が賃金などの労働条件を不当に切り下げ（低賃金），円安（低為替）を利用して輸出を拡大したことを，**ソーシャル=ダンピング**（投げ売り）と非難します。それにより貿易摩擦を引きおこすことになりました。各国は日本からの輸入を制限したり，高い関税をかけるなどの対抗措置をとりました。その一方で，輸入面では石油・くず鉄などでアメリカに対する依存度が高まっていきました。

② 重化学工業の発達と農村の復興

輸出の増加とならんで景気の回復を助けたのは，それまでの緊縮財政を転換し，赤字国債を発行して軍事費や農村救済費を中心に財政をふくらませたことでした。

軍需産業をはじめとして産業界は活気づいて，1933年ごろには工業生産額が恐慌以前の生産水準に回復しました。とくに軍需に支えられた**重化学工業**の分野が発達し，産業構造は軽工業中心から重化学工業中心へと転換しました。

1933年には恐慌以前の生産額に回復しているね。同年には重化学工業の割合が繊維工業の割合をこえてるよ！

▼重化学工業の発達

年・生産額	重化学工業	軽工業 繊維工業	軽工業 その他
1929 107.4億円	30.2%	35.1	34.7
1931 78.8億円	29.3%	32.5	38.2
1933 111.7億円	35.5%	32.5	32.0
1935 149.7億円	43.5%	29.1	27.4
1937 210.7億円	49.6%	26.7	23.7
1938 252.5億円	54.8%	22.2	23.0

（歴史学研究会・日本史研究会編『講座日本歴史 10』による）

鉄鋼業では八幡製鉄所を中心に製鉄会社の大合同がおこなわれ，国策会社である**日本製鉄会社**が生まれ，鉄の生産を独占するようになりました。自動車工業や化学工業では，満洲に進出した鮎川義介の**日産コンツェルン**や朝鮮に進出した野口遵の**日窒コンツェルン**などの**新興財閥**が台頭し，軍とむすびついて発展していきました。

▼新興財閥

名称	持株会社と参加会社数	創業者
日産	日本産業（18社）	**鮎川義介**
日窒	日本窒素肥料（28社）	**野口遵**
日曹	日本曹達（25社）	中野友礼
森	森興行（27社）	森矗昶
理研	理化学工業（39社）	大河内正敏

農村では1932年度から時局匡救事業として公共土木工事をおこない，農民を雇用しました。さらに政府は「自力更生」の名のもとに農民を結束させ，産業組合の設置を進める**農山漁村経済更生運動**を推進しました。しかし，1934年には，東北地方で大凶作がおこるなど農村の再建はなかなか進みませんでした。

THEME 3

満洲事変と軍部の台頭

ここで卣きめる！

- 関東軍が「満蒙の危機」を唱え，満洲事変をおこす
- 国内では五・一五事件を機に政党内閣が崩壊する
- 二・二六事件以降，軍部の発言力が拡大する

1 満洲事変

① 満洲事変のはじまり

北伐が終わると，国民政府は満洲における日本の権益をとりもどす動きを活発化させ，民族運動が高まりました。立憲民政党の浜口雄幸内閣，続く**第2次若槻礼次郎内閣**の**幣原喜重郎外相**は，中国との協調を重視しながら日本の権益をまもろうとしますが，うまくいきません。関東軍にとって満洲はソ連に対する戦略拠点であり，重工業を発展させるために必要な資源の供給地でもありました。そのため，幣原外交を非難し，武力によって満洲を日本の勢力下におくことを計画しました。

▼満洲事変要図

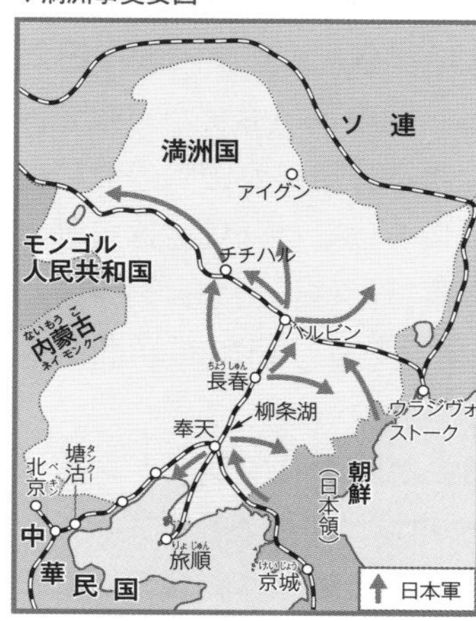

「満蒙の危機」だ！
満洲を占領して日本の
勢力下におこう。

石原莞爾
（関東軍）

関東軍は参謀の石原莞爾を中心に1931年9月18日の夜，奉天付近の**柳条湖**で南満洲鉄道の線路を爆破し，これを中国軍の行動と偽って攻撃を開始しました（**柳条湖事件**）。こうして**満洲事変**がはじまり

ました。**第2次若槻礼次郎内閣**は事変について不拡大方針を声明します。しかし，関東軍は無視して占領地を拡大し，マスコミや世論はこれを支持しました。事態の収拾が困難となった若槻内閣は総辞職し，**立憲政友会**の**犬養毅内閣**が成立しました。

② 満洲国建国と国際連盟脱退

満洲の主要な地域を占領した関東軍は，1932年3月，清朝最後の皇帝であった**溥儀**を執政にむかえて，**満洲国建国**を宣言させました。満洲国は内政の実権を関東軍が握っており，中国は認めませんでした。一方で中国の訴えと日本の提案から，国際連盟は事実関係を調査するため，イギリス人のリットンを団長とする調査団を現地と日中両国に派遣しました（**リットン調査団**）。

▲リットン調査団

日本の国内では**五・一五事件**がおこり，犬養内閣が崩壊すると，海軍大将の**斎藤実**が組閣しました。1932年9月，斎藤内閣は**日満議定書**をむすんで満洲国を正式に承認し，関東軍司令官が実権を握りました。そのころ，リットン調査団による報告書が国際連盟に提出されました。そのなかで，日本の満洲における特殊権益は擁護されるべきであるとしたものの，日本の軍事行動は正当な自衛手段とは認められず，満洲国は日本の傀儡政権であり，日本が満洲国の承認を撤回することを求めていました。

1933年2月には，国際連盟の臨時総会が開かれ，リットン報告書にもとづく勧告案が42カ国の賛成（反対は日本のみ）で採択されました。これを不満とした**松岡洋右**ら日本の全権団は総会の場から退場し，翌3月に斎藤内閣は正式に**国際連盟脱退**を通告しました。

勧告案の採択は遺憾…
議場から退場だ！

国家の体面を保つために
国際連盟は脱退だ！

1933年5月には，中国との間に**塘沽**(タンクー)**停戦協定**が結ばれて満洲事変は終息しましたが，中国側の抵抗運動は続きました。一方，1934年12月にはワシントン海軍軍縮条約の廃棄を通告し，1936年1月にはロンドン会議からも脱退して日本は国際的に孤立することになりました。

2 軍部の台頭

① 政党内閣の崩壊

満洲事変(まんしゅうじへん)が進展する一方，日本の国内では軍部の青年将校や国家主義者らを中心に**国家改造運動**が活発化しました。青年将校や国家主義者らは政党内閣や財閥(ざいばつ)による恐慌(きょうこう)への対応に不満をもち，日本のゆきづまりを打開するため，テロやクーデタなどの直接行動によって天皇中心の軍部政権をつくることをめざしました。

1932年には，右翼の血盟団(けつめいだん)員が前蔵相の井上準之助(じゅんのすけ)と三井合名(みついごうめい)理事長の団琢磨(だんたくま)を暗殺しました（**血盟団事件**）。5月15日には，海軍の青年将校らが首相官邸におし入って**犬養毅**(いぬかいつよし)首相を射殺するという**五・一五事件**もおこりました。

▲五・一五事件

この事件のあと，元老の西園寺公望は後継首相に政党関係者を指名せず，穏健派の海軍大将**斎藤実**を推薦し，政党・軍部・官僚からなる「**挙国一致**」内閣が成立しました。これにより大正末から続いた「憲政の常道」の慣行は途絶え，政党内閣は第二次世界大戦後まで復活しませんでした。

❷ 軍国主義化の進展

満洲事変がすすむなか，国内では思想や言論が国家主義へと傾き，自由主義や民主主義的な思想・学問への抑圧も強まりました。

非合法のもとで活動をつづけていた**日本共産党**は厳しい弾圧を受け，1933年，幹部の佐野学・鍋山貞親らが獄中から**転向声明**を発表して共産主義を放棄すると，大量の転向者が出ました。同年には自由主義的な刑法学説をとなえていた京都帝国大学の滝川幸辰教授が鳩山一郎文相の圧力で休職処分になり（**滝川事件**），1935年には**天皇機関説事件**がおこりました。**美濃部達吉**がとなえた憲法学説である天皇機関説はこれまで広く認められていたものでしたが，軍部や国家主義者はこれを天皇中心の国家体制に反するものだとして批判しました。当時，**岡田啓介内閣**はこれに屈して，「我国の統治権の主体は天皇にあり」とする**国体明徴声明**を発して天皇機関説を否定しました。

内閣	年	事件
犬養	1932	血盟団事件
		五・一五事件
斎藤	1933	滝川事件
岡田	1935	天皇機関説事件
	1936	二・二六事件

❸ 軍部の台頭

満洲事変以降，陸軍の内部では天皇を中心にテロやクーデターなどの直接行動による国家改造をとなえる**皇道派**と，軍の統制を維持して官僚や財界ともむすんで総力戦体制の構築をめざす**統制派**が対立していました。

1936年2月26日，右翼の**北一輝**（『日本改造法案大綱』）に影響を受けた皇道派の一部青年将校らが約1,400名の兵士を率いて**斎藤実**内大臣や**高橋是清**蔵相らの政府要人を暗殺し，首相官邸周辺を占拠しました（**二・二六事件**）。

元老・政党・官僚・統制派・財閥は
「君側の奸」だ！
打倒して天皇中心の軍部政権を！

あいつらゆるさん！
朕自ら成敗する！

昭和天皇

このクーデタで皇道派は軍部政権の樹立をめざしましたが，首都には戒厳令が出され，昭和天皇が厳しい処分を指示したこともあって，将校たちは反乱軍として鎮圧されました。

事件後，陸軍内部では統制派が皇道派を排除して主導権を握り，陸軍の発言力はよりいっそう強まりました。以降，軍部は積極的に政治にかかわるようになり，岡田内閣にかわった**広田弘毅内閣**は軍の圧力により，**軍部大臣現役武官制**を復活させました。

陸軍はこわい…。
言うとおりにしておこう。

広田弘毅

一方で対外的には，1933年に国際連盟から脱退したドイツと接近します。ソ連を中心とする国際的な共産主義運動への対抗をかかげて，1936年には**日独防共協定**をむすびました。

THEME 4 日中戦争

ここで働きめる！

- 盧溝橋事件をきっかけに日中戦争がはじまる
- 国家総動員法が制定され，国民生活が統制される
- 戦時統制がすすむなか，学問や思想が弾圧される

1 日中戦争の展開

① 日中戦争のはじまり

満洲事変後，中国では国民政府と共産党による内戦がつづいていました。そのなかで満洲国の独立を安定させようとする関東軍は，中国北部の華北地域を国民政府から切り離し，日本の支配下において勢力を拡大しようとしました。これが**華北分離工作**です。中国ではこの日本の動きに対抗するべきだという声が高まり，1936年12月，**西安事件**で張学良が蔣介石を監禁して抗日を要求したことをきっかけに，内戦が停止されました。

日本軍と戦うべきだ！
張学良

中国共産党との内戦が…。
蔣介石

1937年7月，北京郊外の**盧溝橋**で日中両軍が突発的に衝突する事件が発生しました（**盧溝橋事件**）。成立したばかりの**第1次近衛文麿内閣**は当初，不拡大方針をとりましたが，軍部の圧力で派兵を決定し，戦線を拡大しました。これに対し，中国では9月に国民政府と共産党が提携して（**第2次国共合作**），抗日民族統一戦線が結成されて抗戦の姿勢がとられ，両国とも宣戦布告をしないまま，

全面戦争へと発展しました。これが**日中戦争**のはじまりです。

宣戦布告をせずに戦争をしていたのはなぜ？

アメリカには戦争状態にある国への武器などの輸出が禁止できる中立法というのがあって，その適用を避けるために日中両国とも宣戦布告をしなかったんだよ。

日本は大軍を投入し，1937年12月には国民政府の首都**南京**を占領しました。ここでは日本軍が非戦闘員を含む多数の中国人を殺害する**南京事件**がおこり，国際的な非難をあびました。

② 日中戦争の長期化

南京を占領された国民政府は南京から内陸部の**重慶**に首都を移し，アメリカやイギリスなどの援助を受けて抗戦をつづけました（**援蔣ルート**）。

▲日中戦争関係図

ドイツが和平工作を斡旋しましたが，近衛首相は1938年1月，声明を発表し，国民政府との和平の道を閉ざしました。日本政府は中国に親日政権を樹立して戦争を終結させる方向へと転換したからです。

近衛文麿

国民政府を対手とせず！
新しい中国政府ができることを期待する。

さらに近衛首相は1938年末，戦争目的が日本・満洲国・中華民国の3国が連携する「**東亜新秩序**」建設にあると声明しました。そして，国民政府の要人である**汪兆銘**を重慶から脱出させ，1940年，米内光政内閣では汪兆銘を中心とする親日の**新国民政府**を南京に樹立しました。日本政府は汪政権を占領地の統治にあたらせて戦争終結をめざしましたが，中国民衆の支持も得られず日中戦争は長期化しました。

2 戦時統制と国民生活

❶ 戦時統制の強化

戦争の長期化を想定して近衛文麿内閣は挙国一致の戦時体制づくりをめざしました。1937年10月から**国民精神総動員運動**をはじめ，節約・貯蓄など国民に戦争協力をうながし，各職場では労資が協調して国策に協力する体制を築くために**産業報国会**が結成され，労働組合の解散がすすんでいきました。

1938年4月には**国家総動員法**が制定され，政府は議会の承認なく，**勅令**で戦争遂行に必要な物資や労働力を動員する権限をあたえられ，国民生活を全面的な統制化におくこととなりました。翌1939年には，国民を労働力として軍事工場に動員するため，国家総動員法にもとづく勅令として**国民徴用令**が制定されました。

「〜法」は議会で可決されたもの，
「〜令」は議会の承認がない勅令だよ！

❷ 国民生活の変化

軍需関連以外の物資の輸入や生産は制限され，国民生活の面でも日用品の統制が強まりました。そのなかで生活必需品は品不足となり，物価が上昇したため，1939年10月には，政府が国家総動員法にもとづく**価格等統制令**を出して公定価格制を導入しましたが，**闇取引**がおこなわれ，商品は闇価格で売買されたため，物価は安定しませんでした。1940年には生活必需品の**配給制**がはじまります。砂糖・マッチは政府から配られた切符がなければ購入できなくなりました（**切符制**）。さらに通帳をもちいた米の配給がはじまり，農村では政府が米を強制的に買い上げる**供出制**も実施されました。

▼国民生活の統制

内閣	年	月	法令など
近衛[1]	1937	9	臨時資金調整法 輸出入品等臨時措置法 軍需工業動員法
		10	企画院設置
	1938	4	国家総動員法
平沼	1939	3	賃金統制令
		7	**国民徴用令**
阿部		10	**価格等統制令**
		12	小作料統制令
米内	1940	7	七・七禁令
近衛[2]		10	**供出制**の実施
		11	砂糖・マッチの**切符制**
	1941	4	**米国配給通帳制**

③ 思想・学問の弾圧や文化の統制

戦時体制の形成にともない，社会主義や自由主義などの思想に対する弾圧がいちだんと厳しくなりました。1937年，東大教授の**矢内原忠雄**は政府の大陸政策を批判したことで大学を追われ，著書も発禁処分となりました。1938年には東大教授の**大内兵衛**らのグループがファシズムに反対する人民戦線の結成をはかったとして検挙される**人民戦線事件**がおこり，同年にはファシズムを批判した東大教授の**河合栄治郎**の著書が発禁とされ，翌年休職処分を受けました。

ファシズムって何？

第一次世界大戦後にあらわれた独裁的な全体主義の政治のことだよ。民主主義・自由主義を否定して一党独裁をすすめ，反対者は弾圧したんだ。

戦時体制の強化とともに文化の統制もすすみました。**島崎藤村**の『夜明け前』，**谷崎潤一郎**の『細雪』など大家が成熟した作品を生み出す一方，社会主義とむすびついて発達したプロレタリア文学運動は弾圧されて壊滅状態となり，島木健作の『生活の探究』など転向文学が生まれました。

日中戦争期には火野葦平が従軍体験を記録した『麦と兵隊』など戦争文学が人気を博しましたが，日本兵士の実態を写実的に描いた石川達三の『生きてゐる兵隊』は発売禁止になります。

THEME 5

第二次世界大戦と日本

ここで畝きめる！
- 第二次世界大戦が勃発すると，日本では南進論が強まる
- 日中戦争長期化・日独接近により，日米対立が激化
- 日独伊三国同盟を締結してアメリカに対抗

1 第二次世界大戦のはじまり

① 国際秩序の転換

第一次世界大戦後に形成された国際秩序(ちつじょ)であるヴェルサイユ体制・ワシントン体制は，**世界恐慌(きょうこう)**がおこったことにより，1930年代なかばにはくずれはじめました。日本が**満洲事変(まんしゅうじへん)**をおこしてワシントン体制を動揺(どうよう)させる一方，ヨーロッパではドイツがヴェルサイユ体制の打破をとなえ，1933年，国際連盟を脱退し，1935年のエチオピア侵攻をきっかけに国際連盟と対立したイタリアと連帯を強めました。ソ連は重工業化などをすすめて国力を強化し，1930年代前半にはアメリカのソ連承認(しょうにん)，国際連盟加盟など国際的に地位を高めます。そのなかで，1936年，**広田弘毅(ひろたこうき)内閣**は国際的な共産主義運動への対抗をかかげて，**日独防共(ぼうきょう)協定**をむすび，翌年，第1次近衛文麿(このえふみまろ)内閣のとき，イタリアがこれに参加して**日独伊三国防共協定**となりました。こうして日本・ドイツ・イタリアが反ソ連で結束し，枢軸(すうじく)陣営が形成されました。

② 第二次世界大戦へ

ヴェルサイユ体制の打破をめざすドイツはヨーロッパでの戦争にそなえ，日独伊三国防共協定を軍事同盟に強化することを日本に提案してきました。

一方，日本は1939年5月に満洲国とモンゴルの国境付近でおこっ

た武力衝突である**ノモンハン事件**で，ソ連との対立が激化していました。そのさなかの８月にドイツが**独ソ不可侵条約**をむすぶと，**平沼騏一郎内閣**は「欧州情勢は複雑怪奇」として対応できず，総辞職しました。

ノモンハン事件の前，1938年の**張鼓峰事件**でもソ連に敗北しているよ。

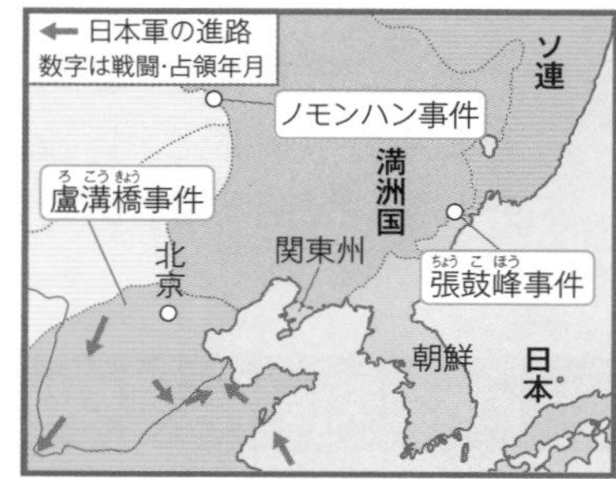

▲日中戦争関係図

1939年９月，ドイツがポーランドに侵攻すると，イギリス・フランスはドイツに宣戦布告し，**第二次世界大戦**がはじまりました。陸軍大将の**阿部信行**内閣，つづく海軍大将の**米内光政**内閣はドイツとの軍事同盟には消極的であり，ヨーロッパの大戦には不介入の方針をとりました。その間，1940年４～５月にかけてドイツは戦線を拡大し，イギリスを大陸から追い出し，６月にはフランスを降伏させました。

❸ 新体制運動

緒戦におけるドイツの勝利により日本では陸軍を中心にドイツとむすぶことで，南方に進出する考えを強めることになりました。そのため，国内では近衛文麿を中心に，ドイツのナチ党などを参考に総力戦を遂行するための国民組織を結成する**新体制運動**が展開されました。

ドイツを参考にした「新体制」で戦争を遂行する！

近衛文麿

1940年7月，陸軍は米内内閣を退陣に追い込み，近衛が陸軍の支持で**第2次近衛内閣**を組織しました。10月には近衛首相を総裁とする**大政翼賛会**が結成されました。既成政党は解散して合流しましたが，大政翼賛会は政党ではなく，政府の方針を伝達し，国民生活を統制する官製の上位下達の組織でした。総理大臣を総裁とし，部落会・町内会・**隣組**などを下部組織としていました。隣組は5～10戸からなる最末端組織で，回覧板による情報伝達や配給などを担いました。

戦時統制は教育面にもおよび，1941年には小学校を**国民学校**と改め，「忠君愛国」の国家主義教育が強化されました（**国民学校令**）。また，植民地である朝鮮や台湾でも日本語教育の徹底，神社参拝の強制など**皇民化政策**が実施され，朝鮮では姓名を日本風に改める創氏改名が強制されました。

2 日米関係の悪化

① 南進策の実行

日中戦争が長期化するなか，アメリカが日本の「**東亜新秩序**」建設の動きに反発し，日米間の貿易は減少しはじめます。日本とドイツの接近が伝わると，アメリカは1939年，日本に対して日米通商航海条約の廃棄を通告してきました。翌年，条約が失効すると日本は軍需物資の輸入が困難となりました。

第二次世界大戦の緒戦におけるドイツの勝利は**南進論**を強めることになりました。南進論とは，東南アジア方面に進出し，「援蔣ルート」を断ち切って日中戦争を打開するとともに，石油などの軍需物資の不足を解消しようという考えです。

1940年9月，**第2次近衛文麿内閣**のとき，日本軍は南方進出の足がかりとして**北部仏印**へ進駐をはじめ，一方，松岡洋右外相は**日独伊三国同盟**を締結しました。これはアジアにおける日本と，ヨーロッパにおけるドイツ・イタリアの指導的な地位を認め合い，アメリカを仮想敵国として協力し合うというものでした。

> ドイツ・イタリアと同盟を結んでアメリカに対抗する！　ソ連とも連携するぞ！

松岡洋右

❷ 日米交渉

アメリカが日本に対して態度を硬化させると，近衛首相はアメリカとの衝突を避けるため，1941年4月から野村吉三郎大使と**ハル国務長官**のあいだで日米交渉がはじまりました。松岡外相は**日ソ中立条約**をむすび，北方の安全を確保するとともに，日ソの提携によりアメリカとの交渉を優位にすすめようとしましたが，アメリカの態度はさらに硬化します。一方，1941年6月，ドイツがソ連に侵攻して独ソ戦がはじまりました。これに対して日本は満洲に関東軍の兵力を集結させて情勢をうかがいます。

松岡洋右

> 日独伊にソ連を加えた四国協商でアメリカに対抗しようと思ったのだが，独ソ戦がはじまるとは…こうなったら，対ソ開戦だ！

> 松岡外相は，ソ連にも，アメリカにも強行方針だ。内閣から外そう…。

近衛文麿

その後，日米交渉を重視する近衛首相は，対米強硬論をとなえる松岡外相をのぞくため，**第3次近衛内閣**を組織します。しかし，日本軍が**南部仏印**へ進駐したことで，アメリカは日本への石油輸出を全面禁止にして対日経済封鎖を強化しました。そのうえ，アメリカは日本の南進を阻止することを強調し，イギリスやオランダも同調しました。これに対し，軍部は中国を含めた4カ

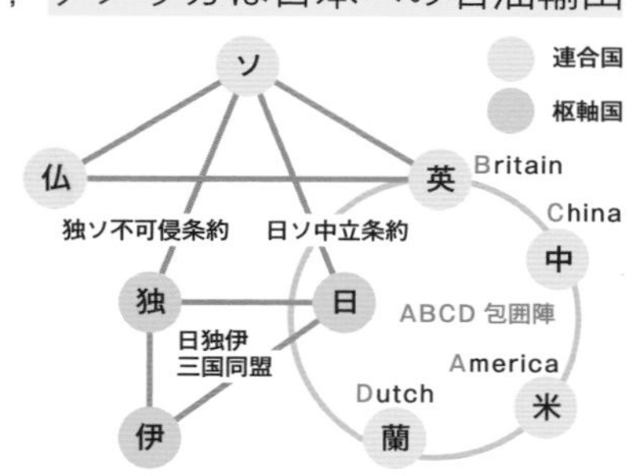

▲第二次世界大戦時の国際情勢

国の経済封鎖を「ABCD包囲陣」とよび，その脅威を国民に訴えました。日米交渉が難航するなか，交渉がまとまらないときは，アメリカ・イギリスと開戦することが御前会議で決まりました（「帝国国策遂行要領」）。

御前会議って何？

閣僚や軍部首脳に加えて，天皇も出席しておこなわれる最高会議のことだよ。

日米交渉による解決をめざす近衛首相と，交渉を打ち切って開戦をねらう東条英機陸相が対立し，1941年10月には第3次近衛内閣が総辞職し，陸軍大将の**東条英機**が陸軍大臣・内務大臣を兼任する形で内閣を組織しました。東条内閣は当面，日米交渉を継続しますが，アメリカ側は同年11月末には満洲を含む中国大陸・仏印からの日本軍の撤退など，満洲事変以前の状態への復帰を求める**ハル=ノート**を提示してきました。これを受け，12月1日の御前会議では日米交渉は不成功としてアメリカ・イギリスとの開戦を決定しました。

ハル=ノートの内容は話にならん！
米・英と開戦だ！

東条英機

ハル=ノートでは，①中国・仏印からの撤退，②満洲国・汪兆銘政権の否認，③日独伊三国同盟の廃棄などが要求されたよ。

3 太平洋戦争

❶ 太平洋戦争のはじまり

日米交渉は決裂し，1941年12月8日，日本軍は**イギリス領マ**

レー半島に上陸するとともに，**ハワイの真珠湾**を奇襲攻撃してアメリカ・イギリスに宣戦を布告しました。**太平洋戦争**のはじまりです。

開戦から約半年で，日本軍は東南アジアから南太平洋の広い地域を占領して日本軍が統治しました。緒戦の勝利で東条内閣の人気が高まるなか，1942年4月には，**翼賛選挙**が実施され，衆議院では政府推薦候補が80%以上の議席を占めて絶対多数を獲得し，彼らの多くは翼賛政治会に組織され，議会は政府に承認をあたえるだけの機関となりました。

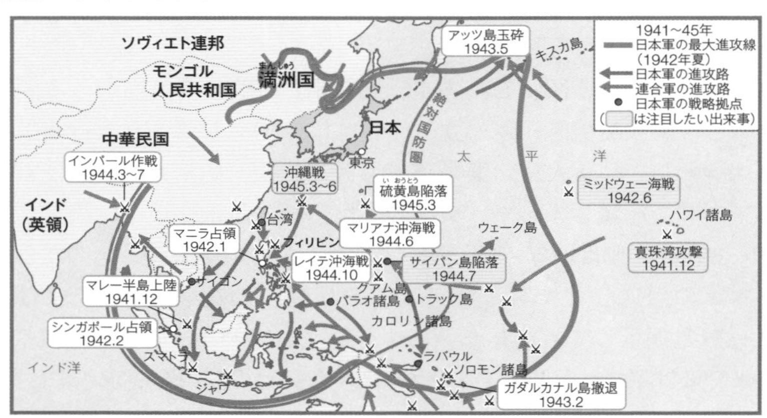

▲太平洋戦争関係図

② 戦局の悪化

1942年6月の**ミッドウェー海戦**で日本の海軍ははじめて敗北します。これ以降，海と空の支配権（制海権・制空権）を失い，アメリカ軍の本格的な反撃を受けることになりました。1943年2月にはガダルカナル島で敗北し，東条内閣は同年11月に**大東亜会議**を開き，満洲国・汪兆銘政権・タイ・ビルマ（現ミャンマー）などの代表を東京に集めて，植民地の解放をめざす**大東亜共栄圏**の結束をアピールしました。しかし，これらの地域では日本軍の高圧的な支配に対し，抵抗運動が活発化します。

1944年7月には，マリアナ諸島の**サイパン島**が陥落し，その責任を負って東条内閣は総辞職しました。その後，サイパン島の基地から発進したアメリカ軍の爆撃機B29による日本本土の空襲が本格化しました。

③ 国民生活の崩壊

太平洋戦争の開戦以降，政府は軍需生産を優先させるとともに，国民には生活を切り詰めさせて兵力・労働力として動員しました。1943年には大学・高等学校などに在学中の文系学生の徴兵猶予を停止して徴集する**学徒出陣**がはじまります。また，労働力不足を補うための**勤労動員**も広がり，学校に残る学生・生徒や未婚の女性で編成した**女子挺身隊**を軍需工場で働かせました。

1944年後半から本土の空襲が本格化します。当初は軍需工場の攻撃を目的としていましたが，都市を無差別に攻撃するようになっていきます。そのため，軍需工場の地方への移転，都市の住民の縁故疎開や国民学校児童の**学童疎開**もはじまりました。

④ 敗戦

ヨーロッパでは1943年にイタリアが連合国に降伏し，アメリカ・イギリス・中国の首脳がカイロで会談し，日本の無条件降伏や領土の処分方針を決めました（**カイロ宣言**）。1945年2月には，アメリカ・イギリス・ソ連の3カ国首脳がヤルタで会談し，ドイツ降伏後，ソ連が対日参戦するなどの密約をしました（**ヤルタ会談**）。1945年5月にはドイツも降伏しました。

1945年4月にはアメリカ軍は沖縄本島に上陸し，この直後に東条内閣を継いだ**小磯国昭内閣**が倒れます。そして昭和天皇の信頼が厚かった**鈴木貫太郎**が内閣を組織しました。沖縄では一般県民が召集され，中学生など男子生徒が鉄血勤皇隊，女子生徒がひめゆり学徒隊などに編成され，住民が戦闘に巻き込まれて，多くの戦争犠牲者を出し，6月に戦闘は終了しました（**沖縄戦**）。そのなかで鈴木内閣は中立条約をむすんでいたソ連に和平交渉の仲介を依頼しようとします。

1945年7月にはアメリカ・イギリス・ソ連の首脳がポツダムで

会談し，ヨーロッパの戦後処理を協議します。このとき，アメリカは対日戦後処理方針を提案し，中国も加えて米・英・中3カ国の共同宣言の形式をとって日本軍への無条件降伏などを求める**ポツダム宣言**を発表しました。

ポツダム宣言を「黙殺する」とした日本政府に対し，アメリカは8月6日**広島**に，8月9日**長崎**に**原子爆弾**を投下しました。この間，8月8日にソ連は中立条約を破棄して日本に宣戦布告し，満洲・朝鮮・樺太に侵攻しました。ここにいたって政府は14日，昭和天皇の裁断で**ポツダム宣言受諾**を決定し，連合国に通告しました。8月15日の正午，天皇が詔書を読み上げた録音をラジオで放送して戦争終結が国民に発表されました（**玉音放送**）。9月2日，東京湾内のアメリカ軍艦ミズーリ号上で，日本政府と日本軍の代表が降伏文書に調印して，太平洋戦争は終了しました。

昭和天皇

朕は帝国政府をして米英中ソ４国に対し，その共同宣言を受諾する旨通告せしめたり。…堪え難きを堪え，忍び難きを忍び，以て万世のために太平を開かんと欲す。（玉音放送より）

内閣	年	月	日本の動き	欧米の動き
東条	**1941**	12	マレー半島上陸 **真珠湾攻撃**	
	1942	6	**ミッドウェー海戦**	
	1943	2	ガダルカナル島撤退	
		11	**大東亜会議**	**カイロ会談**
	1944	7	**サイパン島の陥落**	
小磯	**1945**	2		**ヤルタ会談**
		3	東京大空襲	
		4	**沖縄戦**開始（～6月）	
鈴木		7		**ポツダム会談**
		8	**広島に原爆投下** **ソ連の対日参戦** **長崎に原爆投下** ポツダム宣言受諾決定 終戦の「**玉音放送**」	

▲太平洋戦争の展開

SECTION 15

昭和時代（戦後）・平成時代

THEME

1　占領と改革
2　日本の独立と経済復興
3　55年体制と対米協調
4　高度経済成長の時代
5　経済大国への道
6　冷戦の終結と55年体制の崩壊

敗戦で日本は連合国に占領されるけど，**冷戦**が激化するなかで講和条約を締結して独立したんだ。そのあとは**自民党**の単独政権が継続する**55年体制**が成立するよ。そのもとで対米協調外交や**高度経済成長**が進展するんだ！

1

占領政策

敗戦で日本は連合国の占領下におかれ，**憲法改正**とともに**五大改革**が実施され，民主化·非軍事化がすすめられます。そのもとで女性参政権が認められ，政党内閣が復活します。**冷戦**が激化するなか，**朝鮮戦争**が勃発すると日本は独立しますが，「逆コース」といわれた保守政策が進展します。

2

55年体制

独立後，保守と革新の対立のもと，保守優位の体制である**55年体制**が成立し，**自由民主党**の単独政権がつづきます。そのもとで日米安保条約を改定するなど**対米協調外交**が展開する一方，**高度経済成長**の時代となり，日本は経済大国へと発展します。

3

保守政権の動揺

1970年代前半に高度経済成長が終わると，1970年代後半から1880年代にかけて自民党政権は動揺します。一方，国際的には1990年前後に冷戦が終結しました。国内では，自民党の単独政権が終わり，55年体制が崩壊しました。

1 内閣と重要事項

内閣	歴史事項	内閣	歴史事項
東久邇宮稔彦		田中角栄	**日中共同声明**（1972）
幣原喜重郎	**五大改革指令**（1945）	三木武夫	**ロッキード事件**（1976）
第1次吉田茂	**日本国憲法公布**（1946）	福田赳夫	**日中平和友好条約**（1978）
片山哲		大平正芳	
芦田均	**昭和電工事件**（1948）	鈴木善幸	
第2～5次吉田茂	**朝鮮戦争勃発**（1950） **サンフランシスコ講和会議**（1951） **日米安全保障条約**（1951）	中曽根康弘	**分割民営化** **NTT・JT**（1985）・ **JR**（1987）
鳩山一郎	**55年体制成立** **日ソ共同宣言**（1956） **国際連合加合**（1956）	竹下登	**リクルート事件**（1988） **昭和天皇死去**（1989） **消費税導入**（1989）
石橋湛山		宇野宗佑	
岸信介	**日米新安保条約**（1960）	海部俊樹	**湾岸戦争**（1991）
池田勇人	**「所得倍増」計画**	宮澤喜一	**佐川急便事件**（1992） **PKO協力法**（1992）
佐藤栄作	**ベトナム戦争本格化** **日韓基本条約**（1965） **沖縄返還協定**（1971）	細川護熙	**55年体制崩壊**（1993）

THEME 1 占領と改革

ここで自きめる！
- 五大改革の指令が出され，民主化政策がすすめられる
- 政党内閣が復活し，日本国憲法が制定される
- 生産力回復のため，傾斜生産方式が採用される

1 大戦後の国際秩序と占領政策

① 第二次世界大戦後の世界秩序

大戦後の国際秩序について，アメリカ・イギリス・ソ連の３国で協議が重ねられ，**国際連盟**にかわる国際組織として，1945年10月，連合国51カ国により**国際連合**が発足しました。国連の主要機関の１つとして，**安全保障理事会**が設けられ，平和を維持するために軍事的手段をふくむ方法を決定することが可能で，常任理事国であるアメリカ・イギリス・フランス・ソ連・中国の５大国には拒否権があたえられています。

そのなかで，２度の大戦で疲弊(ひへい)した西ヨーロッパ諸国にかわって，アメリカとソ連が軍事的・経済的に大きな力をもったため，戦後の世界は**米ソ対立**を軸(じく)に展開することとなりました。

その一方で，欧米諸国の支配下にあった植民地では，戦後，民族独立運動が活発化しました。日本の占領地域であったインドネシアやベトナムがあいついで独立を宣言しましたが，宗主国(そうしゅこく)であったオランダやフランスが軍事力で押さえ込もうとして，戦闘状態となりました。朝鮮では，日本の降伏とともに，北緯(ほくい)38度線を境として北はソ連軍，南はアメリカ軍によって占領されたため，南北に分断されたまま独立することになりました。経済面では，自由貿易を発展させるため，ドルを基軸通貨とする固定相場制度の国際通貨体制をとる**ブレトン=ウッズ体制**が構築されました。国際機構として，

国際通貨基金（**IMF**）と世界銀行（IBRD）が設立され，**関税および貿易に関する一般協定**（**GATT**）が締結されました。

❷ 占領のはじまり

日本は**ポツダム宣言**にもとづいて連合国に占領されることになりました。1945年8月のポツダム宣言受諾とともに，鈴木貫太郎内閣は総辞職し，皇族の権威によって「国体」を護るねらいで東久邇宮稔彦が内閣を組織しました。

8月末には，連合国軍の最高司令官として**マッカーサー**元帥が来日し，東京に総司令部（**GHQ**）をおいて占領政策を実施しました。

日本の民主化・非軍事化をすすめて，アメリカの脅威にならないようにするのだ！

マッカーサー

占領政策は，連合国の直接統治下におかれたドイツとは違って，日本政府が最高司令官の指令・勧告にもとづいて政策を実施する**間接統治**の方法がとられました。連合国による対日占領政策の最高決定機関としてワシントンに**極東委員会**がおかれ，最高司令官の諮問機関として東京には**対日理事会**が設けられました。しかし，実際には連合国の占領政策は，アメリカ政府の意向によって決定されました。占領当初の目標は，ふたたび日本がアメリカや東アジア地域にとっての脅威となるのを防ぐことで，それを具体化する方法として民主化・非軍事化がかかげられました。

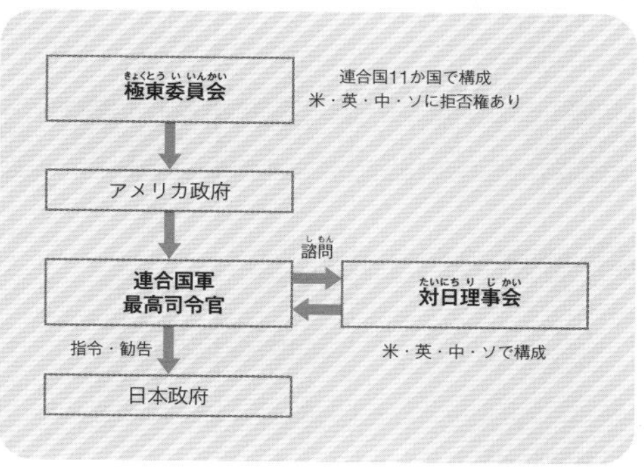

▲占領機構

GHQが政治犯の釈放などを指示（人権指令）し，天皇に関する自由な議論を奨励すると，これに反発した東久邇宮内閣は総辞職し，かわって**幣原喜重郎**が内閣を組織しました。マッカーサーは幣原首相に対して，**憲法の改正**を指示するとともに，女性参政権の付与，労働組合結成の奨励，教育制度の自由主義的改革，秘密警察などの廃止，経済機構の民主化のいわゆる**五大改革指令**を出しました。

マッカーサー

日本政府に**五大改革**と
憲法改正を指示する！

幣原喜重郎

戦犯容疑者の逮捕がすすむと，1946年から**極東国際軍事裁判**（**東京裁判**）が開かれ，平和と人道に対する罪を犯したとして，A級戦犯が裁かれました。しかし，GHQは占領政策を円滑にするため，天皇の戦争責任を追及しませんでした。1946年には昭和天皇が「**人間宣言**」をおこなって，みずから天皇の神格性を否定しました。つづいて**公職追放**の指令が出され，政・財・官界などの各界指導者が戦争中の責任を問われて公職から追放されました。

2 民主化政策の実施

① 経済の民主化

経済の民主化における課題は，軍国主義の温床とみられた財閥と寄生地主制の解体にありました。1945年11月，三井・三菱・住友・安田の４大財閥をはじめ15財閥の解体が指示され，翌年には政府機関として**持株会社整理委員会**が設置されて持株会社や財閥家族の株式が一般に売却されます。これにより株式所有による傘下

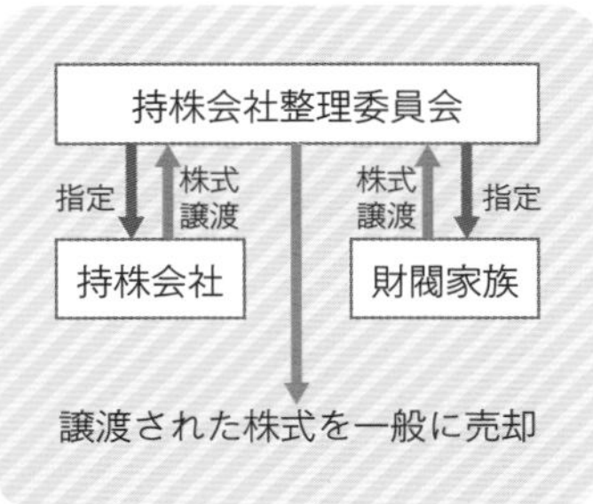

▲財閥解体

の企業支配が一掃され，**財閥解体**が実施されました。そのうえ，1947年には，財閥の復活を阻止する目的もあり，**独占禁止法**が公布されて持株会社やカルテル・トラストなどが禁止され，**過度経済力集中排除法**が公布されて巨大独占企業の分割がすすめられました。

▼過度経済力集中排除法による企業分割の例

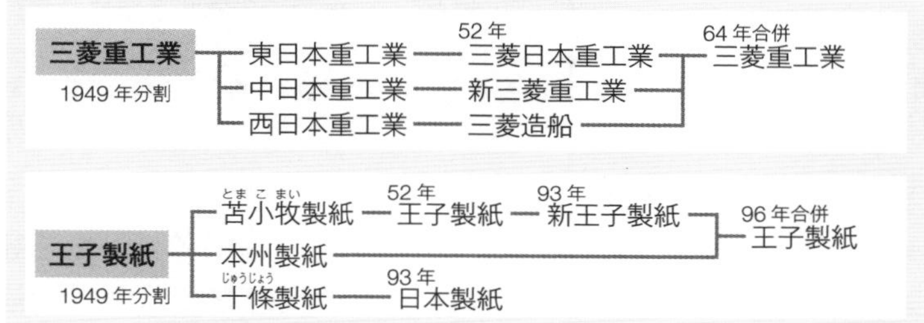

寄生地主制の解体は**農地改革**を通じておこなわれました。1945年12月に決定された第1次農地改革案はGHQから不徹底とされました。その後，GHQの勧告にもとづいた**第2次農地改革**が実施され，農地調整法が改正されるとともに，**自作農創設特別措置法**が制定されました。その内容は，不在地主をいっさい認めず，在村地主の小作地保有を**1町歩**（北海道は4町歩）以下に限定し，それをこえる分を国が強制的に買い上げて小作人に優先的に格安で売り渡し，自作農の増加をはかるものでした。これにより，小作地は減少し，寄生地主制は解体されますが，農家の大半が1町歩未満の零細な自作農となりました。

農地改革の結果，1949年には自作地の割合が90%近くになっているね。

▼農地改革

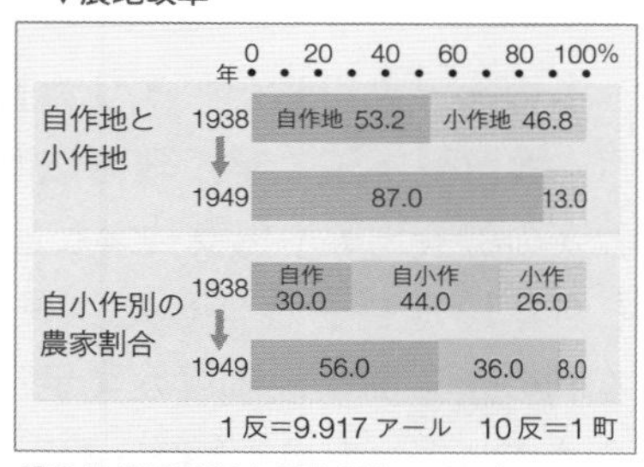

（「農林省統計調査局資料」による）

❷ 労働改革と教育改革

労働三法	内容
労働組合法 1945.12	労働者の団結権・団体交渉権・争議権を保障
労働関係調整法 1946.9	労働争議の調整方法や争議行為の制限などを規定
労働基準法 1947.4	労働者保護のため８時間労働制など労働条件の最低基準を規定

GHQの労働改革は，労働者の権利の確立と労働組合の結成を重視しました。1945年に**労働組合法**を公布して，労働者の団結権・団体交渉権・争議権を保障しました。この結果，民間企業や官公庁で労働組合の結成があいつぎ，1946年には全国組織として右派の**日本労働組合総同盟**，左派の**全日本産業別労働組合会議**が組織されました。1946年には労働関係調整法，翌年には労働条件の最低基準を示した**労働基準法**が公布され，**労働省**が設置されました。

教育制度の自由主義化もすすめられました。GHQは軍国主義教育の禁止を命じ，**修身**（しゅうしん）**・日本歴史・地理**の授業が一時停止されます。

修身って何ですか？

戦前の道徳教育だよ。教育勅語（ちょくご）が発布されたあとは忠君愛国（ちゅうくんあいこく）の理念を人々に浸透させる役割をはたしたんだ。

その後，来日したアメリカ教育施設団の勧告により，1947年3月，**教育基本法**と**学校教育法**が制定されました。教育基本法では，教育の機会均等や男女共学などの理念が示され，義務教育は6年から9年に延長されました。一方，学校教育法では，６・３・３・４制の新しい学校制度が発足しました。さらに教育行政の地方分権をめざして，1948年には都道府県・市区町村に公選制の**教育委員会**が設けられました。

③ 政党政治の復活と新憲法の制定

民主化政策が実施されるなか，政党もあいついで復活しました。旧立憲政友会系の**日本自由党**，旧立憲民政党系の**日本進歩党**が発足する一方，旧無産政党を統合して**日本社会党**が結成され，**日本共産党**が合法政党として活動をはじめました。1945年12月には，**衆議院議員選挙法**が改正されて女性の参政権がはじめて認められ，満20歳以上の男女に選挙権があたえられました。翌1946年4月には女性も参加した戦後初の総選挙がおこなわれ，39人の女性代議士が誕生します。選挙では**日本自由党**が第１党となり，公職追放となった総裁鳩山一郎にかわって，**吉田茂**が総裁となり，日本進歩党の協力で内閣を組織しました。

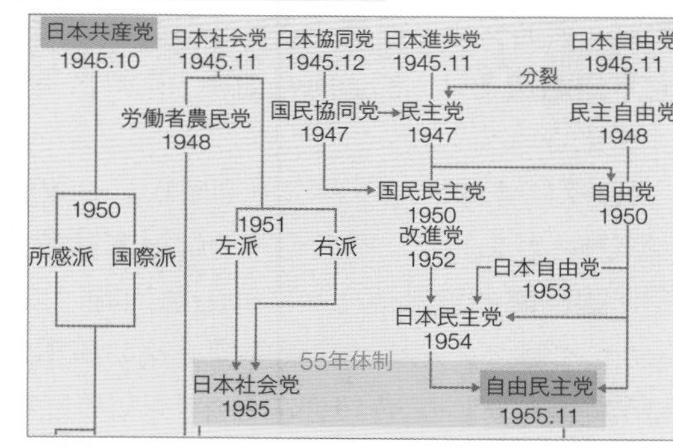

▲政党の変遷

吉田君，総裁を頼む。

鳩山一郎

追放が解けたら鳩山君に返すよ。

吉田茂

GHQは**憲法改正**について，早くから**幣原喜重郎**内閣に指示していましたが，政府内に設置した**憲法問題調査委員会**が作成した改正案は天皇の統治権を認める保守的なものでした。そのため，GHQはみずから作成した改正案（マッカーサー草案）を日本政府に提示しました。日本政府はこれを一部修正したも

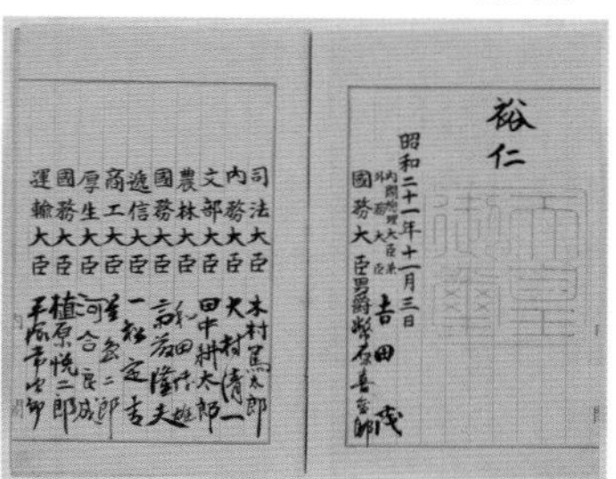
▲日本国憲法

のを原案として，衆議院と貴族院で修正可決したのち，11月3日に**日本国憲法**として公布し，翌1947年5月3日に施行しました。新憲法では**主権在民・平和主義・基本的人権の尊重**の3原則をかかげ，天皇は大日本帝国憲法とはことなり，日本および日本国民統合の象徴とされました（**象徴天皇制**）。

新憲法の精神にもとづいて，その他の法律も改正されました。1947年には**新民法**が制定され，家中心の戸主制度が廃止され，男女同権の家族制度となりました。**刑法**は一部改正され，大逆罪・不敬罪・姦通罪などが廃止されました。さらに1947年に制定された**地方自治法**では，都道府県知事・市町村長が公選制となり，内務省は廃止されました。

1947年4月には新憲法下での新しい政府をつくるため，総選挙が実施されました。その選挙では**日本社会党**が第1党となり，**民主党・国民協同党**と連立して**片山哲内閣**が成立しました。しかし，1年とつづかず，その後，民主党総裁の**芦田均**が同じ3党の連立で内閣を組織しましたが，1948年10月に疑獄事件である**昭和電工事件**で総辞職しました。

4 戦後の経済的混乱

▼通貨発行高と物価指数

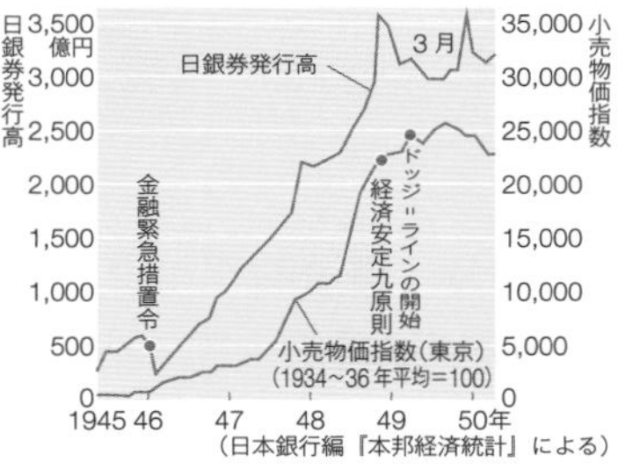

（日本銀行編『本邦経済統計』による）

戦争によって国土は荒廃して国民の生活は破壊されました。都市部では空襲で焼け出された人々が防空壕や焼けあとに建てたバラック小屋で生活しました。将兵の**復員**や一般人の**引揚げ**で人口は膨れ上がって失業者が急増します。配給される米なども不足し，都市の民衆は農村への**買出し**や**闇市**での購入などで飢えをしのぎました。さらに生産力の低下による極度の物不足に加え，戦後処理のために通貨が増発されたことにより，激しいインフレーションが発生し，生活難はいっそう深刻化しました。1946年2月，幣原喜重郎内閣は，**金融緊急措**

置令を出して預金を封鎖して新円を発行し，通貨流通量を減らそうとしましたが，効果は一時的なものでした。物不足を解消するためには，生産力を回復させる必要があります。そのため，政府は1946年末以降，**傾斜生産方式**を採用して，資材と資金を石炭・鉄鋼などの重要産業に集中させました。これによって生産力は回復しはじめましたが，**復興金融金庫**を通じて巨額の資金が投入されたため，インフレーションはすすみました。

このようななか，大衆運動は活発化し，労働運動が激しくなりました。1947年には，吉田内閣打倒をめざし，官公庁の労働者を中心に2月1日にゼネラル=ストライキを決行すること（**二・一ゼネスト計画**）が計画されましたが，混乱をおそれたGHQの命令で中止となりました。

THEME 2

日本の独立と経済復興

ここで畝きめる！

- 中国情勢によりアメリカの占領政策が転換される
- 経済安定九原則の指令によりインフレをおさえる
- 朝鮮戦争を契機に日本の独立が回復する

1 占領政策の転換

① 冷戦と東アジア

第二次世界大戦後には，国力を高めたアメリカが世界を主導する一方，ソ連が東ヨーロッパ諸国を社会主義陣営に取り込むと，米・ソの大国が国際秩序をめぐって対立を深めました。

アメリカのトルーマン大統領は，東ヨーロッパに勢力を広げたソ連の「封(ふう)じ込め」政策の必要をとなえ（トルーマン=ドクトリン），1947年に**マーシャル=プラン**を発表し，西ヨーロッパ諸国の復興に経済援助をおこない，共産主義勢力との対決姿勢を強めます。こうしてアメリカを盟主(めいしゅ)とする**西側**（資本主義・自由主義陣営(じんえい)）とソ連を盟主とする**東側**（社会主義・共産主義陣営）の２大陣営が形成されました。1949年に西側諸国が共同防衛組織として**北大西洋条約機構**（NATO(ナトー)）を結成すると，これに対抗してソ連は東ヨーロッパとの結束を固め，1955年に東ヨーロッパ7カ国と**ワルシャワ条約機構**を結成しました。これにより東西両陣営が対立する**冷戦(れいせん)**とよばれる緊張状態がはじまりました。

POINT **東西の二大陣営**

西側　資本主義・自由主義陣営 **アメリカ・西欧諸国**	東側　社会主義・共産主義陣営 **ソ連・東欧諸国**
北大西洋条約機構（NATO） アメリカ・カナダ・イギリス・フランス・ベルギー・デンマーク・イタリア・アイスランド・オランダ・ルクセンブルグ・ノルウェー・ポルトガルの12カ国で発足	**ワルシャワ条約機構**（WTO） ソ連・ブルガリア・チェコスロバキア・東ドイツ・ハンガリー・ポーランド・ルーマニア・アルバニア（のち脱退）の８カ国 1991年7月1日解散

中国では日中戦争終結後に内戦が再開され，共産党がアメリカに支援されていた国民党に勝利し，1949年，北京(ペキン)で**毛沢東**(もうたくとう/マオツォトン)を主席として**中華人民共和国**の成立を宣言します。そしてソ連との連携を強め，東側陣営に加わりました。一方，敗れた国民党は台湾に逃れ，**蔣介石**総統のもと，**中華民国**政府として存続しました。朝鮮半島では，1948年，北緯38度線以南のアメリカ軍占領地域に**李承晩**(りしょうばん/イスンマン)を大統領として**大韓民国**，以北のソ連軍占領地域に**金日成**(きんにっせい/キムイルソン)を首相として**朝鮮民主主義人民共和国**が建国され，南北分断状態となりました。

❷ 占領政策の転換

冷戦が激しくなり，中国の内戦で共産党の優勢が明らかになると，アメリカの占領政策は転換しました。日本を政治的に安定させて経済復興させ，東アジアにおける主要な友好国にすることをめざしたのです。

昭和電工事件で芦田均(あしだひとし)内閣が短命に終わると，民主自由党の**第2次吉田茂**(よしだしげる)**内閣**が成立しました。翌年１月の総選挙で民主自由党は過半数をこえる議席を獲得し，第３次吉田内閣が成立して，対米協調・経済復興を基本方針として長期にわたり政権を担当しました。

1948年12月，GHQはインフレを抑制して日本の経済を復興させるため，第2次吉田内閣に予算の均衡(きんこう)，徴税(ちょうぜい)の強化などを含めた**経済安定九原則**の実行を指令しました。1949年にはアメリカから特別公使として銀行家のドッジが来日して一連の経済政策を指示し，吉田内閣は財政支出を大幅に削減する緊縮(きんしゅく)財政を実施しました（**ドッジ=ライン**）。ついでドッジは1ドル＝360円の単一為替(たんいつかわせ)レートを設定して輸出を伸ばすことをはかりました。

インフレをおさえるため，まったく赤字を出さない予算を編成しなさい！

ドッジ

来日した財政学者のシャウプは個人の所得税を中心とする直接税中心主義の確立などの税制改革を勧告(かんこく)しました（**シャウプ勧告**）。

ドッジ=ラインによってインフレーションは収束(しゅうそく)しましたが，1949年の後半から不況が深刻化して，中小企業の倒産があいつぎ，失業者は急増しました。官公庁や民間産業などでは大量の人員整理がおこなわれ，労働者も激しく抵抗します。そのなかで1949年には国鉄総裁が怪死(かいし)した**下山(しもやま)事件**，無人電車が暴走した**三鷹(みたか)事件**，そして列車が脱線転覆(だっせんてんぷく)した**松川(まつかわ)事件**がおこりました。これらの事件では労働組合や共産党の関与が疑われましたが，真相は現在も不明です。

2 日本の独立

① 朝鮮戦争と日本

南北の分断状態であった朝鮮半島では，中国の共産党の勝利に刺激を受けた北朝鮮が軍事力による統一をめざして，1950年6月，北緯38度線をこえて韓国に侵攻したため，**朝鮮戦争**がはじまりました。韓国にはアメリカを中心とする国連軍，北朝鮮には中国人民義勇軍が参戦して戦いましたが，3年後の1953年，板門店(はんもんてん／パンムンジョム)で休戦協定が調印されました。

朝鮮戦争がはじまると，GHQは日本共産党幹部の公職追放を指令しました（**レッド=パージ**）。また，在日アメリカ軍が朝鮮半島に出動したあとのそなえとしてGHQの指令で**警察予備隊**が創設されます。このなかで旧軍人は公職追放が解除されて警察予備隊に採用されました。

不況に苦しんでいた日本経済は朝鮮戦争でアメリカ軍の特需があって息を吹き返します。繊維や金属を中心に**特需景気**がおこって，1951年の鉱工業の生産はほぼ戦前の水準に回復しました。

❷ 講和と安保条約

朝鮮戦争の勃発とともに，アメリカは対日講和への動きを加速させ，日本の独立を回復して，西側陣営の一員とすることを急ぎました。アメリカのダレス外交顧問らはソ連などをのぞく単独講和や，講和後もアメリカ軍を日本に駐留させることなどを条件として準備をすすめました。

アメリカの要求通り，**単独講和**でいこう。
米軍駐留を認めれば，再軍備も避けられるか…。

吉田茂

日本の国内ではソ連もふくむすべての交戦国と講和すべきだという全面講和論もありましたが，**第3次吉田茂内閣**は早期講和をめざし，アメリカの条件を受けいれる形で，1951年9月，48ヵ国と**サンフランシスコ平和条約**に調印しました。平和条約は翌年発効し，日本は独立を回復しました。賠償については，冷戦激化の情勢に応じて，アメリカをはじめ多くの交戦国が賠償請求権を放棄しました。平和条約が調印されたものの，さまざまな外交問題が残りました。ソ連は講和会議に出席しましたが条約には調印せず，インドなどは条約案への不満から会議に出席しませんでした。主要な交戦国であった中国は中華人民共和国と

▲日本の領土を示した地図

中華民国（台湾）のいずれも招かれませんでした。また，領土問題では，**沖縄**を含む南西諸島と**小笠原諸島**がアメリカの支配下におかれ，**北方四島**の問題が残りました。

平和条約の調印と同日に**日米安全保障条約**（安保条約）がむすばれ，米軍の駐留を認めました。しかし，条約では日本にある米軍基地の自由な使用を日本側が認めていましたが，アメリカ側の日本防衛義務が明記されていないなど日本にとって不満が残りました。1952年2月には**日米行政協定**がむすばれ，日本は米軍に基地を提供し，駐留費を分担することになりました。

独立後，日本は1952年に中華民国と**日華平和条約**をむすび，同年にインド，1954年にはビルマとも平和条約をむすびました。

③ 占領期の文化

戦後の占領政策によって戦前の価値観や権威は否定され，アメリカ的な生活様式や大衆文化が急速に広まりました。

天皇制に関する言論は自由となり，マルクス主義が復活します。岩宿遺跡の発掘など科学的な考古学研究もさかんになり，天皇を中心に歴史を考える皇国史観から脱却しはじめました。自然科学では，1949年に**湯川秀樹**が日本人としてはじめてノーベル賞（物理学）を受賞し，同年に科学者を代表する機関として**日本学術会議**が設立されました。

1949年に法隆寺金堂壁画を焼損したことをきっかけに，翌年**文化財保護法**が制定されました。

文学では，**太宰治**（『斜陽』）や坂口安吾（『堕落論』）らが社会の常識に挑戦する作品を書き，大岡昇平（『俘虜記』）らはみずからの戦争体験を著しました。

大衆の娯楽では，ラジオ放送の普及によりドラマやスポーツ中継，「リンゴの唄」の並木路子や**美空ひばり**らの歌謡曲が人気を博し，映画では**黒澤明**（『羅生門』）や溝口健二の作品が国際的にも高い評価を得ました。

THEME

3 55年体制と対米協調

ここで働きめる！

- 自民党・社会党の保革２大政党の55年体制へ
- 日米新安保条約に調印し，対米協調がすすむ
- ベトナム戦争の本格化を背景に沖縄返還が実現

1 55年体制の成立

① 冷戦下の世界

1950年代から1960年代の世界情勢は米ソの２大陣営の対立となり，アメリカとソ連は1950年代に水素爆弾を完成させ，核兵器の開発競争が激化しました。

そのなかで1950年代なかばには東西の冷戦を緩和する「雪どけ」の動きが生まれましたが，緊張緩和の具体的な動きは見出せません

	年	月	冷戦下のできごと
冷戦へ	1945	8	第二次世界大戦の終結
	1947	3	トルーマン=ドクトリン
	1949	8	**北大西洋条約機構（NATO）**成立
緊張緩和	1950	6	**朝鮮戦争**勃発（～53）
	1955	4	**アジア=アフリカ会議（バンドン会議）**
		5	**ワルシャワ条約機構（WTO）**成立
	1963	8	**部分的核実験禁止条約**調印
	1965	2	アメリカ，**北ベトナム爆撃**開始
多極化	1966	5	中国，文化大革命がはじまる
	1967	7	ヨーロッパ共同体（EC）発足
	1968	7	**核兵器拡散防止条約**調印
	1971	10	中華人民共和国，国連代表権を獲得
	1972	2	**ニクソン大統領，中国訪問**
	1975	4	**ベトナム戦争**終結

でした。しかし，核戦争の危機を防ぐため，1963年には米・英・ソ3カ国間で**部分的核実験禁止条約**，1968年には多国間で**核兵器拡散防止条約**がむすばれました。

1950年代には，米・ソのいずれの陣営にも属せず対立の外に立つ第三勢力が台頭し，1955年に中国・インドを中心に**アジア=アフリカ会議（バンドン会議）**を開いて平和共存と反植民地主義を宣言しました。

1960年代には米・ソの圧倒的な地位が動揺しはじめます。西側陣営ではヨーロッパの統合がすすんで1967年には**ヨーロッパ共同体（EC）**に発展しました。東側では中国が台頭し，1962年ごろからソ連と対立しはじめます。

フランスの植民地であったベトナムでは，1954年のジュネーヴ休戦協定によりフランス軍が撤退しました。しかし，内戦はつづき，南北分断のもとで1965年からは，南ベトナムを助けるアメリカ軍と，ソ連・中国から援助された北ベトナム軍とが**ベトナム戦争**を展開し，戦争は泥沼化していきました。

② 独立回復後の国内情勢

自由党の**第3次吉田茂内閣**は，独立を回復すると経済の再建と親米・反共産主義の路線をすすめました。1952年，「血のメーデー事件」（皇居前広場事件）を契機に暴力主義的破壊活動の規制をめざして**破壊活動防止法**を成立させました。一方，平和条約の発効とともに海上警備隊が新設され，警察予備隊は**保安隊**に改組されました。1954年にはアメリカと**MSA協定**（**日米相互防衛援助協定**など）を結んでアメリカから軍事・経済援助を受け，保安隊と警備隊を統合して陸・海・空の3隊からなる**自衛隊**を発足させ，防衛庁を新設しました。

左右の日本社会党や日本共産党などの革新勢力は，こうした動きを占領下の改革における民主化を否定するものだと考えて反対運動をすすめました。このころには**内灘**（石川県）・**砂川**（東京）などでの**米軍基地反対闘争**がおこなわれました。1954年，中部太平洋のビキニ環礁でアメリカのおこなった水爆実験により日本の漁船**第五福竜丸**が被爆すると，翌年，広島で第１回**原水爆禁止世界大会**が開かれました。

第五福竜丸の被爆に触発されて，1954年，反戦映画として制作されたのが怪獣映画の『ゴジラ』だよ！

③ 55年体制の成立と国際社会への復帰

平和条約の発効を待たずに公職追放の解除がすすめられ，鳩山一郎や岸信介らの有力な政治家が政界に復帰すると，保守勢力の内部で反吉田をめぐる対立がおこります。造船疑獄事件で吉田内閣批判が高まるなか，1954年，反吉田派の**鳩山一郎**らは自由党を離党して**日本民主党**を結成しました。同年末，吉田内閣は退陣して**鳩山一郎内閣**が成立しました。鳩山首相が憲法改正・再軍備をとなえると，講和問題で左右に分裂していた**日本社会党**はそれに反対し，1955年２月の総選挙で左右両派を合わせて改憲阻止に必要な３分の１議席を確保してふたたび統一します。これに対して保守勢力も自由党と日本民主党が合同して**自由民主党**を結成し，**鳩山一郎**が初代の総裁になりました（**保守合同**）。

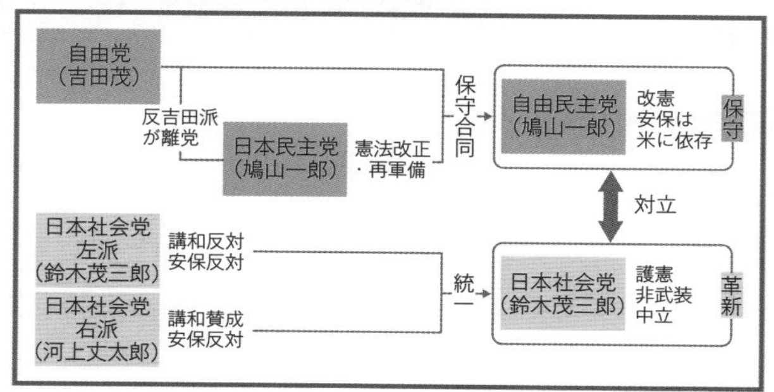

▲55年体制の成立

これにより保守勢力が議席の過半数，革新勢力が約３分の１を占める２大政党体制のもと，自由民主党政権が40年近くつづくことになりました。このような保革対立のもとでの保守優位の政治体制を

55年体制とよびます。

ソ連と国交を回復して国連に加盟する！
鳩山一郎

鳩山内閣は，外交面では「自主外交」をとなえ，ソ連との国交回復につとめました。1956年10月には，**日ソ共同宣言**に調印して日ソの国交回復が実現しました。北方領土問題では交渉は難航し，平和条約の締結（ていけつ）にはいたりませんでした。しかし，ソ連が日本の国際連合加盟を支持したことで，同年12月には日本の**国連加盟**が実現しました。これを機に鳩山首相は退陣します。

北方領土問題って何？

日本は固有の領土として4島の返還を要求していたけど，ソ連は国後島（くなしりとう）・択捉島（えとろふとう）の帰属は解決済み，歯舞群島（はぼまいぐんとう）・色丹島（しこたんとう）の日本への引き渡しを平和条約締結後としたんだ。ちなみに平和条約については現在も締結されていないよ。

2 保守政権の安定

❶ 安保条約の改定

鳩山内閣のあとを継いだ石橋湛山（いしばしたんざん）内閣は短命に終わり，1957年に**岸信介（きしのぶすけ）内閣**が成立しました。岸内閣は革新（かくしん）勢力と対立する一方，日米関係を対等なものにすることをめざし，内容に問題があった安保条約の改定をすすめます。

「**日米新時代**」！
日米安保の改定に政治生命を賭する決意だ！
岸信介

アメリカは当初，改定に消極的でしたが，交渉をすすめた結果，1960年1月，**日米相互協力及び安全保障条約**（**新安保条約**）を締結しました。新条約では，アメリカの日本防衛義務を明記し，条約の期限も10年としました。

▲60年安保闘争

さらに日本にいるアメリカ軍の日本などでの軍事行動について事前協議が必要であることが定められました。

革新勢力は，この条約によって日本がアメリカの戦争に巻き込まれる危険があるとして，安保反対運動を展開しました。1960年5月，野党が激しく抵抗するなか，岸内閣が衆議院で条約の承認を強行に可決すると，反対運動は激化しました。社会党・共産党などの革新勢力や全学連（全日本学生自治会総連合）の学生，一般市民からなるデモが連日国会を取り巻きました。これを**60年安保闘争**といいます。これによって，予定されていたアメリカのアイゼンハワー大統領の訪日は中止せざるを得なくなりました。しかし，条約の承認は参議院で未議決のまま自然成立し，岸内閣は条約発効の後，総辞職しました。

❷ 保守長期政権へ

岸内閣のあとを受けて1960年7月に成立した**池田勇人**（いけだはやと）**内閣**は「**寛容**（かんよう）**と忍耐**（にんたい）」をとなえて，革新勢力との対決を避けながら，「**所得**（しょとく）**倍増**（ばいぞう）」をスローガンに高度経済成長をさらにすすめる政策を展開しました。

「所得倍増」でいく！
チェンジ・オブ・ペースをはかるんだ！

池田勇人

そのなかで，「政経分離（せいけいぶんり）」の方針のもと，国交のない中華人民共和国との貿易拡大をめざし，**準政府間貿易**（**LT貿易**）をすすめました。

1964年に池田内閣のあとを受けて，**佐藤栄作内閣**が成立すると，7年半以上におよぶ長期政権となりました。まず，佐藤内閣は外交懸案であった日韓交渉をすすめました。日本の独立回復後から日韓会談はたびたびおこなわれていましたが，植民地支配の清算をめぐる認識の違いから国交樹立をめぐる交渉は難航していました。しかし，1961年に経済発展を重視する朴正熙政権が成立すると，対日姿勢が転換されます。1965年には**日韓基本条約**をむすび，韓国との国交を樹立しました。この条約では，1910年の韓国併合条約以前にむすばれた条約および協定の無効を確認し，韓国政府を「朝鮮にある唯一の合法的な政府」と認めました。その結果，北朝鮮などの批判を招くことになります。

ベトナム戦争の本格化により沖縄や日本本土はアメリカの前線基地となり，沖縄の米軍基地利用も活発化します。沖縄では**祖国復帰運動**が活発化し，米軍基地への批判を強めました。こうしたなか，佐藤内閣は**非核三原則**をかかげ，アメリカと交渉をすすめます。

核兵器を持たず・作らず・持ち込ませずの
非核三原則を国会で決議する！

佐藤栄作

1968年には**小笠原諸島の返還**を実現し，翌年の佐藤首相とニクソン大統領の会談では「核抜き・本土並み」での沖縄返還に合意します。そして1971年6月には**沖縄返還協定**が調印され，翌年の協定発効で沖縄の日本復帰は実現しました。しかし，広大なアメリカ軍の基地は存続することになり，緊急時の核再もち込みと通過の権利を認める密約がありました。

この間，自民党内で総裁の地位をめぐる派閥抗争がくり返されますが，与党は国会で安定多数を占めつづけます。一方，野党側では，1960年，日本社会党から**民主社会党**（のち民社党）が分立し，1964年には**公明党**が結成され，日本共産党が議席を増やすなど**多**

党化がすすみました。

過去問にチャレンジ

問６　下線部ⓕに関連して，カヅキさんは，沖縄国際海洋博覧会に関する複数の新聞を調べて，次の見出し一覧を作成した。そこから読み取れることに関して述べた後の文ａ～ｄについて，最も適当なものの組合せを，後の①～④のうちから一つ選べ。

見出し一覧

- 1975年に「沖縄海洋博」 復帰記念し大々的に(1971年３月)
- 豊かな沖縄へのきっかけに　知事が談話(1972年５月)
- 海洋博　基地脱却　東洋のハワイめざす(1973年３月)
- 沖縄経済パンクさせるな　物価高あおる海洋博(1973年３月)
- “沖縄の心”は揺れ動いている 「本土の人たちの祭り」「景気浮揚の起爆剤に」(1975年７月)
- 海洋博２か月　観光客は増えても本土の資本が吸いあげ(1975年９月)
- 海洋博が去った沖縄　倒産・失業だけが残った　聞こえてくる本土への恨み節　基地居座り「戦後」は続く(1976年９月)

a　海洋博の開催は，沖縄がアメリカ施政権下にあった時期から検討されていた。

b　海洋博の開催の検討は，沖縄の施政権が日本に返還されてから始まった。

c　海洋博の開幕で観光客が増えると，海洋博による沖縄の景気回復を歓迎する論調が優勢になった。

d　海洋博の開幕で観光客が増えた後も，経済的な利益を得ているのは本土の企業であると，沖縄では不信感が募った。

①　a・c　　②　a・d　　③　b・c　　④　b・d

（2023年度　本試験　日本史B　第6問）

共通テストらしい読解問題だ。半分ぐらいの受験生しか正解が出せなかったよ。答えは何番かな？

④かな？

これは②だと思う。

解答が割れたな。解答は②だ！

やったー！

確かに④で間違った受験生が４割で，誤答は④に偏っていたね。やや細かい内容を問うている問題だけど，なぜ②だと判断したのかな？

ａとｂは時期判断ですよね。判断のポイントは沖縄返還です。佐藤栄作内閣の1971年に沖縄返還協定が締結されて，翌年，返還されました。「1975年に「沖縄海洋博」復帰記念し大々的に」という新聞の見出しは1971年３月なので，海洋博は施政権がアメリカにあった時期から計画されていたことがわかります。だからａが正しいと思いました。

そうだね。では，ｃとｄは？

それはわかります。資料の読解ですね。「海洋博２ヶ月　観光客は増えても本土の資本吸いあげ」という1975年９月の見出しから，ｄの「不信感」がわかります。

そのとおりだ。**資料問題は読解が難しい問題は少ない**ということだね。結局，**時期判断の知識が重要**だということがわかるね。

THEME 4

高度経済成長の時代

ここでⒹきめる！

- 1955 年から 1973 年まで高度経済成長の時代となる
- 1960 年代には為替や資本の自由化がすすみ開放経済体制へ
- 経済成長の一方で公害問題など歪みが起こる

1 高度経済成長の展開

① 高度経済成長

1955～57年には，民間の活発な設備投資がすすんで大型景気をむかえました。これを神武天皇が日本を建国して以来の好景気だとして**神武景気**とよびました。このころになると衣食住の面で生活は改善され，経済企画庁は1956年の『経済白書』で「もはや戦後ではない」と記し，日本の経済は戦後復興から**技術革新**による経済成長に転換します。池田内閣の「**所得倍増**」をスローガンとする高度経済成長政策のなか，1958～61年には**岩戸景気**，佐藤内閣の1966～70年には**いざなぎ景気**とよばれる空前の好景気となり，1960年代には年平均10%をこえる成長をつづけました。1968年には日本の国民総生産（GNP）は資本主義国のなかでアメリカにつぐ第２位の規模となりました。

▼経済成長率の推移

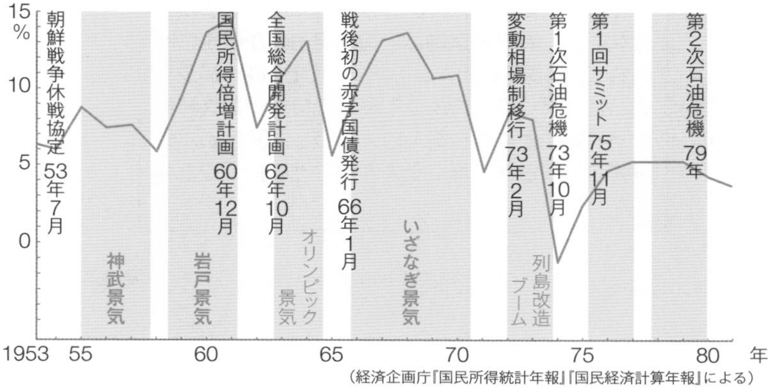

（経済企画庁『国民所得統計年報』『国民経済計算年報』による）

② 諸産業の発達と貿易の拡大

経済成長の主な要因は，「投資が投資をよぶ」といわれた民間企業による**設備投資**でした。鉄鋼・造船・自動車・電気機械・化学などの分野では**技術革新**がすすんで設備が更新され，石油化学や合成繊維などの新産業も発達し，重化学工業が成長しました。技術の導入は品質・労務管理にもおよび，民間の大企業を中心に，終身雇用・年功賃金・労使協調を特徴とする**日本的経営**が成立しました。

産業構造は大きく変化し，鉱工業・建設業（第２次産業）と運輸通信部門や商業部門など（第３次産業）が急増し，農林水産業（第１次産業）は減少しました。

石炭から石油への転換が急速にすすみ，**エネルギー革命**がおこり，石炭産業は安価な石油に押されて衰退します。1960年には三井三池炭鉱で大量解雇に反対する労働争議が展開されますが，労働者側の敗北に終わりました。

鉱工業生産の増大を受け，**１ドル＝360円**の為替レートによる円安という有利な条件もあって，鉄鋼・船舶・自動車などを中心に輸出は急速に拡大しました。1960年代後半から貿易収支は毎年大幅な黒字となり，国内市場も活性化します。この間，1963年には**GATT11条国**となり，1964年には**IMF8条国**に移行するとともに，**OECD**（経済協力開発機構）に加盟して，為替と資本の自由化を実施しました。

GATT11条国は国際収支を理由に輸入制限ができない国，**IMF８条国**は為替の自由化が義務付けられている国のことだよ。一方，OECDに加盟するんだけど，それによって資本の自由化が義務付けられることになったんだ。こうした変化で，外資系企業が日本市場に参入することを拒否できなくなった。

開放経済体制のもとでの国際競争の激化にそなえ，過度経済力集中排除法で分割された三菱重工(みつびしじゅうこう)が1964年に再合併するなど，大型合併(がっぺい)がすすめられます。一方，三井(みつい)・三菱・住友(すみとも)・富士(ふじ)・三和(さんわ)・第一勧銀(だいいちかんぎん)の都市銀行が系列企業への融資を通じて**企業集団**を形成していきました。

グループ	メインバンク	系列会社
第一勧銀	第一勧銀	富士通・川崎重工業・伊藤忠商事など
芙蓉	富士銀行	日産・日立製作所・東武鉄道など
三菱	三菱銀行	三菱重工業・三菱商事・キリンビールなど
三和	三和銀行	日商岩井・高島屋・阪急・サントリーなど
三井	三井銀行	三井不動産・三井物産・三越・東芝など
住友	住友銀行	住友金属・住友商事・NEC・アサヒビールなど

③ 農業問題

1961年には農業と他産業の所得格差などをあらためるため，**農業基本法**が制定され，多額の補助金が支給されて農業の近代化がすすめられました。化学肥料や農薬，農業機械の普及などにより生産力は上昇したうえ，食糧の安定した確保のための食糧管理制度による米価の政策的引き上げ，農業以外の所得増加などもあり，農家の収入は増加しました。しかし，農村では若者を中心に大都市への人口流出が激しくなって農業人口が減少し，**兼業農家**(けんぎょう)が増加しました。1970年にはとくに農業以外の収入を主とする第２種兼業農家の割合が農家の総数の50%に達して，じいちゃん・ばあちゃん・かあちゃんが労働力の「三(さん)ちゃん農業」という言葉も生まれました。農村では**過疎化**(かそ)が深刻な問題となる一方，米の過剰な生産と食糧を安定供給するための特別会計の赤字が問題となり，1970年から米の生産を調整する**減反政策**(げんたん)もはじまりました。

兼業農家が多いことがグラフからもわかるね！

▼農家数の推移

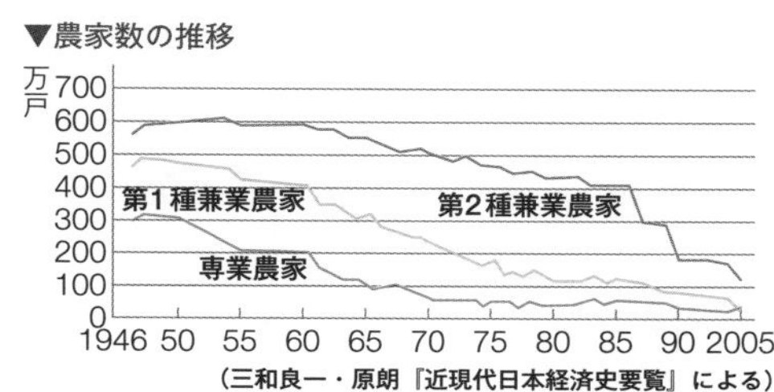

（三和良一・原朗『近現代日本経済史要覧』による）

2 高度経済成長と生活様式の変化

① 生活様式の変化

1950年代後半から，農村から都市への人口移動が顕著になり，都市部に暮らす国民が過半を占めるようになります。

工業部門では若者を中心とする労働者の不足や，「**春闘**（しゅんとう）」方式を導入した労働運動の成果によって労働者の賃金は大幅に増加します。

「春闘」方式って？

1950年に結成された日本労働組合総評議会（**総評**）を指導部として，1955年にはじまった日本独特の賃上げ闘争のことだよ。春季に賃上げをめざして労働組合が共同行動をおこなうんだ。1960年代初頭には賃金闘争方式として広がったよ。

個人所得の増大と，農村から都市への人口移動による都市化の進展によって生活様式は変化し，**大衆消費社会**（たいしゅうしょうひしゃかい）が形成されました。

都市には超高層ビルが出現し，高層マンションやアパートに住む人々も増加しました。1950年代後半以降，電気冷蔵庫・電気洗濯機・白黒テレビの「**三種の神器**（じんぎ）」，1960年代後半からはカー（自動車）・クーラー・カラーテレビの「**新三種の神器（3C）**」が普及するなど家電製品が普及して，都市のみならず，農村も巻き込んで**消費革命**がすすみました。

▼耐久消費財の普及

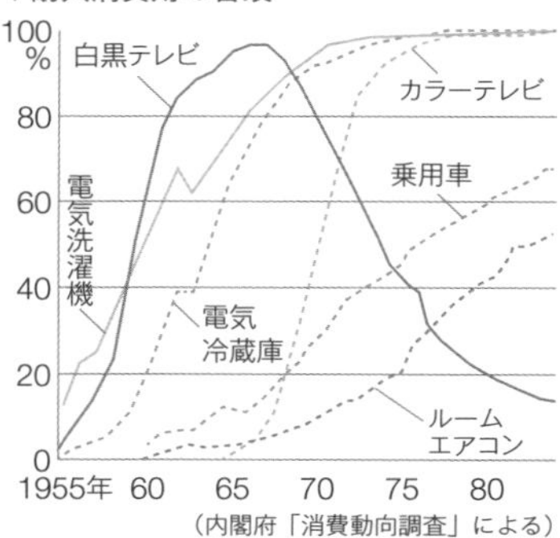

（内閣府「消費動向調査」による）

1964年には**東京オリンピック**が開催され，日本の復興と発展を世界にアピールする機会となります。それにあわせて同年，**東海道新幹線**が開業しました。また自動車が広く普及し（モータリゼーション），1965年には名神高速道路，1969年には東名高速道路が全通して，航空輸送も拡大しました。

▲東京オリンピック（1964年）

▲東海道新幹線の営業開始

東京オリンピックの開催は日本が先進国へと成長したことを意味するんだ！

マスメディアによって大量の情報が伝達されるようになると，日本人の生活はしだいに画一化され，国民の8～9割が社会の中層に位置していると考え，**中流意識**をもつようになります。そのなかで，教育熱が高まって高校や大学への進学率が上昇し，中・高等教育が一般民衆に広がりました。

❷ 高度経済成長のひずみ

農村では過疎化がすすむ一方，都市に人口が集中して過密が深刻な問題となります。交通渋滞や騒音・大気汚染が発生し，住宅や病院が不足しました。

工場の排出する有害物質による大気汚染や水質汚濁，騒音・地盤沈下などさまざまな**公害**が発生しました。政府は1967年に**公害対策基本法**を制定し，1971年には**環境庁**を発足させ，公害対策をすすめました。公害反対の世論と住民運動の結果，1973年，**四大公害訴訟**はいずれも被害者側の勝訴となります。

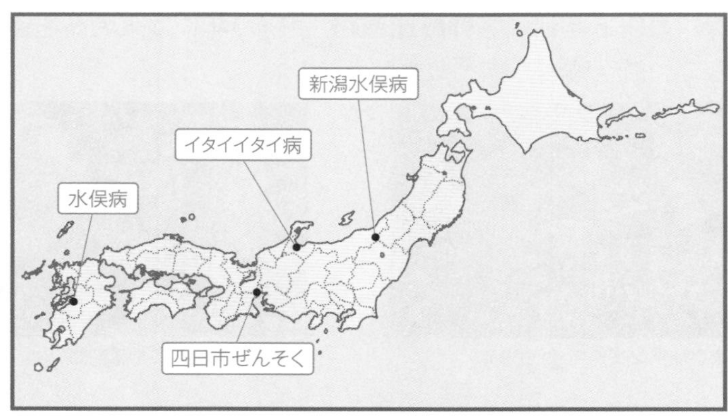

四大公害病	場所	原因
熊本水俣病	熊本県水俣市	工場排水による有機水銀中毒
四日市ぜんそく	三重県四日市市	石油化学コンビナートの大気汚染
イタイイタイ病	富山県神通川流域	金属鉱山から流出したカドミウム
新潟水俣病	新潟県阿賀野川流域	工場排水による有機水銀中毒

高度経済成長のひずみが広がるなか，東京都では1967年に日本社会党・日本共産党が推薦する**美濃部亮吉**が知事に当選しました。京都府・大阪府・神奈川県などでも革新系知事が誕生するなど**革新自治体**が出現し，公害の規制や老人医療の無償化など福祉政策で成果を上げました。

③ 高度経済成長下の文化

1960年代には，文化の大衆化・多様化が急速にすすみました。新聞・雑誌・テレビなどのマスメディアが発達するとともに，スポーツ・旅行をはじめ，レジャー産業も発達しました。

文芸では，社会派推理小説の**松本清張**（『点と線』），歴史小説の**司馬遼太郎**など多くのベストセラー作家が生まれました。**手塚治虫**（『鉄腕アトム』）らは漫画・アニメーションが発達する基礎を築きます。1953年には**テレビ放送**がはじまり，国民の生活や意識に大きな影響をあたえました。

科学技術では，1956年に茨城県の東海村に日本原子力研究所が設立され，1966年には日本原子力発電東海発電所が営業運転を開始しました。一方，1965年には朝永振一郎，1973年には江崎玲於奈がノーベル物理学賞を受賞しました。

1964年には**東京オリンピック**，1970年には大阪で日本万国博覧会（**大阪万博**）が開催され，日本の発展を世界に示すことになりました。

THEME

5 経済大国への道

ここでおさえる！
- 石油危機などがおこり，高度経済成長は終焉
- 中華人民共和国との国交正常化が実現する
- 日本は経済大国となり，1980年代後半にはバブル経済へ

1 ドル危機と石油危機

① ドル危機と米中接近

1970年代に入ると，アメリカではベトナム戦争の軍事支出が国家財政を圧迫するようになります。さらに日本や西ドイツによる工業製品の輸出が増加したことによって，貿易赤字が拡大し，国際収支も悪化しました。そのため，ドルの海外流出がつづき，アメリカの金準備も不足することになります（**ドル危機**）。

こうした事態を受けて，1971年，アメリカのニクソン大統領は金とドルの交換停止をふくむ経済政策を発表し，日本や西ドイツなど国際収支が黒字の国に対して大幅な為替レートの切り上げを要求しました。これを**ニクソン=ショック**（**ドル=ショック**）といいます。ドルの基軸通貨としての地位は大きくゆらぎました。当初，各国は固定相場を維持しようとし，日本も一時は**1ドル=308円**への切り上げをしましたが，1973年には**変動相場制**に移行することになりました。その結果，円高がすすむことになります。

▼円の対ドル相場の推移

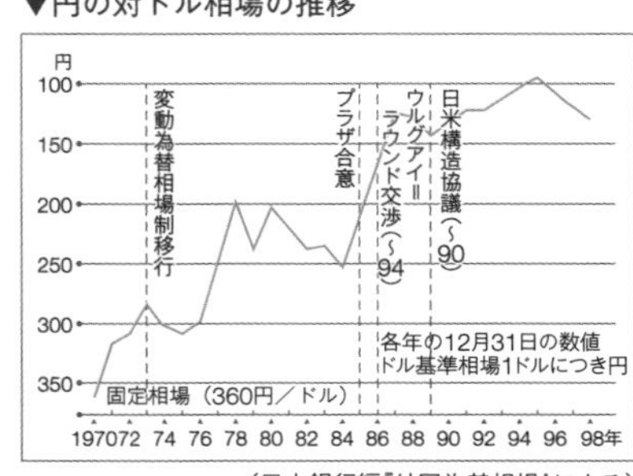

（日本銀行編『外国為替相場』による）

一方，アメリカはベトナム戦争を終わらせるため，1960年代に

入って北ベトナムを支援する中国に接近し，1972年，ニクソン大統領が自ら中国を訪問し，アメリカと中国の敵対関係の改善をはかります。この動きも**ニクソン=ショック**とよばれます。翌年，ベトナム和平協定(わへいきょうてい)がむすばれてアメリカはベトナムから撤兵します。その後，1979年に米中の国交正常化が実現しました。

中華人民共和国は1971年に台湾の中華民国に変わって国際連合の代表権を得ているよ！

② 石油危機

第二次世界大戦後，パレスチナに移住したユダヤ人は，1948年にイスラエルを建国します。そのため，これに反対するアラブ諸国とのあいだで1967年までに3次にわたる中東戦争がおこっていました。1973年にエジプト・シリアとイスラエルとのあいだで**第4次中東戦争**がおこると，アラブ石油輸出国機構（OAPEC(オアペック)）はイスラエル側を支持する欧米や日本への石油輸出を制限して，原油価格を約4倍に引き上げました。日本はエネルギーの大半を石油に頼り，原油の輸入を中東地域に大きく依存していたため，経済的な打撃を受けました。こうして安価な原油の安定的な供給という高度経済成長の条件の1つが失われることになりました。これが**第1次石油危機**（**オイル=ショック**）です。

こうした事態に対応するため，1975年には米・日・西独・英・仏・伊の6カ国は**先進国首脳会議**（**サミット**）を開催して，先進国間の経済政策を調整しました。第1回はフランスの提案によりパリでおこなわれました。

▼原油価格の推移

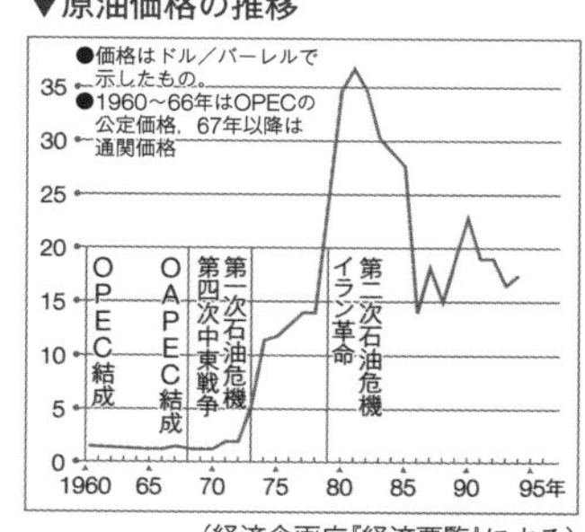

（経済企画庁『経済要覧』による）

2 経済大国へ

❶ 高度経済成長の終焉

1972年，**田中角栄**首相は，ニクソン大統領が訪中して米中が接近したことを受け，自ら中国を訪問して国交正常化に関する**日中共同声明**を発表しました。この声明では，日本側が戦争における加害責任を認め，反省する態度を表明したうえで，日中両国間の「不正常な状態」を終結させ，日本は中華人民共和国を「中国で唯一の合法政府」と認めました。この結果，日本と台湾の国交は断絶しましたが，貿易など民間レベルの交流がつづいています。

台湾は認めない！

周恩来首相

台湾とは国交断絶だな。民間交流は別だが…。

田中角栄

一方，田中首相は内政では産業を地方都市に分散させ，それを新幹線や高速道路でむすぶという「**列島改造**」政策を打ち出します。

「列島改造」だ！　太平洋側に集まった工業地帯を日本海側にも分散させる。

田中角栄

しかし，開発による地価の上昇をみこした土地への投機が地価高騰につながり，石油危機による原油価格の高騰が加わって「狂乱物価」といわれた激しいインフレーションがおこりました。政府は金融を引き締めましたが，インフレーションは収束しないまま不況となり（スタグフレーション），1974年の経済成長率は戦後はじめてマイナスとなりました。こうして日本の**高度経済成長は終焉**をむかえました。

田中首相はみずからの政治資金調達をめぐる疑惑である金脈問題を追求されて1974年に辞職しました。同年，**三木武夫**内閣が成立します。

しかし，1976年，航空機などの売り込みをめぐる贈収賄事件である**ロッキード事件**で田中前首相が逮捕され，同年の総選挙で自民党が大敗すると，その責任をとって三木内閣は退陣しました。つづいて成立した**福田赳夫(ふくだたけお)内閣**では，1978年，**日中平和友好条約**を締結(ていけつ)しました。

❷ 経済大国へ

石油危機以降，世界の経済は長期的な不況の時代となりました。そのなかで日本の経済は欧米諸国にくらべて高い経済成長率を維持します。1979年にはイラン=イスラーム革命を機に**第２次石油危機**もおこりますが，これを乗り切って安定成長の軌道(きどう)に乗ります。日本企業は人員整理や省エネルギーにつとめる一方で，コンピューターやロボットなどの電子技術を利用して，工場やオフィスの自動化をすすめました。

産業では鉄鋼・石油化学・造船などが停滞しましたが，省エネ型の自動車・電気機械やコンピューターなどの先端技術の分野が輸出産業として急速に発展します。日本の貿易黒字が大幅に拡大したため，欧米諸国とのあいだでは，貿易の不均衡をめぐって**貿易摩擦(まさつ)**が生じました。1980年代初頭，日本とアメリカのあいだでは日本の自動車輸出が問題になりました。

1980年における世界のGNP（国民総生産）に占める日本の比重は約10％に達し，日本は「**経済大国**」となります。開発途上国に**政府開発援助**（**ODA**）をあたえる額は世界最大規模となり，日本の国際的地位は高まりました。

国民総生産がアメリカに次いで２位になったのは1968年だよ！

▼国民総生産の推移

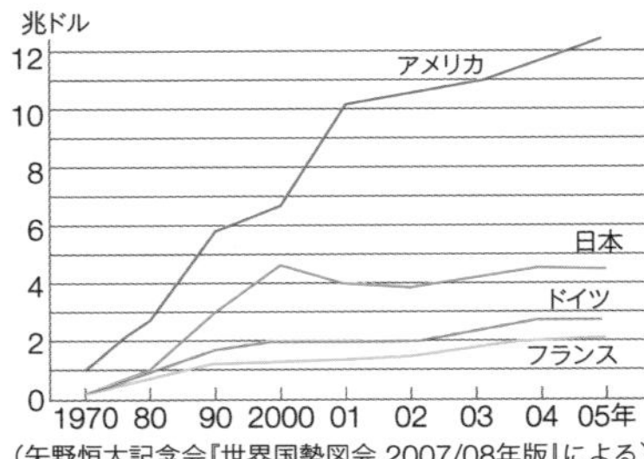

（矢野恒太記念会『世界国勢図会 2007/08年版』による）

3 バブル経済

① バブル経済

1980年代になると日本の対米貿易黒字は増えつづけます。財政赤字と貿易赤字の「双子の赤字」をかかえるアメリカは日本に対して自動車の輸出自主規制を求めるとともに，農産物の輸入自由化をせまりました。日本はこれに応じて，1988年に牛肉・オレンジの輸入自由化を決定して，1991年に実施しました。さらに1993年には米市場(こめしじょう)の部分解放を決定しました。

1985年の５カ国大蔵(おおくら)大臣・中央銀行総裁会議（G5）で，アメリカの貿易赤字を減らすため，ドル高を改善することが合意される（**プラザ合意**）と，円高が急速に進んで輸出産業を中心に不況が深刻化しました。しかし，公共事業や民間の消費が増加したこともあり，国内の需要に主導される形で景気は回復しました。そのなかで1980年代後半には，超低金利政策がとられたため，銀行など金融機関からの融資が受けやすくなり，大量の資金が不動産や株式市場に流れて地価や株価が高騰(こうとう)しました。これを**バブル経済**といいます。この時期は円高が進行したため，欧米やアジアに生産拠点を移す日本企業が増え，産業の空洞化(くうどうか)がすすみました。

② 行財政改革と大型間接税の導入

1980年の衆参同時選挙では選挙期間中に**大平正芳**(おおひらまさよし)首相が急死す

るなか，自民党が圧勝し，**鈴木善幸内閣**が成立しました。政府は臨時行政調査会（**第２次臨調**）を発足させ，国営企業の民営化や公務員給与の抑制などが実施されました。1982年に成立した**中曽根康弘内閣**は，「戦後政治の総決算」をかかげて内政と外交の改革をすすめていきます。

「戦後政治の総決算」！
行財政改革をすすめていく！

中曽根康弘

世界的な新自由主義の風潮のなか，**電電公社**（現NTT），**専売公社**（現JT），**国鉄**（現・JR）の民営化を実現し，大型間接税の導入をはかりました。また，ソ連に対して強硬なレーガン大統領と会談して日米関係の緊密化をすすめ，防衛費を増額して「対GNP１％枠」をこえました。

新自由主義って何？

1980年代のイギリスのサッチャー政権やアメリカのレーガン政権がとった政策で，国有企業や公営企業を民営化するなど自由競争にまかせ，国の出費を切りつめる考え方で，「小さな政府」の実現がめざされるんだ。

こうしたなか，労働組合の再編もすすみます。1989年，総評は解散され，労使協調を方針とする日本労働組合総連合会（**連合**）が結成されました。大型間接税は，**竹下登内閣**で**消費税**として実現して1989年度から実施されました。最初は３％でした。

THEME 6

冷戦の終結と55年体制の崩壊

ここできめる！

- 米ソ首脳によるマルタ会談で冷戦の終結宣言
- 細川護熙内閣の成立により55年体制が崩壊する
- バブル経済が崩壊して平成大不況へ

1 冷戦の終結と国際情勢

① 冷戦の終結

1970年代後半，米ソ関係は緊張緩和（きんちょうかんわ）へと向かいました。しかし，1979年にソ連がアフガニスタンに侵攻すると，1981年に成立したアメリカのレーガン政権は対抗して軍備拡張（かくちょう）をすすめます。米ソの軍事費が増加するなか，アメリカは国家財政と貿易収支の「双子（ふたご）の赤字」に苦しみ，世界最大の債務国（さいむこく）となりました。一方，ソ連も深刻な経済危機となり，ソ連共産党書記長となったゴルバチョフは国内の改革（**ペレストロイカ**）に乗り出します。こうしたなか，米ソ両国は，1989年12月，地中海のマルタ島で首脳会談をおこない，冷戦の終結を共同で宣言しました。

ソ連の干渉（かんしょう）がなくなった東ヨーロッパ諸国では，1980年代末から民主化運動がすすみ，社会主義体制を放棄（ほうき）していきます。なかでも東ドイツでは冷戦の象徴であった「ベルリンの壁」が崩壊して，1990年に東西ドイツの統一が実現しました。ソ連の内部でも自由化の動きはすすんで，1991年にはロシア連邦を中心とする11の共和国で独立国家共同体（CIS）があらたに発足してソ連は解体されました。

② 地域紛争へ

西ヨーロッパ諸国のあいだでは，1993年，マーストリヒト条約が結ばれて**EU（ヨーロッパ連合）**が成立し，地域統合の動きがすすみました。

共産主義体制をとる中国では，1989年に政治的民主化を求める学生たちのデモが拡大し中国政府はこれを武力で押さえ込みました。これが**天安門事件**です。

中東ではアラブ諸国とイスラエルの対立がつづいていました。一方で1990年，イラクがクェートに侵攻すると，翌年，アメリカを中心とする多国籍軍がイラク軍を制圧するという**湾岸(わんがん)戦争**がおこりました。アメリカの要求もあり，日本は多国籍軍に多額の資金援助をしました。しかし，日本の貢献は国際的には評価されず，1992年，**宮沢喜一(みやざわきいち)**内閣は**国連平和維持活動（PKO）協力法**を成立させ，自衛隊の海外派遣を可能とし，カンボジアに自衛隊を派遣しました。

2 平成時代へ

① 55年体制の崩壊

1989年，昭和天皇が亡くなり，元号は平成と改められました。このころから自民党政権の金権政治の実態が表面化します。**竹下登(たけしたのぼる)内閣**は**リクルート事件**の疑惑の中で退陣し，つづく宇野宗佑(うのそうすけ)内閣も短命に終わりました。**海部俊樹(かいふとしき)内閣**は**湾岸戦争**の対応に苦しむことになります。

宮沢喜一内閣のもと，1992年に**佐川急便事件**，翌年には**ゼネコン汚職事件**が発覚したことで，政界と企業の癒着が国民に激しく非難されることになります。その結果，1993年に自民党は分裂し，7月の衆議院議員総選挙で大敗して過半数割れしたため，宮沢内閣は退陣しました。そして，日本共産党をのぞく，非自民８党派の連立により**日本新党**の**細川護熙(ほそかわもりひろ)**を首相とする政権が発足しました。こうして38年ぶりに政権交代がおこり，55年体制は崩壊しました。

私は近衛文麿の孫…。
選挙制度の改革をすすめるぞ。

細川護熙

政治改革をとなえていた細川内閣は，1994年，衆議院に**小選挙区比例代表並立制**を導入する選挙制度の改革を実施しましたが，政治資金疑惑で退陣します。

細川内閣を継いだ**羽田孜内閣**が短命に終わると，自民党と日本社会党が提携し，新党さきがけが加わり，社会党の**村山富市**委員長を首相とする政権が誕生しました。1995年には国会で戦後50年の決議がなされ，首相が談話を発表しました（**村山談話**）。一方，新生党・公明党・日本新党などの野党側は1994年，**新進党**を結成しました。

植民地支配と侵略によって，多くの国々，とりわけアジア諸国の人々に対して多大の損害と苦痛を与えました。…ここにあらためて痛切な反省の意を表し，心からお詫びの気持ちを表明いたします。…

（村山談話より）

村山富市

1996年，村山内閣が退陣すると，自民党の**橋本龍太郎内閣**が連立政権を引き継ぎます。橋本首相は冷戦終結後の日米安保体制について共同宣言を発表し，日米防衛協力の指針（ガイドライン）を見直すことを発表しました。同年には新選挙制度による初の総選挙が実施され，自民党が躍進して橋本内閣は単独で政権を組織し，1997年には消費税を３%から５%に引き上げました。

1998年，橋本首相が辞任すると，**小渕恵三**が内閣を組織します。小渕首相は1999年に自由党・公明党の政権参加を取りつけて衆参両院で安定多数を確保し，7月には新ガイドライン関連法や**国旗・国歌法**を制定しました。

❷ 平成不況

1990年代はじめに**バブル経済**が崩壊すると，深刻な不況となりました。不況が長引くなか，リストラがすすみ，大量の失業者が発生して雇用(こよう)不安が高まります。そのため，消費は冷え込んで不況は一段と深刻化し，地価の暴落によって不良債権をかかえ込んで経営が苦しくなり，経営破綻(はたん)する銀行などがあいつぎました。平成不況のもとで円高はさらにすすみ，日本経済を引っ張ってきた自動車や家電・事務機器などの輸出主導型の産業は，国内需要の不振と輸出競争力の低下により深刻な状況となりました。1995年1月には**阪神(はんしん)・淡路大震災(あわじだいしんさい)**が発生し，大きな被害をもたらしました。

3 2000年代の国際情勢と国内の動向

❶ 国際情勢への対応

2001年9月11日にアメリカでイスラームの急進派が同時多発テロ事件をおこします。アメリカは急進派の打倒をめざし，翌月にはアフガニスタンを攻撃しました。そして2003年にはイラク戦争に踏み切ります。日本では2001年のアフガニスタン紛争に対して**テロ特別措置(そち)法**を制定します。2003年のイラク戦争に対しては**イラク復興支援特別措置法**を制定して自衛隊をイラクに派遣し，復興支援にあたりました。

2002年，**小泉純一郎(こいずみじゅんいちろう)首相**は北朝鮮を訪れ，金正日(きんしょうにち／キムジョンイル)総書記と会談し，国交正常化に向けた**日朝平壌(ピョンヤン)宣言**を発表しました。

❷ 国内の動向

2001年4月，自民党の**小泉純一郎**は，公明党などと連立内閣を組織して構造改革をすすめます。小泉首相は「小さな政府」をめざす新自由主義的な政策をとり，2005年の衆議院議員選挙で大勝すると，**郵政(ゆうせい)事業の民営化**を決定しました。

構造改革なくして景気回復なし！
「聖域なき構造改革」をめざす！

小泉純一郎

これは財政の健全化と景気浮揚(ふよう)策の一環とされましたが，福祉政策の後退と地方経済の疲弊(ひへい)を招き，所得格差や地域格差を増大させました。その後も**安倍晋三(あべしんぞう)・福田康夫(ふくだやすお)・麻生太郎(あそう)**が首相となり，自民党と公明党の連立内閣がつづきますが，2009年，衆議院議員の総選挙で自民党がやぶれ，**民主党**の**鳩山由紀夫(はとやまゆきお)内閣**が成立します。しかし，政権は安定せず，内閣を引き継いだ**菅直人(かんなおと)内閣**のもとで実施された2010年の参議院議員選挙で民主党は大敗します。2011年３月11日に**東日本大震災**がおこると，その処理問題で菅内閣は総辞職に追い込まれました。つづく**野田佳彦(のだよしひこ)内閣**のときに実施された2012年の衆議院議員総選挙で大勝した自民党は**第２次安倍晋三内閣**を発足させました。安倍内閣は戦後政治からの脱却をめざし，憲法第９条の解釈を変更して2015年には**安全保障関連法案**の成立を強硬(きょうこう)し，集団的自衛権を行使できるようにしました。

［写真協力］
株式会社アフロ
　p.379（大根をかじる子どもたち）

建仁寺
　p.209（風神雷神図屛風）

興福寺
　p.055（仏頭），p.077（阿修羅像）

国立公文書館デジタルアーカイブ
　p.305（大日本帝国憲法），p.409（日本国憲法）

国立国会図書館デジタルコレクション
　p.128（一遍上人絵伝），p.160（石山寺縁起絵巻，職人尽歌合，福富草紙），p.161（石山寺縁起絵巻），p.352（米騒動）

ColBase（https://colbase.nich.go.jp/）
　p.024（土偶），p.026（銅鐸，石包丁），p.041（馬形埴輪，家形埴輪，土師器，須恵器），p.055（法隆寺金堂壁画），p.078（螺鈿紫檀五弦琵琶），p.088（胎蔵界曼荼羅，金剛界曼荼羅，不動明王像），p.111（天狗草紙），p.114（鳥獣戯画），p.130（蒙古襲来絵詞），p.136（一遍聖絵），p.170（秋冬山水図），p.190（唐獅子図屛風），p.191（松林図屛風，阿国歌舞伎図屛風），p.207（長崎港図），p.209（舟橋蒔絵硯箱），p.215（東海道五十三次），p.217（慶長小判，慶長丁銀，元文豆板銀），p.227（見返り美人図），p.237（南鐐二朱銀），p.245（市川鰕蔵，ポッピンを吹く女），p.264（東海道五十三次，富嶽三十六景，鷹見泉石像），p.342（湖畔，無我），p.366（麗子微笑）

JOMON ARCHIVES
　p.022（縄文土器，石皿とすり石），p.023（骨角器，三内丸山遺跡）

鈴木和裕
　p.130（防塁），p.217（寛永通宝）

唐招提寺
　p.077（鑑真像）

東大寺
　p.077（不空羂索観音立像）

平等院
　p.096（阿弥陀如来像）

法隆寺
　p.054（釈迦三尊像）

町田デジタルミュージアム
　p.026（弥生土器）

三田メディアセンター（慶應義塾図書館）
　p.212（上総九十九里地引網大漁猟正写之図）

学研写真資料課
　p.287（地券），p.421（60年安保闘争），p.429（64年東京オリンピック，東海道新幹線）

［著者］

鈴木和裕　Kazuhiro Suzuki

駿台予備学校講師。大学院で日本史を専攻する一方で，アルバイトの塾講師で日本史を教え，そのまま予備校業界へ。共通テスト対策と国公立二次の論述対策には定評があり，多くの受講生が「先生のおかげで日本史が好きになった」と評価する。ライブの授業のみならず，映像授業，テキスト・模試の作成から教員向けのセミナーまで受験業界においてマルチな活動をおこなう。自身が運営するブログ『大学受験の日本史を考える』（https://jukenya-nihonshi.com）では日本史の勉強法や受験対策などさまざまな情報を発信する。著書に『一橋大の日本史20ヵ年』（教学社），『時代と流れで覚える！　日本史B用語』（文英堂）などがある。

X：@kazu_mha

Instagram：kazumha

きめる！　共通テスト　歴史総合＋日本史探究

カバーデザイン	野条友史（buku）
カバーイラスト	北澤平祐
本文デザイン	宮嶋章文
本文イラスト	セキサトコ（顔アイコン），ながのまみ（カット）
編集協力	佐藤四郎，牧屋研一，佐藤玲子
データ制作	株式会社　四国写研
印刷所	株式会社 広済堂ネクスト
編集担当	清水雄輔

読者アンケートご協力のお願い

※アンケートは予告なく終了する場合がございます。

この度は弊社商品をお買い上げいただき，誠にありがとうございます。本書に関するアンケートにご協力ください。右のQR コードから，アンケートフォームにアクセスすることができます。ご協力いただいた方のなかから抽選でギフト券（500 円分）をプレゼントさせていただきます。

アンケート番号：　305849

JH

Gakken

きめる! KIMERU SERIES

［別冊］

歴史総合＋日本史探究

Modern and Contemporary History / Advanced Japanese History

直前まで役立つ!

完全対策BOOK

この別冊は取り外せます。矢印の方向にゆっくり引っぱってください。→

きめる! KIMERU SERIES

別冊の特長

この別冊は，共通テストの「歴史総合」対策に特化しています。まずは「歴史総合」の問題を解くために欠かせない重要キーワードをインプットしましょう。さらに「歴史総合」の試作問題と解答解説を通じて，どのような問題が出題されるか，どのように解答を導くかをおさえましょう。

もくじ

知っておきたい共通テストの形式

試験概要

地理歴史・公民について

全体の出題科目は「地理総合，地理探究」，「歴史総合，日本史探究」，「歴史総合，世界史探究」，「公共，倫理」，「公共，政治・経済」，「地理総合／歴史総合／公共」（☞3つのうち，2つを選択して組み合わせる）の6科目となり，最大2科目の選択が可能となります。

ただし，「地理総合／歴史総合／公共」を選択する場合，残り1科目は同一名称を含む科目の組み合わせが不可となります。下の表を確認しておきましょう。

地理総合／歴史総合	「地理総合，地理探究」，「歴史総合，日本史探究」，「歴史総合，世界史探究」は**選択不可**
地理総合／公共	「地理総合，地理探究」，「公共，倫理」，「公共，政治・経済」は**選択不可**
歴史総合／公共	「歴史総合，日本史探究」，「歴史総合，世界史探究」，「公共，倫理」，「公共，政治・経済」は**選択不可**

要check!
「歴史総合，日本史探究」で受験する場合，
「地理総合／歴史総合」と「歴史総合／公共」は選択不可！

「歴史総合，日本史探究」について

「歴史総合，日本史探究」の試作問題は，大問６つで構成されています。

第1問………歴史総合（９問）

第2～6問…日本史探究（25問）

要check! **資料の読み取りなど「思考力・判断力」を試す出題**

配点

歴史総合（第１問）：25点満点

日本史探究（第２～６問）：75点満点

要check! **歴史総合は，全体の1/4の配点を占めるので対策は必須！**

試験時間

社会１科目の場合：60分

社会２科目の場合：130分

（解答時間は120分，あいだの10分は答案回収などの時間）

要check! **資料を素早く丁寧（ていねい）に読み取る訓練をしないと，時間が足りなくなることがある**

第1章 結びつく世界

1　18世紀の東アジア経済と社会

(1) アジア諸国と欧米諸国の貿易

【東アジアの国際秩序】

①17世紀前半には東アジアの動乱があった。国内の反乱で明が滅び，中国東北部の女真(じょしん)族が建国した［ 1 ］が中国全土を支配した。

②東アジアでは伝統的に中国を中心とする国際秩序が形成されていた。越南(えつなん)（ベトナム），朝鮮(ちょうせん)，琉球(りゅうきゅう)などの国々は，［1］を中心とする［ 2 ］とよばれる国際関係に組み込まれ，**朝貢貿易**をおこなった。

1 清(しん)
2 冊封体制(さくほう)

【欧米諸国との貿易】

③17世紀には，アジアに進出してきたイギリス・オランダ・フランスがそれぞれ［ 3 ］を設立した。

④ヨーロッパ諸国はアジアの産物を輸入した。イギリスではインド産の［ 4 ］が人気となり，西インド諸島産の砂糖や，茶器として［ 5 ］の需要が高まった。

⑤17世紀末，清が民間中国人の海外渡航を規制する［ 6 ］を緩和(かんわ)すると，中国商人がアジア各地におもむくようになった。18世紀なかば，ヨーロッパ諸国の船が**茶**や［5］を求めて**広州**(こうしゅう／コワンチョウ)に入港し，清に［ 7 ］をもたらした。

3 東インド会社
4 綿織物(めんおりもの)（キャラコ）
5 陶磁器(とうじき)
6 海禁政策
7 銀

2　工業化と世界市場の形成

(1) 産業革命

【イギリスの産業革命】

①18世紀後半，イギリスで[8]がおこった。[8]とは工業生産に**機械**を導入し，産業の中心が農業から工業へと変化していくことである。

②イギリスではインド産[9]の需要が高まっており，自国産[9]を生産する技術革新が求められた。

③技術革新がすすむ過程で**ワット**らによる[10]の発明・改良があった。イギリスは燃料となる[11]にめぐまれており，エネルギー源としてもちいることができた。

④[8]により，生産手段や資金をもつ**産業資本家**が**労働者**を雇(やと)い，利益の獲得をめざして生産活動をする[12]社会が成立した。

⑤当時は労働時間が１日10数時間におよぶなど労働条件は劣悪(れつあく)であったため，労働者の地位向上をはかる労働運動が展開された。それとともに[12]を批判し，平等な社会をめざす[13]思想も生まれた。

8 産業革命
9 綿織物（キャラコ）
10 蒸気機関(じょうききかん)
11 石炭(せきたん)
12 資本主義
13 社会主義

(2) 世界市場の形成

【産業革命の世界的影響】

①イギリスは工業生産力を背景に「[14]」とよばれ，西欧諸国とアメリカではイギリスに対抗して，19世紀前半に**産業革命**がすすんだ。

②アジア・アフリカ・ラテンアメリカは**産業革命**にはいたらず，**産業革命**を経た国から工業製品が流入し，農産物や天然資源を輸出した。インドなどは綿製品の原料として[15]を輸出した。

14 世界の工場
15 綿花(めんか)

【交通・通信手段の発達】

③**蒸気機関**は，19世紀はじめのアメリカで［16］に転用され，大洋の横断も容易になった。1825年にはイギリスで［17］が運行を開始し，陸上交通の中心になっていった。

16 蒸気船
17 蒸気機関車

④19世紀なかばになると，電気を利用した通信である［18］が実用化され，海底ケーブルの敷設がすすんだ。

18 電信

⑤1869年には，地中海と紅海をむすぶ［19］が開通され，ヨーロッパとアジアの距離が短縮された。

19 スエズ運河

(3) 西洋の衝撃とアジア

【中国の開国】

①イギリスはインド産の［20］を密輸していたが清が［20］の密輸を禁止すると，1840年，イギリスは艦隊を派遣して清を攻撃した（［21］）。

20 アヘン
21 アヘン戦争

②［21］に勝利したイギリスは，清と［22］を結び，［23］を割譲させたほか，上海など５港の開港，自由貿易を認めさせるなどした。

22 南京条約
23 香港

③1856年，イギリスはフランスと共同して［24］をおこして勝利し，1860年，［25］を締結して清に賠償金の増額や天津の開港などを認めさせた。

24 アロー戦争（第２次アヘン戦争）
25 北京条約

【インドの植民地化】

④イギリス東インド会社の統治下にあったインドでは，イギリスの支配に不満をもつインド人傭兵（［26］）や民衆などが，1857年，［27］をおこした。1877年には，イギリスの**ヴィクトリア女王**を皇帝とする［28］が成立した。

26 シパーヒー
27 インド大反乱
28 インド帝国

【オスマン帝国の変容】

⑤イスラーム世界の中心であった[29]は，18世紀末からヨーロッパ諸国に対する劣勢が明らかになった。

⑥列強（れっきょう）の進出に対し，19世紀前半には[30]とよばれる近代化をめざす改革がすすみ，1876年には[31]が公布され，議会の開設や言論や信仰の自由が保障された。

29 オスマン帝国

30 タンジマート

31 ミドハト憲法

第2章 立憲体制と国民国家の形成

1　18世紀以降の欧米の市民革命

(1) アメリカの独立革命

【アメリカ独立革命とその後】

①北アメリカの東海岸では17世紀からイギリスが植民地(しょくみんち)を建設した。財政難解消のため，1765年，イギリスが［ 1 ］を制定して北アメリカ植民地に直接課税(かぜい)すると，植民地側は「代表なくして課税なし」と抵抗し，課税を撤回(てっかい)させた。

②1773年の茶法(ちゃほう)で，東インド会社に茶の独占販売権があたえられると，［ 2 ］がおこった。アメリカ植民地側は1774年に**大陸会議**を開いて，本国に抗議し，武力衝突(しょうとつ)をきっかけに［ 3 ］がはじまった。

③1776年には，トマス=ジェファソンが起草(きそう)した［ 4 ］が発表された。フランスやスペイン・オランダからの援軍もあり，植民地側が勝利して1783年の**パリ条約**でイギリスは［ 5 ］の独立を承認した。

④独立後，1787年には［ 6 ］が制定され，人民主権や三権分立などが定められた。

1 印紙法
2 ボストン茶会事件
3 アメリカ独立戦争
4 独立宣言
5 アメリカ合衆国
6 合衆国憲法

(2) フランス革命とナポレオンの大陸支配

【フランス革命】

①財政難など社会不安がおこるなか，フランス国王［ 7 ］は特権身分である聖職者（第一身分）や貴族（第二身分）への課税をはかったが抵抗された。

7 ルイ16世

②［7］は1789年，［ 8 ］（身分制議会）を開いて事態の打開をはかった。このとき旧体制を批判する平民（第三身分）が国民議会を発足させた。

8 三部会

③1789年７月14日，パリの民衆が**バスティーユ牢獄**を襲撃して，**フランス革命**がはじまった。８月，国民議会は［ 9 ］を発表し，すべての人間の自由と平等を宣言した。

9 人権宣言

④1791年には，憲法が制定されたが，翌年，革命を警戒する近隣諸国との戦争がはじまった。その混乱のなかで［ 10 ］が成立し，1793年，［7］は処刑された。

10 第一共和政

【ナポレオンの大陸支配】

⑤軍人の［ 11 ］は，1799年にクーデタで権力を握り，周辺諸国との戦争を終結させた。1804年には国民投票を経て皇帝となって［ 12 ］をはじめた。

11 ナポレオン
12 第一帝政

⑥［11］は戦争を再開して周辺諸国を服属させ，ヨーロッパの大部分を支配し，［ 13 ］を発してイギリスに対抗した。しかし，1812年，**ロシア遠征**に失敗すると，その後，各国との戦いに敗れつづけ，皇帝の地位を失った。

13 大陸封鎖令

(3) ウィーン体制

【ウィーン体制の成立】

①1814～15年，ナポレオン戦争後の後始末と，あらたなヨーロッパ秩序をつくるため，ウィーン会議が開かれた。会議での決定にもとづいて，[14]とよばれる国際秩序が成立した。この体制ではフランス革命以前の状態に戻し，大国間の勢力均衡が重視された。

14 ウィーン体制

【自由主義とナショナリズム】

②君主権を制限して議会政治を実現しようとする[15]の運動が各国で高揚した。1830年，フランスでは[16]が勃発し，**立憲君主制**が成立した。

15 自由主義
16 七月革命

③同じ言語や文化をもつ人々が1つにまとまろうとする[17]の意識が高まった。1829年にはオスマン帝国から[18]が独立，1830年にはベルギーがオランダから独立した。

17 ナショナリズム
18 ギリシャ

【ウィーン体制の崩壊】

④**自由主義**や**ナショナリズム**の要求が噴出して，フランス・イタリア・プロイセンなどで**1848年革命**がおこり，「[19]」とよばれる状況が生じて**ウィーン体制**は崩壊した。

19 諸国民の春

⑤フランスでは，1848年に[20]がおこり，立憲君主制が倒れ，[21]が樹立され，国政において**男子普通選挙**が制度化された。

20 二月革命
21 第二共和政

⑥フランスの[21]で大統領に選ばれたルイ=ナポレオンは，1852年に国民投票によって皇帝に即位して**ナポレオン3世**となり，[22]をはじめた。

22 第二帝政

(4) アメリカ合衆国の発展

【独立後のアメリカ】

①独立後のアメリカ合衆国は，ナポレオン戦争では中立を保つなど対外戦争をさけた。1823年には大統領 23 が南北アメリカとヨーロッパの相互不干渉を主張する 23 宣言を発表した。その一方，先住民を強制的に西へ追いやり， 24 をすすめて領土を太平洋岸まで広げた。

23 モンロー
24 西部開拓（西漸運動）

【南北戦争】

② 25 （1812～14）の際にイギリスとの貿易が途絶えたことで，アメリカ合衆国北部では**産業革命**がはじまり綿工業が発達した。一方，南部は奴隷制にもとづく 26 栽培を経済の柱とした。

③北部を中心とする奴隷制反対派が共和党を結成して 27 が大統領に当選すると，南部諸州は**アメリカ連合国**を結成し， 28 （1861～65）がはじまった。この間に 27 が 29 を発して国際世論に訴え，北部が最終的に勝利した。

25 アメリカ=イギリス（米英）戦争
26 綿花
27 リンカン
28 南北戦争
29 奴隷解放宣言

決めよう！ KIMERU SERIES

歴史総合　重要キーワードチェック

⑸ 19世紀後半のヨーロッパ

【クリミア戦争】

①黒海（こっかい）・バルカン半島への進出をねらうロシアと，オスマン帝国が1853年に開戦し，[30]がおこった。イギリス・フランスがオスマン帝国を支援したため，ロシアは敗北した。1856年の[31]で黒海が中立化され，ロシアの南下は阻止された。

30 クリミア戦争
31 パリ条約

【イギリスの繁栄】

②19世紀なかばから後半にかけて，イギリスは「[32]」とよばれる繁栄の時代を迎えた。17世紀末以降，イギリスでは議会制が確立され，19世紀後半には都市労働者や農村労働者も選挙権を獲得（かくとく）した。そしてヴィクトリア女王の治世のもと，保守（ほしゅ）党と自由党の[33]が成立した。

32 パクス＝ブリタニカ
33 二大政党制

【フランスの動向】

③フランスでは，1870年，[34]に敗れて**ナポレオン3世**の[35]が崩壊（ほうかい）し，臨時（りんじ）政府が成立して[36]が発足した。[36]では王党派と共和派の対立が続いたが，1875年に**共和国憲法**が制定された。

34 プロイセン＝フランス戦争（普仏（ふふつ）戦争）
35 第二帝政
36 第三共和政

【イタリアの統一】

④諸国の分立が続くイタリアでは，[37]が近代化をすすめて台頭（たいとう）し，1859年，オーストリアとの戦争に勝利して領土を拡大した。1861年には[38]が成立し，1870年にイタリア統一を実現した。

37 サルデーニャ王国
38 イタリア王国

【ドイツの統一】

⑤ドイツではプロイセン王国の首相であった［39］が，［40］とよばれる軍事力による統一をめざした。

⑥1866年に［41］に勝利し，フランスとの関係が悪化すると，1870年には普仏(ふふつ)戦争をおこしてフランス軍に勝利した。翌年には**ヴィルヘルム１世**がドイツ皇帝の位につき，［42］が成立した。

39 ビスマルク
40 鉄血(てっけつ)政策
41 プロイセン=オーストリア戦争（普墺(ふおう)戦争）
42 ドイツ帝国

2　列強の帝国主義政策

(1) 第２次産業革命と帝国主義

【第２次産業革命と帝国主義】

①1870年ごろから，ヨーロッパと北アメリカで［43］がおこった。［44］と［45］を基本とする技術革新がおこり，鉄鋼(てっこう)や化学産業など［46］が発達した。各国では銀行とむすびついた少数の大企業が経済を独占的に支配した。

②資本主義諸国は，資源や市場の獲得(かくとく)を目的として植民地(しょくみんち)や勢力圏を広げようとした。このような欧米列強(れっきょう)による対外膨張(ぼうちょう)政策を［47］とよぶ。

43 第２次産業革命
44・45 石油・電力
46 重化学工業
47 帝国主義

【列強の帝国主義政策】

③イギリスは，本国と植民地の連携(れんけい)を強化して覇権(はけん)国家としての立場を維持しようとし，1877年には**ヴィクトリア女王**を皇帝(こうてい)とする［48］を成立させた。1875年には［49］の経営権を得てインド洋への航路(こうろ)を確保する一方，アフリカやアジアへ進出した。

④フランスは，**第三共和政**のもと，アフリカや東南アジアで支配地を広げ，［50］・カンボジア・ラオスを保護国化した。アフリカ分割(ぶんかつ)をめぐってはイギリスと対立したが，20世紀初頭にはドイツを警戒し，［51］をむすんだ。

⑤ドイツは，**ヴィルヘルム２世**が即位すると，［52］をすすめ，オセアニアに領土を獲得するとともに，アフリカや中東への進出をはかった。そのため，イギリス・フランス・ロシアなどとの緊張を高めた。

48 インド帝国
49 スエズ運河
50 ベトナム
51 英仏協商
52 世界政策

⑥アメリカは，ラテンアメリカを勢力下におこうとする一方，太平洋方面にも進出をはかった。1898年には［53］に勝利して**フィリピン**やグアムを獲得するとともに，**ハワイ併合**をおこなった。対中国政策については［54］・機会均等・領土保全を列強によびかけた。

53 アメリカ=スペイン戦争（米西戦争）
54 門戸開放

⑦ロシアは，フランスなど外国資本の導入により，1890年代に工業化がすすんだが，国内市場がせまかった。そのため，国外に市場を求める声が強まり，1891年に［55］の建設をはじめ，極東地域への進出をめざした。その結果，日本と対立して**日露戦争**へとつながった。

55 シベリア鉄道

⑧帝国主義諸国による世界分割競争は，各地で戦争を引き起こし，［56］へと発展した。

56 第一次世界大戦

【清朝の滅亡】

⑨中国では義和団戦争以降，清が政治改革をすすめる一方，清の打倒をめざす革命運動が広まった。［57］は**三民主義**をかかげ，1905年，東京で革命勢力を集めて**中国同盟会**を結成した

57 孫文

⑩1911年，武昌で軍隊が蜂起して革命政権が誕生し，［58］がおこった。翌年，［57］を臨時大総統とする共和政の［59］が成立した。

58 辛亥革命
59 中華民国

第2部　国際社会の変化や大衆化と私たち

第1章 第一次世界大戦と大衆社会

1　総力戦と第一次世界大戦後の国際社会

(1) 第一次世界大戦

【第一次世界大戦の勃発】

①20世紀初頭，ヨーロッパの列強はイギリス・フランス・ロシアの［ 1 ］と，ドイツ・オーストリア・イタリアの［ 2 ］という二つの陣営(じんえい)に分かれていた。

②対立の焦点(しょうてん)となったバルカン半島では，19世紀以降，オスマン帝国の弱体化によってバルカン諸国の領土争いがおこり，「［ 3 ］」とよばれた。

③1914年6月，オーストリアの皇位継承者(こういけいしょうしゃ)夫妻が，セルビア人の青年に暗殺される［ 4 ］がおこった。オーストリアがドイツの支持を得てセルビアに宣戦布告(せんせんふこく)し，戦争がはじまった。

④戦争はドイツ・オーストリア側と［1］側の戦いとなった。日本も［1］側で参戦するなど戦争は世界に広がり［ 5 ］となった。

1 三国協商
2 三国同盟
3 ヨーロッパの火薬庫
4 サライェヴォ事件
5 第一次世界大戦

【第一次世界大戦の経過】

⑤第一次世界大戦は，毒ガス・戦車・飛行機など新兵器を投入する一方，［ 6 ］戦を典型とする戦術により長期戦となった。そして，政府が経済活動を統制し，国民や物資が全面的に動員される［ 7 ］となった。

6 塹壕(ざんごう)
7 総力戦(そうりょくせん)

【第一次世界大戦の終結】

⑥1917年になると，［ 8 ］によりロシアが戦線から離脱する一方，1917年には英仏に好意的であった［ 9 ］が参戦し，協商国側に有利となった。1918年には［ 10 ］がおこり，ドイツの臨時政府は休戦協定に調印し，第一次世界大戦は終結した。

8 ロシア革命
9 アメリカ
10 ドイツ革命

⑵ ソヴィエト連邦の成立

【ロシア革命】

①第一次世界大戦が長期化するなか，ロシアでは，1917年，［ 11 ］がおこり臨時政府がつくられ，**ニコライ２世**は退位せざるを得なくなった。

11 二月革命

②皇帝退位後も臨時政府は戦争をつづけたため，［ 12 ］が指導する**ボリシェビキ**（のちの**共産党**）が1917年に武装蜂起(ほうき)し，［ 13 ］をおこして権力を握り，史上初の社会主義政権が誕生した。革命政権は**ブレスト=リトフスク条約**を締結(ていけつ)して，ドイツと単独で講和した。

12 レーニン
13 十月革命

【対ソ干渉戦争】

③自国への影響をおそれた英・仏・米・日は，反革命勢力を支援して革命政権の打倒をめざし，1918年，［ 14 ］をおこした。1920年になると，ソヴィエト政府は反革命勢力をほぼ制圧し，各国軍隊は［ 15 ］へ出兵した日本をのぞいて撤退(てったい)した。

14 対ソ干渉(かんしょう)戦争
15 シベリア

【ソ連の成立】

④1919年，**レーニン**は [16] を設立し，各国の共産主義政党を指導して，世界革命をめざした。1922年，ロシアのソヴィエト政権は周辺の社会主義共和国とともに [17] を結成した。1924年のレーニン死後，権力闘争がおこり，[18] が独裁体制を打ち立てた。

16 コミンテルン
17 ソヴィエト社会主義共和国連邦(ソ連)
18 スターリン

(3) 第一次世界大戦後の国際秩序

【パリ講和会議と国際連盟の設立】

①1919年にはじまった [19] では，アメリカ大統領 [20] が14カ条の平和原則にもとづく公正な講和の実現をよびかけた。

19 パリ講和会議
20 ウィルソン

②ドイツと連合国の講和条約である [21] では，巨額の賠償金の支払い，植民地の放棄，軍備の制限がドイツに課された。対独講和条約にもとづく国際体制を [22] という。

21 ヴェルサイユ条約
22 ヴェルサイユ体制

③[19]では，[20]の提唱した [23] の理念にもとづき，ヨーロッパやバルカン半島における諸国の独立を承認したが，アジアやアフリカには適用されず，各地で抗議行動がおこった。

23 民族自決

④第一次世界大戦後，[20]の提案にもとづき国際平和機関として [24] が創設され，イギリス・フランス・イタリア・日本が [25] となった。しかし，アメリカは参加せず，ドイツやソ連は排除された。

24 国際連盟
25 常任理事国

【ワシントン体制の形成】

⑤アジア・太平洋地域の秩序(ちつじょ)を確立するため，アメリカの提唱で，1921～22年に[26]が開かれた。この会議で成立した国際秩序を[27]という。

⑥[26]では，太平洋島嶼(とうしょ)の現状維持を定めた[28]，中国の領土保全・門戸開放(もんこかいほう)・機会均等の原則を約束した[29]，主力艦の保有比率を定めた[30]が締結された。

26 ワシントン会議
27 ワシントン体制
28 四カ国条約
29 九カ国条約
30 海軍軍縮条約

2　第一次世界大戦後の世界各地の動向

(1) 第一次世界大戦後の欧米諸国の動向

【イギリス】

①イギリスでは，第一次世界大戦で総力戦(そうりょくせん)を担った国民の間で権利意識が高まり，1918年には選挙法の改正により［31］が導入されるとともに，**女性参政権(さんせいけん)**も認められた。

②大戦に参加して発言権を高めたカナダ・オーストラリアなどの自治領(じちりょう)は，1931年の［32］憲章(けんしょう)で本国と対等な地位が認められ，イギリス帝国は［33］に再編された。

31 男性普通選挙
32 ウェストミンスター
33 イギリス連邦

【フランス】

③ドイツへの反感が強かったフランスは，ドイツからの賠償金(ばいしょうきん)がとどこおったことを理由に，1923年，ドイツのルール工業地帯を占領した（［34］）。しかし，のちに撤退(てったい)した。

34 ルール占領

【ドイツ】

④ドイツは1918年の革命により共和国となった。その後，社会権や男女平等の選挙権を含む民主的な［35］が制定された。1925年には［36］をむすんで，翌年，ドイツの国際連盟加盟が実現した。

35 ヴァイマル憲法
36 ロカルノ条約

【イタリア】

⑤イタリアは，パリ講和会議で領土の拡張が実現できず，民衆と地主や資本家の対立が深まった。そのなかで，[37]が[38]を結成して保守的な武装勢力をまとめ，1922年にはクーデタで政権を握った。

37 ムッソリーニ
38 ファシスト党

【アメリカ】

⑥第一次世界大戦中，ヨーロッパ諸国に軍需物資などを提供したアメリカは，債務国から債権国へと変容し，世界経済の中心はロンドンからニューヨークへ移り，空前の繁栄をほこった。大量生産・大量消費・大衆文化を特徴とする[39]が到来し，自動車・家電製品・ラジオなどが普及した。

39 大衆消費社会

(2) アジアの民族運動

【東アジアの民族運動】

①第一次世界大戦後，日本統治下の朝鮮では独立の要求が高まり，1919年に[40]がおこった。一方，中国ではパリ講和会議で山東省権益の返還が認められず，1919年に[41]がおこった。

40 三・一独立運動
41 五・四運動

②中国では，1919年，孫文が革命政党として[42]を結成する一方，ロシア革命の影響を受けて1921年には[43]が結成された。1924年には[42]と[43]による[44]がおこなわれ，1926年には，中国の統一をめざして国民党の蔣介石が軍隊を率いて[45]を実施した。

42 中国国民党
43 中国共産党
44 第一次国共合作
45 北伐

【インドの反英運動】

③インドは，第一次世界大戦への協力の見返りとして，イギリスから自治を約束されていたが，イギリスは戦後も自治を認めず，統治を継続した。［ 46 ］は1920年の国民会議派大会で**非暴力・不服従**運動の方針をかかげた。

46 ガンディー

【東南アジアの民族運動】

④オランダ支配下のインドネシアでは，1927年に［ 47 ］が**インドネシア国民党**を結成して独立を訴えた。フランス領インドシナ連邦の**ベトナム**では，［ 48 ］らによって1930年に**インドシナ共産党**が結成されたが，フランスは弾圧した。

47 スカルノ
48 ホー＝チ＝ミン

第2章 経済危機と第二次世界大戦

1 国際協調体制の動揺

(1) 世界恐慌の発生

【世界恐慌のはじまり】

①1929年10月アメリカのニューヨーク株式市場で株価が暴落して恐慌がはじまり，ヨーロッパ諸国や植民地地域なども巻き込み［ 1 ］となった。世界の工業生産は1932年までに半減し，各国では企業の倒産があいついだ。

1 世界恐慌

【世界恐慌に対する各国の対応】

②イギリスは，イギリス連邦内部では関税を下げ，連邦域外では関税を上げる［ 2 ］を形成し，広大な海外植民地をもつフランスも，［ 3 ］をつくるなど，［ 4 ］を構築した。各国とも自国本意の解決策を追求し，国際対立を激化させた。

2 スターリング=ブロック
3 フラン=ブロック
4 ブロック経済

③1933年に大統領に就任した［ 5 ］は，政府が積極的に経済活動に介入して立て直しをはかり，［ 6 ］とよばれる一連の経済政策を実施した。

5 フランクリン=ローズヴェルト
6 ニューディール

④ソ連では**スターリン**のもと，1928年から重化学工業化と農業集団化をめざす［ 7 ］がすすめられた。1929年に**世界恐慌**が発生したが，計画経済を採用したソ連は，資本主義国との関係が少なかったこともあり，あまり影響は受けなかった。

7 第1次五カ年計画

(2) ファシズムの広がり

【ファシズム】

①［ 8 ］とは，イタリアの**ムッソリーニ**が第一次世界大戦後に組織した［ 9 ］にちなむ政治運動である。強力な指導者による独裁政治を実現して，共産主義や民主主義は国内の分断をもたらす思想として否定し，反対派を暴力的な手段で弾圧（だんあつ）した。

8 ファシズム
9 ファシスト党

【イタリアの対外侵略】

②イタリアでは，1922年，**ムッソリーニ**の**ファシスト党**がクーデタで政権を握り，社会主義の拡大を警戒する中産階級の支持を得た。勢力圏（けん）の拡大をはかり，1935年に［ 10 ］侵略をはじめ，翌年，併合した。

10 エチオピア

【ドイツの対外侵略】

③世界恐慌（きょうこう）が直撃したドイツでは，［ 11 ］が攻撃的なナショナリズムを掲げて選挙で躍進し，1932年には第１党となり1933年には［ 12 ］が組閣した。

11 ナチ党（国民社会主義ドイツ労働者党）
12 ヒトラー

④1933年，［ 13 ］を制定して，独裁的な権限を得た［12］は1934年には絶対的な指導者である総統（そうとう）となった。

13 全権委任法（ぜんけんいにんほう）

⑤ドイツは1933年に［ 14 ］からの脱退を表明し，1935年には再軍備を宣言して徴兵制（ちょうへいせい）を復活させた。1936年にはロカルノ条約を破棄して［ 15 ］に軍隊を進駐（しんちゅう）させた。これに対し，イギリス・フランスは宥和（ゆうわ）政策をとった。

14 国際連盟
15 ラインラント

⑥1936年には，国際的な共産主義運動に対抗して，日本とドイツの間で［16］が締結された。翌年にはイタリアが参加した。

16 日独防共協定

【ソ連の動向】

⑦ソ連は反共主義をかかげるドイツのナチ政権に対して批判的な姿勢を打ち出し，1934年には［17］に加盟して常任理事国となった。

17 国際連盟

⑧**コミンテルン**はファシズム勢力の拡大防止も目標として，1935年には［18］を提唱し，各国の共産党に反ファシズム統一戦線の結成を求めた。

18 人民戦線戦術

2　第二次世界大戦後の国際秩序

(1) 第二次世界大戦

【第二次世界大戦のはじまり】

①1939年８月，ソ連とドイツは［19］を締結して，世界中に衝撃をあたえた。

②1939年９月にはドイツが［20］に侵攻し，イギリス・フランスがドイツに宣戦布告して［21］がはじまった。ソ連は［20］の東半分を占領し，バルト三国を併合した。

19 独ソ不可侵条約
20 ポーランド
21 第二次世界大戦

【第二次世界大戦の展開】

③1940年６月には［22］がドイツに降伏し，パリを含むフランスの国土の３分の２がドイツの占領下におかれた。イタリアも参戦し，９月には［23］が締結された。1941年６月には，ドイツが**不可侵条約**をやぶって［24］を開始した。

22 フランス
23 日独伊三国同盟
24 独ソ戦

④アメリカ大統領フランクリン=ローズヴェルトとイギリスのチャーチルは1941年８月，［25］を発表して戦後の国際秩序の構想を示して結束を固めた。

25 大西洋憲章

⑤1941年12月，日本はイギリス領マレー半島に上陸，ハワイ真珠湾を空襲し，アメリカ・イギリスなどに宣戦布告をして［26］を開始した。

26 アジア太平洋戦争

【第二次世界大戦の終結】

⑥連合軍は本格的な攻勢に出て1943年７月にイタリアに上陸して［27］政権を崩壊させ，９月にイタリアは降伏した。

27 ムッソリーニ

⑦1945年２月には米英ソの首脳(しゅのう)による 28 で，ドイツの占領方針やソ連の対日参戦などが取り決められた。４月には**ヒトラー**が自殺し，５月には**ベルリン**がソ連軍に占領され，ヨーロッパにおける大戦は終結した。

28 ヤルタ会談

⑧ドイツ敗戦後の1945年７月，米・英・中は 29 を発し，日本に無条件降伏を求めた。８月になり，アメリカが広島・長崎に原爆(げんばく)を投下(とうか)し，ソ連が対日参戦すると，日本政府は 29 受諾(じゅだく)を表明して降伏した。

29 ポツダム宣言

(2) 国際連合と国際経済体制

【国際連合の成立】

①1945年10月，アメリカのニューヨークに本部をおいて 30 が発足した。

30 国際連合

② 30 では国際平和のために軍事力を行使できる 31 が設けられた。 31 は，米・ソ・英・仏・中（中華民国）の**常任理事国**と総会の選挙で選ばれる非常任理事国から構成され，常任理事国には拒否権があたえられた。

31 安全保障理事会

【ブレトン=ウッズ体制の成立】

③第二次世界大戦後，国際経済の安定をまもるため，米ドルを基軸(きじく)通貨とする**固定相場制**を維持する 32 が整えられた。戦後の国際通貨体制では，アメリカのドルと金との交換率を固定した 33 が導入され，ドルと他の通貨との交換比率が定められた。

32 ブレトン=ウッズ体制

33 金ドル本位制

④32のもと，収支が悪化した国の援助のため 34 や国際復興開発銀行（IBRD）がつくられ，貿易を自由化するため，1947年，35 が締結（ていけつ）された。

34 国際通貨基金（IMF）
35 関税（かんぜい）及び貿易に関する一般協定（GATT（ガット））

(3) 冷戦のはじまりとアジア諸国の動向

【冷戦のはじまり】

①第二次世界大戦後，急速に勢力を増したソ連中心の 36 圏（けん）（**東側**）に対してアメリカを中心とする 37 圏（**西側**）は警戒を強めた。この両陣営の対立を 38 とよぶ。

36 社会主義
37 資本主義
38 冷戦（れいせん）

②1947年３月にアメリカの 39 大統領はソ連勢力の「 40 」政策を宣言（39=ドクトリン）し，ヨーロッパ経済復興援助計画である 41 を発表した。

39 トルーマン
40 封（ふう）じ込（こ）め
41 マーシャル=プラン

③ソ連は９月に各国共産党の間の連絡・調整機関として 42 を設立した。

42 コミンフォルム

④ソ連がドイツの占領から解放した東ヨーロッパ諸国は社会主義圏に組み込まれた。戦後，分割占領されたドイツは，1949年にドイツ連邦共和国（ 43 ）とドイツ民主共和国（ 44 ）に分断された。

43 西ドイツ
44 東ドイツ

⑤1949年には，西側諸国の安全保障機構である 45 が結成された。一方，ソ連は 43 の再軍備や 45 に対抗し，1955年， 46 を設立した。

45 北大西洋条約機構（NATO（ナトー））
46 ワルシャワ条約機構

【アジアにおける冷戦】

⑥日中戦争終結後，中国では**国民政府**と**共産党**の対立が表面化し，1946年には［ 47 ］がはじまった。当初，国民政府が優勢であったが，農民の支持を集めた共産党が支配を広げた。

⑦1949年10月，共産党の指導者**毛沢東**(もうたくとう／マオツォトン)は，北京(ペキン)で［ 48 ］の成立を宣言した。同年12月，**蔣介石**が率いる国民政府は［ 49 ］に逃れて**中華民国**政府を維持した。

⑧**朝鮮**(ちょうせん)は，戦後，北緯(ほくい)38度線を境に北部をソ連，南部をアメリカが占領し，1948年には，北部に**金日成**(きんにっせい／キムイルソン)を首相とする［ 50 ］，南部に**李承晩**(りしょうばん／イスンマン)を大統領とする［ 51 ］が成立した。

⑨1950年，［50］が朝鮮の統一をめざして38度線を越えて南に侵入し，［ 52 ］がはじまった。アメリカ軍を主力とする国連軍が韓国(かんこく)を，中国の人民義勇軍(ぎゆうぐん)が北朝鮮(きたちょうせん)を支援し，戦線が膠着(こうちゃく)して1953年に**板門店**(はんもんてん／パンムンジョム)で［ 53 ］がむすばれた。

47 国共内戦
48 中華人民共和国
49 台湾(たいわん)
50 朝鮮民主主義人民共和国
51 大韓民国(だいかんみんこく)
52 朝鮮戦争
53 休戦協定

きめる KIMERU SERIES

歴史総合 重要キーワードチェック

きめる! KIMERU SERIES

第3部　グローバル化と私たち

第1章 冷戦と世界経済

1　国際政治の変容

(1) 脱植民地化とアジア・アフリカ諸国

【インドシナ戦争】

①フランス領インドシナ連邦のベトナムでは，［ 1 ］が**ベトナム独立同盟**（ベトミン）を組織し，1945年９月に**ベトナム民主共和国**の成立を宣言した。フランスは独立を認めず，［ 2 ］をおこした。

②フランスが敗北し，1954年に［ 3 ］が結ばれた。しかし，アメリカがインドシナの社会主義化を防ぐために介入した。それにより南部に資本主義の**ベトナム共和国**が成立し，北部の社会主義の**ベトナム民主共和国**と分断された。

1 ホー＝チ＝ミン
2 インドシナ戦争
3 ジュネーヴ休戦協定

【アジア植民地の独立】

③第二次世界大戦後，フィリピンはアメリカに再占領されたが，1946年に独立した。インドネシアは1945年８月に独立を宣言し，［ 4 ］が大統領となった。オランダは武力介入(かいにゅう)をおこなったが，1949年に独立を認めた。ビルマはイギリスに独立を認めさせた。

④イギリスと交渉して独立したインドは，ヒンドゥー教徒が多数を占めるインドとムスリムが多数を占める［ 5 ］に分かれた。

4 スカルノ
5 パキスタン

【中東戦争】

⑤第二次世界大戦後，イギリスの委任統治下にあった［ 6 ］では，アラブ人とユダヤ人の対立が激化した。ユダヤ人が［6］に建国した**イスラエル**とアラブ諸国の間で，1948年，［ 7 ］がおこった。イスラエルはこれに勝利して国連の調停によって独立を達成した。［6］の解放をめざすアラブ諸国とイスラエルの間ではその後も戦争がくり返された。

6 パレスチナ
7 第1次中東戦争

⑥エジプトの［ 8 ］大統領が，1956年，スエズ運河の国有化を宣言すると，イギリス・フランスと**イスラエル**が運河の利権をめぐって出兵し，［ 9 ］となった。世界の非難と米ソの反対で３国は撤兵した。

8 ナセル
9 第2次中東戦争

⑦1967年の［ 10 ］では，**イスラエル**の電撃戦にエジプト・シリア・ヨルダンが惨敗し，パレスチナ全土がイスラエルの支配下に入った。

10 第3次中東戦争

⑧1970年代になると，アラブ諸国は**イスラエル**との対決よりも国内の開発を優先する現実路線に転換した。エジプトは［ 11 ］大統領のもと，イスラエルと［ 12 ］を戦った後，1978年にはアメリカの仲介でイスラエルとの間で和平に合意した。

11 サダト
12 第4次中東戦争

【第三世界の形成と連帯】

⑨1950年代以降，アジア・アフリカ諸国が独立し，米ソどちらの陣営にもくみせず，中立・自立路線をとった。1954年，中華人民共和国の周恩来首相とインドのネルー首相が会談し，相互不侵略，平和共存など［ 13 ］を発表した。1955年にはインドネシアのバンドンで［ 14 ］が開催され，29カ国の代表が参加して**平和十原則**が打ち出された。

13 平和五原則
14 アジア＝アフリカ会議(バンドン会議)

【ベトナム戦争】

⑩インドシナ戦争後，南ベトナムではアメリカの支援を受ける独裁政権への不満が高まり，1960年，［15］が結成され，政府軍との間に戦闘がおこった。北ベトナムの支援を受けた［15］に対抗するため，アメリカは1965年，［16］を開始して本格的に軍事介入（かいにゅう）し，［17］をはじめた。

⑪［17］は泥沼化（どろぬまか）し，経済状況が悪化したアメリカは1973年，［18］に調印してベトナムから撤退（てったい）した。その後，北ベトナムが南ベトナムを併合（へいごう）して，1976年，**ベトナム社会主義共和国**が成立した。

15 南ベトナム解放民族戦線
16 北爆
17 ベトナム戦争
18 パリ和平協定

(2) 社会主義陣営の動揺

【ソ連の「雪どけ」】

①ソ連では，1953年，**スターリン**が死去した後，［19］が実権を掌握（しょうあく）し，緊張緩和（きんちょうかんわ）がはかられ，その変化は「［20］」とよばれた。

②ソ連は資本主義諸国との平和共存（きょうぞん）の立場を明確にし，1955年にアメリカ・イギリス・フランスの指導者と［21］で４巨頭（きょとう）会談をおこなった。1956年には［19］が［22］をおこなったため，スターリンを肯定（こうてい）していた中国はソ連への反発を強めた。

19 フルシチョフ
20 雪どけ
21 ジュネーヴ
22 スターリン批判

【東ヨーロッパの動向】

③東ドイツは，西ベルリンへの人口流出を防ぐため，1961年に西ベルリンを囲んで［23］を築いた。

④1956年には，［24］で自由化の動きがあったが，ソ連が軍事介入し，親ソ政権が成立した。

23 ベルリンの壁（かべ）
24 ハンガリー

(3) 軍備拡張や核兵器の管理

【核開発競争】

①1949年には 25 が原爆開発に成功して，アメリカの核兵器独占が崩れた。1952年には 26 が原爆開発に成功し，アメリカは水爆を開発するが，翌年 25 も水爆実験の成功を発表した。1960年にはフランスが，1964年には 27 が原爆実験に成功した。

25 ソ連
26 イギリス
27 中国

【キューバ危機】

②ソ連が1962年，キューバにミサイル基地の建設を開始した。アメリカ本土が核兵器搭載ミサイルの射程距離に入り，アメリカはキューバを海上封鎖したため，米ソ核戦争の危機が生じた。これを 28 という。しかし，ソ連の譲歩で戦争は回避された。

28 キューバ危機

【核軍縮へ】

③ 28 を機に米ソ関係は改善に向かい，1963年には米・英・ソの間で 29 が調印された。1968年には 30 を決議した。これにより米・英・ソ・仏・中の５カ国以外は核兵器を保有できないしくみがつくられた。しかし，実際にはインド・北朝鮮など核保有国は増加している。

29 部分的核実験禁止条約
30 核拡散防止条約(NPT)

第2章 世界秩序の変容と日本

1 市場経済のグローバル化

(1) 石油危機と世界経済

【高度経済成長】

①1950～60年代，欧米諸国では安価な石油資源をもとに[1]の時代であった。日本でも年平均で約[2]%の経済成長を実現した。

1 高度経済成長
2 10

【ブレトン=ウッズ体制の終焉】

②1971年にアメリカの[3]大統領は，金とドルの交換停止を発表した。これは[4]とよばれる。これをきっかけに西側諸国では[5]が導入され，ブレトン=ウッズ体制は終わりを告げた。

3 ニクソン
4 ドル=ショック
5 変動相場制(そうばせい)

【石油危機とその対応】

③1973年の[6]に際して，アラブ石油輸出国機構（OAPEC(オアペック)）による石油輸出停止や石油生産の削減など石油戦略によって原油価格が高騰(こうとう)し，[7]がおこり，西側諸国は経済的な打撃を受けた。

④1979年には，[8]の影響もあって原油価格が上がり，[9]がおこった。

⑤ドル=ショックや[7]後の世界経済に対応するため，1975年に西側の主要国により[10]がはじまった。

6 第4次中東(ちゅうとう)戦争
7 第1次石油危機
8 イラン革命
9 第2次石油危機
10 先進国首脳会議（サミット）

【新自由主義】

⑥第二次世界大戦後から1970年代の終わりまで，多くの西側諸国では 11 をおこなう**福祉**国家の実現をめざしてきた。しかし，石油危機による経済のゆきづまりから，1980年代に入ると，12 への転換が政治の潮流となった。

11 社会保障
12 自由放任主義

⑦イギリスの 13 首相，アメリカの 14 大統領，日本の**中曽根康弘**首相らは 15 をとなえ，規制緩和や民営化を推進し，公共事業の支出を抑制して「**小さな政府**」の実現をめざした。

13 サッチャー
14 レーガン
15 新自由主義

(2) アジア諸地域の経済発展

【東アジア・東南アジアの経済発達】

①アジアの開発途上国では，1960年代なかばから官僚と軍部がむすびついて経済開発を優先させる 16 体制が成立した。

16 開発独裁

②中国では1978年，**鄧小平**が改革開放政策をとり，市場経済への移行をすすめた。東南アジアでは，1967年に発足した 17 が，地域開発で大きな役割を果たすようになった。

17 東南アジア諸国連合(ASEAN)

【新興工業地域】

③1970年代以降，香港・韓国・シンガポール・台湾などは急速な経済成長を達成し，18 とよばれた。

18 新興工業経済地域(NIES)

2　冷戦終結後の国際政治の変容と課題

(1) 冷戦の終結

【緊張緩和と再燃】

①1970年代はじめに，アメリカはベトナム戦争の戦費など財政負担に苦しみ，ソ連は中華人民共和国との対立などに直面するなか，米ソの緊張緩和(きんちょうかんわ)（ 19 ）がすすんだ。 20 で核兵器数の制限がめざされ，軍縮(ぐんしゅく)の気運が高まった。

19 デタント
20 戦略兵器制限交渉(SALT)

②1979年， 21 で，イラン革命に影響を受けた反政府運動がおこると，ソ連は親ソ派政権を支援するため， 21 に侵攻(しんこう)した。一方，アメリカが反政府勢力を支援したため，緊張は再燃し， 22 に突入した。

21 アフガニスタン
22 新冷戦(しんれいせん)

【冷戦の終結】

③冷戦の継続により軍事費の負担に苦しむ米ソ両国では，関係改善をめざす動きが強まった。ソ連では 23 書記長が1985年から 24 （改革）と称する政策を実施し，**グラスノスチ**（情報公開）や民主化をすすめた。さらにアフガニスタンからの撤退(てったい)などによって米ソ関係が急速に改善した。

23 ゴルバチョフ
24 ペレストロイカ

④ソ連の動きを受けて東ヨーロッパ諸国でも民主化がすすんだ（ 25 ）。1989年には，東西冷戦の象徴であった 26 が開放され，1990年には西ドイツが東ドイツを併合して**ドイツの統一**が実現した。

25 東欧革命
26 ベルリンの壁(かべ)

【冷戦の終結とソ連の解体】

⑤1989年，アメリカの**ブッシュ**大統領とソ連の**ゴルバチョフ**書記長が［27］で**冷戦の終結**を宣言した。

27 マルタ会談

⑥ソ連ではエリツィンら改革派の主導のもと，1991年12月，ロシアなど11の共和国からなる［28］が結成され，ソ連は崩壊(ほうかい)した。

28 独立国家共同体(CIS)

(2) 冷戦後の世界

【湾岸戦争】

①中東(ちゅうとう)では，1980年からの**イラン・イラク戦争**において，イランと対立するソ連や西側諸国がイラクを支援したため，イラクは軍事大国化した。1990年，イラクがクエートに侵攻すると，翌年，米，英，サウジアラビアなどの多国籍軍(たこくせきぐん)はイラクを攻撃して［29］が勃発(ぼっぱつ)した。

29 湾岸(わんがん)戦争

【ユーゴスラヴィア紛争】

②ソ連の崩壊と並行して，バルカン半島の社会主義連邦国家である［30］では民族紛争が激化した。1991年に**スロヴェニア**と**クロアティア**，1992年には**ボスニア=ヘルツェゴヴィナ**が独立を宣言するなど連邦が解体される過程で激しい内戦が続いた。

30 ユーゴスラヴィア

【テロとの戦い】

③冷戦の終結後，アメリカの中東(ちゅうとう)政策に対する反感が高まるなか，2001年９月11日にアメリカ本土で[31]がおこった。

④アメリカの**ブッシュ**政権はその報復(ほうふく)として有志連合を結成し，テロの犯行グループを支援したとして[32]を攻撃した。2003年には[33]をおこし，イラクでは**フセイン**政権が倒れた。

31 同時多発テロ事件
32 アフガニスタン
33 イラク戦争

(3) 中国の台頭

【BRICS】

①2000年代は人口と資源の多い国々で経済が成長し，ブラジル・ロシア・インド・中国・南アフリカは[34]と総称される。

34 BRICS(ブリックス)

【中国の台頭】

②中国では，共産党独裁や官僚(かんりょう)の汚職(おしょく)に対する批判が学生・市民の間で高まり，1989年，北京で民主化を求める運動がはじまった。しかし，中国政府が武力で弾圧(だんあつ)する[35]がおこった。

③[35]をめぐって中国に対する国際的な批判は高まったが，中国は共産党独裁を維持しつつ，対外的には開放路線を継続し，1997年にはイギリスから[36]を返還された。経済成長とともに国防費を増加し，世界第２位の**軍事大国**となった。

35 天安門(てんあんもん)事件
36 香港(ホンコン)

⑷ 地域統合の深化

【ヨーロッパ統合】

①冷戦期に西側の地域経済ブロックとして成立した**ヨーロッパ経済共同体**（EEC）は他の共同体を統合して，1967年に［37］となった。

②［37］は加盟国が増加し，1993年には，**マーストリヒト条約**によって，［38］に発展した。1999年には単一通貨である［39］を導入し，2004年には東ヨーロッパ８カ国の加盟が実現した。2016年にはイギリスが国民投票でEU離脱（りだつ）を選択した。

37 ヨーロッパ共同体（EC）
38 ヨーロッパ連合（EU）
39 ユーロ

【NAFTAとWTO】

③1994年には，アメリカ・カナダ・メキシコの間で，［40］が発効した。15年間で相互の関税（かんぜい）を全廃（ぜんぱい）することに合意し，貿易を促進させた。

④1995年には情報やサービスも含めた自由化をめざし，関税及び貿易に関する一般協定（GATT（ガット））にかえて［41］が発足した。

40 北米自由貿易協定（NAFTA（ナフタ））
41 世界貿易機関（WTO）

【アジアの動き】

⑤環太平洋（かんたいへいよう）地域では，オーストラリアの提唱（ていしょう）で1989年から［42］が参加国を広げながら毎年開催され，経済の自由化をすすめてきた。

⑥アジア・オセアニア・南北アメリカの国々が参加して域内の自由化をめざす［43］が締結（ていけつ）され，アメリカが離脱したものの，2018年に11カ国で協定が発効した。

42 アジア太平洋経済協力会議（APEC（エイペック））
43 環太平洋パートナーシップ協定（TPP）

歴史総合　試作問題

(出典：令和7年度大学入学共通テスト試作問題『歴史総合』，日本史探究)

第1問　歴史総合の授業で，「人やモノの移動とその影響」という主題を設定し，環太平洋地域を取り上げて，各班で発表をまとめた。二つの班の発表について述べた次の文章A・Bを読み，後の問い（**問1～9**）に答えよ。（資料には，省略したり，改めたりしたところがある。）（配点　25）

A　上原さんの班は，19世紀の交通革命による世界の一体化の進行に関心を持ち，太平洋がそれとどう関わったかに着目して，調べたことをパネル1にまとめた。

パネル1

◇交通革命とは何か

・主に1850年代から1870年代にかけて進行した，世界の陸上・海上の交通体系の一大変革を指す。

・船舶・鉄道など交通手段の技術革新と，新しい交通路の開発とによって，移動の時間・距離の大幅な短縮と定期的・安定的な移動・輸送の確立とが実現した。

◇海路における交通革命の主役＝蒸気船

〈強み〉快速で，帆船と違って風向や海流などの自然条件に左右されにくい。

〈弱み〉燃料の［ア］の補給ができる寄港地が必要。

◇交通革命と太平洋

・18世紀以来，ⓐ<u>北太平洋には，欧米の船が海域の調査や物産の獲得，外交・通商の交渉などを目的として進出していた</u>。しかし，19世紀半ばまで，蒸気船を用いて太平洋を横断する定期的な交通は確立していなかった。

・ⓑ<u>アメリカ合衆国は，中国貿易の拡大を目指して太平洋への</u>

進出を図った。後の図１を見ると，代表的な貿易港である［イ］まで，アメリカ合衆国から蒸気船で最短距離で行くには，必ず日本周辺を経由することが分かる。ⓒアメリカ合衆国が，航路の安全を確保し，かつ蒸気船が往復の航海で必要とする［ア］を入手するためには，日本と関係を結ぶ必要があった。

図１　当時考えられていた太平洋横断航路

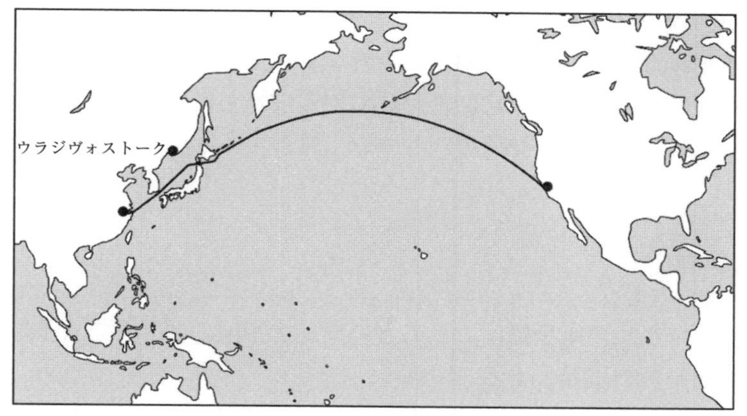

→1867年，日米間の太平洋横断定期航路が開設される。

まとめ：世界周回ルートの成立で，ⓓ1870年代には世界の一体化が大きく進展。

問１　文章中の空欄［ア］に入る語句あ・いと，下線部ⓒを目的になされた出来事Ｘ～Ｚとの組合せとして正しいものを，後の①～⑥のうちから一つ選べ。［１］

［ア］に入る語句

あ　石油　　　い　石炭

下線部ⓒを目的になされた出来事

Ｘ　モンロー教書（モンロー宣言）の発表

Ｙ　日本に対するハル＝ノートの提示

Z　日米和親条約の締結

① あ－X　② あ－Y　③ あ－Z
④ い－X　⑤ い－Y　⑥ い－Z

問2　下線部ⓐに関連して，上原さんの班は，ロシアがアロー戦争（第２次アヘン戦争）の際に清から沿海州を獲得して，そこに図１中のウラジヴォストークを築いて拠点としたことを知り，ロシアの太平洋方面への進出に関する資料を集めた。ロシアによる**沿海州の獲得**時期と**資料１・２**に書かれている内容とについて，古いものから年代順に正しく配列したものを，後の①～⑥のうちから一つ選べ。 **2**

資料１

> 一　今後，樺太全島はことごとくロシア帝国に属し，宗谷海峡を両国の境界とする。
> 二　ロシア国皇帝陛下は，引き換えに千島列島の全ての権利を日本国皇帝陛下に譲り，今後は千島全島は日本に属する。

資料２

> ロシアから使節が派遣されてきたのは，女帝エカチェリーナ２世の使節ラクスマンが遣わされ，幕府に漂流民を送り届けるために来航してきたことなどが始まりであった。

① 資料１ — 資料２ — 沿海州の獲得
② 資料１ — 沿海州の獲得 — 資料２
③ 資料２ — 資料１ — 沿海州の獲得
④ 資料２ — 沿海州の獲得 — 資料１
⑤ 沿海州の獲得 — 資料１ — 資料２
⑥ 沿海州の獲得 — 資料２ — 資料１

問３　上原さんの班は下線部ⓑに興味を持ち，当時アメリカ合衆国政府を代表した軍人の報告書である**資料３**を見つけた。文章中の空欄 [イ] に入る語句**あ・い**と，**パネル１**及び**資料３**から類推できる事柄**X・Y**との組合せとして正しいものを，後の①～④のうちから一つ選べ。 [3]

資料３

> アメリカ合衆国とメキシコとの戦争終結の条約によって，カリフォルニア地方は合衆国に譲渡された。同地方が太平洋に面する地の利から，人々の関心は自然と商業分野の拡大に向けられた。（中略）もし，東アジアと西ヨーロッパとの間の最短の道が（この蒸気船時代に）アメリカ合衆国を横切るならば，わが大陸が，少なくともある程度は世界の交通路となるに違いないことは十分明白であった。

[イ] に入る語句

あ　上海　　　い　広州

パネル１及び資料３から類推できる事柄

X　アメリカ合衆国は，自国がヨーロッパから東アジアへの交通路になることを警戒している。

Y　アメリカ合衆国の見通しが実現するためには，大陸横断鉄道の建設と太平洋横断航路の開設との両方が必要である。

①　あ－X
②　あ－Y
③　い－X
④　い－Y

問4　上原さんの班は，発表内容をさらに深めるため，下線部ⓓの内容に当てはまる歴史上の事柄について調べた。その事柄として最も適当なものを，次の①～④のうちから一つ選べ。 **4**

① ドルを基軸通貨とする国際通貨体制の成立
② 自由貿易のための世界貿易機関（WTO）の設立
③ ヨーロッパ各国の東インド会社が主導したアジア貿易
④ 海底電信ケーブルの敷設が進んだことによる通信網の拡大

B　佐藤さんの班は，環太平洋地域における人の移動に関心を持ち，沖縄県からの移民・出稼ぎがどのように広がっていったのかに着目して，調べたことをパネル２～４にまとめた。

パネル２

移民・出稼ぎの始まり

・沖縄県からの海外移民は1899年のハワイ移民が最初。その後，中南米諸国や東南アジアなどへも広がった。
・第一次世界大戦後の不況で沖縄経済は大打撃を受け，移民が急増。その主要な行先は南洋諸島。大阪など本土への出稼ぎも急増した。
・沖縄からの移民先と重なるように，ⓔ大阪商船の定期航路が南北アメリカ大陸へも拡大。沖縄から大阪への定期航路は，1925年には大阪商船が独占した。

パネル3

太平洋戦争（アジア太平洋戦争）の影響

・ⓕ移民先である南洋諸島や東南アジアが戦場となった。多くの沖縄県出身者が犠牲となったが，生き残った移民の多くは，戦後沖縄へとⓖ引き揚げた。

・ハワイや中南米諸国への移民の多くは，そのまま現地にとどまった。

・本土への出稼ぎ者は，阪神間・京浜間などに集住地域を形成しており，定住する人たちも多かった。

パネル4

米軍による占領と新たな移民・集団就職

・沖縄戦によって沖縄は日本本土と切り離され，米軍に占領された。ⓗ南洋諸島も，戦後アメリカ合衆国の統治下に置かれ，数々の核実験が実施された。その際，島民たちは自分たちの住む島から移住を強いられた。

・1950年代には，米軍が，占領下の沖縄で基地を拡張。強制的に土地を接収された人々の一部は，南米などに移民した。1960年代には，日本本土に向けて，日本復帰前の沖縄からも集団就職が実施された。

問5　佐藤さんの班は，海外への航路の拡大に興味を持ち，下線部ⓔについて，大阪商船の主な定期航路を時期別に示した図2を見つけた。図2について述べた文として最も適当なものを，後の①〜④のうちから一つ選べ。 **5**

図2

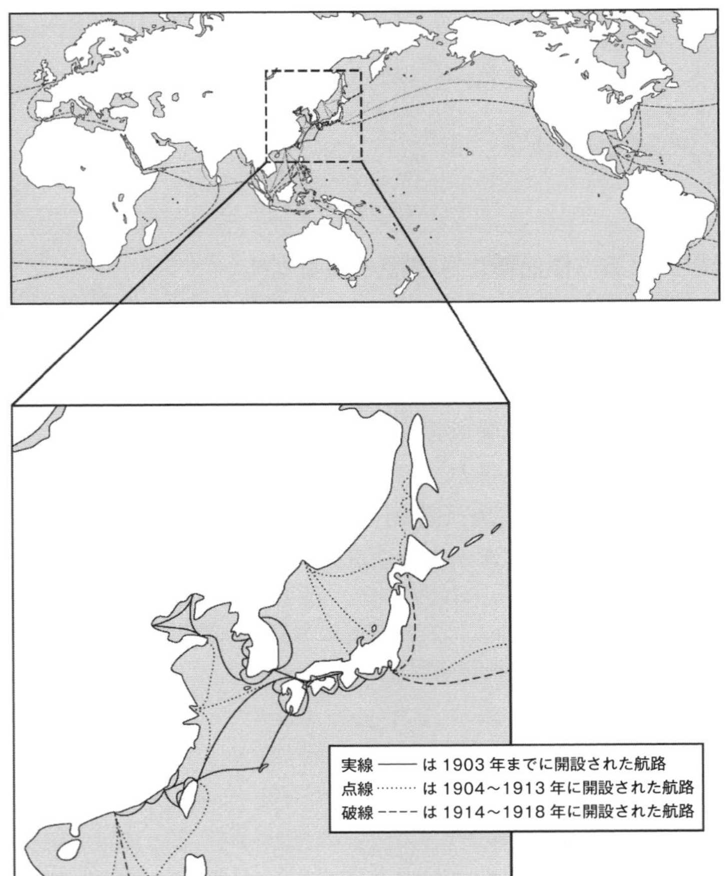

① 1903年までの定期航路は，当時の日本が領有していた植民地の範囲にとどまっていたと考えられる。
② 南樺太は，日本の領土となったので，定期航路に加えられたと考えられる。
③ 1913年以前の中南米諸国への移民は，移民先まで定期航路を利用していたと考えられる。
④ 第一次世界大戦中にスエズ運河が開通したことによって，ヨーロッパまで定期航路を延ばしたと考えられる。

問6 佐藤さんの班は，移民先となった地域の歴史にも興味を持った。下線部ⓕの地域の歴史に関して述べた次の文あ・いについて，その正誤の組合せとして正しいものを，後の①～④のうちから一つ選べ。［ 6 ］

あ ドイツ領南洋諸島は，カイロ会談の結果，日本の委任統治領となった。
い フィリピンは，太平洋戦争が始まった時，アメリカ合衆国の植民地であった。

① あ－正　い－正
② あ－正　い－誤
③ あ－誤　い－正
④ あ－誤　い－誤

問７　佐藤さんの班は，下線部ⓖに関連する資料として，太平洋戦争（アジア太平洋戦争）後における，日本本土への国・地域別の復員・引揚げ者数をまとめた**表**を見つけた。この**表**について述べた文として**適当でないもの**を，後の①～④のうちから一つ選べ。
7

表　日本本土への国・地域別の復員・引揚げ者数（単位：千人）

国・地域	軍人・軍属の復員	民間人の引揚げ
ソ連	454	19
満洲	53	1,219
朝鮮	207	713
中国	1,044	497
台湾	157	322
東南アジア	807	85
オーストラリア	130	8
沖縄	57	12
総計	3,107	3,190

（2015年3月現在，厚生労働省まとめ）

（注）いずれの国・地域も，99.7%以上が1956年までに復員・引揚げを終えている。
（注）一部の国・地域を省略したため，各欄の合計と「総計」の数字とは一致しない。

① シベリアに抑留された者の復員数と，満洲・中国からの復員数を合わせると，復員数全体の３分の２を超えていることが読み取れる。
② 引揚げ者数が復員数を上回っている国・地域は，日本が植民地としたり事実上支配下に置いたりしたところであることが読み取れる。
③ 東南アジアからの復員が中国に次いで多いのは，太平洋戦争中に日本軍が占領したからであると考えられる。
④ 沖縄から日本本土への引揚げ者がいたのは，沖縄がアメリカ合衆国の軍政下に置かれたからであると考えられる。

問8　下線部ⓗに関連して，南洋諸島の一つであるマーシャル諸島では，戦後にアメリカ合衆国によって水爆実験が行われた。佐藤さんの班は，この実験をきっかけに科学者たちによって1955年に発表された「ラッセル=アインシュタイン宣言」にも興味を持った。その一部である**資料4**から読み取れる事柄**あ**～**え**について，正しいものの組合せを，後の①～④のうちから一つ選べ。 **8**

資料4

> そのような爆弾が地上近く，あるいは水中で爆発すれば，放射能を帯びた粒子が上空へ吹き上げられます。これらの粒子は死の灰や雨といった形で次第に落下し，地表に達します。日本の漁船員と彼らの漁獲物を汚染したのは，この灰でした。(中略)
> 軍備の全般的削減の一環として核兵器を放棄するという合意は，最終的な解決に結び付くわけではありませんが，一定の重要な目的には役立つでしょう。
> 第一に,緊張の緩和を目指すものであるならば何であれ，東西間の合意は有益です。第二に，核兵器の廃棄は，相手がそれを誠実に履行していると各々の陣営が信じるならば，真珠湾式の奇襲の恐怖を減じるでしょう。(中略) それゆえに私たちは，あくまで最初の一歩としてではありますが，そのような合意を歓迎します。

あ　核の平和利用を推進していこうとする姿勢が読み取れる。

い　核兵器の放棄という合意が，軍備の全般的削減に役立つと考えていることが読み取れる。

う　第二次世界大戦の経験を基に，対立する相手陣営側の核兵器の廃棄を一方的に先行させようとする姿勢が読み取れる。

え　第五福竜丸の被曝(ひばく)を，事例として取り上げていることが読み取れる。

① **あ・う**　　② **あ・え**　　③ **い・う**　　④ **い・え**

問9　上原さんの班と佐藤さんの班は，環太平洋地域における人やモノの移動とその影響についての発表を踏まえ，これまでの授業で取り上げられた観点に基づいて，さらに探究するための課題を考えた。課題**あ**・**い**と，それぞれについて探究するために最も適当と考えられる資料**W**～**Z**との組合せとして正しいものを，後の①～④のうちから一つ選べ。 **9**

さらに探究するための課題

あ　自由と制限の観点から，第二次世界大戦後における太平洋をまたいだ経済の結び付きと社会への影響について探究したい。

い　統合と分化の観点から，海外に移住した沖縄県出身者と移住先の社会との関係について探究したい。

探究するために最も適当と考えられる資料

W　アメリカ合衆国における，日本からの自動車輸入台数の推移を示した統計と，それを批判的に報じたアメリカ合衆国の新聞の記事

X　アジア太平洋経済協力会議（APEC）の参加国の一覧と，その各国の１人当たりGDPを示した統計

Y　沖縄県出身者が海外に移住する際に利用した主な交通手段と，移住に掛かった費用についてのデータ

Z　移民が移住先の国籍を取得する条件と，実際に移住先で国籍を取得した沖縄県出身者の概数

① あ―W　　い―Y
② あ―W　　い―Z
③ あ―X　　い―Y
④ あ―X　　い―Z

歴史総合　試作問題　解答解説

問1　解答 ⑥

標　準 日本史の知識で解答できる。

空欄 ア はいの**石炭**，下線部ⓒを目的になされた出来事とはZの**日米和親条約**の締結である。蒸気船の燃料は**石炭**である。アメリカの**ペリー**が来航して，1854年，**日米和親条約**が締結された。このときのアメリカの狙いは，日本の港を寄港地として太平洋横断航路を開拓することであった。Xの**モンロー教書**（**モンロー宣言**）は，19世紀前半で，アメリカとヨーロッパの相互不干渉を主張したものなので，内容が違う。Yの**ハル=ノート**は1941年，**日中戦争**にともなう日米対立を背景に満洲事変以前の状態への復帰を求めたものである。時期も内容も違う。

問2　解答 ④

標　準 日本史の知識で解答できる。

アロー戦争（1856年）は幕末のできごとである。資料１は明治初期の**樺太・千島交換条約**（1875年）である。資料２は寛政期のロシア使節**ラクスマン**来航（1792年）である。資料２＝寛政期，沿海州の獲得＝幕末，資料１＝明治初期と並べ替えができる。

問3　解答 ②

やや難 地図と資料を読み取れば解答できる。

空欄 イ は**上海**である。地図を見ればわかる。広州は中国の南側になる。資料３に「東アジアと西ヨーロッパとの間の最短の道が…アメリカ合衆国を横切るならば，…世界の交通路となるに違いない」とあり，Xのように警戒はしておらず，Yの内容が正しいことがわかる。

問4　解答 ④

難 日本史と世界史の両方の知識が必要である。

下線部ⓓは「1870年代には世界の一体化が大きく進展」であり，選択肢から1870年代＝19世紀後半のことを選択すればいい。④が正文。**海底電信ケーブル**の敷設（ふせつ）がすすんだのは19世紀なかば以降である。①は誤文。**国際通貨基金**（**IMF**）による金・ドル本位制が成立するのは第二次世界大戦後である。②は誤文。**WTO**が設立されたのは1990年代である。③は誤文。**東インド会社**によるアジア貿易は17世紀ごろのことである。

問5　解答 ②

やや難 日本史と世界史の両方の知識が必要である。

②が正文である。図によれば，南樺太の航路は1904～1913年に開設されている。南樺太は，1905年，**日露**（にちろ）**戦争**の講和（こうわ）条約である**ポーツマス条約**で日本に割譲（かつじょう）されたので，正しいとわかる。①は誤文。山東（さんとう）半島など植民地ではない地域にも航路は伸びている。③は誤文。中南米への航路は1914年以降に開設されている。④は誤文。**スエズ運河**が開通したのは19世紀後半で，**第一次世界大戦**以前のことである。

問6　解答 ③

やや難 日本史の知識で解答できる。

あは誤文。ドイツ領南洋諸島は，第一次世界大戦後，**国際連盟**によって日本の委任統治領（いにんとうちりょう）とされた。**カイロ会談**は第二次世界大戦中の1943年，米・英・中の首脳による会談で，日本との戦争に関する協力と，戦後の処理を議題とした。いは正文。1898年の**米西**（べいせい）**戦争**でアメリカが勝利し，フィリピンは太平洋戦争開始時にはアメリカが領有していた。その後，太平洋戦争中の日本の占領・降伏を経て，1946年に共和国として独立した。

問7　解答 ①

易 表の読解で解答できる。

①が誤文。シベリア＝表中のソ連からの**復員**と満洲・中国からの復員数を合わせると，復員数全体の半数ぐらいである。３分の２は超えていない。②は正文。**引揚げ**者数が復員数を上回っているのは，事実上支配下においていた満洲と，植民地であった朝鮮・台湾である。③は正文。太平洋戦争開戦後，日本は東南アジア地域で多くの地域を占領していた。④は正文。沖縄は太平洋戦争末期にアメリカに占領された。

問8　解答 ④

易 資料の読解で解答できる。

いは正文。「軍備の全般的削減の一環として核兵器を放棄するという合意は，…一定の重要な目的には役立つでしょう」とある。**え**は正文。「日本の漁船員と彼らの漁獲物を汚染したのは，この灰でした」から，1954年に起こった**第五福竜丸**の被曝事件がうかがえる。**あ**は誤文。軍備としての核兵器の削減を求めている。平和利用については読み取れない。**う**は誤文。「東西間の合意は有益です」とあり，一方的な廃棄は求めていない。

問9　解答 ②

やや難 文章の理解で解答できる。

あの課題に対する資料はＷである。アメリカ合衆国における日本からの自動車輸入台数の推移は自由貿易の進展がうかがえ，批判的に報じたアメリカ合衆国の記事から貿易制限へと向かう動きの背景がわかる。これらから自由と制限の観点から太平洋をまたぐ経済のむすびつきが探究できる。ＸのAPEC参加国の１人あたりGDPを示した統計では，太平洋をまたいだ経済のむすびつきと社会の影響は探究できない。**い**の課題に対する資料はＺである。国籍を取得する条件と実際に移住先で国籍を取得した沖縄県出身者の概数から，沖縄県から移住した人々の海外におけるあつかいがわかるので，海外に移住した沖縄県出身者と移住先の社会との関係が探究できる。Ｙの交通手段と移住にかかった費用では，移住してからの生活などはうかがえないので，移住先の社会との関連は探究できない。